Max Kruse
Im weiten Land
der Zeit

I

MAX KRUSE

Im weiten Land der Zeit

Roman über die
Entwicklung der Menschheit
im Abendland

VOM URKNALL BIS
GALILEI

C. Bertelsmann

Umwelthinweis:
Dieses Buch wurde auf chlorfrei gebleichtem Papier gedruckt. Die Einschrumpffolie (zum Schutz vor Verschmutzung und Beschädigung) besteht aus umweltschonender und recyclingfähiger PE-Folie.

Gesetzt nach den Regeln der Rechtschreibreform 1996

1. Auflage 1997

Lektorat: Monika Hofko, Dr. Lutz Steinhoff
Umschlagbild: Peter Klaucke
Umschlaggestaltung: Klaus Renner
kk · Herstellung: Peter Papenbrok
Satz: Uhl + Massopust, Aalen
Druck: Graphischer Großbetrieb Pößneck
ISBN 3-570-12429-0
Printed in Germany

Für Shaofang,
die aus einem ganz anderen
Kulturkreis stammt

Der erste Tag

Vorspiel

Eine moderne Stadt

Drei junge Leute polterten die Treppe hinab und gelangten in eine von Bäumen gesäumte Seitenstraße. Von hier brauchten sie nur einen kleinen Platz zu überqueren und durch eine schattige Gasse zu gehen, dann standen sie auf der breiten Hauptallee.

Die Sonne schien und machte alles hell. Auf zwei Bahnen, die von einem Grünstreifen getrennt waren, flutete der Verkehr. Auf den Bürgersteigen strömten zahllose Menschen aneinander vorbei. In den Schaufenstern des großen Kaufhauses waren italienische Kleider, modische Herrenanzüge und Kunststoffkoffer dekoriert, als Blickfang hatte man die Figur eines Astronauten im Raumanzug vor dem wandhohen Farbfoto der ersten Mondlandung dazugestellt, über der unser Erdplanet, blau marmoriert, wie ein Juwel am Himmel schwebte.

Hoch über den Dächern zogen Verkehrsflugzeuge ihre Streifen in den Himmel.

In der Mitte der Straße, an einer Haltestelle, fuhr gerade eine Straßenbahn ein. »Los, ihr zwei«, rief das Mädchen. »Wir fahren mit! Auf! Die Ampel ist gerade grün.«

»Ja, aber wohin?«, fragte einer der Jungen, Stefan, während der andere, Roman, nicht zögerte.

»Egal, ich will es gar nicht wissen«, antwortete sie lachend und überquerte bereits die Straße. »Lassen wir uns doch einfach überraschen, mal sehen, was uns erwartet.«

Sie stieg in den Wagen, Roman und Stefan folgten.

Fahrt mit unbekanntem Ziel

Der Wagen war nur mäßig besetzt, sie rutschten auf die nächstbesten Plätze, da setzte sich die Bahn bereits in Bewegung. Stefan saß Roman und Berenike gegenüber, aber er hatte nur Augen für das Mädchen. Sie war eine Schönheit. Ihr Teint war hell wie Elfenbein. Im schmalen Gesicht leuchteten die Augen lebendig und dunkel, die langen, blonden Haare fielen leicht gelockt über ihren Rücken. In Berenike waren die zwei Jungen gleichermaßen verliebt, aber sie behandelte beide mit der gleichen Freundlichkeit. Vielleicht traf sie später einmal eine ganz andere Wahl.

Stefan geriet ins Träumen – war sie nicht wunderbar?

Berenike hatte eine Hand auf den Sitz gestützt und Roman schob seine daneben, und zwar so, dass sie ihre berührte. Sie ließ es geschehen, wie wenn sie es nicht bemerkte.

Das Mädchen und die beiden Jungen waren fast gleich alt, noch nicht ganz erwachsen, aber auch keine Kinder mehr. Bald würden sie ihr Abitur machen, dann lag ein neues Leben vor ihnen, ein selbstbestimmtes. An diesem Morgen hatten sie sich in Romans Zimmer, in der Wohnung seiner Eltern, getroffen. Roman besaß fast alles, was einem jungen Menschen heute geboten wird. Die Wände waren mit abstrakten Gemälden geschmückt, wenn auch nur mit Reproduktionen, auf dem Wandbord gab es Bücher, daneben eine Stereoanlage, er hatte ein Farbfernsehgerät – nichts, was auf der Welt geschah, entging ihm, wie allen jungen Leuten heutzutage, zumal sie mit dem PC übers Internet mit fast jedermann auf dem Globus kommunizieren konnten. Wenn sie das Bedürfnis nach Musik hatten, legten sie eine CD auf, gingen ins Rockkonzert, hörten Bach oder Mozart, heute so, morgen so, nach Lust und Laune. Im Museum betrachteten sie die Bilder Andy Warhols mit dem gleichen Interesse wie die der gotischen Malerei, sie lasen Homer und Goethe, Günter Grass, Umberto Eco – oder auch Comics. Es stand ihnen alles zur Verfügung und alles war ihnen selbstverständlich.

Stefan war der Schlankere und Aufgeschossenere der beiden, mit hellen, beinahe weißblonden Haaren. Er war ein intellektueller Typ. Immer wieder wehrte er sich gegen seine Gefühle und versuchte sie als bloße Wirkungen seiner Hormone abzutun, um sich von ihnen nicht mitreißen zu lassen. Freilich gelang ihm das nur selten. Seine Backenknochen traten so stark hervor, dass ihn seine Schulkameraden scherzhaft einen Asiaten nannten. Seine ausdrucksvolle Gesichtsform und die schmalen Augen machten aus ihm einen aparten jungen Mann, der stets Schwierigkeiten hatte, die richtigen Brillenfassungen zu finden, da sie auf seinem flachen Nasenrücken meist schlecht Halt fanden.

An Roman war alles weicher, abgerundeter. Seine kastanienbraunen Haare lagen dicht wie ein Wollpelz über dem klassisch geformten Kopf.

Vor diesem Ausflug hatten sie sich überlegt, was sie unternehmen wollten, nicht nur heute, sondern überhaupt die nächsten Tage, denn es waren Sommerferien. Stefan hatte zum Fenster hinausgesehen und die Fülle der Bilder – Menschen, Autos, Gebäude – hatte in ihm eine Frage ausgelöst, die er vor sich hinmurmelte.

»Was meinst du, Stef?«, hatte Roman gefragt.

»Nichts Besonderes«, hatte er geantwortet. »Ich habe nur eben darüber nachgedacht, warum überhaupt etwas existiert, ich meine – warum herrscht nicht vielmehr das absolute Nichts?«

»Aber das ist doch die Hauptfrage der Metaphysik, im Grunde allen Philosophierens«, hatte Roman erwidert. »Darauf wird es wohl nie eine Antwort geben. Das kann nur Gott beantworten.«

»Gott?« Stefan hatte leise geschnauft. »Da stelle ich gleich die Gegenfrage: Wenn es einen Gott gibt, der ja allmächtig sein soll, wie kann er dann einen Stein erschaffen, der so schwer ist, dass er ihn selbst nicht aufheben kann? Denn wenn er ihn nicht aufheben könnte, wäre er ja nicht allmächtig, und wenn er diesen Stein nicht erschaffen kann, ist er es auch nicht! Oder, wie Augustinus bemerkt: ›Entweder ist Gott allmächtig, oder er ist nicht gütig. Denn wenn er allmächtig und gütig wäre, könnte es nicht so viel Elend und Grausamkeit in der Welt geben.‹«

»Ach, du Zyniker!«, hatte Berenike scherzhaft dazwischengerufen.

»Nun gut, Gott soll jetzt nicht mein Thema sein«, erwiderte Stefan einlenkend. »Aber die Frage, woher die Welt kommt, wer wir Menschen sind, warum wir leben, woher wir kommen, wohin wir gehen und was aus uns wird, lässt mich immer weniger los, je älter ich werde. Wozu lebe ich eigentlich, wozu dieser ganze Aufwand, der Aufwand auch der Evolution? Hat sie ein Ziel oder ist alles zufällig, kann ich mich auf meine Sinne verlassen – und was hält die Welt zusammen?«

»Woher? Warum? Wohin?«, sagte Roman mit einem Achselzucken. »Das sind auch für mich die wichtigsten Fragen. Und vielleicht sollte ich noch anfügen: Was ist der Mensch – was sind wir Menschen wirklich? Gibt es eine Evolution des Lebens auf dieser Erde, und wenn ja, hat sie ein Ziel, einen Zweck? Kann ich mich auf meine Sinne verlassen? Das werden wir nie beantworten können. Gibt es ein Leben nach dem Tod? Wie sind Geist und Körper verbunden? Und immer wieder: Gibt es Vorbestimmung, Lenkung des Schicksals? Sicher, ich glaube an einen Sinn des Lebens, für mich ist alles ein großes Geheimnis. Ich denke das nicht intellektuell, ich spüre es körperlich.«

»Und ich fühle jeden Tag, dass ich lebe, und freue mich darüber«, rief Berenike. »Und denke auch wieder das Gegenteil. Eines Tages werde ich tot sein. Das macht mir Angst. Aber beides gehört nun einmal zusammen.«

Danach wischte sie alles mit einer Kopfbewegung beiseite, wobei ihre Haare im Halbkreis flogen: »Was haltet ihr davon, wenn wir ein bisschen rausgehen, ohne Ziel, Schaufenster gucken, vielleicht in eine Eisdiele, lästern, Leute anschaun. Dann können wir weiter diskutieren.«

Roman war sofort einverstanden gewesen und Stefan hatte auch genickt, zumal er Roman keinesfalls mit Berenike hatte allein lassen wollen.

Nun saßen sie also in der Straßenbahn. Draußen glitten die Häuser vorüber, die Gegend veränderte sich mehr und mehr, sie wurde eintöniger, fast unwirklich.

»Wo sind wir?«, fragte Roman schließlich verwundert.

Keiner wusste es, keiner kannte sich mehr aus. Nach und nach hatte sich der Wagen geleert. Nur der Schaffner saß noch da, aber er wirkte fast wie ein Teil der Maschine, zumal es auch ein Tonband war, das rief: »Endstation!«

Mit einem Ruck wurden sie nach vorn geschubst.

»Also raus!« Berenike lachte den beiden Jungen zu.

Waren sie überhaupt noch in der Stadt? Ihnen gegenüber erhob sich eine dicht mit Efeu bewachsene Mauer. Ein breites Tor in der Mitte lud zum Eintreten ein. Darüber spannte sich ein einladend gestaltetes Schild mit großen Buchstaben:

EVO-PARK

»Was soll das sein?«, rief Roman. »Ein Freizeitgelände?«

»Eine Art Disneyland?«, fragte Berenike unsicher. »Vielleicht eines, in dem die Evolution dargestellt wird?«

»Davon habe ich noch nie etwas gehört«, erklärte Stefan.

»Da steht so ein Riesending am Stadtrand und wir wissen nichts davon«, murmelte Roman. »Sonst wird um so etwas doch jede Menge Rummel gemacht, Werbung, Sonderfahrten aus aller Welt, Reisebusse über Reisebusse. Wo sind sie, wo sind die Parkplätze?«

»Wie auch immer, es ist ja keine Geisterscheinung, sondern Realität«, sagte Stefan. »Und ich halte mich gern an die Wirklichkeit. Sicher ist es ein Vergnügungspark.«

»Wollen wir hineingehen? Was meinst du, Nik?«, fragte Roman.

»Klar, Romi«, antwortete sie fröhlich.

Stefan hatte Bedenken: »Wartet noch, diese Parks sind meist sündhaft teuer, das will ich erst wissen, und auch, was uns geboten wird.«

»Da ist die Kasse. Fragen kostet ja nichts!« Berenike lief gleich los. Sie beugte sich zum Fensterschlitz des Schalters hinunter und wollte den Eintrittspreis wissen. Stefan und Roman warteten hinter ihr.

Das Männchen im Inneren war kaum zu erkennen. Seine Stimme kam schnarrend: »Der Eintritt ist frei!«

Verblüfft zog Berenike den Kopf zurück.

»Wie, frei?« Stefan schob Berenike sanft beiseite und fragte: »Ist heute ein besonderer Tag? Eine Werbewoche oder so etwas?«

»Nichts dergleichen, mein Herr. Der Eintritt ist immer frei. Sie müssen nur diese Verpflichtungserklärung unterschreiben!«

»Eine Verpflichtung? Wozu?«

»Oh, es ist nicht viel, oder doch sehr viel, wie man es nimmt! Sie müssen sich dazu verpflichten, Ihren Verstand zu gebrauchen.«

Stefan begann die Sache Spaß zu machen. Er ging auf den belehrenden Ton des Männchens ein: »Aber das ist doch überhaupt die Voraussetzung zum Eintritt ins Leben!«

»Gewiss, mein Herr! Aber wie wenige Menschen halten sich daran!«

»Okay! Was aber, wenn wir die Verpflichtung zwar unterschreiben, sie aber dann doch nicht erfüllen?«

»Dann können wir auch nichts machen, zugegeben«, antwortete die leise, monotone Stimme. »Wir möchten Sie nur vorher darauf hingewiesen haben. Sie sollen uns später keine Vorwürfe machen können, wenn Sie keinen Gewinn aus dem Besuch ziehen sollten. Denn ohne Ihren Verstand werden Sie weder etwas erkennen noch verstehen.«

Indem er dies sagte, schob der kleine Mann drei Formulare durch den Schlitz. »Jeder muss einzeln unterschreiben. Das ist wie im Leben. Jeder muss seinen eigenen Verstand benutzen.«

Stefan überflog den Text und fand nur einen einzigen Satz. Es gab auch keine klein gedruckten Klauseln auf der Rückseite. »Na gut«, meinte er. »Unterschreiben wir!« Er setzte seinen Namen darunter. Danach Berenike und Roman.

»Ist das alles?«

»Es ist schwer genug«, erwiderte das Männchen. »Aber gehen Sie nur hinein.«

Die drei jungen Leute lachten. All dies kam ihnen sehr eigenartig vor.

Ein freundlicher Begleiter

Berenike, Roman und Stefan schlenderten auf die Eingangstür zu, die von rankendem Efeu fast verdeckt war, sodass sie wirkte, als wäre sie Teil eines Waldes. Aber neben dem rechten Pfosten leuchtete aus dem dunklen Grün der Blätter ein Schild, auf dem mit roten Buchstaben und in verschnörkelter gotischer Schrift zwei Zeilen zu sehen waren.

»Halt.« Stefan ging näher und las laut:

Lasciate ogni alterezza,
Voi ch' entrate!

»Was heißt denn das?«, murrte Berenike. »Romi, du sprichst doch ein bisschen Italienisch?«

Roman, der leidenschaftlich gern las und seine Klassiker kannte, erklärte: »Das ist offenbar die Abwandlung des Anfangs von Dantes Göttlicher Komödie. Da sagt Virgil, Dantes Führer, im Dritten Gesang, vor dem Eintritt in die Hölle, die längst geflügelt gewordenen Worte: ›Lasciate ogni speranza, voi ch' entrate! – Lasst, die ihr eintretet, alle Hoffnung fahren!‹«

»Aber das hier heißt ein wenig anders: ›Lasst, die ihr eintretet, allen Hochmut fahren!‹«, sagte unerwartet ein Herr, den sie bisher nicht bemerkt hatten. Sie wussten nicht, wo er herkam, da sie ihn weder kommen gesehen noch den Kies knirschen gehört hatten. Er mochte etwas über fünfzig Jahre alt sein, trug einen unauffälligen Anzug, grau, so grau wie seine Haare, war sehr schlank und ging ein wenig vornübergeneigt. Er lächelte sie an.

»Das scheint ein bedeutsamer Unterschied zu sein«, antwortete ihm Stefan. »Wir werden sehen, wie diese Aufforderung zu verstehen ist.«

Der Herr sagte: »Vielleicht darf ich Sie begleiten?«

Stefan warf ihm einen abwehrenden Blick zu, wie man ihn für aufdringliche Fremdenführer bereithat.

Da hob der Herr beide Hände: »Ich erwarte keine Bezahlung, ich würde sie sogar ablehnen. Ich habe nichts anderes vor und mir würde es großes Vergnügen machen. Allerdings müssen Sie nachsichtig mit mir sein, ich weiß beileibe nicht alles. Die Evolution ist ein viel zu großes Gebiet, das kann keiner beherrschen!«

»Die Evolution?«, fragte Stefan.

»Nun gewiss, wie es der Name ausdrücken soll: Evo-Park. Man hat sich bemüht, in ihm die Evolution, insbesondere die kulturelle Entwicklung der Menschen darzustellen. Freilich nur die des Mittelmeerraumes, aber die ist ja auch besonders wichtig.«

»Das ist es also«, rief Stefan. »Aber wenn unser Spaziergang durch den Park nun schon Dantes Göttlicher Komödie entsprechen soll, dann müssten wir ja ebenfalls die Hölle und das Fegefeuer durchwandern, um schließlich ins Paradies zu gelangen. Soll uns hier der Weg der Menschheit gezeigt werden, dann mag dieser ja Hölle und Fegefeuer durchlaufen, aber am Paradies wage ich doch zu zweifeln.«

»Vielleicht können Sie diese Frage besser am Ende unseres Spaziergangs beantworten«, erwiderte der freundliche Herr. »Natürlich wird sich in dem, was hier dargestellt ist, eine gewisse Beliebigkeit nicht vermeiden lassen. Die Auswahl ist oft eine Sache des Zufalls. Niemand kann etwas Vollständiges schaffen.«

»Wir sind mit einer Stippvisite zufrieden«, meinte Roman. »Ich würde Ihr Angebot also gern annehmen.«

Berenike fand den Herrn sympathisch. »Wie dürfen wir Sie anreden?«, fragte sie.

»Nennen Sie mich einfach Senex.«

»Wie, Senex, der Greis?«, rief Roman erstaunt. »Aber so alt sind Sie doch nun wirklich noch nicht!«

»Nun ja, heute mag diese Bezeichnung nicht mehr recht zutreffen, aber in früheren Jahrhunderten wurde man schon mit über dreißig als Greis betrachtet.«

»Sicher ein Fortschritt der Medizin, für den wir dankbar sein sollten«, meinte Roman.

Stefan stimmte zu: »Einverstanden. Senex also. Aber bitte beantworten Sie uns als Erstes diese Frage: Welcher Hochmut ist gemeint, auf den wir verzichten sollen?«

»Der Hochmut, dass der Mensch die Krone der Schöpfung ist. Bilden Sie sich Ihr Urteil darüber später.« Senex sprach gleich weiter: »Außerdem bitte ich Sie, zwischen Weltgeschichte und Naturgeschichte zu unterscheiden. In der Naturgeschichte ist der Mensch nur eine Episode, die wenig bedeutet. Die Weltgeschichte aber lebt durch ihn, er schreibt sie, er ist ihr handelnder Held, da trägt er, wenn Sie so wollen, wirklich die Krone. Doch ist dies wahrhaftig kein Grund zum Hochmut, die Geschichte ist ja reich an größenwahnsinnigen Herrschern, die ihre Völker zu Grunde gerichtet haben, und sie ist auch voll von anderen durch Menschen verursachte Katastrophen.«

»Wenn der Mensch die Welt zerstört, greift er doch auch in die Naturgeschichte ein«, sagte Stefan. »Und zwar ganz massiv.«

»Sie haben Recht«, antwortete Senex. »Vielleicht kommen wir am Ende unseres Rundgangs zu der Erkenntnis, dass auch das zur Evolution gehört – oder ihre zwangsläufige Folge ist. Sagen Sie mir noch, wie Sie heißen, bitte!«

Sie taten es und baten ihn, sie mit Du anzureden. Es sei heute ja üblich.

Er antwortete: »Sehr gern!« Dann gaben sie einander die Hand.

»Danke, nun wollen wir eintreten!«

»Nur noch eine Frage«, rief Stefan und hielt Senex am Ärmel zurück: »Wozu? Wozu sollen wir das alles wissen?« Er meinte das nicht ganz ernst. »Ich lebe heute, wozu soll ich wissen, wie es früher war?«

Die Antwort von Senex lautete so einfach wie bestimmt: »Wer nicht weiß, wo er herkommt, kann nicht entscheiden, wo er hinwill!«

Er berührte die Pforte nur mit der Fingerspitze, worauf sie sich automatisch öffnete.

Zunächst zeigte sich ihnen ein nüchterner Platz, an dessen Ende ein schmuckloser Bau stand, eine Art Schuppen, den allerdings eine glatte Metallkuppel krönte. Über dem Eingang standen die Worte: »Die Geburt des Kosmos«.

Der Beginn

Die Theorie vom Urknall

Das wollen wir uns zunächst ansehen, wenn auch nur kurz«, schlug Senex vor. »Es erscheint mir unerlässlich, dass wir wenigstens einen flüchtigen Blick in die Tiefe des Weltalls werfen. In der von uns gewählten Darstellung vollzieht sich alles in rasendem Tempo – freilich, was bedeutet überhaupt Zeit in diesen Dimensionen?«

»Sie sprechen vom Anfang«, sagte Stefan. »Aber was war davor?«

»Ihr wisst selbst, dass diese Frage von niemandem beantwortet werden kann!« Sie traten in den dunklen Raum und nahmen in der ersten Sitzreihe Platz.

Die Vorführung, die Sekunden später begann, fesselte sie sofort. Auf einer runden Fläche, die sich ins Unendliche zu dehnen schien, spielte sich ein Schauspiel ab, das in der Realität viele Milliarden Jahre gedauert hatte.

Sie verloren das Gefühl, sich in einem Gebäude zu befinden. Als wären sie umgeben vom Nichts. Dabei war es nicht eigentlich dunkel, denn Dunkelheit ist ja die Abwesenheit von Licht, es gab einfach kein Licht, keine Sonne, keine flammenden Himmelskörper. In diesem Nichts von Zeit und Raum erlebten sie, soweit ein Mensch fähig ist, das zu erleben, wie die Urmaterie explodierte, wie das Uratom, in dem alles enthalten war, auseinander platzte.

War es vor zehn, war es vor zwanzig Milliarden Jahren? Sie erlebten die Expansion des Universums, den Beginn von Raum und Zeit. Einige Teile der explodierenden Masse entfernten sich vom Mittelpunkt des

Kosmos rasch und immer schneller, zogen sich zu Sternennebeln zusammen, rotierten als Spiralen, vereinigten sich zu um sich selbst kreisenden Ansammlungen von Milliarden Sternen – zu Galaxien, ähnlich wie Diskusscheiben, gebildet aus Milliarden von Sonnen und Sternen.

Die drei Freunde ließen all dies in einer Art Benommenheit an sich vorbeiziehen. Berenike saß zwischen Roman und Stefan, und es war wie ein Schutzsuchen, dass sie, ohne es bewusst zu wollen, ihre Hände nach beiden Seiten ausstreckte und die der Jungen fasste.

Mehr und mehr verengte sich das Bild. »In diesem Chaos formt sich unsere Milchstraße«, erklärte Senex, das rasende Geschehen deutend. »Unter Milliarden Sonnen entsteht die eine, von der wir leben – und zu unserer Sonne und ihren neun Planeten der eine, unsere Erde, die damals ebenfalls noch ein Feuerball war.«

Dann gab es eine Pause, gedacht zur Besinnung. Aber man konnte sie auch als Schlusspunkt betrachten. Und so nahm es Senex. Er sagte: »Noch ist völlig offen, sogar höchst unwahrscheinlich, dass jemals Leben entstehen wird. Aber gehen wir, das soll genügen.«

Eine Hülle aus Stickstoff

Sie traten ins Freie und mussten die Augen zusammenkneifen. »Noch nie habe ich empfunden, wie schön der Himmel und wie kostbar die uns beschützende Lufthülle ist«, rief Berenike.

»Wir haben euch die Entstehung der Welt so gezeigt, wie sie nach der Theorie vom Urknall abgelaufen sein soll«, sagte Senex. »Denn so wird sie von den meisten Astronomen gesehen. Sie verwenden auch das Wort Singularität, eine Singularität der Raumzeit. Gewiss, auch gegenwärtig wird in der Kosmologie über mehrere Theorien zur Entstehung des Weltalls gestritten. Viele bezweifeln, dass es den Big Bang, also den Urknall, gegeben hat. Es gibt sogar die Meinung, dass es nie eine Entstehung des Universums gab und dass sich der Kosmos nie ändert. Allerdings spricht sehr viel für die von uns gewählte Theorie, da sie mit vielen modernen Erkenntnissen übereinstimmt. Als Albert Einstein neunzehnhundertfünfzehn seine Allgemeine Relativitätstheorie veröffentlichte, glaubte auch er an ein statisches Universum. Aber schon in den Zwanzigerjahren erkannte der amerikanische Astronom Edwin Hubble, dass sich die Galaxien voneinander fortbewegen. Und das überzeugte auch Einstein davon, dass sich das Universum ausdehnt. Galaxien und Sterne entstehen immer wieder, entwickeln sich und sterben ab, an die Stelle der abgestorbenen treten wieder neue. Und in dem Maße, in dem sich der Raum zwischen den Körpern – zwischen den Galaxien und Sternen – ausdehnt, bildet sich neue Materie, von der die Leere ausgefüllt wird. Aber stellt euch die Bewegung der Sternensysteme nicht so vor wie ein Auseinandersplittern nach einer Explosion, denkt euch die Galaxien vielmehr wie Rosinen in einem aufquellenden Hefeteig.«

»Sie meinen, dass sie sich deshalb voneinander entfernen, weil sich der Teig aufbläht?«

»Richtig, Berenike. Nicht die Rosinen selbst bewegen sich, sie driften nur mit. Sie zeigen uns lediglich die Ausdehnung des Raums an.«

»Aber hat denn das Universum überhaupt einen Anfang gehabt und wird es je ein Ende haben?«

»Diese Frage, Stefan, bewegt die Menschen schon seit Urzeiten. Schon in den Veden, einer der heiligen Schriften der hinduistischen Religion, steht im Zehnten Gesang, der bis zu viertausend Jahre alt sein dürfte: ›Nicht gab es Nichtsein, nicht gab es Sein damals. Nicht gab es den Luftraum, nicht den Himmel darüber, nicht gab es den Tod, nicht Unsterblichkeit damals. Nicht gab es ein Anzeichen von Nacht und Tag.‹«

»Das heißt, dass es vor der Entstehung des Universums weder Materie noch Raum und Zeit gab?«

»Ja, Roman.« Senex nickte. »Diese Feststellung ist eine gewaltige Erkenntnis, vor allem für die damalige Zeit, eine grandiose Gedankenleistung, zumal am Ende des Gesangs auch noch nach einem Schöpfer gefragt wird: ›Wer weiß überhaupt, woher diese Schöpfung stammt, woraus sie entstanden ist, ob er sie geschaffen hat oder ob nicht, wer der

Aufseher dieses Universums im höchsten Himmel ist, der alles weiß – oder ob nicht einmal er es weiß?‹«

»Was für ein Satz: ›Ob nicht einmal er es weiß‹«, murmelte Stefan. »Wir werden das nie und nimmer begreifen. Denn was soll vor dem Anfang gewesen sein und wieder vor diesem Anfang – und immer so fort?«

»Ein ewiges Pulsieren, Urknall, Explosion, Expansion bis zum Stillstand, Umkehr, Zusammenziehen, Zurückstürzen, Verdichten zu einem neuen Uratom – und neuer Urknall.«

Ich suche Gott in dieser Unendlichkeit

Roman starrte ins Leere. Er wirkte blass.

»Romi, was hast du?«

»Ach, Nik, ich frage mich, wo Gott bleibt in dieser Unendlichkeit«, murmelte er.

»Da suchen wir Menschen ihn wohl vergeblich, Romi«, meinte Stefan.

»Zumal es wohl nicht nur dieses eine, eben unser eines Universum mit seinen Milliarden von Galaxien gibt, sondern wahrscheinlich Millionen oder Milliarden andere«, erklärte Senex. »Manche Forscher stellen sich vor, dass unzählige Universen wie Schaumblasen aneinander hängen.«

Berenike breitete ihre Arme aus und rief: »Ich kann euch gar nicht sagen, wie froh ich bin, die Luft, die Sonne, den Wind zu spüren, zu atmen, zu fühlen, dass ich neben euch stehe, die Bäume zu sehen, das Licht!«

Senex gönnte ihnen keine Pause. »Nicht so schnell. Wir sind noch nicht auf unserer Erde«, sagte er. »Erst muss sich ihre blaue Stickstoffatmosphäre bilden.«

»Und dann bringt sie die Lebewesen hervor«, rief Roman begeistert.

»Die unser eigentliches Thema sind«, bestätigte ihnen Senex. »Und deshalb werde ich mich sehr kurz fassen, viel zu kurz im Verhältnis zu der Zeitspanne, die vergehen musste, bis der Mensch entstehen konnte. Trotzdem ist es unerlässlich, wenigstens daran zu erinnern, woher wir kommen. Ich schlage vor, dass wir uns dort drüben hinsetzen!« Er wies an den Rand des Platzes, wo eine breite Bank vor einem abfallenden Hang stand.

Die Entstehung des Lebens

Sie traten näher und ließen sich vor einer ausgedehnten Wasserfläche nieder. Das mochte ein See sein, aber sein Ende war nicht zu erkennen, es verschwamm in einem undurchdringlichen Dunst. Es war, als sähen sie die wabernde Atmosphäre, von der die Erde umgeben war, den Nebel, der über allem lagerte, die Ursuppe, aus der alles kam, die Entstehung der Ozeane und Kontinente.

»Zu Anfang, vor rund fünf Milliarden Jahren«, begann Senex, »war die Erde nur wie eine Dampfwolke. Billionen winzige Gaspartikel, Elementarteilchen und Moleküle zogen sich zusammen und bildeten nach und nach einen rundlichen Körper, der sich langsam zu drehen begann. Indem er sich fortwährend verdichtete, wurde er immer heißer, wodurch sich erste chemische Elemente bildeten. Doch allmählich strahlte die Wärme in den Weltraum ab. Millionen von Jahren dauerte es, bis die Oberfläche ausglühte und zu einer Gesteinsschicht wurde.«

»Wie Lava, die aus den Vulkanen ausbricht und irgendwann zu fruchtbarem Land wird.«

»So ähnlich, Berenike. Auf sie strömte Regen herab, wusch die Steine aus und spülte Staub und Erdreich in die Täler. Und als die Sonne endlich durch die Wolkenschicht brechen konnte, von der die Erde umgeben war, war diese vor allem von Wasser bedeckt. Dann, vor fast vier Milliarden Jahren, muss, vielleicht zufällig, eine Urzelle entstanden sein, von der auch wir – wie alle anderen Lebewesen – in direkter Linie abstammen.«

»Aber wie konnte aus toter Materie Leben werden?«, fragte sie.

»Die Antwort darauf wird wohl für immer im Dämmer von Mythen und Vermutungen liegen, so sehr man sich auch bemüht, sie wissenschaftlich zu erfassen. Es gibt neuerdings freilich Hypothesen, die durch die Entdeckung von primitiven Lebensspuren auf dem Mars glaubhaft werden, dass Leben, oder seine Vorstufe, tiefgefroren im Weltraum vagabundiert. Wenn es während seiner Reise durch das All auf den fruchtbaren Boden eines Planeten fällt, auf einen Planeten mit den richtigen Bedingungen, geht es auf wie die Saat auf einem Feld und die Evolution setzt sich in Gang.«

»Das wäre ja eine sensationelle Entdeckung!«

»Warum sollte das Leben auf der Erde einzigartig im Universum sein, Romi?«, fragte Stefan. »Ich fände das sogar eher unwahrscheinlich, angesichts der Milliarden von Galaxien.«

»Wie auch immer«, fuhr Senex fort, »auf der Erde findet man jedenfalls im Meer die ältesten Spuren, im Meer entstanden Fotosynthese und Atmung. Die ersten Zellen waren so eingerichtet, dass sie Sauerstoff verbreiteten. Daraus entstanden nach dem Gesetz der Evolution neue Lebewesen, die sich den Sauerstoff zu Nutze machten. Sie trieben Jahrmillionen in den Strömungen dahin, die durch die Erdrotation bewegt wurden. Sie lernten es, sich in den brodelnden Urozeanen selbstständig zu vermehren. Mehr noch, sie veränderten sich, wenn auch nur mikromillimeterweise.«

»Aber wodurch?«

»Durch Mutation, Berenike, durch kleine Flüchtigkeitsfehler beim Kopieren des genetischen Bauplans. Die Verfeinerung ihrer Wahrnehmung bewirkte, dass sich die Chancen für ihr Überleben ständig erhöhten. Im animalischen Leben hängt alles von der Erhaltung der Existenz ab. Daher richtete sich die Wahrnehmung auf alles, was das Überleben fördert, was für den Fortbestand nützlich ist. Es ist mir sehr, sehr wichtig, dass ihr versteht, dass sich auch das Erkenntnisvermögen des Menschen, der sich als die Spitze der Evolution begreift – nach den gleichen Auswahlkriterien entwickelt hat.«

»Sie meinen, dass unsere Erkenntnisfähigkeit daher immer begrenzt bleiben wird?«

»Du darfst diese Folgerungen daraus ziehen, Stefan. Jedenfalls – nur die zähesten Lebewesen konnten durchkommen und sich vermehren, während Milliarden andere, dem Druck der Umweltbedingungen weniger gewachsene Exemplare ausstarben. So trat die natürliche Auslese ihre gnadenlose Herrschaft an. Einige der Überlebenden blieben in den Tiefen, andere fassten Wurzeln im Schlamm und entwickelten sich zu Pflanzen. Die meisten krochen über den Meeresgrund, in einem Wald von Wasserpflanzen, umschwebt von Quallen. So entstanden die ersten Fische, die sich schwimmend ihre Nahrung suchten. Mehr und mehr bevölkerten sie die Ozeane!«

»Aber Sie sagten, andere Pflanzen fassten Wurzeln…«

»Richtig. Das Leben wagte sich aus dem Meer hinaus aufs Land, zuerst die Pflanzen, etwas später die Tiere. Sie eroberten immer neue Gebiete, zuerst Sümpfe und Schlammbänke. Sie mussten in der Luft überleben, die so viel leichter und dünner war als das Wasser. Aus ihnen wurden Sträucher und Bäume, sie verwandelten sich zu Blumen.«

»Und mit ihnen kam die Farbe in die Welt«, rief Berenike. Ihre Wangen hatten sich leicht gerötet.

»Nicht ausschließlich durch sie, aber doch etwas mehr Farbe als zuvor.« Senex deutete in die Ferne, wo ein dunkler Streifen zu ahnen war. »Schaut«, rief er, »dort, für uns kaum zu erkennen, aber trotzdem mächtig, wuchern Urwälder, dahinter breiten sich Savannen aus, und die Vielfalt der Arten entsteht.«

»Was meinen Sie?«, fragte Roman. »Die Vielfalt der Arten? – Tiere?«

»Gewiss, Tiere, Amphibien, Reptilien, Saurier, Vögel… Und endlich erschien eine völlig neue Spezies auf der Bühne. Sie säugte ihre Jungen, und Haare bedeckten ihren Körper. Sie trug ihre Eier im Innern ihres Körpers aus, geschützt vor allen Gefahren. Diese Kinder hatten größere Aussichten, am Leben zu bleiben. Sie lernten von ihren Eltern die ersten Schritte ins gefahrvolle Leben. Einige dieser Säugetiere verstanden es besser als die anderen, sich Nahrung zu verschaffen und sich in den kalten Jahreszeiten und bedrohlichen Nächten zu schützen. Sie lernten, mit ihren Vorderfüßen Beute festzuhalten, und bekamen Klauen, die bereits unseren Händen ähnelten.«

»Sie meinen die Primaten?«

»Gewiss, Stefan! Aber auch sie hätten vielleicht nur ein kurzes Zwischenspiel gegeben. Glücklicherweise fand eine Spezies jedoch einen Ausweg aus dem Unheil, das aufzog, als die Wälder verschwanden. Diese uns sehr entfernten Vorfahren lernten es, aufrecht durch die Savannen zu streifen.«

»Wie kamen sie dazu?«

»Man glaubte zunächst, dass unser Ururururahne den aufrechten Gang entwickelte, um seine Hände zum Gebrauch von Waffen oder Werkzeugen frei zu haben. Aber die ersten aufrecht gehenden Hominiden gab es bereits vor etwa fünf Millionen Jahren, also lange vor der explosionsartigen Entwicklung der menschlichen Intelligenz und dem Gebrauch von Werkzeugen. Falls es für sie ein Vorteil war, beim Gehen die Hände frei zu haben, so vermutlich weniger, um Werkzeuge oder Waffen zu benutzen, sondern eher, um mit ihren Händen Körner aus dem Gras zu sammeln. Sie ernährten sich nämlich von Beeren und Früchten, von Insekten, Schalentieren, Vogeleiern und kleinen Lebewesen, die sie erbeuten konnten. Aber natürlich konnten sie aufrecht stehend auch besser über die hohen Büsche schauen. Sie waren also endlich die ersten menschenähnlichen Wesen. Ich sage endlich«, rief Senex, »denn es hat ja lange, unendlich lange gedauert – während ich hier alles in unangemessener Hast abhandeln muss. Aber nun bin ich am Ziel. Nun wurden unsere Vorfahren auch, eben durch den aufrechten Gang, zu den erfolgreichsten Jägern, die ihr Leben jedem Klima anpassen konnten. Da sie rasch erkannten, dass sie zusammen mit anderen stärker waren als allein und sich auch besser zu schützen vermochten, schlossen sie sich über ihre Familien und Clans hinaus zu Gruppen zusammen.«

»Und wir haben das beibehalten!«, rief Stefan. »Wo wir heute auch hinsehen, überall stoßen wir auf Gruppen, Staaten, Vereinigungen, Glaubensgemeinschaften – ein Schutz vor der Verlorenheit im All.«

Senex fuhr fort: »Um in der Savanne überleben zu können, mussten sie ihre Schutzlosigkeit durch gemeinsame Wachsamkeit und gemeinsames Handeln ausgleichen.«

»Wieso waren sie so schutzlos?«

»Nun, Berenike. Diese vorhistorischen Menschen waren wahrscheinlich die schutzlosesten aller Lebewesen, von denen die Erde damals bevölkert wurde und die durch die Wildnisse streiften. Sie kannten noch keine Sprache, sie hatten noch keine Werkzeuge, keine Behausungen, keine Kleidung und kein Feuer. Deshalb war das soziale Zusammenleben für sie so wichtig. Sie waren bestenfalls Jäger, meist aber Sammler und teilten ihre Aufgaben untereinander auf. Und noch etwas – der aufrechte Gang hatte auch Nachteile, die andererseits wieder das soziale Verhalten förderten.«

»Vielleicht waren sie nicht so schnell wie die Raubtiere?«

»Aber auch da half ihnen der Zusammenschluss zu Gruppen. So konnten sie sich besser vor Leoparden und Hyänen schützen. Und noch etwas war sehr wichtig: Da sie ihre Hände beim Laufen nicht mehr brauchten, konnten sie ihre hilflosen Kinder tragen und ihnen und ihren Alten Nahrung ins Lager bringen.«

Homo sapiens

Unsere Urahnen – und das Wunder der Sprache

Unsere vor einigen Jahrmillionen lebenden Vorfahren besaßen vermutlich bereits einen leistungsfähigen, wenn auch sprachlosen Geist. Sie waren intelligent genug, um Werkzeuge herzustellen, dachten aber vermutlich ausschließlich in der Gegenwart. Bevor die Menschen ihre Gedanken steuern konnten, lebten sie nur für den Augenblick. Sie konnten sich wohl kaum an ihre Kindheit erinnern oder tagträumend an die Zukunft denken. Sie machten sich durch Grunzlaute auf Gefahren aufmerksam oder auch auf Beute. Aus diesem Grunzen wurden in hunderttausenden von Jahren die Sprachen – auf eine unendlich vielfältige, abwechslungsreiche, manchmal sogar poetische Weise. Vielleicht waren die ersten Laute so ähnlich wie Liebesrufe von Tieren, denn die Wildnis ist ja nicht stumm, sie ist auch akustisch lebendig. Denkt an die vielen Warnlaute, Schreckensschreie, denkt daran, wie die Tiermütter ihre Brut locken, wie sie krähen, gluckern und gackern …«

»Und wie die Affen von Baum zu Baum miteinander reden«, warf Stefan lächelnd ein. »So wie wir in Gesellschaft und am Stammtisch.«

»Sicher teilen sich die Affen auch etwas mit, wenn wir es auch nicht verstehen. All das sind Vorstufen für die Sprache der Menschen gewesen. Noch heute genügen einem einfachen, anspruchslosen Menschen wenige hundert Begriffe, um sich auszudrücken. Ja, bestimmt waren die ersten Menschenwörter erregte Ausrufe. Als man merkte, dass man von den anderen verstanden wurde, wiederholte, modifizierte man sie, fügte neue hinzu, begann Gegenstände und Handlungen zu bezeichnen, wies dabei auf sich selbst und auf sein Gegenüber hin. Vereinfachend möchte ich sagen, dass die ersten Hominiden den aufrechten Gang und einige soziale Verhaltensweisen entwickelten, während der Homo habilis das Werkzeug, der Homo erectus das Feuer und der Homo sapiens die Sprache entdeckte.«

»Aber unsere frühesten Ahnen hätten wir nie verstanden«, meinte Stefan.

»Und das nicht nur wegen ihrer Sprache, sondern auch, weil sie natürlich ganz andere Sorgen hatten. Sicher entstanden die ersten Wörter wie zufällig in der Gemeinschaft. Die Menschen bildeten Gruppen, um mehr Kinder aufziehen und den Gefahren der Wildnis besser widerstehen zu können. Die Erwachsenen gingen gemeinsam auf Nahrungssuche. Sie mussten daran denken, wie sie überleben, wie sie ihren Hunger stillen konnten. Ihre Gedanken reichten wohl kaum darüber hinaus. Die ersten Worte waren sicher noch recht allgemein, man wird davon geredet haben, wo man jagbares Wild finden könnte, wo es Wasser gab, wie das Wetter war, palaverte von Schmerzen, Krankheiten – und natürlich immer wieder von seinen Heldentaten. Man wird geprahlt, angegeben, sich gebrüstet und geweint haben.«

»Das ist doch heute auch nicht anders«, meinte Stefan. »Wer denkt denn über seinen Tellerrand hinaus? Die äußeren Gegebenheiten haben sich geändert, die Motive und Inhalte sind ähnlich geblieben.«

Senex fuhr fort: »Gewiss diente die Sprache den Menschen zunächst nur dazu, sich miteinander über die reale Welt zu verständigen, sich zu warnen und sich auf Jagdbeute aufmerksam zu machen. Aber, und das ist nun ganz wichtig, sie lehrte auch, zwischen dem Ich und dem Du zu unterscheiden. Damit begann der Mensch sich als Persönlichkeit zu empfinden. Er entwickelte das, was wir Individualität nennen. Und so lernte er, nicht nur zu fühlen, sondern auch seine Gefühle auszudrücken, sie zu artikulieren. Und was noch viel wesentlicher ist, erst durch das Sprechen entwickelte er die Fähigkeit zu denken. Es gibt kein Denken ohne Sprache, man darf das nicht verwechseln mit Empfindung, Gefühl und Instinkt. Erst die Sprache, das Denken mit Wörtern, machte den hoch entwickelten Primaten zum Homo sapiens, zu dem verständigen

Menschen, den man daher genauso gut Homo cogitans, den denkenden Menschen, nennen könnte. Nachdem er herausgefunden hatte, wie er sich erinnern konnte, war er auch in der Lage, sich eine innere Welt zu erschaffen. Er konnte Pläne machen, seine eigene Geschichte entdecken. Plötzlich öffnete sich ihm eine neue, eine spirituelle Welt. Die Sprache revolutionierte die geistigen Fähigkeiten des Menschen, der sich von den Einschränkungen der unmittelbaren Gegenwart befreite und ein Gedächtnis bekam. Nicht länger reagierte er nur passiv auf die Ereignisse. Die Sprache ermöglichte es dem Menschen, Vergangenes wieder zu beleben und Zukünftiges zu planen. Sie erlaubte es ihm, die eigene Existenz zu reflektieren. Durch die Sprache entwickelte sich der seiner selbst bewusste menschliche Geist. Das geht weit über ein bloßes Kommunikationsmittel hinaus. Nur durch die Sprache konnte sich all das bilden, was wir Selbstbewusstsein, differenzierte Gefühle und Erinnerungsvermögen nennen. Nun konnte der Mensch denken und in der Erinnerung seine Taten analysieren. Er konnte flüchtigen Empfindungen Worte verleihen. Erst jetzt war die Bahn frei für die großartige Entfaltung des menschlichen Verstandes.«

»Das leuchtet mir ein«, sagte Berenike. »Aber wie machte es die Evolution, dass sich immer besser angepasste, immer fähigere, immer höhere Arten entwickeln konnten?«

»Vielleicht fand ja doch eine Rückkoppelung der Lebenserfahrung in die Gene statt. Eine Vererbung der Lebenserfahrung. Auf diese Weise könnten nach und nach immer vollkommenere Wesen entstanden sein.«

»Ach, Romi«, sagte Berenike, »wenn das so sein sollte und wenn die Fortpflanzung das wirklich bezweckt, nämlich immer komplexere, vollkommenere Formen, dann muss ein bewusstes Wollen der Auslöser sein.«

»Du denkst an Gott, Nik?«

Das Grundprinzip schlechthin

»Darunter müsste man doch nicht unbedingt das bewusste Wollen eines Schöpfers verstehen«, rief Stefan. »Dieses Wollen kann der Welt auch immanent sein, als ein Prinzip, das untrennbar mit ihr verbunden ist. Es läge dann in den Genen der Schöpfung und wäre sogar in der Urmaterie wirksam. Ein solches Prinzip wäre dann das Grundprinzip schlechthin, dem alles seine Existenz verdankt, die Universen und Himmelskörper genauso wie die Flora und Fauna auf der Erde.«

»Ein kluger Gedanke«, meinte Berenike.

»Er erscheint mir bloß allzu romantisch – oder positivistisch«, schränkte Stefan ein. »Er zielt ja doch auf den Glauben an einen Gott und Weltschöpfer. Da blende ich mich aus. Und was die Rückkoppelung positiver Lebenserfahrung in die Samenzellen betrifft, so hat sie doch Darwin schon widerlegt. Nach seiner Entwicklungstheorie entsteht die Veränderung der Arten durch das zufällig besser angepasste Geschöpf, das überlebt und seine Eigenschaften weitergibt.«

»Wo liegt da der Unterschied?«

»Im Wort Zufall, Berenike. Nur die durch reinen Zufall entstandenen Eigenschaften, die der Art die bessere Anpassung ermöglichen, vererben sich. Unter Evolution verstehen wir heute die natürliche Auslese. Vielleicht werden wir uns später, wenn wir auf Charles Darwin zu sprechen kommen sollten, ausführlicher damit beschäftigen.«

»Aber was war das Wesentliche seiner Theorie?«, fragte Berenike.

»Für Darwin beruht die Evolution darauf, dass zufällig Variationen von Arten entstehen, von denen einige sich als besonders kräftig erweisen, überleben können und sich vermehren«, antwortete Senex. »In der Evolution hat es sich immer wieder gezeigt, dass etwas, was für einen Zweck gedacht war, sich plötzlich für etwas ganz anderes als nützlich erwies, wie zum Beispiel die Federn. Ursprünglich sollten sie sicher nur wärmen – dann stellte es sich heraus, dass sie vorzüglich geeignet waren, Lebewesen durch die Luft gleiten zu lassen, ja, sogar, sie in die Luft zu erheben. So ist auch das Empfinden für Schönheit nichts, was die Menschen für ihr Überleben gebraucht hätten. Es ist eine der Nutzlosigkeiten, an denen die Evolution so reich ist, von denen niemand weiß, wozu und wofür sie entstanden sein könnten. Auch die Evolution kennt eben Nebenwirkungen und so konnte es geschehen, dass sich Vögel aus nicht fliegenden Lebewesen entwickelten und wir aufrecht gehenden Menschen aus Primaten, die sich auf vier Gliedmaßen fortbewegten. Noch viel weiter zurück gedacht entstand alles Leben aus der Urzelle. Jedes Wesen hat zwei Elternteile, dadurch ist es in ununterbrochener Kette mit der Vergangenheit bis zum Ursprung verbunden. Darwin sprach von der natürlichen Auslese und meinte damit, dass die Eigenschaften, die sich als nützlich und lebensfähig erweisen, an viele Nachkommen weitergegeben werden. Wir kennen heute mindestens zehn Millionen Tierarten und fast zwei Millionen Pflanzen, gar nicht zu reden von den zahllosen Pilzen und Einzellern. Die Entwicklung von den Primaten bis zum Homo erectus hat mindestens einhunderttausend Generationen gedauert, darauf folgten dann höchstens vierhundert Generationen, in denen sich die Sammler und Jäger zu hoch technisierten Menschen entwickelten.«

»Und hat die Evolution immer die Erhaltung der Art im Sinn?«, fragte Roman.

»Nein – es gibt keinen ›Sinn‹ der Evolution und es gibt auch kein Prinzip der Arterhaltung, es gibt nur die Auswahl, durch die sich eine Generation nach der anderen immer besser an die Umwelt anpasst. So wandelten und wandeln sich die Arten langsam. Und so nahm auch der Umfang unseres Gehirns im Laufe der Evolution um mehr als das Dreifache zu. Heute benutzen wir es für ganz andere Aufgaben als diejenigen, an denen es sich entwickelte.«

»Wenn ich das richtig verstehe, so ist die Evolution im Grunde ein recht einfacher Prozess«, meinte Stefan. »Die Lebewesen bringen viele verschiedenartige Nachkommen zur Welt, die stärksten überleben und pflanzen sich fort, während die schwächsten untergehen.«

»So ist es. Doch wir greifen zu weit vor. Diese Diskussionen wurden im vergangenen Jahrhundert leidenschaftlich geführt. Heute verwendet man gern das Wort Quantensprung – vom Schimpansen zum Menschen, oder, konkreter, vom nur artikulationsfähigen Hirn zur sprachfähigen Hirnrinde. Sicher ist wohl auch, dass sich damals die ersten Glaubensvorstellungen entwickelten.«

»Was glaubten die ersten Menschen wohl?«, fragte Berenike.

»Für sie war die ganze Natur beseelt, wir nennen das Animismus, vom lateinischen Wort anima – Seele. Sie glaubten, dass sich jeder Frevel an den Naturgeistern, jede Beleidigung von Baum, Bach oder Tier rächt, wenn man sie nicht durch Opfer und Beschwörungen versöhnen kann. Sie hofften inständig und daher glaubten sie es auch – denn aus der Hoffnung entsteht der Glaube –, dass ihre Seele unsterblich und mit den Seelen von Tieren, Pflanzen und Quellen wesensgleich sei. Sie nahmen an, dass die Seelen der Verstorbenen in ihr Leben eingreifen konnten. Und schon früh mögen sie auch an einen einzigen Schöpfer und Lenker ihrer Welt geglaubt haben, die so unendlich viel kleiner war als unsere heutige, weil sie dort endete, wo auch ihre Blicke endeten, oder in den Gebieten, die sie nicht mehr erwandern konnten.«

»Alle Religionen sind meiner Ansicht nach Vorstufen des Wissens«, sagte Stefan. »Alle Religionen stammen doch aus den Anfängen der Menschheit und sind deshalb mit kindlichen Vorstellungen behaftet.«

»Das macht aber auch ihre Stärke aus, Stef«, rief Roman.« Der Mensch der Eiszeit war sicher nicht weniger intelligent als wir. Er hatte nur viel weniger Schulung und Wissen. Dafür besaß er eine große Naturerfahrung, wie sie uns vollständig verloren gegangen ist. Zwar war er den Naturkräften viel schutzloser ausgeliefert, aber er verstand es auch wesentlich besser, in ihrem Rhythmus zu leben, eben weil er nicht wusste, wo er herkam. Und da die ihn umgebende Welt unendlich war und er ihre Grenzen nicht kannte, schuf er sich als Erklärung Götter, das denke ich jedenfalls. Und diese Eigenschaft haben wir Menschen bis heute nicht abgelegt. Ihr verdanken alle großen Religionen, und natürlich genauso die kleinen, ihre Entstehung.«

»Der Philosoph Lichtenberg meint, wenn gesagt wird, dass Gott die Menschen nach seinem Ebenbild schuf, so bedeutet das in Wirklichkeit, dass der Mensch sich Gott nach seinem Bild erschaffen hat. Ich finde, er hat damit den Nagel auf den Kopf getroffen. Alle Religionen sind Menschenschöpfungen und jede veränderte Umwelt verlangt eigentlich nach einer neuen Religion und nach einem neuen Gott«, sagte Stefan.

»Wir wollen uns nun wieder auf anschaulichere Weise mit der Entwicklung des Menschen beschäftigen«, bat Senex. »Seht ihr dort das Gebüsch? Da gehen wir vorbei. Doch ehe wir uns auf den Weg machen, hole ich am Kiosk das Picknick, damit unser Spaziergang nicht zur Hungertour wird. Verdursten werden wir auch nicht!«

Er trat an eine kleine Bude, aus der ihm vier Säckchen herausgereicht wurden, die sie sich an langen Riemen über die Schultern hängten.

Der erste Mensch jagte in Nordafrika

So ausgerüstet machten sie sich auf den Weg. Als sie das Gebüsch hinter sich gelassen hatten, bot sich ihnen ein völlig neuer Ausblick. Sie standen etwas erhöht, unter ihnen erstreckte sich eine von Hügeln durchsetzte Ebene, die grün war bis an den Horizont. In weiter Ferne schimmerte ein See.

»Lebensnotwendiges Wasser«, erklärte Senex, indem er dorthin deutete. »Nur wo Wasser ist, kann sich Leben ansiedeln.«

Da und dort wuchsen einzelne Bäume – und überall sahen sie Rudel von Tieren, im Vordergrund eine Herde graziöser Antilopen.

»Wie hübsch. Aber wie ist es möglich, dass sich in diesem Park so ein riesiges Gelände befindet? Das gleicht ja einem Tierreservat in Afrika.«

»So ist es, Berenike. Stellt euch vor, ihr wärt in Nordafrika«, erwiderte Senex. »Wundert euch über nichts. In der Phantasie ist alles möglich, das Überspringen von Räumen genauso wie das Zurückgehen in die Vergangenheit. Es ist ja sowieso eine der ältesten Fragen der Philosophie, ob wir uns die Wirklichkeit nicht bloß einbilden. Aber das soll im Augenblick nicht unser Thema sein. Hier sollt ihr euch die Heimat der ersten Menschen vorstellen.«

»Wann soll das gewesen sein?« Roman schaute gebannt hinunter.

»Wahrscheinlich vor drei oder zwei Millionen Jahren. Seit damals haben sich die Tiere so gut wie gar nicht verändert. Ein Jäger von damals würde eine Antilope von heute immer noch als Antilope erkennen – und jagen wollen. In uns Menschen, wie wir hier stehen, würde er aber keine Artgenossen vermuten.«

»Da… da… da sind wirklich Leute!«, rief Berenike erregt. Sie erblickten Geschöpfe, die man vielleicht Menschen nennen konnte, mit dunkler Hautfarbe und langen, wolligen Haaren. Sie gingen aufrecht, wenn auch etwas gebückt, ihre Mundpartie trat schnauzenartig vor, sie ballten die Hände an ihren langen Armen zu Fäusten. Offenbar trugen sie etwas darin.

»Wie groß mögen sie sein?«

»Etwa ein Meter fünfundzwanzig«, erklärte Senex. »Sie ernähren sich von Pflanzen, Kleintieren und rohem Fleisch und verwenden erste Werkzeuge, nämlich Steine, Faustkeile, entweder als Waffen oder zum Abschaben des Fleisches von der Haut und den Knochen der Beutetiere und zum Schneiden. Den größten Teil seiner Geschichte war der Mensch Jäger und Sammler. Würden wir die knapp fünf Milliarden Jahre der Erdgeschichte auf ein Jahr zusammenziehen, dann erschiene der Mensch der Frühgeschichte am letzten Tag in den letzten Sekunden vor Mitternacht.«

»Unglaublich, dass sich aus diesen Wesen, die noch so tierähnlich wirken, später Denker, Forscher, Mathematiker und Künstler entwickeln konnten!«, überlegte Berenike.

»Das ist eben das Geheimnis der Evolution, also der Entwicklung des menschlichen Gehirns.«

»Wie konnte es dazu kommen?«

»Wahrscheinlich, weil unsere Vorfahren es lernten, ihre Umwelt zu beherrschen, und weil sie mit anderen, benachbarten Menschengruppen um ihre Ressourcen kämpfen mussten. Es waren wohl die Notzeiten – verbunden mit einem starken Lebenstrieb –, die sie zwangen, ihren Verstand mehr und mehr zu gebrauchen, während gleichzeitig viele Tiere ausstarben, weil sie ihre Schutzlosigkeit nicht durch Klugheit ausgleichen konnten. Der Mensch gelangte in den Besitz eines großen und hervorragend organisierten Gehirns. Nur damit ist er später in der Lage, den Gefahren der Eiszeit, den Gletschern und dem jahrhundertelangen Frost standzuhalten. Er musste einfach schärfer nachdenken, um zu überleben. So begegnete er der Gefahr seines Aussterbens. Doch zurück nach Afrika …«

»Sie meinen, diese Gruppen bekämpften einander?«, fragte Roman.

»Ja, darin mögen wir die Ursachen der kriegerischen Neigungen aller Menschen sehen«, antwortete Senex. »Unsere Vorfahren waren sicher keineswegs nur freundliche, sammelnde und jagende Leute. Auch Tiere kämpfen miteinander, aber sie führen keine Kriege. Nur der Mensch betreibt die Tötung seiner Artgenossen planvoll, in größerem Maßstab und sogar mit Begeisterung. Der Krieg gehört zu seinen wichtigsten Erfindungen, während die Fähigkeit, Frieden zu schließen, vermutlich eine spätere Errungenschaft ist. Die ältesten Geschichten der Menschheit sind Heldensagen und Mythen von Kämpfen. Sie handeln vor allem von Mord und Totschlag und verherrlichen die Überwindung des Gegners. Doch unser Urahn dort unten ist sich seiner Existenz noch kaum bewusst. Er weiß nichts von Zeit und Raum, zählt weder Stunden noch Jahre. Er kennt nur den Wechsel von Tag und Nacht, erlebt nicht viel mehr als sein eigenes Wachsen und Sterben.«

»Er hat sicher alles als gegeben hingenommen. Aber leben wir nicht meist genauso in den Tag hinein?« Stefan erwartete keine Antwort auf diese Frage, die mehr eine Feststellung war.

Senex fuhr fort: »Außer dem Gehirn entwickelte sich auch der ganze Körperbau, Hände, Augen, Füße und Zähne. Die Begabungen der Urmenschen wurden zusammengesetzt wie ein Mosaik, aus einer Vielzahl zweckmäßiger Eigenschaften, die ihn über alle anderen Geschöpfe erhoben.«

»Lasst, die ihr eingeht, allen Hochmut fahren«, wiederholte Stefan die Mahnung am Eingang des Parks. »Vielleicht ist dies nun doch ein Grund zum Hochmut!«

»Es ist ja nicht unser Verdienst, dass wir wurden, wie wir sind, sondern das Ergebnis rätselhafter Vorgänge«, antwortete Senex.

»Mir wird kalt«, bemerkte Berenike.

Die große Wanderung

Mehr und mehr veränderte sich die Landschaft. Das grüne Tal verschwand, alles wurde rauer, unwirtlicher.

»Jetzt denkt euch ins Herz Europas«, forderte Senex sie auf. »Die afrikanische Savanne konnte die wachsende Zahl der Menschen nicht mehr ernähren, sie waren gezwungen zu wandern, wenn sie nicht verhungern wollten. Und sie wanderten weit, sie zerstreuten sich über die ganze Erde, bis nach Java, bis nach China. Doch wir bleiben in unseren Breiten.«

»Aber wieso zogen die Menschen aus Afrika nach Norden, wo es doch viel kälter war!«

»Es wurde sogar noch kälter! Schaut, dort sitzen die Leute um ein Feuer«, rief Senex. »Noch wissen sie das Feuer, das die Natur ihnen durch Blitzschlag und Vulkanausbrüche schenkte, nur zu bewahren, sie können es noch nicht selbst entfachen. Noch tragen sie die brennenden Äste vom Blitzschlag getroffener Bäume zu ihren Lagerplätzen. Und doch bildet der Besitz des Feuers einen gewissen Schutz für das Überleben, denn es dient nicht nur zur Ernährung, zum Braten des erlegten Wildes, sondern es schützt auch vor der grausamen Kälte des Winters, wie auch vor den Angriffen wilder Tiere. Das Feuer bildet den wärmenden, lebensspendenden Mittelpunkt ihrer Gemeinschaft. Wer das Feuer besitzt, besitzt das Leben.«

»Aber wie lernten sie es, das Feuer zu beherrschen?«, fragte Berenike.

»Das werden wir kaum jemals ergründen. Manche Forscher meinen, dass es ihnen schon bald gelungen sein muss, denn jedes Holzfeuer geht einmal aus, sei es durch Regen, sei es durch Unaufmerksamkeit. Keine noch so gute Wache hindert es daran, einmal zu erlöschen, bei Nacht, bei Müdigkeit. Dann aber war der Mensch schutzlos und gefährdet, dann musste er sich neues schaffen, um leben zu können. Es ist schwer, sich vorzustellen, auf welche Weise man dazu kam, Zweige aneinander zu reiben und Feuer zu entzünden. Jedenfalls brach mit dem Feuer ein neues Leben an. Nun stand den Menschen auch ein viel breiteres Angebot an Nahrungsmitteln zur Verfügung, an dem auch Alte und Kinder eines Stammes leichter teilhaben konnten. Man lernte, am Feuer die Nahrung haltbar zu machen, man hängte sie geräuchert in den Hütten auf. Auch gesundheitlich profitierte der Mensch, er konnte sich selbst und seine Felle trocknen, wurde nicht so oft krank und der Rauch vertrieb die Insekten. Kurzum, das Feuer bedeutete einen nicht hoch genug zu schätzenden Gewinn. Es wurde wahrscheinlich vor mehr als siebenhunderttausend Jahren gezähmt, vielleicht sogar noch früher. Es wurde zu dem sozialen Mittelpunkt, um den sich die Gruppenmitglieder lagerten. Erst jetzt fühlten sich die Menschen richtig als Menschen.«

Nicht weit entfernt saß eine Gruppe um einen lodernden Holzstoß. Einige Männer streckten ihre Hände aus, um sich zu wärmen. Ein enthäutetes Tier wurde gebraten. Die Leute grunzten, palaverten, lachten, schlugen sich auf die Schenkel und auf die Schultern. Sie waren fröhlich. Ringsum tönten die bedrohlichen Laute der Wildnis, Schreien, Trompeten, Brüllen und Heulen von Tieren.

»Die meisten Tiere sind ihre Feinde«, sagte Senex. »Und andererseits sind sie natürlich ihre Beute, nach der sie jagen.«

Wölfe schlichen heran, sie wurden verscheucht, indem man brennende Aststücke nach ihnen warf.

»Man bewacht das Feuer wie eine Kostbarkeit«, fuhr Senex fort. »Ist es einmal ausgegangen, versucht man die glimmenden Holzstückchen durch Blasen wieder zum Brennen zu bringen.«

Die Menschen, die um das Feuer saßen, waren langhaarig, die Männer bärtig, alle hatten sich Felle über den Rücken geworfen. So waren sie den Menschenaffen ähnlich. Sie bereiteten Fleisch und nahmen die großen Stücke aus der glühenden Asche zwischen die Zähne.

»Wahrscheinlich lernte man doch recht früh, Feuer zu entzünden. Vielleicht mit dem Feuerstein, vielleicht auch so, wie es heute noch die Pfadfinder tun, indem sie Holzstäbchen schnell kreiselnd in Rindenstücken drehen. Wie auch immer, der Mensch wurde mit dem Feuer Herr über sein Leben. Und daher können wir das Feuermachen als die wichtigste Erfindung überhaupt bezeichnen. Nur das Feuer ermöglichte ihm das Überleben in diesen kalten, unwirtlichen Zeiten.«

Senex deutete auf Speere und Keulen, die in unmittelbarer Nähe lagen, und sagte: »Denkt euch an den Meeresküsten noch Harpunen hinzu. Mit diesen Werkzeugen, mit diesen ersten Waffen zur Jagd und zum Kampf, vervielfachten die Menschen ihre Möglichkeiten, sie gaben ihnen Überlegenheit, mindestens über das Tier. Und die brauchten sie auch. Freilich, was wir von der Vergangenheit wissen, ist sehr unvollkommen, weil sich alle weichen Materialien, wie zum Beispiel das Holz, hölzerne Speere, Körbe und die Stoffe, nicht erhalten haben. Geblieben sind nur harte Gegenstände, also Knochen, Steinwerkzeuge, Scherben. Deshalb wird unser Bild der Vergangenheit von diesen geprägt und ist insofern lückenhaft, vielleicht sogar falsch. Wir sind auf unsere Phantasie angewiesen.«

»Aber warum ging der Mensch aus Afrika in diese unwirtlichen Gegenden?«, fragte Berenike noch einmal.

»Möglicherweise suchte er die nördlicheren Breiten deswegen auf, weil er dort reichere Nahrung fand, einen größeren Wildbestand, geradezu einen Überfluss. Nashörner, Steinböcke, Hirsche, Bisons, Höhlenlöwen und Höhlenbären, gefährliche Burschen, die bis zu einer halben Tonne wogen. Und natürlich das Mammut mit seinen hoch gebogenen Stoßzähnen. Das jagte er und verehrte es gleichzeitig wie eine Gottheit. Am zahlreichsten waren Wisente, Wildpferde und Rentiere.«

Zugvögel strichen über die Hügel, die mit dichtem, fruchtbarem Unterholz bewachsen waren.

»Diese Jäger lebten in kleinen Gruppen mit ihren Kindern«, fuhr Senex fort. »Um das ganze Jahr über Beute zu machen, mussten sie den Herden auf deren langen Wanderungen folgen. Ihre Unterkünfte waren deshalb Zelte und Hütten, die sie schnell aufbauen konnten.«

»Mir wird wirklich sehr kalt«, sagte Berenike zitternd. »Besser gesagt, ich friere erbärmlich.«

Eiszeit

Vom Segen der Kälte

Senex zeigte auf einen neben ihm liegenden Haufen und sagte: »Hier gibt es Pelze.«

Sie griffen zu und hüllten sich ein. Berenike zog eine Kapuze über ihre Haare. Es wurde höchste Zeit, denn es begann zu schneien und bald verschwanden die Ebene und die Hügel, die Felder und die Bäume unter einer dichten Schneedecke.

»Kein Wunder, dass es kalt wird, denn wir erleben den Beginn der Eiszeit«, erklärte Senex. »Es gab insgesamt drei, die in großen Abständen aufeinander folgten. Der Anfang liegt etwa eine Million Jahre, ihr Ende rund zehntausend Jahre zurück. Ein riesiger Zeitraum, groß genug, dass wir Menschen – das darf man so sagen – uns im Wesentlichen zu jenen Geschöpfen entwickeln konnten, die wir heute sind. Danach war unsere körperliche und geistige Entwicklung so gut wie abgeschlossen und daher kommt es, dass sogar der moderne Mensch so viele steinzeitliche Verhaltensformen an den Tag legt, die ihm heute nicht nur nichts mehr nützen, sondern der Spezies sogar schaden.«

»Sie sagen steinzeitlich …«

»Ja, mit dem Ende der Eiszeit sind wir in die Steinzeit hinübergeglitten. Damals lernte der Mensch nicht nur den immer besseren Gebrauch von Werkzeugen, auch seine biologische Evolution hörte auf, das heißt, er entwickelte sich körperlich kaum noch. Er brauchte nun keine besonders harte und kräftige Faust mehr, um eine Nuss aufzuschlagen, denn er konnte einen Stein, sogar einen einfachen Hammer dazu nehmen. Infolgedessen war der Mensch mit der harten Faust im Lebenskampf nicht mehr unbedingt bevorzugt. Schwächere Artgenossen, die ihr Werkzeug intelligenter anzuwenden wussten, waren ihm sogar überlegen. Damit verlagerte sich das, was wir Fortschritt nennen, vom lebenden Wesen in die unbelebte Materie, mit der viele Dinge besser bewältigt werden konnten. Außerdem lernte der Mensch, das Fleisch in der Kälte zu konservieren. Dank der Pelze als Kleidung und dank des Feuers konnte er sich am Leben erhalten. Die meisten Menschen wohnten in Höhlen. Indem sie redeten und sich mit ihren Artgenossen verständigten, konnten sie ihre stärkeren Brüder darum bitten, ihnen zu helfen – unsere Vorfahren lernten es immer besser, ihren Verstand zu gebrauchen. Keine andere Zeit hat die Menschen in ihrer Entwicklung weiter vorangebracht als die Eiszeit, deren extreme Bedingungen den Kampf ums Überleben so schwierig und gefahrvoll machten.«

»Also Glück im Unglück!«

»Ein Segen im Fluch, ja, Roman. In dieser Zeit wandelte sich das Verhalten der Menschen. Sie fanden es lohnender, statt einzelnen Tieren ganzen Herden zu folgen. Sie ließen sie nicht mehr aus den Augen, meldeten sich gegenseitig, was sie gesehen hatten, und zogen miteinander aus. So wurden sie langsam auch zu Hütern ihrer Tiere, die sie als ihre bewegliche Nahrungsreserve betrachteten. Übrigens ist sich die Wissenschaft einig darin, dass der Übergang von der pflanzlichen zur tierischen Nahrung, und damit zum tierischen Eiweiß, wie er in den Eiszeiten erfolgte, die Entwicklung des menschlichen Gehirns wesentlich förderte. Da die Menschen nun miteinander sprechen konnten, begann die Entstehung von Zivilisationen, die selbst auch wieder die geistige und sprachliche Entwicklung vorantrieben. Es bildeten sich privilegierte Klassen heraus und mit ihnen ganz neue Berufe – Priester, Adlige oder Handwerker. Sie entwickelten nun auch geistige Werte, dachten anders und neu, da sie befreit waren vom harten Kampf ums Überleben, vom Zwang, die tägliche Nahrung zu beschaffen. Das hatte beachtliche Folgen, wie ihr bald sehen werdet.«

Wieder hatte sich das Bild vor ihnen verwandelt. Die Schneedecke war zurückgegangen, nur da und dort gab es noch Eis und weiße Flecken. An einer Bergwand hing ein Felsen über und bildete ein natürliches Dach. Baumstämme, über die man Zweige und Felle gelegt hatte, waren im Halbkreis darangelehnt. So war ein Gebäude entstanden, in dessen Innerem ein Feuer loderte, an dem in Fell gehüllte Menschen saßen, die sich kaum von unseren Zeitgenossen unterschieden hätten, wenn nicht durch ihre Bekleidung und die wirren Haare. Dichter Rauch quoll durch eine runde Öffnung nach oben in die frostklare Luft.

»Aber ich möchte euch jetzt etwas anderes zeigen«, rief Senex. »Ich gestehe, dass ich aufgeregt bin.«

Der Mensch entdeckt eine neue Begabung

Schwungvoll schritt Senex auf eine runde Öffnung zu, auf den Eingang einer Höhle. Vorne nahm er einen kleinen Stein aus einer Vertiefung, der die Form eines Öllämpchens hatte. Er war mit Talg gefüllt, der einen Docht aus Wacholderholz am Brennen hielt und ein rauchfreies, angenehmes Licht erzeugte. Senex hielt das Lämpchen hoch, murmelte etwas von »wunderbarem Fortschritt« und ging gebückt in die Höhle.

Berenike, Roman und Stefan folgten, sie empfanden eine mit Neugier untermischte Feierlichkeit.

»Seht!« Senex hielt das Lämpchen hoch. In dem matten, flackernden Licht, das er langsam an den Wänden entlangführte, erkannten sie die Umrisse von Tieren, die teilweise ausgemalt waren, Pferde, Stiere, Wisente, Steinböcke, Rentiere, Gruppen von Löwinnen, Wollnashörner, auch Vögel, eine Eule und eine Hyäne, sogar Geschöpfe der Phantasie, Fabelwesen oder abstrakte Symbole, sowie Einzelteile, Ohren, einen Schwanz, Hörner, Stoßzähne und Mähnen und Umrisse von Händen. Manches war schwarz ausgeführt, anderes mit rotem Eisenoxyd auf die Wand gemalt.

»Wie wunderbar«, rief Berenike. »Wie genau das alles dargestellt ist, die Formen, die Farben!«

»Ich fange an mich wohl zu fühlen«, äußerte Roman und legte seinen

Arm um Berenikes Schulter. Stefan schaute mit einem Anflug von Eifersucht zu ihnen hinüber, Roman bemerkte es sofort und zog seinen Arm zurück. »Erst hier, so scheint mir«, sagte er, »wird der Mensch wirklich zum Menschen.«

»Ja«, antwortete Senex, »erst als er nicht mehr nur ums tägliche Überleben kämpfen musste, begann er sich selbst zu sehen und darzustellen, sogar zu feiern.«

»Das könnten die Werke heutiger Künstler sein. Ich habe einmal gelesen, dass man Picasso einen Steinzeitmenschen nannte. Jetzt verstehe ich das. Die Brücke von einigen seiner Bilder zu diesen hier ist jedenfalls leicht zu schlagen.«

Auch Stefan wandte sich den Höhlenzeichnungen zu. »Die modernen Maler greifen oft auf die Werke ihrer Urzeitkollegen zurück und lassen sich von ihnen anregen, die Bildhauer übrigens auch.«

»Aber warum haben sie das überhaupt gemalt – oder gezeichnet?«

»Das weiß niemand, Berenike«, antwortete Senex. »Man ist auf Vermutungen angewiesen. Vielleicht haben sie ihre Jagdbeute magisch beschwören wollen. Vielleicht glaubten sie, durch diese Zeichnungen Macht über sie zu erlangen. Vielleicht wollten sie sich auf die Begegnung mit dem lebendigen, meist gefährlichen Tier vorbereiten. Auf jeden Fall gebrauchten sie zum ersten Male etwas, was nur uns Menschen eigen ist, nämlich ihre Vorstellungskraft – und setzten sie schöpferisch um.«

Sie entdeckten ein einfaches Holzgerüst, auf dem ein Mann kauerte, dem die wirren Haare bis auf den Rücken hinabhingen. Ein Kienspan neben ihm verbreitete ein wenig Licht, in dessen Schein er mit einem angespitzten Feuerstein die Formen eines Rindes in den weichen Fels der Seitenwand ritzte. Dann tupfte er seinen Zeigefinger in ein Holzgefäß und füllte die Umrisse der Zeichnung mit braun-roter Erdfarbe aus.

»Immer haben die Künstler die Farben mit der Hand verwischt, um der Zeichnung Tiefe zu verleihen«, erklärte Senex. »Von hier datiert nicht nur die Malerei, von hier datiert etwas bisher nie Dagewesenes, die Kunst.«

»Wann mag das gewesen sein?«

»Man schätzt, dass die ersten Zeichnungen vor etwa neunzehntausend Jahren entstanden sind – oder sogar noch früher, Berenike. Vor etwa fünfunddreißigtausend Jahren scheint im Menschen der Sinn für das Schöne erwacht zu sein, denn aus dieser Zeit fand man schon Ketten aus gelochten Schneckengehäusen und Eisfuchszähnen, Anhänger aus Speckstein und sogar kleine Elfenbeinschnitzereien. Man spricht von einer kulturellen Explosion in der Altsteinzeit. Diese Bilder hier dürften in drei Epochen, die sich über fast ein Jahrtausend erstreckten, entstanden sein. Man nennt diese Höhle auch die Sixtinische Kapelle der Steinzeit.«

»Was meint man damit?«

»Erlass mir jetzt noch die Antwort, Berenike«, bat Senex. »Nur noch ein Wort zu diesen Höhlen, die man in vielen Gegenden findet. Es gibt natürlich auch andere ohne so wunderbare Zeichnungen, in einigen findet man Einritzungen, die man als Zählstriche deuten kann, denn Zahlen, oder was als solche dienen sollte, wurden viel früher aufgezeichnet als Wörter. Keinesfalls waren sie nur sinnlose Kritzeleien. Wir sehen in ihnen die ersten formgewordenen Gedanken – den Beginn der Schrift. Man deutet diese Zeichnungen auch als zusammenhängende Bildergeschichten.«

»Steinzeitliche Comics?«

»Ja, Roman, sie waren vielleicht für Zeremonien gedacht, bei denen die Jugendlichen als gleichberechtigt unter die Erwachsenen aufgenommen wurden. Dennoch, die Mythen, denen diese Bilder ihre Entstehung verdanken, werden wir nie verstehen, sie sind für immer verloren. Über Jahrtausende wurden sie in den Höhlen angebracht und entwickelten sich nach und nach immer prägnanter. Aus einfachen Formen wurden komplexere, schwierigere, die wir fast schon Ideogramme nennen können. Freilich, diese Einritzungen können auch frühe Kalender oder Aufzeichnungen der Mondzyklen gewesen sein, denn die Höhlen wurden nicht nur als Zufluchtsstätte oder Behausung benutzt, sondern auch zur Beobachtung der Sterne. Wer in so einer engen Höhle hockte, sah immer nur einen kleinen Abschnitt des Himmels und konnte an diesem das Kreisen der Gestirne gut verfolgen.«

»Sie werden den Mond als ein großes Rätsel empfunden haben, vielleicht sogar als eine Gottheit«, sagte Berenike.

»Kommt nun«, bat Senex. »Unser Weg ist noch lang, wir haben ihn kaum begonnen. Je weiter wir voranschreiten, desto vielfältiger und farbiger wird alles. Wir wollen aber die Erkenntnis mitnehmen, dass der Mensch der Steinzeit biologisch gesehen am Ende einer Entwicklung steht. Er ist wirklich unser Urahn, dem wir in vieler Hinsicht gleichen und dessen Verhaltensweisen wir noch nicht abstreifen konnten, obwohl sie in unserer hoch zivilisierten Umwelt nicht nur unnütz, sondern sogar schädlich geworden sind.«

Mit diesen Worten verließen sie die Höhle und gingen wieder ins Freie. An einem See, über dem Dunstschleier lagen und den am gegenüberliegenden Ufer ein grüner Saum von Bäumen begrenzte, saß ein junger Mann, die Füße im Wasser, und träumte vor sich hin.

»Vielleicht«, sagte Roman leise, wie um ihn nicht zu stören, »vielleicht empfindet er jetzt nicht nur, dass er um sein Dasein kämpfen muss, sondern auch, dass diese Erde schön ist. Nur kann er es vielleicht noch nicht in Worte fassen.«

»Aber er wird es lernen, Romi«, sagte Berenike.

Vom Sammler und Jäger zum Hüter und Hirten

Nun wurde es warm. Berenike warf wortlos das Fell ab, die anderen ebenso. Um sie herum war eine blühende Frühlingslandschaft, frisches Gras, eine Luft wie im Mai, helles Grün an den Bäumen.

Die drei jungen Leute atmeten tief durch. Senex sagte: »Von hier datiert das, was man die neolithische Revolution nennt. Aber lasst mich zuvor noch ein letztes Wort zur biologischen Evolution des Menschen sagen. Gewiss erfolgte sie schneller, viel schneller als die jedes Tiers. Aber immerhin währte sie doch Millionen Jahre, vom Homo erectus zum Homo sapiens, also bis die neolithische Evolution zu Ende ging und die kulturelle Entwicklung begann. Hunderttausende von Jahren – bitte stellt euch das einmal vor, versucht es mindestens. Horcht in euch hinein, schließt die Augen und spürt das langsame Verstreichen, das ewige Gleichmaß ohne Veränderung und Fortschritt, nur Geburt und Tod, Tag und Nacht, ständiges Wiederkehren der Jahreszeiten, Jagd und Palaver am Feuer, Beschwörung der Naturgeister, Anbetung der Himmelsgötter, keine Erinnerung an die Vergangenheit, an die verstorbenen früheren Vorfahren, die man nicht mehr gesehen hatte, noch keine Kenntnis der eigenen Geschichte, kaum ein Weiterreichen von Erfahrungen, nur die Überlieferung von Mund zu Mund, von Generation zu Generation.«

Die jungen Leute schlossen die Lider und dachten sich zurück in diese unendlichen Räume. Vor allem Berenike entwickelte eine intensive Vorstellungskraft. Sie sah es mit den inneren Augen und empfand es mit dem Herzen: den immer gleichen Himmel, die immer wieder aufziehenden Wolken, Blitze, Donner – und natürlich Sonne und Mond. Jahrhunderte, Jahrtausende, in denen nichts zu geschehen schien – außer dass der Mensch sich wandelte und entwickelte.

Endlich sprach Senex weiter. »Später brauchte der Mensch dank seines hoch entwickelten Gehirns sehr viel weniger Zeit für seine kulturelle Weiterentwicklung. Nun betreten all jene Geschöpfe die Erde, die wir bewundern, denen wir nacheifern, Forscher, Denker, Künstler, Baumeister – freilich leider auch Feldherrn, Eroberer, Mörder ...«

»Und jede Menge Phantasten, Ideologen, Weltverbesserer«, rief Stefan.

Senex schwieg einen Augenblick, wie wenn er über etwas nachdächte, und sprach dann weiter: »Der Mensch, der auf die Epoche der Steinzeit folgte, gewann immer mehr Erfahrung und entwickelte immer kühnere Vorstellungen. Vom Sammler und Jäger wurde er zum Hüter und Hirten. Er züchtete Tiere und hielt sie nahe bei seinem Haus, er lernte Pflanzen zu kultivieren.«

»Wie lange brauchte er dazu?«

»Nicht einmal zwölftausend Jahre, Berenike. Als die letzte Eiszeit endete, begann die Erde zu blühen – der Mensch war von Pflanzen umgeben, die er nutzen konnte, von Tieren, die er gezähmt hatte und die ihm dienten. Er wurde ihr Herr, sogar ihr Beherrscher. Millionen Jahre lang war er herumgewandert, nun wurde er sesshaft. Und damit wurde auch die menschliche Kultur geboren, denn der Wandernde, der Nomade entwickelt kaum jemals das, was wir als Kultur und Zivilisation bezeichnen, er bebaut kein Land, errichtet keine Häuser, Tempel, schmückt nichts mit Bildwerken.«

»Aber wodurch entsteht eigentlich Kultur?«

»Alle Kultur entsteht dadurch, dass der Mensch mehr will, als seine nackten, elementaren Bedürfnisse befriedigen«, antwortete Senex, indem er einen steinigen Weg betrat, der sie in eine völlig andere Landschaft führte. Zuerst wanderten sie durch einen üppigen Korkeichenwald. Als sie seinen Schatten verließen, brannte die Sonne von einem makellos blauen Himmel, es war glühend heiß. Vor ihnen dehnte sich eine Wüstenlandschaft, in deren Mitte eine Oase leuchtete. Da wuchsen Thujen, Oliven, Myrthe, Ginster, Rosmarin, Lorbeer, Pistazien, Oleander und Tamarisken. Umgeben von einem Gelände, das mit Pflanzen und Halfagras bestanden war und sich als Mischung aus Wiese und Wildfeld darbot, sahen sie im Hintergrund ein Siedlung aus Schilfhütten, über denen Palmen ihre dekorativen Wedel entfalteten, wo Zedern und Eukalyptusbäume wuchsen. Am Wegrand stand eine Tafel mit dieser Aufschrift:

So krass, wie sich das Klima und das Bild der Natur geändert hatten, so krass war der Wechsel, den der Mensch in seiner Lebensführung vollzog. Er wurde vom wandernden, mit den wilden Viehherden mitziehenden Nomaden zum sesshaften Ackerbauern.

»Aber es dauert noch Jahrtausende, bis sich die ersten Dörfer herausbildeten«, erklärte Senex. »Seht…« Er deutete voraus.

»Das ist ja ein richtiges Dorf«, rief Berenike.

»Jetzt befinden wir uns im Nahen Osten, im späteren Palästina«, antwortete Senex. »Aus diesem Dorf wird einmal das Jericho, von dem die Bibel erzählt. Aber der Name spielt keine Rolle. Gehen wir zu den Leuten!«

Sie folgten einem ausgetretenen Pfad durch das dürre Gras, durch eine Wiese, die man nicht Feld nennen konnte, da es sich um ganz willkürliche Ansammlungen verschiedener Gräser handelte. Rechts und links des Weges arbeiteten einzelne braunhäutige Frauen. Sie hatten lange, dunkle, in den Nacken hängende Haare und waren bis auf ein kurzes Schamröckchen aus Fell nackt. In gebeugter Haltung führten sie schwungvolle Bewegungen aus. In einiger Entfernung arbeiteten andere gebückt mit dem Hackstock. Als diese Frauen die Fremden kommen sahen, unterbrachen sie ihre Tätigkeit, stützten sich auf ihre Werkzeuge und schauten zu ihnen hinüber. Ganz in ihrer Nähe schnitt eine Frau Gräser, auch sie richtete sich auf und wischte sich mit dem Handrücken den Schweiß von der Stirn, wobei sich ihr Mund ein wenig öffnete.

Senex ging auf sie zu. In ihrer linken Faust leuchtete ein Büschel heller Halme, während sie rechts ein längliches Werkzeug umklammerte.

Senex nahm ihr die Halme aus der Hand und zeigte sie seinen Begleitern. Es sah aus wie eine Mischung aus Grashalm und Getreide. »Da seht ihr den ersten Weizen«, erklärte er. »Diese Frauen sind die ersten Menschen, die Getreide ernten. Ihr erkennt sicher, dass es noch kein Weizen ist, wie wir ihn haben, es ist eine Vorstufe. Er wächst wild. Die Menschen können ihn noch nicht selbst anpflanzen und kultivieren, sie müssen ihn nehmen, wie und wo sie ihn finden. Er entstand wahrscheinlich durch eine zufällige Kreuzung von wildem Weizen mit Ziegengras, das ihr hier ebenfalls überall seht.«

»Das ist mal wieder typisch, dass Frauen die schwere Feldarbeit ausführen, während die Männer wahrscheinlich vor den Hütten sitzen und schwatzen«, meinte Berenike. »Und das schon vor so langer Zeit!«

»Du irrst dich, Berenike«, antwortete Senex. »Es stimmt zwar, dass vor allem die Frauen die Früchte des Feldes sammelten und nach und nach den Pflanzenanbau kultivierten. Aber die Frau dominierte in der Hausgemeinschaft, die alle Verwandten umfasste. Die Stellung des Mannes war weit weniger gefestigt, so musste zum Beispiel der Mann zur Frau ziehen und nicht umgekehrt. Denn die Frauen verfügten über die Wohnung und den Ackerboden.«

»Aber was taten die Männer?«

»Niemand konnte bei der Härte des damaligen Lebenskampfes untätig sein. Sie jagten, sorgten für das Fleisch zur Ernährung – und aus dieser Beschäftigung mit dem Tier, aus der Kenntnis seiner Gewohnheiten und Bedürfnisse entwickelten sie die Viehzucht.«

»Was jagten sie denn?«

»Nun, die Tiere des Landes, Wildschweine und Affen, vor allem Paviane in den Wäldern, Gazellen, Antilopen, Strauße, sogar Panter – und auch Mähnenschafe.«

»Und womit schnitten ihre Frauen die Halme, sie hatten doch noch kein Eisen?«

»Richtig, Roman, ihre Sicheln sind aus Feuerstein!« Senex gab der Frau den kostbaren Weizen zurück und nahm ihr dafür das Werkzeug ab. Es war ein länglicher, leicht gebogener und an einer Seite scharfkantiger Stein, der glimmerartig glitzerte. Der Griff bestand aus einem Stück Gazellenhorn.

»Dafür werden auch Knochen verwendet«, erklärte Senex. Er deutete auf die Frau und meinte: »Ihre Enkel- und Urenkelkinder – nehmt es nicht zu wörtlich, ich muss in großen Zeiträumen denken – werden bereits Bäuerinnen und Bauern sein, Ackerbauern. – Wollt ihr noch einen Blick in das Dorf werfen? Es lohnt sich!«

Die erste Stadt

Jericho

Senex ging auf die unregelmäßig geformte Öffnung einer Mauer zu, die immer wuchtiger wurde. Auch wuchs nach und nach, wie im Zeitraffer, ein imponierender Turm empor.

Drinnen empfing sie quirliges Leben. Roman konnte sich kaum satt sehen an dem natürlichen, unbekümmerten Treiben, an den zwischen den glatten, niedrigen Häusern spielenden nackten Kindern, an den grauhaarigen alten Leuten, die, das Kinn auf einen Stock gestützt, in Hockstellung am Rand saßen und miteinander redeten, an den Frauen, die ihre Säuglinge an die Brust legten und stillten. Viele Häuser aus Schilf standen im Schatten von Bäumen, Palmen, Zedern oder Aleppokiefern.

»Von außen sehen sie einfach aus«, erklärte Senex, »aber innen sind viele mit Wandbehängen und Teppichen geschmückt.«

»Das wirkt auf mich schon wie eine Stadt«, stellte Berenike fest. »Wie viele Leute leben hier wohl?«

»Um das Jahr sechstausend vor unserer Zeitrechnung war Jericho eine große Ackerbausiedlung, die dreitausend Menschen beherbergt haben mag. Sie lag in einer Oase am Wüstenrand, denn der Pflanzenanbau hätte nicht ohne Wasser betrieben werden können. Die ersten Siedler bauten immer in der Nähe von Wasser, mindestens von Brunnen, und umgaben ihre Hütten mit Schutzwällen oder Palisadenzäunen. Nun kam also zum Wasser der Weizen, so konnte der Mensch die Grundlagen seiner Zivilisation legen, indem er Tiere bändigte und züchtete, Pflanzen kultivierte und mit beiden zu leben lernte.«

Stefan, Roman und Berenike schauten sich aufmerksam um. Frauen mahlten auf Steinen mit schweren Steinwerkzeugen Weizen aus, während daneben braun gebrannte Männer Ton für Ziegelsteine kneteten und – mit sichtbarem Stolz auf ihre Leistung – formten und anschließend zum Trocknen auslegten. Dazwischen meckerten Ziegen, blökten Schafe und überall streunten Hunde, lagen vor den Häuschen, tobten mit den Kindern. Ja, da gab es sogar Affen, die sich mit ihnen tummelten, wie wenn sie dazugehörten.

»Bald wird es Schweine, Rinder und Esel geben«, erklärte Senex lächelnd. »Übrigens durchschreiten wir jetzt, in diesen Minuten, eine Epoche, die mehrere Jahrtausende dauerte. In ihr vergeht die Zeit der Vorkeramik, verfließt die der Schnurkeramik, darauf folgen die frühe Kupfer- und die Bronzezeit. In diesem riesigen Zeitraum wuchs Jericho Schicht um Schicht und wurde zu einem großen Gemeinwesen, wenn ihm auch noch alle Merkmale einer Stadtkultur fehlten. Die meisten Städte – wie eben auch Jericho – entstanden dort, wo sich Wasser fand, wo sich Handelsrouten, Karawanenstraßen kreuzten, oder wo es Waren gab, mit denen man Handel treiben konnte. Aber man kannte noch keine auf eine bestimmte Fertigkeit spezialisierten Handwerker, keine gewerbliche Arbeitsteilung, keine Schreiner, Gerber, Metzger. Jeder stellte her, was er selbst brauchte. Der Mensch war sesshaft geworden, aus Grabstock und Hacke entwickelte er den Spaten und schließlich den Pflug.«

Berenike zeigte auf eine dunkelhäutige Schönheit, die mit geschickten, flinken Bewegungen eine Schüssel aus Ton formte.

»Da seht ihr die Anfänge der Keramik«, sagte Senex. »Mit den getöpferten Schüsseln konnte man Speisen auf bisher noch nie da gewesene Art zubereiten, nämlich auf Feuer kochen. Bisher hatte man sie mit heißen Steinen erhitzt, die man in das Gefäß warf. Übrigens war das Kochen auch der erste künstlich durch Hitze hervorgerufene chemische Umwandlungsprozess. Nun ließen sich viele neue Nahrungsmittel verwenden, die sonst schwer oder gar nicht verdaulich waren. Es ist kaum abzuschätzen, wie sehr die Töpferei zur Bereicherung der Ernährung beitrug.«

»Und der Kochkunst!«, rief Roman.

»Was haben diese Leute gegessen?«, fragte Berenike.

»Außer Fleisch und Wurzeln bereiteten sie sich Aufgüsse, Brei und Fladen aus Getreide, aus Gerste, Hirse und Mais. Es gab Erbsen und Linsen, Pistazien, Eicheln und Früchte, die den Bohnen ähnelten, Kürbisse und viele verschiedene Gewürzpflanzen. Man genoss Feigen, Datteln, Granatäpfel, Weintrauben, Mandeln und Walnüsse. Schon vor siebentausend Jahren tranken die Menschen Wein, möglicherweise bereits aus gezüchteten Trauben. Die Wüste trug wilde Melonen, von den Tamariskenläusen wurde Manna gespendet. Später kam Reis dazu.«

Häuser Wand an Wand

»Ich möchte in eines der Häuser hineinschauen«, bat Berenike. Sie gingen auf einen Bau zu, der größer war als die anderen, er war auch nicht rund, sondern rechteckig, aus aufeinander geschichteten Lehmziegeln errichtet.

»Die Ziegel werden in der Sonne getrocknet«, sagte Senex. »Und sie wurden bereits mit Mörtel verbunden! All diese Häuser sind, wie ihr ja seht, Wand an Wand gebaut.«

Er ließ sie in eine kleine, dämmrige Vorhalle eintreten, von hier aus konnten sie in drei kleine Nebenräume blicken. Im ersten lagen Steinwerkzeuge, im zweiten polierte Knochen, im dritten Perlen aus Stein und Muscheln.

Berenike hielt einen Gegenstand hoch, dessen Verwendungszweck sie nicht gleich erkannte.

»Das ist ein Spiegel aus poliertem Obsidian«, erklärte Senex. »Mit dem Spiegel schuf sich der Mensch ein Werkzeug, in dem er sich selbst anschauen und wieder erkennen konnte. Wenn eine junge Frau sich in einem solchen Spiegel – er konnte auch aus Bronze sein – betrachtete, dann sah sie ihr Gesicht im Kranz dichter, schwarzer Flechten. So konnte sie ihre Lippen und Augenlider mit Farbstiften tönen.«

»Hoffentlich gefiel sie sich.«

»Ja, vielleicht. Sie trug ein mit Quasten verziertes Umhängetuch, das ihre Füße, die in Sandalen steckten, und eine Schulter freiließ. Gewiss, im klaren Wasser konnten die Menschen sich schon vorher anschauen, aber das Bild war schwankend und trügerisch. Mit dem Spiegel tat der Mensch einen Schritt auf die Erkenntnis seiner selbst zu. Er sah sich, sein Gesicht, seine Augen, seinen Mund, er konnte sich als ein eigenes, ganz unverwechselbares Wesen begreifen. Das ist auch ein Weg zur Philosophie. Denn vielleicht dachte er nun, indem er sich betrachtete, auch über sich selber nach.«

Im Hintergrund befand sich eine Öffnung, die in einen kleinen ummauerten Hof mit gestampftem Boden führte. Sie schlüpften hindurch. Berenike kletterte auf einer aus dünnen Stämmen und Ästen zusammengefügten Leiter auf das flache Dach und rief: »Hier kann ich alles gut übersehen, die runden oder unregelmäßig eckigen Bauten wie braune Würfel, dazwischen das Gewirr der Gassen, alles voller Leute, und so viel Vieh – ich habe gar nicht den Eindruck, in einem anderen Jahrtausend zu sein. Natürlich – es gibt schon Unterschiede, es ist ja niemand bekleidet, und noch etwas fällt mir auf, ich sehe zwar Hunde, Ziegen und Schafe, sogar Affen – aber kein einziges Huhn und auch keine Katze.«

»Bitte komm wieder herunter, sonst nimmst du mir jede Überraschung vorweg«, bat Senex. »Denn Freunde… Katzen… da fällt mein nächstes Stichwort: Ägypten! Doch es ist Mittag geworden, vorher wollen wir den Schatten ausnutzen und uns ein wenig stärken.«

Sie suchten sich Steine an der Hauswand und ließen sich nieder. Sie packten ihre Picknicksäckchen aus, in denen sie belegte Brote, gebratene Hähnchenstücke und Limonade fanden.

»Ach, das tut gut!« Berenike lehnte sich an die Mauer und streckte die Beine aus.

»Ja, Ägypten«, wiederholte Senex. »Eigentlich hätten wir nach Sumer oder nach Mesopotamien gehen müssen, dem Ausgangspunkt unserer Kultur.«

»Mesopotamien, das gibt es doch nicht mehr. Wo lag es genau?«

»Ungefähr dort, wo heute der Irak ist, Berenike«, antwortete Senex.

»Das Land Sumer erstreckte sich vom Persischen Golf bis etwa nach Bagdad. Die Schrifttafeln der Sumerer entstanden im Ursprungsland der Zivilisation, in meso potamia, was so viel heißt wie: Land zwischen den Strömen. Gemeint war das untere Schwemmland von Euphrat und Tigris. Die Sumerer, die hier etwa dreitausend vor Christus eindrangen, waren schon Bauern, Schäfer und Fischer, sie kannten den Pflug, den Schmied, den Tischler, den Weber, den Töpfer, den Maurer und vielleicht sogar Kaufleute. Etwa um sechstausenddreihundert vor unserer Zeitrechnung entstanden in Sumer die ersten Webereien, hier hielt man wenige hundert Jahre später die ersten Rinder am Haus und trank ihre Milch. Man benutzte Siegel, um Episteln zu unterzeichnen, und nicht viel später entstand die genialste Erfindung, die Schrift, wie ich eben schon andeutete. Um das Jahr dreitausendeinhundert wird sie es dem Menschen ermöglichen, Worte und all sein Wissen dem Vergessen zu entreißen. Und schon wird er zum Dichter: Noch in der Bronzezeit schreibt er die dreitausend Verse des Gilgamesch-Epos auf zwölf Tafeln.«

»Und warum übergehen wir also Sumer oder Mesopotamien?«

»Weil sich so wenig von dieser Kultur erhalten hat, Berenike, jedenfalls verglichen mit Ägypten. Denkt an die Sintflut, die nicht nur ein Mythos war. Das liegt auch am ägyptischen Totenkult, der – so widersinnig das klingt – die Bilder des Lebens konservierte, aber auch an den aus Stein gebauten Pyramiden und Tempeln Ägyptens. Und da wir sowieso nicht alles anschauen können, hat sich die Leitung des Evo-Parks für das Land am Nil entschieden. Ich verspreche euch, ihr werdet staunen!«

»Aber wie kommen wir dorthin?« Berenikes Augen strahlten. Da sie neben Senex saß, schob sie ihre Hand unter seinen Ellenbogen.

»Vorsicht!«, flüsterte er und deutete lächelnd auf Stefan und Roman. »Nun«, meinte er dann aber in weiser Selbsteinschätzung, »vielleicht halten die beiden mich auch schon für zu alt.«

Berenike lachte nur. »Aber nochmals, wie kommen wir nach Ägypten?«

»Es ist nicht weit«, antwortete Senex. »Wir brauchen nur ins Haus zurückzukehren.«

Ägypten

Es duftete nach Weihrauch und Myrre

Nach der Erholungspause packten sie ihre Säckchen zusammen. Als sie durch die Türöffnung ins Haus gingen, sahen sie, dass sich dieses verwandelt hatte. Sie kamen über einen sauber verputzten Vorraum in ein größeres Zimmer. Zunächst mussten sie sich an das gedämpfte Licht gewöhnen, denn die Fenster waren schmal, sehr hoch oben angebracht und mit Holzgittern verschlossen.

»Wir sind in Ägypten«, erklärte Senex zu ihrer Überraschung. »Nun verwendet man bereits Gardinen oder Rohrmatten. Nicht nur gegen die Sonne, sondern auch zum Schutz vor Tieren. Wenn ihr dieses Zimmer betrachtet, dann erinnert euch bitte an die Höhle der Steinzeit und auch an den Lehmbau in Jericho mit den Knochen und Muscheln, um den Fortschritt zu erkennen.«

»Fortschritt? Haben wir nicht gelernt, mit diesem Wort vorsichtiger umzugehen?«

»Ja, Stefan. Doch in diesem frühen Stadium wuchs sich der Fortschritt noch nicht zum Nachteil aus, er schuf wirklich Erleichterungen und bereicherte das Leben.«

Die jungen Leute blickten sich um. Es duftete nach Weihrauch und Myrre, buntes Geflecht zierte die Wände, der Boden war mit kleinen Teppichen und hellen Rohrmatten bedeckt. »Auf solchen geflochtenen Matten nimmt man auch die Mahlzeiten ein«, erläuterte Senex. »Diese hier sind aus geschlitzten Papyrusstängeln. Andere macht man aus Bast, Rohr, Leinenfasern oder Palmfiber, oft mit lebhaften Farbmustern. Und nicht nur als Bodenbelag, sondern auch als Wandbehänge, zum Reisen, für die Betten und Sitzmöbel, für die Dächer und Mauern. Sogar die Hirten schützen sich damit vor der prallen Sonne. Ihr könnt euch denken, wie bunt die Häuser gewesen sind mit all diesen Stoffen.«

Berenike ging zu einem Bett, einem schwarzen Holzrahmen mit gedrechselten Pfosten und goldenen Füßen, reich mit Gold, Silber und Bronze verziert und mit vier geschnitzten Löwenköpfen geschmückt. Es war mit Ledergurten bespannt, auf denen eine mit einem Laken bedeckte weiße Matratze und bunte Kopfkissen leuchteten.

Ringsum standen wohlgeformte, verzierte Tongefäße, Vasen und Töpfe, Schalen und Becher. Sie sahen einen Korbsessel, einen Tisch mit geschwungenen Füßen, die mit Gold beschlagen waren, und viele andere kunstreiche Gegenstände. An den Wänden standen Körbe, auch rechteckige Truhen aus geflochtenem Schilfrohr. Berenike öffnete einen Deckel und rief erstaunt: »Gewebte Stoffe!«

»Leinen und Baumwolle?«

»Ja, Romi!« Sie zog ein Stückchen Stoff über ihren Handrücken, wobei die Haut durchschimmerte: »Das ist von einer Feinheit… Ich glaube, das können selbst unsere Maschinen heute nicht besser!«

»Völlig richtig«, bestätigte ihr Senex. »Darin waren die alten Ägypter Meister. Sie benutzen bereits webstuhlähnliche, niedrige Stühle mit horizontaler Kette.«

»Schaut euch mal den Schmuck aus Gold an.« Berenike legte sich einen feinen Reif um den Hals, tat ihn aber gleich wieder in die Truhe zurück.

»In der Stadt sehen wir vielleicht Goldschmiede oder Weber bei der Arbeit. Da könnt ihr erkennen, wie weit sich der Mensch vom einfachen Fell und Schurz entfernt hat. Diese Möbel, dieser Hausrat und Schmuck erzählen von einem verfeinerten Lebensstil. Diese Goldschmiedearbeiten bezeugen die vollendete Technik und den Schönheitssinn der Juweliere.«

Sie wandten sich zum Gehen. Da rief Senex, als sie den Vorraum durchquerten: »Halt! Schließlich ist auch das wichtig: der Beginn der Hygiene, der Beginn einer intimen, bereits recht komfortablen Installation – hier...« Er wies auf eine Öffnung mit einer Holztür, die sich in einem Pfosten drehte. »Hier verbirgt sich der Abtritt, oder die Latrine. Man benutzte bereits eine einfache Wasserspülung. Die Nomaden hatten noch außerhalb ihres Lagers ein Loch ausgescharrt, sich darüber gekauert und es nach erledigtem Geschäft zugescharrt. In diesem Haus führt entweder ein kleiner Kanal oder ein Abflussrohr zur Außengosse – Vorstufe unserer Wasserspülung. Doch genug.« Senex drängte zur Schwelle des Hauses, die sich zwischen bunt bemalten Säulen befand.

Auf der Straße tönt Pferdegetrappel

Sie traten ins blendende Licht hinaus, mitten in die Stadt. Nach der schattigen Kühle des Hauses fühlten sie den Anprall der Hitze. Lärm, Tiergeblök, Gauklerquarren, eine Symphonie von Gerüchen, Schweiß, der Dunst aus Fellen, der Dung der Rinder, Schafe, Ziegen, Esel und Schweine, dazu Blütenduft und Weihrauch, das Aroma von Salben und Rosenöl schlugen ihnen entgegen. Die breite Straße war gesäumt von wohl gewachsenen Bäumen, Sykomoren, Dornakazien, Dattelpalmen, Feigen und Granatbäumen vor lichtweiß und hellfarbig bemalten Kastenhäusern mit Zinnenmauern, sodass die Torbauten, die Eingänge in Seitenwege und Ziegelbänke teilweise verdeckt waren oder im Schatten lagen.

»Die meisten dieser Häuser bestehen auch hier aus Lehmziegeln, die aus Nilschlamm gewonnen werden«, sagte Senex. »Steine sind für den Hausbau zu kostspielig, nur Könige und Priester können sich diesen Luxus leisten. Selbst die Adligen überlassen das beste Baumaterial den Tempeln. Daher sind keine altägyptischen Wohngebäude erhalten geblieben. Aber viele Häuser der Wohlhabenden schmücken sich mit fein geschnitzten Portalen, schönen Holzarbeiten und kunstvollem Gitterwerk und besitzen ein Dach, das mit den zähen und biegsamen Stämmen der Palmen verstärkt wird. Rund um das Haus führt gewöhnlich die den

Hof einschließende Mauer, vom Hof aus führen Stufen auf das Dach und in die höher gelegenen Wohnräume. Alle Reichen besitzen sorgfältig gepflegte Privatgärten, in allen Städten gibt es öffentliche Anlagen für die Armen und fast jedes Haus hat seinen Blumenschmuck.«

Draußen tönte Pferdegetrappel, rollten Räder, dazu kam das fast lautlose Laufen der barfüßigen Menschen, dazwischen ein Chor vielstimmiger Rufe. Wagen fuhren durch die Straßen, keuchende Warnrufe gingen ihnen voraus, pompös ausstaffierte Fächerträger liefen daneben und erfrischten die vornehmen Insassen mit kühler Luft.

»Nun sagt, ist euch etwas aufgefallen?«, fragte Senex erwartungsvoll.

»Die Buntheit, die Mode.«

»Das ist das eine, Berenike. Die Mode hat sich wie eine Schlange eingeschlichen und das Paradies natürlicher Nacktheit zerstört.«

»Glücklicherweise nicht ganz«, murmelte Roman, dessen Blick auf einem zierlichen, wohl gewachsenen Mädchen ruhte, das seinen schmalen Oberkörper mit den kleinen Brüsten nicht verdeckte und nur reichen, bunten Schmuck um den Hals trug. Das Mädchen hatte die Brauen schwarz gefärbt, die Augen grün-blau untermalt, hennarot die Fingernägel, und ihr Haar, von dem die langen Enden eines bunten Bandes herabhingen, war kurz geschnitten. Sie stand da in einem Röckchen aus hauchdünnem Gewebe, das sich wie ein Glasschleier über ihre schlanken Schenkel legte.

Das Rad – die genialste Erfindung

Senex knüpfte an seine vorige Frage an: »Was ist dir sonst noch aufgefallen?«

»Der Wagen!«, rief Berenike.

»Der Wagen, ja. Oder sagen wir genauer, die Voraussetzung dafür, dass man überhaupt Wagen bauen konnte.«

»Also das Rad.«

»Genau, Stefan. Nachdem man gelernt hatte, Feuer zu entzünden, war das Rad die erste große mechanische Erfindung. Wo man es zuerst verwendete, weiß man nicht genau, vermutlich kam es aus Sumer oder Mesopotamien, aber auch in Ägypten kannte man es schon lange, da rollten Räder auf den Wüstenpisten von einer Siedlung zur anderen und in den Straßen der Städte. Man transportierte Statuen von Gottheiten bei Prozessionen und die Reichen liebten es, sich im Wagen fahren zu lassen. Wie weit reichend die Folgen dieser Erfindung – oder Entdeckung – waren, wisst ihr selbst. Sie hat das Transportwesen und das Reisen revolutioniert, bis in unsere Tage. Wir könnten ohne Rad nicht mehr leben.«

»Kein Auto, keine Eisenbahn.«

»Wie ist man wohl darauf gekommen?«

»Nun, Berenike, man wird beobachtet haben, wie Steine rollten, vielleicht auch Baumstämme. Man kannte das Rad aber schon als drehbare Töpferscheibe und verwendete es zuerst bei Karren, um schwere Gegenstände leichter transportieren zu können. Die ersten Räder waren aus einfachen Brettern, die rund gesägt wurden, meist aus zwei oder drei Segmenten, die durch hölzerne oder bronzene Klammern oder auch durch Schnüre zusammengehalten wurden. Man schob sie einfach auf die Achse und hielt sie dort durch Pflöcke fest, die man durch das Achsenende trieb. Die leichteren, eleganteren Speichen erfand man erst später, als man Streitwagen baute. Dieser wurde wahrscheinlich von den Hyskos in Ägypten eingeführt, einem vorderasiatischen Volksstamm, der Ägypten in pferdebespannten, einachsigen Streitwagen eroberte, etwa eintausendsechshundert Jahre vor der Zeitwende. Damit gelang ihnen ein Überraschungserfolg.«

Senex hielt einen Augenblick inne und meinte dann: »Aber ich bin noch nicht zufrieden. Noch etwas sollte euch aufgefallen sein!«

»Das Pferd!«, rief Berenike. »Ach, ich liebe Pferde!«

»Genau das! Etwa viertausend Jahre vor unserer Zeitrechnung trat es als neues Zugtier in Erscheinung, nach dem Ochsen und dem Esel. Damals muss es – zunächst in Südrussland – gelungen sein, Pferde mit Fallen einzufangen, und etwas später sogar, sie zu züchten. Zunächst dienten sie als Nahrungsquelle für Fleisch und Stutenmilch. Aus dem Leder, den Mähnen und Schweifhaaren wurden Zelte, Schuhe, Kleider, Decken, Kissen und vieles andere hergestellt. Nach und nach verwendete man sie als Zugtiere, und etwa bis eintausend vor Christus dauerte es, bis man Pferde züchten konnte, die sich auch reiten ließen. In Ägypten verwendete man Pferde zuerst nur für die prächtigen Fahrzeuge bei königlichen Paraden. Dass man auf Pferden reiten konnte, war eine großartige Entdeckung, die den Menschen einen ungeheuren Zuwachs an Macht verlieh. Der Reiter war nicht nur viel größer, er war auch viel stärker und schneller als jeder zu Fuß, Läufer, Nachrichtenübermittler, Reisender, Soldat. Es ist nicht zu viel gesagt, dass mit dem Pferd eine neue Epoche der Menschengeschichte beginnt. Doch wenn wir vom Pferd sprechen, dürfen wir das Kamel nicht übergehen, das für die Wüste noch wichtiger war. Das Kamel bedeutete hier deshalb eine noch größere Revolution der Beförderungsmittel als das Pferd, weil durch das Kamel die weiten Wüstenstriche, die zwischen den Siedlungen der Menschen lagen, überhaupt erst überbrückt werden konnten. Aber kommt jetzt die Straße dort hinunter zu dem kleinen Platz!«

Jeder legte den Kopf in den Nacken, um zu dem riesigen braunen Obelisken hinaufsehen zu können, der in der Mitte des Platzes stand und dessen goldene Spitze in der Sonne funkelte. Dann blieben sie am Angebot der Händler stehen, die mit ihren Karawanen in die Stadt gezogen waren, mit ihren Kunden handelten, feilschten, wobei der Tauschwert der Waren in Silber oder Kupfergewichten ausgedrückt wurde. Es gab Krüge mit farbigen, fettigen Schminken und Salben, kleine Zangen und Löffel aus Kuhhorn, Töpfe mit Honig, Säckchen mit Würzzwiebeln, Speisen und Wein in Krügen vom Land, es gab Balsam und Weihrauchharze, Labdanum, Lampen, Myrren und zu kleinen Pyramiden aufgetürmtes Fladenbrot. Daneben standen Stallknechte, Gartenpfleger, Träger mit Wasserkrügen oder Bier in Gefäßen mit hölzernem Deckel zum Schutz vor den Insekten, besonders vor den lästigen Schmeißfliegen.

Der Sitz Pharaos

»Alle Städte hier bergen unermessliche Mengen von Waren«, murmelte Senex erklärend. »Kupfer und Gold aus den Gebirgen tragen zum Reichtum der Königshäuser bei, während Heere von Sklaven in ihren Küchen und Webkammern schuften.«

»Sklaven – schon in Ägypten?«

»Leider ja, Berenike. In Ägypten setzte man seit etwa dreitausend vor der Zeitwende Arbeitssklaven im großen Stil ein. Zunächst waren es verschleppte und kriegsgefangene Nubier, Libyer und Mesopotamier, schließlich auch verarmte Ägypter, so genannte Schuldsklaven.«

Senex sprach gleich weiter, wie wenn ihm dieses Thema unangenehm wäre. »Vielleicht«, sagte er, »vielleicht war dies die schönste Stadt der alten Welt, schimmernd von Gold, denn Gold gab es ja in Fülle; eine Stadt der prächtigen Häuser in gepflegten Gärten; eine Stadt auch mit krummen und engen Gassen und Lehmziegelhäusern. Die Stadt, durch die sich das Volk drängte, nicht nur Ägypter, sondern eben auch dunkelhäutige Nubier, Männer aus Libyen, aus Palästina und Babylon – darunter ranghohe Zwerge, Betreuer von Haustieren und Spaßmacher. Dies war das Zentrum der kultivierten Welt, der Sitz Pharaos, des Gottkönigs, seiner hohen und höchsten Beamten, Wesire, Schreiber, Milizen, Schatzmeister, Stallvorsteher, Söldner – und der Sklaven. Eselkarawanen bringen ihre Waren aus Assiut, Abydos und Elephantine, sie liefern Kleider und Gefäße in alle Richtungen. Auf den Märkten wurde nicht nur Gemüse angeboten, Lattich und Zwiebeln, Feigen und Öl, Fische und Brot – wie ihr seht, halten die Handwerker Sandalen und Leinwand, Kopfstützen und Betten, Stühle und Stöcke, Fächer und Schmuckstücke feil, dazu Bronzespiegel, Schminkgefäße und Salbenlöffel aus Holz, Stein und Elfenbein in den phantasievollsten Formen.

Das ist die Stadt mit ihren prächtigen Türmen und Pylonen, mit ihren gepflasterten Alleen, die von zahllosen Statuen, Götter- und Pharaonenstandbildern gesäumt werden. Beachtet die rote Farbe, mit der die

Königsfiguren bemalt sind, von ihr wird sich nichts in unsere Zeit erhalten. Wir befinden uns hier im Bezirk der Vornehmen, ihr seht, dass die Häuser mit ihren Fronten auf die Straße blicken. Hier leben die hohen Beamten, die Würdenträger, die Schreiber, die Wohlhabenden, hier haben sie ihre Gärten, die sie sorgfältig pflegen und bewässern lassen. Diese neun Meter breite Straße führt zum Königspalast und zu den Tempeln der Götter Amun und Re.«

»Aber in welcher Stadt sind wir? Und vor allem, in welcher Zeit?«

»Der Name der Stadt spielt so wenig eine Rolle wie das Jahrhundert, Stefan«, antwortete Senex. »Wir könnten uns in der Stadt Theben befinden, dem heutigen Luxor, genauso wie in Memphis, das untergegangen ist. Die hier im Evo-Park aufgebaute Stadt ist ein Kaleidoskop Ägyptens und seiner Epochen. Natürlich gab es Unterschiede, aber die Veränderungen im alten Ägypten, die Veränderungen der Sitten, des Handwerks, der Moden waren so gering, gemessen an der ungeheuren Zeitspanne, die diese Kultur umfasste, dass sie für uns Heutige kaum ins Gewicht fallen.«

»Wie lange hat diese ungeheure Zeitspanne – wie Sie es nennen – gedauert?«, fragte Berenike.

»Vor etwa siebentausend Jahren ging die Jungsteinzeit in die Kupferzeit über, darauf folgten ab zweitausend vor Christus die ersten Reiche, dann die großen Reiche der Gaufürsten, später der Pharaonen mit den Zwischenzeiten. Von Anfang an konnte sich die ägyptische Kultur unberührt von äußeren Feinden entwickeln, denn an den Grenzen lebten nur Nomaden, die nie gefährlich wurden – bis Ägypten dreißig vor Christus zum Kronland Roms wurde, zweihundertsechsundneunzig nach Christus römische Provinz und endlich dreihundertfünfundneunzig an Ostrom fiel.«

»Also fast fünftausendvierhundert Jahre«, murmelte Roman. »Kaum vorstellbar. Was sind die eintausendsechshundert Jahre abendländischer Kulturgeschichte seit dem Untergang des römischen Reiches dagegen!«

Das Geschenk des Nils

»Diese Menschen müssen die Zeit als unendlich empfunden haben«, meinte Stefan, »sie wussten ja nichts von der Entstehung des Kosmos, von der Entwicklung des Lebens, für sie muss es immer so gewesen sein, wie sie es gerade um sich sahen, und so würde es auch in der Zukunft immer sein.«

»Also ein paradiesischer Zustand?«

»Das alte Ägypten kam vielleicht, trotz vieler Schattenseiten, die es auch gab, dem Paradies wirklich nahe, Roman. Es demonstriert uns, was der Mensch sein könnte, wenn er nicht ums Dasein kämpfen muss, denn die ägyptische Kultur war ja ein Ergebnis der Fruchtbarkeit des Stromlandes. Man kannte selten Hunger, es gab keinen Frost, nie graue Regentage, nur Sonne, Sonne. Mehrmals im Jahr schenkte die Natur den reichsten Segen. So hatte der Mensch auch Muße für künstlerische Bedürfnisse, für Gedanken, für Phantasie. Dazu kam, dass er sich von der Wüste umringt sah. Mit ihrer tödlichen Dürre zeigte sie ihm, dass sein Land ihr lebenssprühender Gegenpol war – eine fruchtbare, reiche, eine begnadete Welt! Aber das alles bezog sich natürlich in erster Linie auf die herrschende, wohlhabende Bürgerschicht. Der einfache Fellache, der Bauer, hatte ein hartes Leben. Zwar standen Jahr für Jahr Weizen, Gerste, Klee, Flachs und Baumwolle für die Ernte bereit. Jahr für Jahr, zwischen Juli und November, überschwemmte der Nil das Land und brachte den fruchtbaren Schlamm. Dann standen die Felder, von Bewässerungskanälen durchkreuzt, unter Wasser. Die Überschwemmungen begannen um die Sommersonnenwende und dauerten an die hundert Tage. Gewiss, sie machten die Wüste fruchtbar und Ägypten blühte – nach dem Ausspruch des ersten Geschichtsschreibers der Welt, Herodot – als das Geschenk des Nils. Deshalb entfaltete sich hier die menschliche Kultur auf so wunderbare Weise. Aber Ägypten war von diesem Strom und seinem Steigen auch ganz abhängig. Die Fellachen arbeiteten bis zur Erschöpfung. Diese Bauern hatten kein leichtes und auch kein langes Leben. Sie wussten, obgleich sie den Nutzen der Überschwemmungen kannten, dass diese ohne Kontrolle die Felder ebenso gut zerstören wie bewässern konnten. So bauten sie schon sehr früh zahllose Dämme und sammelten den Wasserüberschuss in Kanälen. Und obwohl der Reichtum des Landes eigentlich doch nur auf ihrer Feldarbeit beruhte, wurden sie auch noch dazu gezwungen, während der Monate, in denen das Land nicht bestellt werden konnte, an den Bauten der Pharaonen Fronarbeit zu leisten, für die sie keine Entlohnung bekamen. Sie hoben Kanäle aus, bauten Straßen oder schleppten große Steine und Obelisken für die Pyramiden, Tempel und Paläste heran. Viele überlebten nicht, sie gingen elend zu Grunde, denn von dem Brot und den Zwiebeln, die sie erhielten, konnten sie sich nicht immer bei Kräften halten und vor Seuchen bewahren. Vor allem waren sie machtlos gegen die Bilharziose, die tropische Wurminfektion, die häufig zum Tod führte. Die Schnecken, die sie übertrugen, bevölkerten die Bewässerungskanäle und den Nil.«

»Sind denn all diese Leute in Ägypten geboren worden?«

»Die meisten wohl, Berenike, aber im Lauf der Jahrhunderte kamen viele Sklaven hinzu, Gefangene aus Kriegen. Es wurden auch Streifzüge nur zum Sklavenfang unternommen. Schweren Herzens mögen die Gefangenen, zu denen auch Frauen und Kinder gehörten, dieses Land ihrer Knechtschaft betreten haben, das uns eben noch so paradiesisch erschien, die Hände hinter dem Rücken oder über dem Kopf zusammengebunden, manche in roh gezimmerten Handschellen.«

»Ein schreckliches Los. Also vergessen wir lieber unsere Ansicht vom Paradies«, meinte Stefan.

»Jedenfalls wollen wir sie stark einschränken«, gab Senex zu. »Leider ist es ja immer so, dass die Güter höchst ungleichmäßig verteilt sind.«

»Und äußerst ungerecht.«

»So ist es, Berenike. Aber ich möchte noch etwas anderes erzählen. Dem Fallen und Steigen des Nils verdanken wir auch unseren Kalender, denn die Menschen brauchten die besten Informationen über den Zeitpunkt, wann sie das Getreide säen mussten. Wann der erste Kalender erstellt wurde, wissen wir nicht genau, es kann bereits viertausend

Jahre vor unserer Zeitrechnung gewesen sein, vielleicht aber auch rund zweitausendfünfhundert Jahre später. Jedenfalls ist der ägyptische Kalender der erste, der auf dreihundertfünfundsechzig Tagen basiert, er kennt zwölf Monate zu je dreißig Tagen und fünf Feiertage, beginnend mit dem Tag, an dem der Stern Sirius – der Hundsstern – gleichzeitig mit der Morgensonne aufgeht, was in der Regel mit der alljährlichen Überschwemmung des Nils zusammenfiel. Sie führten also eine ganz nüchterne Zeitmessung ein, und zwar mit Hilfe von Wasser- und Sonnenuhren. Es gibt auch Hinweise auf die Vorhersage von Sonnenfinsternissen, also ein Schritt in Richtung auf eine wissenschaftlich betriebene Sternenkunde. Neben dem Sonnenaufgang war es der Anfang eines jeden neuen Jahres, der die Welt immer wieder erneuerte. ›Jahr‹ bedeutet ›Das sich Verjüngende‹, das an jedem Neujahrstag aufs Neue beginnt. Der Anfangstag des Jahres galt ihnen als Geburtstag des Sonnengottes Re und als ›Anfang der Zeit‹, als eine Wiederkehr der Schöpfung. Auch jede Thronbesteigung eines Pharaos bedeutete den Anbruch einer neuen Zeit. Ihr seht, man kann nicht vom Kalender sprechen, ohne das alte Ägypten zu erwähnen. Ihr Sonnenjahr hat sich im Abendland durchgesetzt, wir alle rechnen ganz selbstverständlich damit. Man verwendete es allerdings noch mit zwölf gleich langen Monaten und fünf Zusatztagen, ohne jede Schaltung. Die Differenz von rund einem Vierteltag gegenüber der wahren, der astronomischen Jahreslänge nahm man zu Gunsten einer klaren Gliederung in Kauf – auch der spätere, von Julius Cäsar eingeführte Kalender geht auf Ägypten zurück. Doch davon später mehr.

Geblieben ist jedenfalls die altägyptische Einteilung des Tages in vierundzwanzig Stunden, zwölf für den Tag und zwölf für die Nacht. Man erfand Sonnenuhren und begann Sternkarten zu zeichnen, die vermutlich von Astrologen, also zur Zukunftsdeutung, benutzt wurden.«

»Ich möchte ein Volk der Welt kennen, das diesen Humbug nicht mitgemacht hätte und immer noch mitmacht«, murmelte Stefan.

»Aus diesem Humbug entstand aber die Astronomie, die uns die tiefsten Einblicke in den Weltraum beschert hat und all unsere Kenntnisse vom Ursprung allen Lebens«, widersprach Senex milde. »Jedenfalls hatten die Ägypter bereits eine Vorstellung von einer Weltschöpfung, von einem Anfang und ihrer Begrenzung, auch wenn diese Grenzen sich im Unabsehbaren verlieren. Unsere moderne Kosmogonie hat diese Einsicht nicht ersetzt, sondern nur präzisiert. Für den Ägypter kam die Welt aus der Urfinsternis und der Urflut.«

»Das ist allerdings erstaunlich nahe an dem, was wir heute Morgen erfahren haben«, sagte Stefan.

»In Turin wird ein Königspapyrus aus dem Neuen Reich aufbewahrt, dessen Aufzeichnungen auf nahezu vierzigtausend Jahre seit der Schöpfung zurückführen sollen. Darin wird vor den historischen Königen eine ›Vorgeschichte‹ mit ganzen Dynastien von Göttern und Halbgöttern angesetzt. Dieser abgeschlossenen Vergangenheit stellte man ›Millionen Jahre‹ einer offenen Zukunft gegenüber.«

»Dann dachten die Ägypter ja schon in enormen Zeiträumen.«

»Ja, Berenike, und daher erschien ihnen die Lebenszeit auf Erden wie ein flüchtiger Traum. Aber sie meinten auch, dass es nicht auf die Quantität, sondern auf die Qualität der Zeit ankomme, nämlich nicht auf die Menge der Jahre, sondern auf ein erfülltes und sinnvolles Leben. Der Ägypter dachte, dass ein Augenblick, in dem man die Strahlen der Sonne sieht, wertvoller sei, als in Ewigkeit über die Unterwelt zu herrschen. Ich glaube, dass hier eines der Geheimnisse der altägyptischen Kultur und ihrer Wirkung auf uns liegt. Leere, ungenutzte Zeit verweht spurlos; erfüllte, gestaltete Zeit bleibt bewahrt, so dachte man. Und hatte man nicht Recht? Ist das, was von den Ägyptern überdauerte, nicht immer noch überwältigend?«

Senex erwartete keine Antwort und erhielt auch keine. Er fuhr gleich fort: »Deshalb wurde man in der Amarnazeit auch singend und mit Harfenbegleitung ermahnt, das Leben zu genießen, sich an den Dingen des Diesseits gerade wegen der Vergänglichkeit und Flüchtigkeit zu freuen.«

»Was ist die Amarnazeit?«

»Wir sprechen bald über sie, Berenike«, antwortete Senex. »Brechen wir auf! Unser Weg führt uns durch diesen Pylon!«

Paläste und Tempel, Säulengänge und Wandelhallen

Senex erhob sich und deutete auf ein glatt verputztes Tor, das sich, von zwei wuchtigen quadratischen Türmen eingefasst, über die ganze Breite der Straße erhob und nicht nur die Mauerkronen der Häuser, sondern auch noch die Häupter der Kolossalstatuen überragte. Davor hingen farbige Fahnen von hohen Stangen. Sie bauschten sich im milden Wind, der feine Sandkörner aus der Wüste heranwehte.

»Wir verlassen die Innenstadt und betreten den Bezirk der Paläste und Tempel, Säulengänge und Wandelhallen!«, erklärte Senex, als sie durch das Tor gingen. »Dies ist die Allee, wo die Priester des Tempels wohnen, dazu zahlreiche Beamte. Hier sehen wir, wie sich die klare Architektur mit dem Mauerwerk vergoldeter Paläste mischt. Gesang und Musik erfüllen die königlichen Gemächer und jeder kleine Herr will seinen eigenen Palast haben, die Königinnen, die Prinzen, Wesire und hohen Beamten nicht weniger!«

»Sie sprechen von Musik, hatte man denn Instrumente?«

»Aber ja, Roman. Der Mensch begnügte sich nicht mehr mit den Lauten der Natur, mit dem Gesang der Vögel, den Stimmen der Wildnis, er musizierte selbst. Vielleicht entdeckte er zuerst, dass sich auf dem Tierhorn melodische Töne erzeugen ließen, Lockrufe, klagende Weisen, später erfand er das Mundstück und noch später wurde das ganze Instrument aus Metall gefertigt. Bald gab es längere Instrumente mit engerer Bohrung, die viel strahlender klangen – jedoch: All diese frühen Trompeten und Hörner hatten ihre Mängel.«

»Vielleicht erinnerten ihre Töne eher an Eselgeschrei.«

»Das mag wohl sein, Stefan. Daher ließ man es nicht beim Horn bewenden, schon früh kannten die Sumerer die Harfe. Überhaupt – noch einmal die Sumerer, sie berechneten bereits die Bahnen von Sonne, Mond und den Planeten und bewahrten die Sintflutsage auf. Von ihnen sollen die zehn Gebote stammen, auch die Erfindung des Gewölbes schreiben ihnen manche Gelehrte zu, vom Rad haben wir ja schon gesprochen. Aber zurück zur Musik. Hier in Ägypten musizierte man mit Trommeln und Rasseln, mit Harfen, Lauten und Metalltrompeten und der Leier, der kleinen Schwester der Laute. Bei Festen spielten Berufsmusiker und sangen dazu, auf vielen Reliefs sieht man auch tanzende Arbeiter auf den Feldern. Oft sind die Musiker auch Frauen, die Frau in Ägypten hatte überhaupt eine besondere Stellung, vielleicht kommen wir noch darauf zu sprechen.«

»Warum später, warum nicht jetzt?«

»Also gut, aber nur kurz.«

O du mein schöner Freund

»Die Unterdrückung der Frau, wie sie bei uns vielfach beklagt wird, gab es in vielen frühen Kulturen nicht, da galt die Frau sehr viel, so auch in Ägypten. Hier war die Frau nicht nur Herrin des Hauses, das ganze Vermögen wurde über die weiblichen Nachkommen vererbt. Viele Männer heirateten ihre Schwestern, nicht etwa, weil sie so verliebt in sie waren, sondern weil sie das Familienerbe, das von der Mutter auf die Tochter kam, behalten wollten. Da die Frau so herausgehoben wurde, war Kindsmord, sprich Mädchenmord, in Ägypten äußerst selten. Selbst bei der Werbung ergriff gewöhnlich die Frau die Initiative. Liebesgedichte und Briefe wurden meist von der Frau an den Mann gerichtet. Sie ersucht um das Rendezvous, sie schlägt formell die Heirat vor und bittet darum. ›O mein schöner Freund‹, heißt es in einem Brief, ›es ist mein Wunsch, als dein Weib die Herrin all deiner Besitztümer zu werden.‹«

»Davon weiß man bei uns viel zu wenig. Dabei könnten wir doch davon lernen!«

»Ja, Berenike, aber glaub nicht, dass die Sittsamkeit, die ja nicht unbedingt gleichbedeutend mit Treue sein muss, bei den Ägyptern vorbildlich war. Man sprach ungeniert über sexuelle Dinge, schmückte die

Tempel mit Bildern und Flachreliefs von einer anatomischen Deutlichkeit, die nichts verhüllte, und versorgte die Toten mit erotischer Literatur, um sie im Grabe zu erfreuen. Die Mädchen waren schon mit zehn Jahren heiratsfähig, das Leben war ja kurz, viel kürzer als unseres, und voreheliche Moral war unbekannt.«

Gleich hinter dem Tor begann eine breite, über hundert Meter lange Sphinx-Allee, zu deren beiden Seiten Gärten und Grünanlagen die Augen erfreuten. Im Gras weideten die Herden des Gottes Amun, grauweiße Flecken auf sattem Grün. Einzelne Tiere schauten herüber. Überall waren Gärtner an der Arbeit, jäteten Beete, auf denen Blumen ihr Farbenschauspiel entfalteten, beschnitten Hecken und wässerten Platanen und Weiden.

Hinter der Allee halb liegender, halb majestätisch aufblickender Sphinx-Gestalten erhob sich eine hohe Wand aus glattem hellgelbem Stein, der mit sauberen, wie mit dem Lineal gezogenen Fugen aufeinander geschichtet war. Hier waren Reliefs zu sehen, deren Tragsteine wiederum auf den ausgemeißelten Häuptern der Feinde Ägyptens, der Libyer, Araber und Nubier, ruhten, Reliefs, die von der Macht des Pharaos erzählten. Daneben war Pharao selbst, Gott und König, dargestellt, wie er das Kinn einer graziösen Dame streichelte, umgeben von all seinen Favoritinnen. Da wurde auch die Geschichte lebendig, Siege über die Libyer, Schlachten gegen die Beduinen, Flüchtlinge, das Abholzen der Zedern für den Pharao, Triumphzüge, Priester mit Blumensträußen. Aber nicht das war es, was ihnen Senex zeigen wollte, nur wenige Schritte weiter stand an dieser Wand ein Gerüst, auf dem Steinmetze Figuren oder Zeichen aus dem Stein schlugen, die sowohl Blumen als auch Tiere oder auch nur dekorativer Schmuck sein konnten.

Hieroglyphen – Heilige Eingrabungen

»So entstanden die Hieroglyphen«, sagte Senex. »Es wird Zeit, dass wir von der Erfindung der Schrift sprechen, auch wenn die Ägypter sicher nicht die Ersten waren, die eine Schrift entwickelten. Ich erzählte euch ja von den Sumerern, die mit Nägeln Schriftzeichen in Tontäfelchen ritzten. Ihr werdet mir sicher zustimmen, dass es nicht so sehr darauf ankommt, wer als Erster die Möglichkeit, sich schriftlich mitzuteilen, herausgefunden hat, ob es nun die Altägypter waren oder die Mesopotamier, die Kreter, die Maya oder die Chinesen. Da die Chinesen, die Maja und die Ägypter in dieser frühen Zeit der Menschheit kaum Kenntnis voneinander gehabt haben dürften, können wir sagen, dass die Fähigkeit des Schreibens an vielen Stellen der Erde unabhängig voneinander entwickelt wurde. Die Keilschrift jedenfalls geht bis ins Jahr tausend vor Abraham zurück und wurde bis ins letzte vorchristliche Jahrhundert verwendet.«

»Ja«, antwortete Roman nickend. »Auch für mich ist das Schreiben etwas ganz Besonderes. So können wir Gedanken festhalten und an andere Menschen weitergeben, über Zeit und Raum hinweg.«

»Und deshalb ist nur mit der Schrift eine Fortentwicklung möglich«, stimmte ihm Senex zu.

»Auch ich glaube, dass nicht allein die Sprache, sondern mehr noch die Schrift den Menschen zu einem einzigartigen Geschöpf gemacht hat.«

»Und daher ist das Wort Hieroglyphen, das wir für die ägyptische Schrift verwenden, so sinnvoll und schön, Stefan«, sagte Senex. »Es bedeutet nämlich ›Heilige Eingrabungen‹. Bildhauer oder Maler übertrugen die Texte, die von Schriftkundigen erstellt wurden, auf den Stein. – Doch zunächst etwas anderes.« Er deutete auf eine Menschengruppe nahe der Tempelmauer.

Rezepte zwischen Medizin und Magie

Sie traten näher. »Ihr seht hier den Beginn der Medizin«, sagte Senex. »Beschwörungen, Amulette, Zauber, das gab es schon früher, aber jetzt treten neue Kenntnisse hinzu, auch wenn man auf die alten Riten noch nicht verzichten will. Denn ein ägyptischer Arzt ist immer auch ein Zauberer, freundlicher ausgedrückt, ein Seelenarzt, der versucht den Dämon einer Krankheit zu bannen, indem er für seine Therapie Heilmittel, Amulette und Zaubersprüche kombiniert. Magie soll die tieferen Ursachen einer Krankheit bekämpfen.«

»Wir würden das heute vielleicht Psychotherapie – oder psychosomatische Medizin nennen.«

»Magische Methoden haben aber auch in unseren Tagen wieder Hochkonjunktur, Romi«, sagte Stefan. »Was gibt es nicht alles für Quacksalber, Wunderheiler, Beschwörer, Handaufleger!«

»Es gab und gibt sie zu allen Zeiten«, bestätigte Senex. »Und es wird sie bis zum Ende der Menschheit geben, denn der Wunderglaube stirbt nie aus. Für den Ägypter jedenfalls war die Welt von Zauberkräften erfüllt, denen sich kein lebendes Wesen entziehen konnte. So heißt es zum Beispiel in vielen Überlieferungen, dass Jesus bei ägyptischen Zauberern gelernt habe und ihnen seine Wunderkräfte verdanke.«

Sie hatten die Gruppe erreicht. Ein junges Mädchen lag auf einer niedrigen Steinbank. Es war bis auf ein weißes Leinenröckchen unbekleidet.

»Sie ist krank«, erklärte Senex.

Vor dem Mädchen, das die Augen geschlossen hatte, stand ein Priester, der zum Zeichen seiner Würde ein Leopardenfell trug. Er legte ihr gerade ein Stück Leinen über die Brust und breitete darauf bunte Amulette aus. Auf einem einfachen Tisch neben ihm standen Töpfe mit Stößeln und irdene Schalen. Er band dem Mädchen eine magische Schnur um die Stirn und betete Zaubersprüche, die den bösen Geist aus ihrem Körper vertreiben sollten.

»Im alten Ägypten waren die Priester die Ärzte«, sagte Senex. »Ihr kennt vielleicht den Namen des berühmtesten, Imhotep, der auch der Architekt einer Stufenpyramide des Pharao Djoser gewesen ist. Er wurde in Ägypten als Gott der Heilkunst verehrt. Aber trotz aller Magie – das Neue an den ägyptischen Ärzten war, dass sie durch das Präparieren der Verstorbenen, bei der Einbalsamierung der Mumien also, die Anatomie des menschlichen Körpers kennen lernten, so wie es vorher noch nie der Fall gewesen war. Sie wussten, wo die Organe lagen, kannten das Gehirn, kannten Magen, Leber und Nieren, wussten, dass das Blut vom Herzen durch die Adern gepumpt wird und dass der Puls den Herzschlag anzeigt. Sie heilten nicht nur Knochenbrüche und Wunden…«

»Aber wie? Doch nicht nur durch Zauber?«

»Ganz und gar nicht, Stefan! Oft veranstalteten sie den Zauber wohl mehr aus psychologischen Gründen, weil ihre Patienten und deren Angehörige das von ihnen erwarteten. Sie waren viel pragmatischer. Das beste Beispiel ist, dass sie verschimmeltes Brot auf offene Wunden legten. Ihr wisst, dass Schimmel Penizillin produziert. Ein ägyptisches Rezept empfahl bei einer Augenbrauenverletzung, die bis auf den Knochen reicht, die Wunde sorgfältig abzutasten, danach zu nähen, frisches Fleisch auf die Wunde zu binden und sie täglich mit Fett und Honig zu bestreichen, bis der Patient geheilt war. Sie gaben Rhizinusöl als Abführmittel, verwendeten Mohnsäfte, um Schmerzen zu lindern, und sorgten dafür, dass die tausende, die beim Pyramidenbau beschäftigt waren, reichlich Knoblauch und Zwiebeln bekamen, da diese Gemüsesorten epidemischen Krankheiten vorbeugten. Ihren reichen Patienten mischten sie die Medikamente gern in Wein oder Bier, weil Alkohol, wenn auch nur vorübergehend, Wohlbefinden erzeugt.«

»Aber was für Medikamente?«

»Nun, Berenike, vor allem solche aus Pflanzen oder auch eine schonende Kost, Fastenkuren, aber auch Massagen und Hypnosen. Ja, die Ärzte führten sogar Operationen durch. Misslangen diese, konnten sie bestraft werden, im Extremfall verloren sie sogar ihr Leben.«

»Furchtbarer Gedanke.«

»Aber auch sinnvoll, Roman, denn er verhütete den allzu leichtfertigen Umgang mit dem Messer. Wie auch immer, die Chirurgie war nicht nur bekannt, sie war auch gut entwickelt, Transplantation und Zahnersatz sind belegt…«

»Belegt wodurch?«

»Durch den Befund an Mumien! Von keinem alten Volk der Welt wissen wir mehr als von den Ägyptern, durch ihre Toten und deren Gräber. Wir kennen Fälle klinischer Chirurgie, vom Schädelbruch bis zur Rückenmarksverletzung. Außerdem wissen wir, dass in Ägypten schon früh Verhütungsmittel eingeführt wurden; man hatte medizinische Papyri, in denen die Krankheiten nach ihren Symptomen geordnet wurden, beim Kopf beginnend, sie wurden nicht nur beschrieben, es wurden auch Therapien vorgeschlagen. Es gab bereits eine Gefäßlehre. Manche Ärzte waren Geburtshelfer, andere behandelten ausschließlich Magen- und Darmleiden oder waren Augenspezialisten. Außerdem erwartete der Ägypter von seinem Arzt, dass er kosmetische Artikel zum Haarfärben, zur Hautpflege und zum Vertreiben von Flöhen besorgte. Die ägyptischen Ärzte traten den Krankheiten mit einem reichhaltigen Arzneibuch entgegen. Ein Papyrus der Arzneikunde zählt siebenhundert Heilmittel für alle möglichen Krankheiten auf, vom Schlangenbiss bis zum Wochenbettfieber. Freilich muss man auch zugeben, dass die Rezepte zwischen Medizin und Magie schwankten.«

»Ich möchte Beispiele«, sagte Stefan.

»Den Kranken wurde fast alles zugemutet: Eidechsenblut, Schweinsohren und Eberzähne, faules Fleisch und ranziges Fett, Schildkrötenhirn, die Milch von Wöchnerinnen, der Urin einer keuschen Frau, der Kot von Menschen, Eseln, Hunden, Löwen, Katzen und Läusen. Die Kahlköpfigkeit behandelte man durch Einreiben mit Tierfett.«

»Das klingt wie ein Horrorkabinett des Mittelalters.« Roman schüttelte sich.

»Und so war es wirklich, einige dieser Heilmethoden vererbten sich von den Ägyptern auf die Griechen, von den Griechen auf die Römer und von diesen über das Mittelalter bis in unsere Tage!«

»Also schlucken wir vertrauensvoll die sonderbarsten Mixturen, wie sie vor viertausend Jahren an den Ufern des Nils gebraut wurden?«, fragte Stefan.

»Ja, aber vergesst nicht, dass die ägyptischen Priesterärzte daneben auch vernünftige Therapien anwendeten.«

»Wenn das so war, wie alt wurden die Ägypter denn dann?«

»Die mittlere Lebensdauer betrug etwa fünfundzwanzig bis fünfunddreißig Jahre, Berenike.«

»So wenig! Da lob ich mir doch wieder unser Jahrhundert!«

»Das lag vor allem an der hohen Kindersterblichkeit. Für eine Generation rechnete der Ägypter dreißig Jahre – danach sollte ein regierender König einem neuen Platz machen. Aber wer die besonders gefährdeten ersten Lebensjahrzehnte überstehen konnte, durfte damit rechnen, auch ein recht hohes Alter zu erreichen. Mehrere Pharaonen haben ja über fünfzig Jahre regiert, Ramses der Zweite starb sogar erst in seinem siebenundsechzigsten Regierungsjahr, ein anderer, weniger bekannter, nämlich Pepi der Zweite, regierte angeblich gar vierundneunzig Jahre. – Doch lasst uns nun gehen. Die Heilung dieses kranken Mädchens können wir nicht abwarten. Wir wollen in den Tempel. Er ist die Heimstatt aller Götter Ägyptens.«

»Die Götter Ägyptens«, fragte Roman, »sie haben wohl eine beherrschende Rolle gespielt?«

»Neben dem Pharao, der ja auch göttlichen Rang bekleidete. Alles und jedes, ihren ganzen Lebenslauf, schrieben die Ägypter ihren Göttern zu. Die Götter waren verantwortlich für das Anschwellen des Nils und die fruchtbare Überflutung der Felder, ebenso wie für das Ausbleiben des Hochwassers, die Ägypter hatten Götter für den Kosmos, den Sonnengott Re und den Erdgott Geb, aber auch Götter für die Wissenschaft – wie Thoth – oder eine Göttin für die Liebe, die schöne Hathor. Osiris war der Herrscher des Totenreiches, während Isis als vergöttlichte Macht des Thrones galt. Aber in Sargtexten aus dem Mittleren Reich fand man ein Zitat, das als älteste Formulierung einer Dreieinigkeit gedeutet wurde. Danach soll der Urgott Atum die beiden Götter Schu und Tefnut in Heliopolis geboren haben, als er Einer war und zu Dreien wurde – die einfache Formel dafür, dass aus der Einheit eine Vielheit hervorging.«

»Gab es denn schon einen Monotheismus bei den alten Ägyptern?«

»Es ist gut, dass du danach fragst, Berenike, denn das wird wichtig, wenn wir uns mit dem Pharao Echnaton beschäftigen. Ja, es gab eine Art Urmonotheismus, wonach alles Göttliche am Anfang Eines war und zu Vielem wurde, als ein Werk des Einen.«

Amun-Re, der Sonnengott

Vor ihnen erhob sich wieder ein mächtiger Pylon, auch hier drängten sich die Menschen, Gesunde und Kranke, die Heilung suchten, Bettler, Blinde, Grindige und Triefäugige. Die meisten, wenn sie nicht am Stock oder an Krücken gingen, lachten und schwatzten, von weihevoller Ehrfurcht war nichts zu spüren. Allerdings, was sich hier vor den drei jungen Besuchern öffnete, beeindruckte sie allein schon durch seine Ausdehnung.

»Dies hier ist eines der Wunder der Alten Welt«, erklärte Senex. »Es ist nicht nur ein Tempel, sondern eine Tempelstadt, Amuns Reich, Amuns Heiligtum und Wohnung.«

Sie wanderten durch eine Allee liegender roter Widder und Senex erzählte von diesem Tempel, an dem zahllose Könige gebaut hatten. Immer wieder wurden neue Tempel und Säulenhallen hinzugebaut, sodass der Bau durch die Jahrhunderte wuchs, fast wie ein lebendiges Gebilde. »Hier wirkte ein Heer von Priestern«, sagte er, während sie an den steinernen Widdern entlanggingen, vorbei an einem dunklen Horusfalken mit hochmütig-rätselhaftem Gesicht. »Als Stellvertreter des Königs galt jeder Priester, es gab die niedere Priesterschaft bis hinauf zu den Hohepriestern, die man Erste Propheten oder Türöffner des Himmels nannte. Es gab auch andere phantasievolle Namen: ›Größter der Schauenden‹, ›Der den Großen schaut‹, ›Oberster Leiter der Handwerker‹ oder ›König, geliebter Sohn‹. Dazu kamen die Vorlesepriester, die Sänger und Musikanten und viele Bedienstete, nicht zu vergessen die Frauen, die ›Gottesgemahlinnen des Amun‹, die Sängerinnen und

Musikantinnen im Tempeldienst und die Mädchen, die dem Harem des Gottes angehörten und ihm demütig dienten.«

Einige männliche Gottesdiener kamen ihnen entgegen, die Priester waren bartlos und mit glatt rasiertem Schädel, sie trugen kurze Schurze und auf den Köpfen Lotusblätter oder balsamierte Tierköpfe als Zeichen ihres Ranges.

Bald gingen sie wieder durch einen Pylon, dessen Dach aus verziertem Zedernholz bestand. Sie betraten einen Hof mit riesigen Säulen; der Eindruck eines Waldes urmächtiger Stämme drängte sich auf. Roman blieb unwillkürlich stehen und legte den Kopf in den Nacken, um in die Höhe zu blicken.

»Schaut nur hinauf«, forderte Senex sie auf. »Alles hier ist dem Himmel geöffnet. Ihr findet in Ägypten keine Säule, die dazu gedacht war, etwas zu tragen, dieser Tempelsaal hat nur das Himmelsdach. Am Tag scheint die Sonne hindurch, Amun-Re, oder auch einfach Re genannt, der Sonnengott, den der Pharao Echnaton für kurze Zeit zum einzigen Gott Aton erhob und dem er die erste große religiöse Dichtung der Menschheit widmete, seinen Sonnengesang, der mit den Worten beginnt: ›Du erscheinst schön im Horizonte des Himmels, du lebende Sonne, die zuerst lebte.‹«

»Das erinnert mich an den Sonnengesang des Heiligen Franz von Assisi«, rief Berenike.

»Die Ähnlichkeit ist wirklich erstaunlich. Echnaton fährt fort: ›Wie mannigfaltig sind deine Werke, der Mensch kann sie nicht durchschauen, o Sonnengott, du Unvergleichlicher, du hast die Erde nach deinem Wunsch erschaffen.‹ Manche Forscher nehmen an, dass sich aus Aton der Name des jüdischen Gottes Jahwe bildete, der ja auch der christliche Gottvater ist. Übrigens hat man auch festgestellt, dass dieses ›Hohe Lied‹ der Amarna-Religion seine Spuren ebenfalls im einhundertvierten Psalm des Alten Testaments hinterlassen hat. Lasst uns bitte kurz auf diesem Stein dort Platz nehmen, der Ort ist günstig, um einige Worte über Echnaton zu sprechen«, schlug Senex vor.

Religionsstifter auf dem Thron

Sie setzten sich auf den glatt geschliffenen Marmorblock. »In Amenophis dem Vierten, dem Pharao, der sich später Echnaton nannte, sieht man den großen Religionsstifter und Philosophen auf dem Königsthron«, begann Senex. »In einem religiösen Text, dem ›Buch von den Pforten des Jenseits‹, das etwa in seiner Jugendzeit verfasst wurde, treten noch über tausend göttliche Wesen auf. Die Ägypter dachten, dass sie all diese Götter brauchten, Amenophis der Vierte aber war nicht ihrer Meinung. Er verbannte nach und nach alle Götter. Zum ersten Mal in der Geschichte der Menschheit entstand ein Glaube, der nur noch einen einzigen Gott anerkannte.«

»Also ist Echnaton der Schöpfer des Monotheismus?«

»So denkt und dachte man, Berenike. Doch müssen wir wohl differenzieren. Dafür spricht, dass wir bei allen monotheistischen Religionen, so verschieden sie auch sein mögen, immer einen Stifter finden, der einen einzigen, wahren Gott verkündet, mag er nun Echnaton, Zarathustra, Moses, Jesus oder Mohammed heißen. Andererseits war es doch auch sehr verständlich, dass man die Sonne, die so sichtbar alles entstehen, wachsen und gedeihen lässt, als Gott verehrte. Im Gegensatz dazu war es eine besondere geistig-schöpferische Leistung des Menschen, dass er sich einen unsichtbaren Gott erdachte, der nicht nur ihn und die ihn umgebende Natur, sondern auch noch Sonne und Firmament erschaffen haben sollte.«

»Sie meinen die Juden?«

»Unter anderem, Roman. Im Gegensatz zum wohlwollenden Sonnengott der Ägypter schufen sich die Juden mit Jahwe einen Schöpfergott der strengen Gesetze.«

»Aber wie entsteht überhaupt ein Glaube, eine Religion?«

»Ich denke, Berenike, dass Religionen die Antworten auf Fragen geben, auf die man sonst keine Antwort bekommen kann. Außerdem ist uns Menschen die völlige Gleichgültigkeit der kosmischen Kräfte an unserem Schicksal gänzlich unerträglich. Auch so entsteht Glaube. Schon eines der ältesten Gedichte der Menschheit erzählt von der Verzweiflung des Menschen und ruft Gott um Hilfe an.«

»Aber alle Götter, wie sie auch heißen mögen, sind irrational, sie sind nur Erfindungen des Menschen.«

»Ich gebe dir Recht, Stefan, und auch wieder nicht. Denn was ist Realität? Wir wissen es nicht. Wenn es richtig sein sollte, dass jeder Glaube eine irrationale Welt erschafft, dann schafft er damit auch eine Realität, in der die Menschen geborgen leben können, ohne die sie ihre Wirklichkeit oft gar nicht ertragen könnten. Außerdem gibt es auch eine unlösbare Verbindung zwischen dem Glauben und dem Gedanken an den Tod, den der Mensch nicht akzeptieren kann.«

»Ich gebe ja zu, dass jede Heilserwartung ein ganzes Menschenleben lang glücklich machen kann, obwohl sie der Vernunft widerspricht. Aber für mich stehen heute auch die Religionen auf dem Prüfstand der Naturwissenschaften.«

»Aber manche Menschen werden nur noch durch die Heilsgewissheit getröstet, Stef«, rief Roman. »Willst du ihnen das nehmen?«

»Das wird nie möglich sein!«

»Dass wir Gott fühlen können, ist für mich auch ein Beweis dafür, dass es ihn gibt«, schloss Roman.

Senex fuhr fort: »Kehren wir zu Echnaton zurück. Er entgötterte die Religion seiner Zeit, an Stelle der Toleranz, die das polytheistische Ägypten auch gegenüber fremden Göttern und Religionen geübt hatte, duldete er neben Aton keinen anderen Gott.«

»So kam die Intoleranz in die Welt. Da war der Fluch größer als der Segen! – Ein Kennzeichen aller monotheistischen Religionen.«

»Darüber kann man streiten, Stefan. Echnaton jedenfalls ließ, nachdem er den Namen Amun in Aton geändert hatte, die Tempel aller anderen Götter schließen, nicht nur im ganzen Land, er ging noch viel weiter. Um ihr Andenken vollständig zu tilgen, setzte eine regelrechte Verfolgung ein. Kolonnen von Steinmetzen hackten sogar in Nubien die Abbilder des verhassten Amun aus. Vor allem hier im Tempel von Karnak wurde sein Name zerstört, selbst von den Spitzen der Obelisken wurde er ausgemerzt. Aber nicht nur Amun allein war betroffen, sogar den Plural ›die Götter‹ durfte man nicht mehr benutzen.«

»Also religiöser Fundamentalismus in Reinkultur! Wie kam Echnaton auf diese Idee?«

»Natürlich hatte er Vorläufer, Stefan. Schon lange hatte man daran gedacht, den Götterhimmel zu vereinfachen. Schon vor Echnaton gab es Sonnenhymnen. Vielleicht stammt der zitierte Sonnengesang nicht einmal von ihm, sondern aus früherer Zeit. Von den drei großen monotheistischen Religionen, dem Judentum, dem Christentum und dem Islam, unterscheidet er sich dadurch, dass sein Aton kein unsichtbares, geheimnisvoll-geistiges Wesen war, kein transzendenter Weltschöpfer, sondern sichtbar-flammende Materie, die angebetet wurde, freilich auf hoher, spiritueller Ebene. Zuvor hatte ein Himmel voller Gottheiten die ganze Welt umfasst, nämlich Geburt, Tod, Geist, Sexualität, Vegetation, Himmel, Mond und Sterne – das alles reduzierte Echnaton nun allein auf den Tagesstern. Und damit erhöhte er zugleich sich selbst, denn alle Pharaonen der achtzehnten Dynastie verstanden sich als Sonnenkönige. Diese Religion, eine Staatsreligion, konnte ihren göttlichen Status nur noch weiter steigern, indem sie den Glanz der übrigen Gottheiten auslöschte und die anderen Götter durch den höchsten Gott Re – jetzt Aton – ersetzte.«

»Ich denke, dass der ägyptische Sonnenkult, jeder Sonnenkult, eine wunderbare Nähe zu einem Gott schafft, dessen Kommen man erlebt, den man sieht, dessen Wirkung man auf der Haut spürt«, meinte Roman.

Die Stadt des Aton

Berenike fragte: »Echnaton ließ sich doch eine eigene Stadt bauen?«

»Ja, die Stadt des Aton liegt – oder lag – zwischen Kairo und Luxor in einem Wüstenfeld – Tell el-Amarna. Daher der heutige Name

Amarna-Kultur. Hier gründete er seine neue Residenz, die er Achetaton nannte, ›Horizont des Aton‹.«

»Und diese unterschied sich von den anderen Städten?«

»Nicht so sehr. Echnaton wollte vor allem auf vorher unberührtem Boden seine dem Aton geweihte Stadt bauen, in der Aton, ohne Rücksicht auf andere Götter, verehrt werden konnte und wo die Gläubigen nicht, wie zum Beispiel hier in Karnak, stets die mächtigen Tempel des Amun vor Augen hatten. Die Stadt entstand in kürzester Zeit, es muss also ein wahres Baufieber geherrscht haben, nicht nur die Kultbauten für Aton schossen in die Höhe, die Angehörigen der königlichen Familie bekamen auch eigene Kapellen, dazu zahlreiche Palastanlagen. Die Königsallee wurde zu einer Prachtstraße, die repräsentativen Gebäude waren aus weißem Kalkstein, schmückende Elemente aus Alabaster, Quarzit und Granit. Der königliche Palast zog sich am Fluss auf einer Länge von siebenhundert Metern hin, in seinem Inneren kostbar ausgestattet mit Malereien und Einlegearbeiten. Um den Thronsaal zu erreichen, musste man durch eine riesige Säulenhalle, in den Innenhöfen erhoben sich überlebensgroße Statuen des Königs und der Königin. Es gab zwei Haremsgebäude, die an einen baumreichen Garten mit Blumen und blühenden Büschen grenzten. In der Mitte lag ein Teich mit Fischen und Wasservögeln. Ein Weg führte direkt zum Nil und zu den königlichen Barken. Das alles ist vergangen, verweht, nur von der Kunst sind uns Zeugnisse geblieben. Echnaton benutzte die Kunst bewusst als ein Mittel zur Propaganda für die neue Religion, dadurch entstand auch ein neuer Stil.«

»Sie meinen Nofretete.«

»Ich meine nicht nur das Porträt dieser Königin, der Gemahlin des Echnaton, Roman. Die Ausgrabungen förderten viele plastische Werke zu Tage, die zu den schönsten der ägyptischen Kunst gehören. Die meisten stellen den König dar, es gibt sehr eindrucksvolle Büsten und Reliefs von ihm, auch von seiner Königin Nofretete und den Prinzessinnen. Sicher aber ist die bemalte Steinbüste der Nofretete, die jetzt im Ägyptischen Museum in Berlin steht, die berühmteste – und vielleicht auch die schönste. Sie nimmt im Kunstschaffen der Menschheit einen hohen

Rang ein. Man kennt den Künstler nicht, wie immer in Ägypten blieb er anonym. Wie überall sonst sollten die hier auf engstem Raum wohnenden Steinmetze und Reliefkünstler vor allem die Felsgräber in den Ostbergen ausbauen, dekorieren und Inschriften anbringen. Da wollte man nicht, dass ihre Namen bekannt wurden. Aber das Porträt der Königin demonstriert, was bildende Kunst zu leisten vermag. In ihm wird Form zum Stil. Die ebenmäßigen Züge, über denen sich die Kronenkappe erhebt, wirken sensibel und kühl. Das Haupt wird in stolzer Gebärde von dem schlanken Hals getragen. Übrigens bedeutet ihr Name etwa ›Die Schöne wird kommen‹.«

»Aber die Stadt, was ist von ihr geblieben? Sie sagten, alles sei verweht.«

»So ist es, Berenike. Es gibt nur noch ein Trümmerfeld, eine Wüste. Amarna sollte eine Ewigkeit dauern, so lange, ›bis der Schwan schwarz und der Rabe weiß wird, bis die Berge aufstehen zu wandern und das Wasser bergan fließt‹. Doch kaum zwei Jahrzehnte nach der Gründung der Stadt, sogar schon kurz nach Echnatons Tod, wurde sie aufgegeben. Spätere Könige haben sie geschleift und die Kalksteinblöcke auf die Westseite des Nils bringen lassen, um sie zum Bau neuer Tempel zu Ehren Amun-Res und der alten Götter zu verwenden. Und damit wären wir auch wieder hier im Tempel von Karnak. Gehen wir also weiter!«

Senex erhob sich und sie gingen durch den Torbau auf der gepflasterten Prozessionsstraße.

»Schön muss es hier auch nachts gewesen sein«, meinte Roman, während Stefan schwieg. Er bewunderte zwar auch die Baukunst, die in den Himmel ragenden Obeliske, die kleine Kapelle mit ihren Säulen, deren glatte Wände mit Bildern und Texten bedeckt waren, aber der Geist des Glaubens war ihm fremd.

Gib dein Herz der Gelehrsamkeit hin

Senex deutete auf ein kleines gelbes Gebäude. »Seht, das Haus eines Priesters, der gleichzeitig Schreiber ist. Ich glaube, dass wir hier eine der allerersten Schulen sehen. Und auch damals schon ließen die Schulmeister Aufsätze über die Vorteile der Erziehung schreiben: ›Gib dein Herz der Gelehrsamkeit hin und liebe sie wie eine Mutter‹, forderten sie. ›Denn es gibt nichts, was so kostbar ist.‹ Und die Bücherwürmer schrieben auch damals schon: ›Es ist ein Unglück, Soldat zu sein, es ist mühselig, den Boden zu bebauen, die einzige Glückseligkeit ist, das Herz den Büchern zuzuwenden.‹«

»Also war der Beruf des Schreibers angesehen?«

»Er wurde den jungen Leuten dringendst empfohlen, Berenike, denn er befreite sie von der mühseligen Feldarbeit.«

Sie traten an die Fensteröffnung und schauten in den kleinen Raum, wo nackte Knaben auf dem gestampften Lehmboden kauerten und Hieroglyphen in Tontäfelchen ritzten. Vor ihnen hockte der Lehrer, ebenfalls fast nackt, nur mit einem Tuch bekleidet, dessen Vorderzipfel zwischen den Beinen durchgezogen und hinten im Gürtel befestigt war, so dass es wie eine Wickelhose aussah. Er hielt eine Feder in der Hand und hatte eine zweite als Ersatz hinter dem Ohr stecken.

»Ohne die Schreiber wäre das ägyptische Reich nicht denkbar«, erklärte Senex. »Sie waren das Rückgrat der Verwaltung, sie verzeichneten die geleistete Arbeit, Waren, Preise und Kosten, Gewinn und Verlust; sie zählten das zur Schlachtbank geführte Vieh oder das ausgemessene Korn; sie entwarfen Verträge und Testamente und berechneten die Steuern. Anfangs schrieb man nur auf Tonscherben, später auf Papyrus, der zusammengerollt werden konnte. Seine Herstellung aus den Fasern der in den Nilsümpfen wuchernden Stauden entwickelte sich bereits im Alten Reich zu einem einträglichen Gewerbe, das industrieartige Formen annahm. Ägypten ist das Land, in dem zuerst Papyrus und später auch Pergament zum Schreiben verwendet wurde. Vor allem in den höheren Schulklassen durften die Schüler auf Papyrus schreiben, der ein Hauptartikel des Handels war.«

»Eines der wichtigsten Geschenke Ägyptens an die Menschheit. Wie stellte man den Papyrus her?«

»Aus der Papyrusstaude, Roman. Der Stiel wurde in schmale Streifen geschnitten, andere Streifen kreuzweise darüber gelegt und das Blatt gepresst. Aus den Blättern entstanden Bücher, indem man den rechten Rand eines Blattes an den linken Saum des nächsten klebte und Rollen herstellte, die bis zu vierzig Meter lang sein konnten.«

»Und womit hat man geschrieben?«

»Mit schwarzer, unzerstörbarer Tinte, einer Mischung aus Wasser mit Ruß und Pflanzengummi. Die Schreibfeder war ein einfaches, an der Spitze zu einem dünnen Pinsel geformtes Schilfrohr. Damit schrieben die Ägypter nicht nur Geschäftsdokumente, Rechnungen und Zahlungsleistungen, sondern auch die älteste bekannte Literatur.«

»Sagen Sie uns noch ein Wort über die Schrift selbst, über die Hieroglyphen. Sie sehen aus wie Zeichen einer Bilderschrift.«

»Aber der Eindruck täuscht, Roman. Die Hieroglyphen zeigen zwar Bilder von Menschen, Tieren, Pflanzen und Gegenständen, sind aber keine reine Bilderschrift. Es gibt so genannte Deutzeichen, die zur Erklärung hinter ein Wort gesetzt werden. So fügte man Tätigkeitsbegriffen das Bild eines schlagenden Armes bei oder einem Eigennamen einen sitzenden Menschen. Aber die meisten Hieroglyphen haben einen Lautwert, der mit der Bedeutung des Bildes nichts zu tun hat. Anderes wieder erscheint recht logisch, so benutzte man für zwei verschiedene Worte, mit denen man ›Reisen‹ ausdrückte, zwei Schriftzeichen für Boote: Für ›Reisen nach Süden‹ zeichnete man ein Boot mit entfaltetem Segel, denn flussaufwärts brauchte man den Wind, und für ›Reisen nach Norden‹ wurde das Bootszeichen mit eingerolltem Segel und ohne Riemen geschrieben, denn die Strömung genügte, um das Boot flussabwärts zu treiben. Im Prinzip jedoch ist alles recht kompliziert und es hat auch Jahre gebraucht, bis man die Hieroglyphen endlich entziffern konnte. Ich schlage vor, dass wir es dabei bewenden lassen. Erst die Phönizier schenkten uns das Alphabet mit zweiundzwanzig Zeichen.«

Das heilige Tier der katzenköpfigen Bastet

»Wir wollen das letzte Tageslicht ausnutzen, um zum Fluss zu gehen«, schlug Senex dann vor. »Diese Straße links führt uns an sein Ufer.«

»An den Nil!« Roman rief es wie ein Echo. »Es ist wie im Traum.«

Berenike freute sich. »Obwohl es Abend wird, scheint es mir undenkbar, jetzt schon heimzugehen in meine Stadtwohnung. Ich hätte Angst, nicht wieder herkommen zu können, wenn ich den Park erst einmal verlassen habe. Vielleicht wache ich morgen in meinem Bett auf und finde das alles nie wieder. Es gibt doch noch so viel zu sehen!«

Senex lächelte sie an. Da ihm das Mädchen sehr gefiel, tat es ihm gut, dass Berenike sich hier wohl fühlte. Er antwortete: »Zeit und Raum sind aufgehoben. Ihr braucht nicht nach Hause zu gehen, es ist für alles gesorgt. Es gibt im Park kleine Gästehäuser. Wir verlassen den Park also noch nicht, wenn ihr einverstanden seid.«

Sie waren es, ohne Ausnahme.

»Gut. Dann können wir uns dort auch noch miteinander unterhalten, ehe wir schlafen gehen. Die Abende sind mir genauso wichtig wie die Tage. Vielleicht sogar noch mehr. – Aber jetzt zum Strom!«

Senex und die drei jungen Besucher gingen durch die belebte Seitenstraße, die ein wenig schmaler war als die Tempelallee. Ihre Schatten eilten ihnen voraus, denn die Sonne senkte sich jetzt immer rascher nach Westen, in die libysche Wüste. Da die Stadt am westlichen Ufer des Nils lag, mussten sie nach Osten gehen, um zum Wasser zu gelangen. So hatten sie das Licht im Rücken.

Auch hier liefen zahllose Menschen hin und her, trugen Tonkrüge und Körbe. Kinder jeden Alters jagten sich und ließen Kreisel tanzen.

Da stieß Berenike einen Ruf der Überraschung aus. »Schaut nur, dort…« Sie deutete auf einen Hauseingang. Da saß eine gelb-braune, sehr schlanke Katze, den Kopf mit hochgestellten Ohren aufgereckt, der Oberkörper schmal, fast mager, der Schweif nach vorn um die Tatzen geschlungen.

»Gut bemerkt«, sagte Senex. »Die erste Hauskatze! Man findet Katzen auch im mesopotamischen Reich Ur, aber man weiß nicht, ob sie dort schon im Haus gehalten wurden. Hier, in Ägypten, sind sie verbürgt, sie gehören zu diesem Land, wo sie als heilige Tiere der katzenköpfigen Göttin Bastet, der Beschützerin des Heims, der Mütter und Kinder, verehrt werden, weil sie die Ratten und Mäuse in den Getreidespeichern vertilgen und dem Pharao helfen, sein Volk zu ernähren. Bastet ist eine heitere, eine fröhliche Göttin, die rauschende Feste zu ihren Ehren liebt. Sie hat ihre eigene Stadt, Bubastis, im Ostdelta des Nils, mit dem Tempel der Göttin geschmückt. Von weither reisen die Leute an, um ihr Fest zu begehen. Da wird viele Tage lang gefeiert, getanzt, Opfer werden dargebracht – es gibt einen Markt mit Spielen, Märchenerzählern und Gauklern, das muss ein großes Getümmel gewesen sein, denn man zählte angeblich siebenhunderttausend Menschen.«

Berenike kauerte sich nieder und lockte die Katze, die tatsächlich kam und um ihre Beine strich. Senex ließ ihr ein wenig Zeit – und rief dann: »Dort ist der Fluss, der heilige Nil, dem Ägypten sein Leben und seine Kultur verdankt!«

Berenike streichelte die Katze ein letztes Mal und stand auf. Sie traten aus der Enge der Straße und spürten auf einmal die Weite. Vor ihnen dehnte sich der helle, bräunliche Strom nach Norden und Süden.

Eine Art Flügel, der die Kraft des Windes sammelt

Sie gelangten zur Uferpromenade. Nach Norden zog sich eine Mauer, hinter der öffentliche Gebäude und Prinzenpaläste lagen. Dattelbäume und Palmen säumten die Böschung, auch das satte Grün des Schilfrohrs wucherte üppig. Über allem lag der letzte, immer noch blendende, alles versengende Glanz der Sonne, als Gott Re oder Amun-Re verehrt und angebetet. Jeden Morgen stieg er über den kahlen Bergen der östlichen

Wüste auf, jeden Abend versank er im Westen, wo man das Totenreich vermutete, sein grandioses Farbenspiel entfaltend.

Senex murmelte: »Ich kann es verstehen, dass die Ägypter sangen: ›Heil dir, o Nil, der du die beiden Ufer ergrünen lässt.‹« Er zeigte auf den Fluss. »Die ältesten ägyptischen Boote bestanden aus zusammengebundenen Papyrusbündeln, neuerdings sind sie meist aus Schilfrohr geflochten. Vor allem aber beachtet die Segel, niemand weiß, wer sie erfunden hat, aber die Ägypter benutzten sie bereits. Eigentlich ist das Segel ja nichts anderes als eine Art Flügel, wie ein Vogelflügel, der die Kraft des Windes auf das Boot überträgt. Nach dem Feuer hat der Mensch mit dem Segel zum zweiten Mal eine Naturkraft für seine Arbeit genutzt.«

Der Fluss war belebt von zahllosen Frachtern für den Transport von Steinen, prächtigen Barken und Schiffen für den Viehtransport und Getreidehandel.

Am Ufer lag ein Prunkschiff aus edlen Hölzern, mit Gold und Silber verziert. Handwerker flochten und reparierten, wurden von Gaffern beobachtet, während sich Edelleute in Sänften vorbeitragen ließen.

Senex rief: »Nun kommt, wir überqueren den Nil, hinüber ans andere Ufer, ich möchte, dass ihr einer Begräbniszeremonie beiwohnt – ohne sie hättet ihr etwas versäumt, was ganz wesentlich für das alte Ägypten war.«

Es ging eine in die Böschung eingelassene Treppe hinab, dort wartete ein breites Boot, der Fährmann hielt ihnen die Hand entgegen und half beim Einsteigen. Sie waren nicht die Einzigen, kaum befanden sich alle an Bord, bewegten zwei Sklaven die Paddel und trieben sie langsam, ein wenig der Strömung entgegenhaltend, über den Fluss. Da sahen sie noch einmal die vielen kleinen Boote aus geflochtenem Schilfrohr, mit denen die Verbindung von Ufer zu Ufer hergestellt wurde. Auch größere Schiffe kamen ihnen von Süden entgegen, vom Oberlauf des Nils also, andere fuhren dorthin. Sie waren wesentlich langsamer, weil sie gegen die Strömung ankämpfen mussten. Einige, vor allem die größeren, wurden von einer Mannschaft mit Tauen vom Ufer aus gezogen.

Senex deutete auf ein kleineres, sehr schön geschmücktes Boot: »Das ist eine der heiligen Barken aus Zedernholz, die man aufs Land trägt und in Prozessionen auf den Schultern mitführt.«

Viele Boote und Segelschiffe fuhren auch nach Norden, flussabwärts. Braun gebrannte Männer führten die Ruder. »Dort liegt die Mündung des Nils«, Senex zeigte in diese Richtung, »das fruchtbare Delta.«

Der reich bemalte Sarg

Neugierig erreichten sie das andere Ufer, wo sie ausstiegen und die kurze Böschung hinaufkletterten. Oben gerieten sie in eine Menschenmenge, denn gerade formierte sich ein Leichenzug, dem die Leute still zusahen, während der reich bemalte Sarg mit allem, was den Verstorbenen mit dem Leben verbunden hatte, aus der am Ufer vertäuten Barke gebracht wurde. Ein Dutzend Sklaven warteten an der Spitze, sie trugen rosafarbene Alabasterkrüge auf ihren Schultern.

»Darin befinden sich Speisen und kostbare Salben für den Toten. Die anderen Sklaven, die mit den langen Kisten aus Zedernholz, tragen die Kleider des Verstorbenen und seine Juwelen. Sie bringen ihn auf den von Ochsen gezogenen Schlitten mit den Holzkufen, auf dem die vier Behälter mit den einbalsamierten Organen stehen. Jede dieser vier Kanopen ist mit der Nachbildung eines Falkenkopfes verschlossen, von denen jeder einen der vier Horussöhne zeigt, deren Vater der falkengestaltige Himmelsgott ist. Sie sind die Beschützer der Kanopen und Vertreter der vier Himmelsrichtungen. Durch all diese Vorbereitungen verliert der Tod für die Ägypter viel von seinem Schrecken.«

Langsam formierte sich der Leichenzug, die Ochsen begannen zu ziehen und der Schlitten mit dem Sarg setzte sich in Bewegung. Voraus schritt ein Priester, in ein faltenreiches blaues Gewand gehüllt, fromme Lieder singend. Ihm folgte ein von anderen Priestern umringter Schlitten mit dem Sarg, dann wieder Priester, danach das Trauergefolge mit der Familie, alle hielten das Haupt gesenkt. Eine schmerzerfüllte Totenklage wurde angestimmt, Frauen hoben Erde auf, streuten sie sich auf den Kopf und weinten.

So ging es hinauf in die kahlen Berge, es dauerte wohl eine halbe Stunde. Am Eingang zum Grab, einem Schlund im Sandstein, hielt der Leichenzug, die Menschen blieben zurück, die Frauen schwiegen. Der Sarg wurde vom Schlitten gehoben und aufrecht auf die Erde gestellt. Die Priester sammelten sich zu einer Gruppe. Einige hielten Weihrauchfässer in den Händen, während sie Gebete murmelten. Der graue Rauch stieg neblig vor der Felswand auf, taumelte und verdunstete schließlich in der klarer werdenden Abendluft.

»Jetzt gießen sie die Trankopfer aus«, flüsterte Senex. »Danach wird einer der Priester mit dem heiligen Messer vortreten und die Zeremonie der Mundöffnung beginnen. Sie hat nur symbolischen Charakter, der Mund des Toten wird nicht wirklich berührt, aber dadurch soll er wieder zum Sprechen gebracht werden. Doch ich meine, ihr habt genug gesehen, es dauert auch zu lang für uns hastige Menschen, denn das Trauergefolge bleibt vier Tage und vier Nächte vor der neuen Höhle. Wir wollen dort hinüber, es sind nur wenige Schritte, da ist ein Grab, in das wir hinuntergehen können.«

Vor dem viereckigen, schmucklosen Eingang reichten ihnen Sklaven lodernde Fackeln. Sie etwas abseits vom Körper haltend, gingen sie nacheinander den schmalen Schacht in das Berginnere hinab. Da stieg im flackernden Licht das Bild der fernen Zeit auf, die düsteren Gefährdungen der zwölfstündigen Nacht, die der Tote nach seinem Sterben im Totenreich durchlaufen musste, empfangen vom Gott Anubis, der den Kopf eines Schakals hatte.

»Die Schakale sind die Bewohner der Wüste. Nach der Begrüßung durch sie wird der Tote entweder verdammt oder begnadigt von Thoth – beachtet den Namen! – und, so hofft man, zum seligen Leben geführt von Osiris.«

Die Wände des Gangs waren reich bemalt, aber erst als sie die tiefer gelegene Totenkammer betraten, die fast die Größe eines Hauses hatte, sahen sie den Wandschmuck. Langsam gingen sie an den Wänden entlang um den Sarg, der in der Mitte aufgestellt war, und ließen das Licht ihrer Fackeln über die Bilder gleiten. Sie erkannten das Darbringen von Speise und Trank, noch einmal das Begräbnis, jetzt aber als Wandmalerei dargestellt, Tänzerinnen, Opferträger und Schiffer, Männer, die im Wasser schwammen, und den Leichenzug mit den Klageweibern.

Senex bat leise: »Schaut nur genau hin, denn das hat es in der Menschheitsgeschichte noch niemals gegeben!«

Sie sahen Fische und Vögel, Jäger, jede Art Wild und Pflanzen, Palmen und üppiges, grünes Schilf.

Senex deutete auf ein Bild: »Hier sitzt der Verstorbene, der Hausherr, vor seiner Staffelei und malt die vier Jahreszeiten, die, wie wir nun schon wissen, als göttliche Horussöhne dargestellt sind. Er hält ein Schreibrohr in der rechten Hand, in der linken einen Farbnapf und über seiner Schulter hängt eine Farbpalette. Auf der anderen Seite sehen wir ihn mit seiner Frau und seinen Dienern und wieder gegenüber sitzt er mit seiner Frau in einem Papyrusboot.«

»Aber was macht er?«

»Er sticht nach Fischen, Roman, seine beiden Diener in den kleinen Booten harpunieren Nilpferde. Und dort jagt der Hausherr mit seiner Frau in den Sümpfen. Die Luft ist erfüllt von Vögeln und das Wasser ist voller Fische. Das alte Ägypten war ein Land des Überflusses.«

»Es gefällt mir, dass seine Frau immer dabei ist.«

Senex nickte. »Wir sprachen ja schon davon, Berenike. Sie war die Herrin.« Er zeigte auf ein anderes Wandbild. »Hier werden Rinder durch einen Fluss getrieben, während man sie dort zum Schlachten niederwirft. Hier werden Weintrauben gekeltert, dort sind Diener bei der Gartenarbeit. Der Ägypter liebte sein Leben und er liebte Gärten. Diese Gärten waren reiner Luxus, sie dienten keinem anderen Zweck als dem, die Menschen zu erfreuen. Man legte sie nicht zur Erfüllung von Bedürfnissen an, sie halfen nicht beim Kampf ums Überleben: Blumen, kein Gemüse! Das war nun wieder etwas Neues, wenn sich auch der Wunsch nach zweckfreier Schönheit schon länger angekündigt hatte, denn schon der Mensch der Steinzeit hatte sich geschmückt, auch in Jericho schuf man Töpferwaren nicht nur, um Mängeln abzuhelfen, sondern auch mit ästhetischer Freude. Aber erst hier konnte sich eine zweckfreie Gartenkunst entfalten.

Überhaupt die Kunst – ihr seht es an diesen Wandmalereien, die Ägypter brachten es dabei sofort, ich möchte sagen: aus dem Stand heraus, zur höchsten Meisterschaft, die nie wieder übertroffen wurde.«

Dreitausend Jahre und mehr

»Sie sagen ›sofort‹. Aber die ägyptische Kultur dauerte doch weit über dreitausend Jahre und während dieser Zeit hat sie sich ja auch verändert und weiterentwickelt.«

»Das ist richtig, Stefan, und falsch zugleich. Denn bereits die Kunst des ersten, des Alten Reiches erreichte eine Höhe, die wir nur bewundern können. Hinterher gab es wohl Veränderungen, Abwandlungen, Verfeinerungen, vielleicht sogar Überfeinerungen, aber wie gering war das alles, gemessen an der unendlichen Zeit, die diese Kultur währte. Rechnet in unserem Europa dreitausend Jahre zurück von unserer Gegenwart, von der technischen Zivilisation ...«

»Dann müssen wir zurückgehen bis – ja, lassen Sie mich nachdenken, wir schreiben bald das Jahr zweitausend, und dann noch eintausend Jahre vor der Zeitwende – dann tauchen wir ja wieder in diese ägyptische Zeit ein«, murmelte Stefan.

»Richtig, wir müssten den ganzen Weg Europas zurückgehen durch das Mittelalter, die Völkerwanderung, das antike Rom und Hellas – und noch einmal tausend Jahre – dann habt ihr eine Vorstellung von der Dauer der ägyptischen Kultur. Nun könnt ihr auch ermessen, wie gering im Grunde alle Veränderungen gewesen sind. Die Ägypter waren ihrer Tradition verhaftet, sie empfanden kein Bedürfnis nach Neuerungen. In dieser Gelassenheit glichen sie vielleicht am ehesten der chinesischen Hochkultur, die sich bis in unsere Zeit kaum gewandelt hat. Vielleicht könnte man das Bedürfnis nach Beharrung, dieses gelassene Dahingleiten des kulturellen Flusses geradezu als ein Merkmal einer wirklichen Kultur bezeichnen.«

»Da stellen Sie unserer Zeit aber ein schlechtes Zeugnis aus«, meinte Berenike.

Senex hielt seine Fackel hoch. »Alles ist kunstvoll stilisiert und dennoch lebendig. Da wird uns alles gezeigt. Der Herr lauscht dem Harfenspiel seiner Frauen, ihr seht ihn bei einem Brettspiel – ja, man hatte Zeit zu spielen, man tanzte und musizierte. Wir wissen so viel von den Ägyptern, weil diese ihr ganzes Leben, ihre Landgüter, Häuser und Paläste, ihre Diener, Familien, Kinder und sogar ihre Spiele auf ihre Grabwände malen ließen. Sie wollten alles ins andere Leben mitnehmen, weil sie es so liebten und sich nicht nach einem fernen, unwirklichen Paradies sehnten.«

Stefan dachte nach. Ihm erschien dieses Ägypten, trotz aller Mängel, die menschlichem Dasein immer anhaften, gerade deshalb so besonders, weil er die moderne Zeit oft so sehr in Zweifel zog, mit ihrer Technik, mit allen Umweltschäden, und weil er davon überzeugt war, dass die Geschichte der Menschheit mit einer Katastrophe enden würde, und zwar bald.

Senex fuhr fort: »All diese in den Gräbern gesammelten Werke verdanken wir der Furcht vor dem Tod. Hier wurde er – der große Schrecken des bewusst denkenden Menschen – zum ersten Mal künstlerisch fruchtbar, und zwar auf eine so grandiose Weise wie später nie wieder.«

»Gibt es überhaupt einen größeren Gedankenanreger als den Tod?«, setzte Stefan diese Überlegung fort.

Wer waren die Künstler?

»Doch eines sollten wir dabei nicht vergessen«, sagte Senex. »In Gräbern von solcher Pracht ruhten nur die Könige, die hohen Beamten, die Reichen. Der arme Mann blieb von solchem Luxus ausgeschlossen. Sie, die Hörigen, die Fellachen und Arbeiter, hockten, ebenso wie die Sklaven, zusammengekrümmt in ihren Gräbern, ohne Inschrift, ohne Skulpturen, ohne Malerei, ohne Hoffnung auf ein Fortleben.«

»Wer waren aber die Künstler, die diese Werke schufen? Ich meine nicht nur die Wandmalereien, ich meine auch die Plastiken, die Statuen, die Porträtköpfe der Könige, die Bildnisse der Götter.«

»Man kennt nur wenige Namen, Roman. Sie signierten ihre Arbeiten nicht und wurden nur selten genannt, ähnlich wie man einen Handwerker nicht nennt, der ein gutes Stück anfertigt. Die Kunst im alten Ägypten war fast immer eine Arbeit für die Ewigkeit, auch dadurch ist sie so sehr von der unseren getrennt. Die allermeisten ihrer Statuen, Reliefs, Zeichnungen, Gemälde waren nicht für die Augen der Lebenden bestimmt, nicht zum Schmuck, nicht zur Freude, nicht zur Repräsentation. Alles diente den Toten, war magische Beschwörung, war Wohnung für die Geister. Die ägyptischen Künstler blieben ihrer Tradition verhaftet, sie arbeiteten meist nach Vorlagen und auf Bestellung, bekamen ihr Material vom staatlichen Schatzhaus und wurden von ihren Auftraggebern entlohnt. Oft arbeiteten nacheinander mehrere an ein und demselben Werk. Sie verstanden sich selbst auch nur als Handwerker; die hohe Wertschätzung, die den Künstlern heute bei uns zuteil wird, wäre den Menschen damals fremd gewesen. Trotzdem schätzte man sie. Man bezeichnete sie mit so blumigen Namen wie ›Die Leben spenden‹ oder ›Die Leben Schaffenden‹ und nahm sie oft in den Freundeskreis eines Vornehmen auf. Hier kündigte sich schon eine Entwicklung an, wie sie sich bis in unsere Tage erhalten hat, ja, wie sie heute geradezu übertrieben wird. Nur eine wichtige Ausnahme gibt es, die ich erwähnen muss. Die Künstler der Gräber, die Steinmetze, Maler, Bildhauer – und sogar die Erdarbeiter, alle gemeinsam – wurden in einer eigenen kleinen Stadt in den Todesbergen eingeschlossen, die sie nicht verlassen durften, abgeschottet von der Welt.«

»Wie seltsam und grausam, aber warum?«

»Der Grund ist einleuchtend, Berenike, sie sollten kein Geheimnis von den in den Gräbern enthaltenen Schätzen preisgeben können. Man versorgte sie mit Lieferungen, aber nur bis an ihr Stadttor. Von ihnen gibt es eine Fülle von Aufzeichnungen, die uns von ihrem Leben erzählen.

Jedenfalls – als ›Künstler‹ in unserem Sinn hat man sie nicht geschätzt, sondern wie Gefangene gehalten. Auch das muss man erwähnen, wenn man Ägypten mit dem Paradies vergleicht. Überhaupt – wie gern würde ich euch zustimmen. Aber vergesst nicht die Fron der hunderttausende, die zur Errichtung all der Prachtbauten, Tempel, Paläste und der Pyramiden gezwungen wurden.«

»Die Pyramiden. Wir haben keine einzige gesehen!«

»Ja, das ist ein Versäumnis, Berenike. Aber jetzt ist es zu spät geworden. Außerdem ist es schon dunkel. Wir werden darüber reden, wenn wir unser Quartier bezogen haben.«

Er ging voraus, die Fackel hebend, durch den schmalen Gang, der wieder aufwärts führte. Je höher sie kamen, desto frischer wurde die Luft, jetzt spürten sie, wie dumpf es in der Totenkammer gewesen war.

Der erste Abend

Pharaonengräber und griechische Götter

Wohltuender Komfort

Als sie ins Freie kamen, waren die kahlen, unwirtlichen Todesberge verschwunden. Sie traten in einen Garten, durch den ein schmaler Weg führte, der mit niedrigen Lampen elektrisch angestrahlt wurde, wodurch die Pflanzen auf beiden Seiten in den märchenhaftesten Formen leuchteten.

»Der Eingang zu unserem Gästehaus.« Indem Senex das sagte, traten sie schon vor die Pforte, die sich automatisch öffnete. Die Halle war klein, aber bequem ausgestattet, mit Polstersesseln und Tischen, einer Theke, hinter der kein Mensch stand, auf der aber nebeneinander vier Schlüssel mit Nummern bereitlagen. Senex nahm sie ohne Umstände und verteilte sie, einen behielt er.

»Auf euren Zimmern findet ihr alles, was ihr für die Nacht und den nächsten Tag braucht, nicht nur Waschzeug, Seife, Zahnbürste und Rasierapparate, auch Pyjamas, frische Wäsche, neue Hemden und Blusen.«

Die drei jungen Leute, nun auch ermüdet, nahmen die Schlüssel.

»Macht euch frisch und kommt in zwanzig Minuten wieder herunter. Im Nebenzimmer gibt es einen kleinen Selfservice, wo wir essen wollen. Da können wir noch miteinander sprechen.«

Sie gingen die Treppe hoch, die Einbettzimmer mit Klimaanlage befanden sich in der ersten Etage, sie wiesen allen Komfort auf, den man heute von einem Hotel erwartet.

Freilich nahmen sie alles nur mit dem Gefühl der Unwirklichkeit wahr. Sie wuschen sich, legten sich, jeder bei sich, ein wenig aufs Bett und gingen – als sie den Gong hörten – wieder hinunter in den kleinen Raum, wo sie essen sollten.

Senex führte sie zu einem Tisch, das Essen holten sie sich von einer Theke, wo auch Getränke standen. Sie nahmen Platz, zwei an jeder Seite, wobei Stefan neben Senex zu sitzen kam. Es milderte sein Bedauern darüber, nicht neben Berenike zu sitzen, dass er sie auf diese Weise besser anschauen konnte, was ihm das Herz erwärmte, nun auch deshalb, weil sie ihm vertraut und ein Kind seiner Zeit war, und kein Phantom der Vergangenheit.

Von Menschen errichtete Berge aus Stein

»Reden wir nun also von den Pyramiden«, begann Senex das Gespräch, nachdem der erste Hunger gestillt war. »Es ist wahr, ich hätte euch gern mindestens einen dieser von Menschenhand errichteten Berge aus Stein gezeigt, aber unser Aufenthalt in Ägypten war sowieso schon fast zu ausgedehnt. Das hat freilich auch seine innere Berechtigung, denn mit Ägypten – sagte ich es schon? – kamen wir an den Beginn aller Kultur. Hier war der Mensch, wenn ich es so salopp ausdrücken darf, endgültig fertig, seine Entwicklung war praktisch abgeschlossen. Er konnte Erze einschmelzen, Metalle bearbeiten und benutzte das Rad, sowohl für die Beförderung von Dingen wie zur Herstellung von Töpferwaren. Er benutzte Kerzen, um seine Nächte zu erhellen, er erkannte sich selbst im Metallspiegel wieder. Ich behaupte, dass die ägyptischen Ingenieure allem, was die Griechen, die Römer und die europäischen Völker vor der industriellen Revolution im neunzehnten Jahrhundert gekannt haben, eindeutig überlegen waren. Nur die Neuzeit hat sie wohl übertroffen.«

»Aber ob das ein Gewinn ist?«, fragte Stefan.

Senex lächelte und fuhr fort: »Die Ägypter errichteten kilometerlange Mauern, um Wasser aus einer Oase in einem See zu sammeln, sie machten fünfundzwanzigtausend Morgen Sumpfland urbar, sie schufen unerschöpfliche Bewässerungsreservoire. Mit Hilfe des von ihnen entwickelten Senkkastens wurden Kanäle gebaut, sogar vom Nil bis zum Roten Meer. Tausend Tonnen schwere Obelisken konnte man über große Entfernungen transportieren, Standardgewichte und Maße wurden eingeführt und Waagen mit Gewichtsanzeiger entwickelt. So war auch die Bautechnik immer weiter verbessert worden. Man errichtete Paläste aus Stein oder Ziegel von einer Größe, die noch heute erstaunt. Und zu dem Großartigsten gehören Bauwerke wie die Pyramiden, denn sie erforderten zunächst einmal eine Vision, eine Vorstellung, danach einen Plan, der gründliche mathematische Kenntnisse voraussetzte, und zu ihrer Verwirklichung eine Technik, die das Heraustrennen tonnenschwerer Steine aus den Bergen, ihren Abbau, ihre Fortbewegung über große Strecken und schließlich das Hochheben ermöglichte. Wenn wir dem griechischen Geschichtsschreiber Herodot Glauben schenken oder uns an Darstellungen auf ägyptischen Reliefs orientieren, dann wurden diese ungeheuren Blöcke von tausenden von Männern auf geschmierten Balken bewegt und auf schiefen Flächen hochgezogen. Dass das Fronarbeit war, ist selbstverständlich, aber die Ägypter verstanden es auch als Gottesdienst oder als eine von Gott geforderte Pflicht. Über hunderttausend Männer waren dabei beschäftigt, Maurer, Mörtelhersteller, Vorarbeiter, Steinmetze, Geometer, Zimmerleute, Vermessungsarbeiter, Organisatoren und Architekten. Dazu das Heer der Arbeitskräfte, von denen die Blöcke aus Granit und Kalkstein aus den Felswänden gebrochen, hinuntertransportiert, auf Schiffe verladen und auf dem Baugelände bewegt wurden, wo auch ihre Wohnbaracken und Hütten standen, wo die Priester Rauchopfer darbrachten und Gebete an die Götter richteten. Zahllose Menschen füllten die weite Sandebene rund um das Bauwerk, und alle wurden, genauso wie ihre Familien daheim, verpflegt, verköstigt und mit Kleidung versorgt. Freilich arbeiteten sie oftmals bis ans Ende ihrer Kräfte und viele starben an Erschöpfung und Seuchen. Jedes Jahr hatten die Dörfer ihre Toten zu beklagen.«

»Und wozu?«

»Das letzte Rätsel der Pyramiden wird wohl ungelöst bleiben, Berenike. Jedenfalls waren es Gräber, Königsgräber. Ihr Bau diente dazu, das Fortleben des Königs zu sichern …«

»Was für ein Egoismus.«

»Keineswegs, Stefan. Denn der König sollte aus dem Jenseits mit seinen Kräften den Segen des Landes gewährleisten. So stehen heute auch die bekanntesten, die Pyramiden von Gizeh, als Monumente menschlichen Glaubens im Wüstensand, wie aus dreieckigen Flächen zusammengesetzt, die sich zueinander neigen und in der Spitze vereinigen. Eine ihrer Flächen empfängt die aufgehende Sonne, die andere die Mittagsglut, die dritte die untergehende Sonne und die vierte wendet sich der ewigen Nacht zu. Die größte von ihnen, die Cheopspyramide, könnte die Peterskirche in Rom, die Dome von Mailand und Florenz, die Sankt-Pauls-Kathedrale und die Westminsterabtei von London aufnehmen, also die fünf größten Kirchen der Welt. Und jetzt stelle ich euch eine Frage: Wofür sind diese Pyramiden ebenfalls ein Beweis?«

Die drei jungen Leute blickten sich fragend an, bis Stefan sagte: »Wir können nicht wissen, worauf Sie anspielen.«

»Nun, sie sind ein Beweis dafür, dass es, um eine schier übermenschliche Leistung zu vollbringen, nicht auf die Mittel ankommt, nicht auf Bagger und Kräne, vielleicht nicht einmal auf das Rad oder den Flaschenzug, sondern allein auf den Willen.«

»Oder auf die Vision, den Glauben und das Motiv«, ergänzte Roman.

Senex erwiderte: »Du sprichst mir aus der Seele«, und Berenike sah Roman herzlich an. Stefan spürte einen Stich.

»Freilich dauerte die Bauzeit auch mehrere Jahrzehnte«, sagte Senex. »Es muss schon ein wirklich großer Wille – und ein großer Glaube – dahinter stehen, um über einen so langen Zeitraum durchzuhalten. Mehr als zwei Millionen Steinblöcke wurden für eine Pyramide gebrochen, bewegt und verbaut. Dafür aber kann ein ägyptisches Sprichwort mit Berechtigung sagen: ›Die Welt fürchtet die Zeit – aber die Zeit fürchtet die Pyramiden.‹«

Senex schwieg. Sie sahen ihm an, dass er mit sich rang. Schließlich sagte er: »Ich will es nicht verschweigen, es gibt auch eine andere Deutung der Leistung des Pyramidenbaus. Danach haben die Ägypter tausende, sogar abertausende von nubischen Sklaven dafür gefangen, eingesetzt und geopfert.«

»Das wirft allerdings einen Schatten auf diese Wunderwerke«, murmelte Berenike.

»Und einen so dunklen, dass ich ungern davon spreche«, antwortete Senex. »Das habt ihr ja gemerkt. Immerhin war die Arbeitsleistung angesichts der zur Verfügung stehenden Hilfsmittel gigantisch. Der Grieche Herodot, den wir als den Vater der Geschichtschreibung bezeichnen, erklärt, dass der Pharao Cheops, dessen Pyramide die höchste ist, das Land durch ihren gigantischen Bau in tiefstes Unglück gestürzt habe. Ständig hätten hunderttausend Menschen, die alle drei Monate abgelöst werden mussten, für ihn arbeiten müssen.«

»Aber das ist kein Beweis für Sklaverei!«

»In der Tat, Roman, ich danke dir«, sagte Senex erleichtert. »Immerhin – um der Wahrheit die Ehre zu geben, wenn es so gewesen wäre, hätten es die Pharaonen nur durch die Androhung schlimmster Strafen erreichen können, an deren Ende die Pfählung stand. Dadurch, wie auch durch Erschöpfung, Hitzschlag, Verdursten – nach griechischen Berichten wurden oftmals die Wasserrationen der Sklaven gekürzt – und Unfälle wären dann wohl mindestens ein Viertel der Fronarbeiter umgekommen.«

»Jedes Jahr hunderttausend?«

»In fünfzig bis sechzig Jahren also über fünf Millionen, Stefan.«

»Dann wäre der Nil ein Massengrab gewesen!«

»Und der Pyramidenbau eines der schlimmsten Arbeitslager der Geschichte, Roman«, murmelte Senex. »Ich möchte es nicht glauben. Denn dass als Beweis für diese These angeführt wird, die Hierolgyphe für Pyramide bedeute auch Leichenberg, ist für mich nicht schlüssig, weil damit wohl eher der Leichnam des in ihr bestatteten Königs gemeint gewesen sein dürfte. Freilich, ohne Opfer wurde bestimmt keine Pyramide erbaut. Und leider, leider werden wir im Lauf unserer Wanderung noch zahllosen menschlichen Grausamkeiten begegnen. Wir sind die ideenreichsten Geschöpfe im Erfinden von Qualen für andere.« Und wie wenn er froh wäre, das Thema abschließen zu können, erklärte er: »Die großen Pyramiden baute man im Wesentlichen im Alten Reich bis zum Beginn des Neuen. Als man die Hauptstadt aus Sicherheitsgründen von der Mündung des Nils aus Memphis ins Innere des Landes nach Theben verlegt hatte, begrub man auch die toten Pharaonen in tiefen Erdverstecken, im gebirgigen Tal der Könige. Ihr habt ein ähnliches Grab gesehen.«

Darauf hatte niemand etwas zu antworten.

Dieser einzigartige Planet

Etwas später sagte Stefan, ein Stück Brot in den Fingern zerbröselnd: »Zu gerne hätte ich mich einmal in das Weltbild dieser Menschen hineinversetzt. Sie waren schon so reich an Kunst, an Können, an Wissenschaft – und sie wussten doch so wenig. Ich meine natürlich vor allem die Dinge, die wir kennen. Sie ahnten nichts vom Urknall, vom Anfang des Weltalls, selbst das unvorstellbar große Universum war ihnen unbekannt. Sie kannten weder Galaxien noch Sternenhaufen, sie kannten unsere Weltkugel nicht mit all ihren Erdteilen und Ozeanen. Sie konnten nicht einmal in ihrer Vorstellung über ihren Horizont hinausblicken, denn da war nichts, was sie hätten sehen können. Wir sind die Ersten, die unsere Weltkugel frei im Raum schweben sehen. Bisher konnte man es bestenfalls denken, aber die Sinne der Menschen blieben doch immer auf der Erde. Jetzt ist es anders – die Bilder der Erde, auf dem Mond aufgenommen oder aus dem Weltraum, kann jeder sehen! Aber ändert das unsere Einstellung zu diesem einzigartigen Planeten?«

»Leider nein, Stef.« Roman fuhr fort: »Diese Jahrtausende dauernde geschichtliche Ruhe des alten Ägypten ist für uns nicht mehr begreifbar. Im Grunde stand die Zeit ja still, nichts bewegte sich, außer Geburt und Tod. So empfanden die Menschen vielleicht auch ihre Geschichte nicht als ein Fortschreiten, sondern als eine Bewegung in ewiger Ruhe.«

»Und noch etwas müssen wir bedenken«, sagte Senex. »Die Menschen der frühen Kulturen kannten nur die sichtbare, die belebte Welt. Sie sahen nur ihr Leben und dachten den Tod als seine Fortsetzung. So entstand ihr Glaube.«

»Ich meine noch etwas anderes«, sagte Stefan, zu seinem Gedanken zurückkehrend. »Wir, ich meine uns heutige Menschen, sind die erste Generation, deren Blicke weiter in die Vergangenheit zurückgehen können, als die aller anderen Menschen vor uns, bis zu den Ursprüngen der Menschheit, zugleich sind wir aber auch die Ersten, die ihr Ende einkalkulieren müssen, und zwar schon bald. Keine Generation vor uns hat sich wohl eine Erde ohne Menschen vorgestellt, hatte aber auch keinen Grund dazu.«

»Ich sehe nicht so schwarz wie du«, erwiderte Roman. »Allerdings gebe ich zu, dass wir an der Wende stehen. Vor uns konnte man leben, ohne die Folgen seines Handelns bedenken zu müssen.«

»Und wir sind auch die Ersten, die weit in den Weltraum und zum Beginn des Universums schauen – soweit man das überhaupt kann. Trotzdem finden wir keine Erklärung für das ›Nichts‹ dahinter, können es uns nicht vorstellen. Im Erkennen werden uns die Wissenschaftler der Zukunft sicher überlegen sein, aber auch sie werden die letzten Geheimnisse nicht lösen können.«

»Vielleicht«, meinte Senex, »vielleicht sollten wir damit für heute Schluss machen. Wir sind alle müde. Und wir werden an den nächsten Abenden noch Gelegenheit haben, diese Fäden fortzuspinnen. Ich schlage vor, wir gehen zu Bett.«

Der Beginn einer humanen Kultur

Senex machte eine Pause, dachte nach und fuhr dann fort: »Die Sonne wird euch wecken, es wird eine der klarsten Sonnen der Menschheitsgeschichte sein, die Sonne des klassischen Griechenland, auch Hellas genannt.«

»Darauf freue ich mich!«

»Und das darfst du auch, Berenike.« Senex geriet ins Schwärmen. »Ägypten – ja, ich begeistere mich. Aber Griechenland, das ist doch der eigentliche Beginn einer humanen Kultur. Die Tür zu einem freien, assoziierenden, sogar kühnen Denken haben als Erste die Griechen aufgestoßen. Wenn bereits vor den Griechen ein humanes Bild in den Gefühlen der Menschen aufkeimte, so haben es doch erst die Griechen artikuliert. Außerdem war es die Wissenschaft, die in Griechenland eigentlich erst geboren wurde, die Griechen haben das Nachdenken über die Möglichkeiten des Wissens an uns vererbt. Darüber hinaus ist bereits die Welt ihrer Götter, im Vergleich zu der ägyptischen, von unübertrefflicher Poesie. Die Griechen sind auch die Ersten gewesen, die ihre Götter mit menschlichen Zügen, Schwächen und erotischen Leidenschaften ausstatteten, die ihnen mit liebevollem Humor, sogar mit Spott begegneten. Die Geschichten von den Göttern und Göttinnen des Olymp werden noch heute erzählt. Götter, die sich in sterbliche Frauen verlieben, oder Göttinnen, die in den Schlachten der Männer mitkämpfen, bieten reichlich Stoff für gute Geschichten, Tragödien und Komödien. Undenkbar, dass ein Ägypter seinen Gott Amun-Re als einen erotischen Abenteurer dargestellt hätte, wie es die Athener mit Zeus taten. Unvorstellbar, dass ein ägyptischer Poet einen ehebrecherischen, in amouröse Abenteuer verwickelten Zeus mit einer Leda erfunden hätte.«

»Wie war das?«, fragte Berenike lächelnd, wobei sie in den Augen von Stefan und Roman noch schöner wurde.

»Nun, Zeus verwandelte sich in einen Schwan, um die schöne Leda zu besitzen. Sie gebar darauf ein Ei und aus dem Ei schlüpfte die schöne Helena, die viel Unheil über die Griechen brachte, denn ihretwegen wurde der Trojanische Krieg angezettelt.«

»Das sind alles hübsche Geschichten.«

»Lass mich nur noch auf eines hinweisen, Stefan. Der Alltag der Griechen war zwar keineswegs frei von Zauber und Hexerei. Aber es gab im griechischen Himmel keinen Satan!«

»Er ist eine Erfindung des Christentums!«

»Du irrst dich, Stefan, aber davon ein andermal. Die Griechen jedenfalls sollten wir bewundern, denn sie haben sich den Teufel vom Leibe gehalten. Nie drohte die griechische Priesterschaft mit dem Bösen, ja sie unterschied sogar nie klar zwischen Gut und Böse, das überließ sie dem Staat und den Gesetzen. Der Grieche wusste immer, dass er sich seine Götter erfunden hatte, in ihnen sah er sich selbst gespiegelt. Zwar erweiterte er seinen Götterhimmel im Lauf der Jahrhunderte, aber es blieb immer ein Clan von Heroen, die man bewunderte und fürchtete. Keiner war jemals im metaphysischen Sinn absolut gut oder absolut böse. Sie dachten sich Götter aus, die niemals ihre Tyrannen wurden. Denn die absolute Herrschaft eines Einzelnen oder auch einiger weniger war für sie unerträglich.«

»Wie sympathisch!«, rief Stefan.

»Der griechische Geist befreite sich ebenso vom Aberglauben, der Deisidaimonia, selbst wenn es Magier, Zauberer und Hexenmeister gab. Das Wort ›Deisidaimonia‹ allein ist es schon wert, von uns beachtet zu werden, denn es bezeichnet nicht nur die törichte Angst vor dem Unbekannten, die der Vernunft widerspricht, sondern auch die Furcht vor den Göttern, den Daimones, die den Griechen übertrieben erschienen wäre.«

»Aber wieso folgte gerade die griechische Kultur auf die ägyptische?«

»Ich weiß die Antwort auch nicht, Roman«, erwiderte Senex. »Es ist jedenfalls eine Tatsache, dass auch Kulturen wandern. Von Mesopotamien und Ägypten zog sich ein Halbkreis über die Ägäischen Inseln, bis er später auf das europäische Festland übergriff. Die griechischen Inseln lagen einzigartig, jede wäre einen eigenen Tag wert, sei es Kreta mit der minoischen Kultur, sei es Santorini, wo man Atlantis vermutet, sei es Ägina, wo die ältesten erhaltenen Münzen geprägt wurden. Wir aber werden uns gleich dem Festland zuwenden. So sehr ich die ägyptische Kunst bewundere, erst den Griechen gelang es, sich geistig über die irdische Existenz zu erheben, das ist ihre große Leistung. Kein Volk vermochte das vorher in gleicher Weise. Ihr müsst euch nur daran erinnern, wie die Ägypter ihre Künstler von aller Welt abschotteten, und ihr werdet sehen, in welcher Freiheit sie in Athen schaffen konnten. Die Griechen schenkten uns die zweckfreie Schönheit, das Anmutige, das Lustige, das Unterhaltende und natürlich auch das Ergreifende. Die Griechen taten den ersten Schritt zum zweckfrei denkenden Geschöpf – im Sinne des Homo ludens, des spielerischen Menschen.«

Diesen Worten wollte niemand etwas hinzufügen. Sie standen alle auf, jeder begab sich auf sein Zimmer, wo er gleich in tiefen Schlaf fiel, gerade so, als gehöre das rasche, gnädige Wegsinken ebenfalls zu den Angeboten dieses Parks – vielleicht, weil auch er den Charakter eines Traums hatte.

Der zweite Tag

Hellas

Homers Verse gingen von Mund zu Mund

Alle vier trafen sich ausgeruht im Frühstücksraum wieder. Durch große Fensterscheiben flutete ein Licht, wie man es nur in südlichen Gefilden kennt. Nachdem sie sich am Büffet bedient hatten, setzten sie sich.

Berenike strahlte wie das Himmelslicht. Zumindest empfanden es Stefan und Roman so.

Stefan war, trotz seiner spitzen Zunge, nicht weniger empfindsam als Roman. Sein gelegentlicher Sarkasmus rührte von einer Überempfindsamkeit her, die mit einem ebenso scharfen Verstand gepaart war – eine für ihn selbst nicht immer bekömmliche Mischung. Nun schaute er Berenike an, ihre hübschen Augen, die Nase, die zart geschwungenen Lippen, die blonden, locker über ihre Schultern fallenden Haare. Dabei begegneten sich die Blicke der beiden jungen Männer, da Roman das Mädchen gleichzeitig anschwärmte. Und sofort kam etwas Abweisendes in beider Ausdruck. Berenike spürte etwas von dieser Spannung und lächelte.

Senex begann vom heutigen Tag zu sprechen: »Ihr könnt all eure Sachen hier lassen, denn wir kehren jeden Abend wieder zurück, so ist es geplant. Ehe wir gehen, nehmen wir die Picknicksäckchen, sie sind neu gefüllt worden.«

»Jetzt kommen wir doch ins klassische Griechenland. Ich freue mich darauf. Aber ich wüsste gern etwas mehr. Mein Gott, mein Kopf ist ja voll davon, aus der Schule: die Epiker, die Lyriker, die Dramatiker, die Philosophen …«

»Zunächst dies zur Einführung, Roman. Gut, dass du von den Dichtern sprichst. Der erste und größte übrigens, das wisst ihr wahrscheinlich, Homer, war blind. Aber vielleicht waren es zwei Autoren, von denen die ›Ilias‹ und die ›Odyssee‹ verfasst wurden.«

»Wie das?«

»Die Unterschiede sind offenkundig. In der ›Odyssee‹ wird vor allem von den kleinen Dingen berichtet, vom Hunger, knurrenden Mägen, vom Alltag, Schweinehirten, Bettlern, Hunden, während in der ›Ilias‹ die Adligen, Helden, Heerführer, der Ruhm und die Ehre – und immer wieder die Götter – die herausragende Rolle spielen. Man nimmt daher an, dass Homer bereits vorhandene mündlich überlieferte Dichtungen zusammenfügte, während die ›Odyssee‹ vielleicht ein wenig später von einem nicht minder bedeutenden Dichter – aber aus Homers Schule stammend und von ihm stark beeinflusst – verfasst wurde. Viele Aspekte, vor allem die Leitidee, lassen die Werke so ähnlich erscheinen, dass wir beide als ›homerisch‹ bezeichnen können. So oder so – ein nicht geringer Teil der Dichtung stammt von Homer. Er war es, der als Erster mit Hilfe der eben erst entwickelten Schrift den mündlich überlieferten Sagen und Mythen der mykenischen Zeit eine gebundene Form gab und sie unter ein Leitmotiv stellte.«

»Mit Hilfe der Schrift? Ich denke, Homer war blind?«

»Nicht von Geburt an, Roman. Er kam im achten Jahrhundert vor Christus zur Welt, und zwar vermutlich in Smyrna. Er führte ein unstetes Wanderleben, erblindete, kam dennoch zu Vermögen, gründete eine Schule, heiratete und hatte zwei Töchter. Zuletzt lebte er auf der Insel Ios, wo er auch starb.«

»Aber wie hat er sein Werk geschrieben, wenn er nicht sehen konnte?«

»Er diktierte es Schreibern. Es ist ja bekannt, dass gerade Blinde über ein großartiges Gedächtnis verfügen. Für die Griechen war Homer immer die höchste Instanz, der Gestalter ihres Weltverständnisses und an der Schöpfung ihres Götterhimmels beteiligt. Er steht am Beginn der Dichtung des Abendlandes und das macht seinen einsamen Rang aus. Zum ersten Mal gestaltete der Mensch seine Vergangenheit in großen, dichterischen Versen. Noch heute gehören die ›Ilias‹ und die ›Odyssee‹ zur Lektüre jedes altsprachlichen Gymnasiums.«

»Auch ich mag sie«, stimmte ihm Roman zu. »Keiner hat den Hexameter so vollendet beherrscht: ›Nenne mir, Muse, den Mann, den vielgewandten, der vielfach irrte, nachdem er die heilige Troja zerstörte‹«, zitierte er. »Auch heute noch nennen wir jede Irrfahrt eine Odyssee.«

»Und noch etwas ist bemerkenswert«, sagte Senex. »Homer interpretierte den Begriff ›Schuld‹ neu. Er lässt nämlich den Helden Priamos zur schönen Helena sagen: ›Denn von mir aus gesehen, bist du unschuldig. – Schuld haben die Götter!‹«

»Wie schade, dass die späteren Religionen das nicht aufgegriffen haben«, warf Stefan ein. »Aber dann hätten sie sich ins eigene Fleisch geschnitten – sie leben ja schließlich vom permanenten Schuldgefühl ihrer Gläubigen. Ohne Schuldgefühl keine Beichte und keine Absolution! Die Geschichte der letzten zweitausend Jahre sähe ganz anders aus. Dabei ist es doch nur logisch, dass der allmächtige Gott auch die letzte Ursache all unserer Taten, also auch unserer Schuld, sein muss.«

»Aber worauf beruhte Homers ungeheure Wertschätzung bei den Griechen?«

»Ich freue mich über deine Frage, Berenike. Es ist ja außergewöhnlich, dass eine Kultur über mehr als tausend Jahre so sehr von einem einzigen Dichter geprägt wird, ohne dass er ein religiöses Werk geschrieben hätte. Nicht nur das, er wird noch heute als überragend verehrt. Und eines dürft ihr nicht vergessen, er hat den Götterhimmel so geschildert, dass sich daraus kein fundamentalistischer Fanatismus entwickeln konnte.«

»Und eben darum zählt man ihn nicht zu den großen Religionsstiftern! Wie tragisch für die Menschheit, dass er eine Ausnahme geblieben ist!«, sagte Stefan.

»Homer hat gewissermaßen ein griechisches Nationalbewusstsein erzeugt, ohne kriegerische Instinkte zu wecken. Er hat von den Tugenden der Helden erzählt, aber seine Helden blieben immer vor allem Menschen und dadurch sind sie uns so nah.«

Das erste Alphabet enthielt nur Konsonanten

Nach einer Pause fuhr Senex fort: »Um die Dichtung niederschreiben und für uns erhalten zu können, bedurfte es der Weiterentwicklung der ersten Schriften, der Keilschrift und der Hieroglyphen, zu einem Alphabet. Um tausend vor unserer Zeitrechnung wurde dieser entscheidende Schritt getan. Wohl kaum auf einmal, sondern im Lauf einer langen Geschichte. Sicher bestand Bedarf dafür. Die Phönizier trieben an den Küsten des Mittelmeeres, in Nordafrika, Südspanien, Sizilien, Sardinien, Zypern und auch in Griechenland oder in Italien Handel. Da brauchten sie eine einfache Möglichkeit, um mit ihren Kunden schriftlich zu verkehren. Sie waren es, die das erste Alphabet schufen, das zunächst nur Konsonanten enthielt. Beim phönizischen Konsonanten-Alphabet musste sich jeder die Vokale selbst dazudenken, und das war im Griechischen, das über Vokale verfügt, sehr unpraktisch. Deshalb entnahmen die Griechen aus dem aramäischen Alphabet, das in Vorderasien verbreitet war, mehrere Zeichen für Konsonanten, die es im Griechischen nicht gab. So entstanden A – Alpha, E – Epsilon, O – Omikron und Y – Ypsilon. J, das Jota, war ihre einzige originale Erfindung. Das griechische Alphabet besteht aus vierundzwanzig Buchstaben, aus siebzehn Konsonanten und sieben Vokalen. Und nun, mit dieser griechischen Schrift, konnte eine der reichsten Literaturen erblühen, die alle Gattungen umfasste, Dichtung, Theater, Rede, Geschichtsschreibung und Philosophie. Und da die Griechen große Seefahrer waren und alle Küsten des Mittelmeerraumes besuchten, ist anzunehmen, dass sie ihre Schrift auch den Etruskern vermittelten, die in der heutigen Toskana lebten und in denen wir die Väter der Römer sehen.«

»Und worauf hat man geschrieben? Immer noch auf Papyrus wie in Ägypten?«

»Das auch, Berenike. Man schrieb zuerst auf Bambusblätter oder Baumrinde. Für Inschriften wurden Stein, Bronze und Blei verwendet, für den gewöhnlichen Gebrauch Tonplättchen und mit Wachs überzogene Holztäfelchen. Sollte das Geschriebene länger halten, nahm man Papyrus, den man von Ägypten kannte. Später, dann auch noch in der römischen Zeit, benutzte man Pergament aus Ziegen und Schafhäuten. Auf die Wachstäfelchen wurde mit Metallgriffeln geschrieben, auf Pergament oder Papyrus mit einem in Tinte getauchten Schilfrohr. Übrigens kommt unser Wort ›Bibel‹ aus dem Griechischen, wo ›tà biblía‹ die Bücher heißt. Es leitet sich wiederum, wie auch ›Bibliothek‹, von der phönizischen Stadt Byblos her. Byblos, ein etwa dreißig Kilometer nördlich von Beirut gelegener Ort, war in der Antike der Hauptumschlagplatz für den aus Ägypten kommenden Papyrus. Er lässt sich bereits im dritten Jahrtausend vor der Zeitenwende in Ägypten nachweisen, erst im zweiten Jahrhundert nach Christus wurde Papyrus allmählich vom Pergament abgelöst.

Seit dem fünften Jahrhundert waren Papyrusrollen mit den homerischen Epen und den klassischen Tragödien bei den Griechen in Umlauf, die griechischen Gelehrten im ägyptischen Alexandria schufen im dritten Jahrhundert die erste große Bibliothek, in der alle literarischen Texte gesammelt wurden, mehr als siebenhunderttausend Buchrollen. Dort, in Alexandria, wirkte ein großer, auf Staatskosten lebender Gelehrtenkreis.«

»Aber die Bibliothek wurde zerstört.«

»Ja, Roman, im Jahr eins vor Christus.«

»Für mich ist das fast wie ein Omen.«

»Wie meinst du das, Stef?«

»Ganz einfach. Damals nahm die Zerstörung des bisherigen Wissens – wenn auch unbeabsichtigt – ihren Anfang, die im Gefolge des Christentums bewusst fortgesetzt wurde.«

»Du darfst aber nicht übersehen, Stefan, dass sehr viele antike Texte in Klosterbibliotheken überlebten, oft mit viel Glück, wie es der Schweizer Dichter Conrad Ferdinand Meyer in seiner Novelle ›Plautus im Nonnenkloster‹ erzählt«, widersprach Senex. »In der griechischen Zeit nahm die Massenproduktion des Pergaments im kleinasiatischen Pergamon, wo sich eine bedeutende Bibliothek befand, ihren Anfang. Daher der Name Pergament. Übrigens verdanken wir der Schrift, also der

Kunst des Schreibens, auch die ersten geschichtlichen Aufzeichnungen. Ja, ich sehe in der Geschichtsschreibung eine der bedeutendsten Leistungen der Griechen des fünften Jahrhunderts vor der Zeitwende. Bereits in Ägypten erwähnte ich den Namen Herodot. Auch er kam, wie Homer, aus der Küstenlandschaft Kleinasiens, der jetzigen Türkei. Mindestens zwölf Jahre lang reiste er kreuz und quer durch die Länder des östlichen Mittelmeeres. Er gab uns nicht nur eine fortlaufende Geschichte der griechischen Welt in einer chronologischen Darstellung, was völlig neu war, sondern auch eine Fülle von Informationen – die wir selbst dann bewundern, wenn sie nicht alle ganz stichhaltig sind. Geraten doch auch heutige Historiker leicht ins Schwimmen. Als Schriftsteller darf man ihn als Genie bezeichnen, denn seine Berichte sind voller Leben, humorvoll, bilderreich und unterhaltend – vielleicht kam das auch daher, dass er sie zum Vorlesen konzipierte, er trug sie in Athen vor, wo er großes Ansehen genoss. Nun, ich glaube, das genügt. Habt ihr genug gefrühstückt? Seid ihr fertig? Dann brechen wir auf!«

Münzen – kleine und größere Geldstücke

Sie nahmen die Picknicksäckchen, hängten sie über die Schulter und traten vor die Haustür.

Berenike atmete tief durch: »Mein Gott, ist das schön!« Vor ihnen öffnete sich ein einzigartiger Blick.

»Mir kommt es so vor, als befänden wir uns ständig in einem Zuschauerraum vor einer Drehbühne, auf der über Nacht eine andere Dekoration herbeigefahren worden ist«, murmelte Roman.

»Das ist gar nicht so falsch«, antwortete Senex.

Vor ihnen erstreckte sich das Meer in morgenfrischer Pracht. Das Aquamarinblau des Wassers verschmolz mit dem Türkis des Himmels. Unten, in einer kleinen Bucht, lag ein Boot aus Kiefernholz, dessen braunes viereckiges Segel an einer oberen Rahe aufgespannt war. Am Ufer kauerte ein Mann mit gebräunter Hautfarbe in einer derb gewebten, hellbraunen Tunika. Seine Haare waren kurz geschoren und leicht ergraut, sodass es aussah, als trüge er einen silbernen Helm.

»Er wird uns heute fahren. Wir werden ihn und sein Boot dreimal benutzen, so bekommt ihr gleich einen Eindruck davon, dass die Griechen ein seefahrendes Volk waren, von dem die Küsten des Mittelmeeres und die Inseln der Ägäis kolonisiert wurden. Steigt ein!«

»Hoffentlich werde ich nicht seekrank!«

»Es wird dir nicht übel werden, Roman, das Meer ist ruhig. Außerdem ist unsere Fahrt sehr viel kürzer, als sie es in der Realität wäre. Vergiss nicht, wir befinden uns in einem künstlich angelegten Park.«

Der Schiffer hielt ihnen die von Wind und Wetter gegerbte Hand entgegen. Er stützte sie, während sie vom Land ins Boot überstiegen, dann machte er das Tau los und drehte sein Fahrzeug in den Wind. Es nahm sofort Fahrt auf, und schneller, als sie dies für möglich gehalten hätten, versank die grüne Küstenlinie hinter ihnen im Dunst.

Senex ging zum Schiffer und nahm ein Lederbeutelchen, das der Mann am Gürtel trug. Damit kehrte er zu den jungen Leuten zurück, die sich im Heck niedergelassen hatten. Berenikes Haare flatterten im Seewind. Sie lehnte sich mit geschlossenen Augen zurück und versuchte ihre Strähnen mit einer Hand zu halten.

Senex schüttelte den Beutel, wobei es metallisch klingelte: »Münzen!«, rief er. »Die ersten Geldstücke. Die allerersten sind wahrscheinlich in Kleinasien aufgetaucht, aber die Griechen machten sich diese praktische Erfindung rasch zu Eigen. Jeder unabhängige griechische Stadtstaat, mochte er noch so klein sein, gab seine eigene Währung aus.«

Er griff in das Beutelchen und zog eine Hand voll kleine und größere Geldstücke in verschiedenen Farben heraus, grau, silbrig, dunkel, bronzen, golden. Viele zeigten Prägungen und waren unregelmäßig geformt. Auf ihnen sah man Pferde und Stiere, ringende Athleten, Bienen, lorbeerumkränzte Köpfe, Gazellen, Eulen und Krüge.

»Wie kam man auf diese geniale Idee?«, fragte Roman. »Ich meine, nachdem man bisher doch wohl Ware gegen Ware getauscht hatte.«

»Nun, um einen Wert zu haben, der für die verschiedenartigsten Waren gleichmäßig eingesetzt werden konnte. Möglich, dass die ersten Münzen den Leuten zu wertvoll erschienen, um sie für den alltäglichen Handel zu benutzen. Sie waren eher für die regelmäßigen großen Ausgaben bestimmt, wie etwa für die Entlohnung der Beamten. Erst später wurden Münzen aus billigerer Bronze für den täglichen Einkauf verwendet. Viele Athener haben dabei ihre Münzen im Mund getragen.«

»Was ihnen aber die Verhandlungen sehr erschwert haben muss«, warf Berenike lachend ein.

»Zum Reden wird man sie wohl herausgenommen haben. Die ersten Prägemuster waren ein Mittel gegen Betrug. Mit den Zeichen garantierte die Verwaltung eines Stadtstaates, dass die Münze eine bestimmte Menge Metall enthielt. Und um zu verhindern, dass bei Münzen aus Gold und Silber Stücke vom Rand abgezwickt wurden, versah man sie mit Zeichen oder Bildern.«

»Wie unsere Wasserzeichen auf den Geldscheinen!«

»Ja, Berenike, das entsprach in etwa dem Gedanken an Fälschungssicherheit. Fehlte der erhöhte Kreis am Rand, konnte man annehmen, dass ein Teil der Münze entfernt worden war.«

Senex schüttete die Münzen wieder in den Beutel und brachte ihn zum Schiffer zurück. Das Boot glitt schwerelos über die Wasserfläche, das gleichmäßige Plätschern vermischte sich mit dem Flüstern des sanften Windes. Beides verband sich zu einer hypnotisch wirkenden Melodie, so gleichmäßig, dass Raum und Zeit darin verschwanden.

Pythagoras – Begründer der Naturwissenschaft

»Ich führe euch zuerst nach Kroton«, erklärte Senex. »Kroton liegt zwar nicht in Griechenland, ich meine, nicht auf der Peloponnes, es ist aber eine Stadt, die damals griechisch war. Wir bewegen uns auf Unteritalien zu, ins heutige Kalabrien, dort existiert sie noch, natürlich gewaltig verändert, und heißt jetzt Crotone, südwestlich vom Golf von Tarent, nordöstlich von Sizilien, das ebenfalls eine griechische Kolonie war.«

»Was wollen wir dort?«

»Wir besuchen Pythagoras, Roman.«

»A-Quadrat plus b-Quadrat gleich c-Quadrat«, leierte Stefan vor sich hin. »In einem rechtwinkligen Dreieck ist das Quadrat über der Hypotenuse c flächengleich der Summe der Quadrate über den beiden Katheten a und b.«

»Bravo!« Senex klatschte leise Beifall.

»Warum Pythagoras, warum nicht Archimedes, Euklid oder einen anderen großen Mathematiker?«

»Gewiss, jeder dieser Männer wäre einen Besuch wert, Roman. Vor allem die euklidische Geometrie ist eine mathematische Großtat, weil sie eine neue Präzision der logischen Beweisführung einführt. Aber ich habe mich für Pythagoras entschieden, weil er eine besonders beeindruckende Persönlichkeit ist und weil man ihn den Begründer nicht nur der europäischen Naturwissenschaft, sondern auch der Philosophie nennen darf. Und mit der griechischen Philosophie stellte der Mensch zum ersten Mal Fragen, die der Mythos nicht beantworten konnte. Er lernte, die Mythen nicht mehr als gegebene Wahrheiten anzunehmen. Der Mensch wurde skeptisch, und erst damit befreite er sein Denken aus alten Fesseln. Denn ein Skeptiker kann nie dogmatisch und rechthaberisch werden.«

»Skeptiker sind immer liberal!«, pflichtete ihm Stefan bei.

»Gründe genug, Pythagoras unsere besondere Aufmerksamkeit zu schenken. Eine gewisse Auswahl müssen wir nun einmal treffen, schon, um euch nicht zu ermüden. Außerdem hat Pythagoras so ziemlich alle damals bekannten oder erreichbaren Kulturkreise besucht. Er war ein großer Reisender, er war in Arabien, Indien, Südfrankreich und in Ägypten, wo er bei den Priestern Geometrie und Astronomie studierte. Und vergesst nicht, was für eine enorme Leistung damals Reisen über solche Entfernungen bedeutet haben. Immer zu Fuß, selten einmal zu Pferd, mit dem Wagen oder dem Schiff, keine Hotels, Schlafen meist unter freiem Himmel, zugedeckt nur von den Sternen, fremde Sprachen, in denen man sich nicht verständigen konnte, keine Dolmetscher, umgeben und bedroht von tausend Gefahren, Krankheiten, Hunger, Durst, die Zahlungsmittel beschränkt, manchmal ganz ohne Geld, nur wenige Tauschwaren – es ist unglaublich, was Pythagoras und die Menschen seiner Zeit geleistet haben und welch ein Wille hinter solchen Unternehmungen stand.«

»Vielleicht auch Abenteuerlust?«

»Auch das, Stefan – vor allem aber das brennende Interesse, etwas ganz Neues, etwas ganz anderes zu entdecken und ein vollständigeres Bild der Welt zu finden. Immer gaben sie dabei ihre Heimat auf. Sie wussten nie, ob sie jemals wiederkehren würden. Und die Menschen, die sie verließen, die sie kannten und liebten, waren dann vielleicht längst verstorben. Nicht umsonst genoss Pythagoras bei seinen Schülern große Verehrung und soll schon zu Lebzeiten als Verkörperung des Musengottes Apoll gegolten haben. – Schaut! Da taucht Kroton am Horizont auf.«

In der Ferne war eine Küstenlinie zu erkennen, noch im Dunst verschwimmend, und auf ihr Häuser, wie Perlen auf einer Schnur aufgereiht.

Der kleine, natürliche Hafen, dem die Stadt ihre Gründung und ihr Blühen verdankte, öffnete sich. Er war begrenzt von braunen würfelförmigen Häusern mit viereckigen Fensteröffnungen. Darunter gab es Schenken, vor denen Hocker standen, und lang gestreckte Lagerhäuser, seitlich erhob sich ein kleiner weißer Tempel, zu dessen säulengeschmückter Vorhalle Stufen hinaufführten. Und dazwischen immer wieder grüne Pflanzen, Eukalyptus, auch Palmen und Oleander. Fischerboote fuhren hinaus oder kehrten in den Hafen zurück. Der Kai war voller Menschen, die damit beschäftigt waren, Ballen zu stapeln, Amphoren zu transportieren, Esel mit Säcken zu beladen, Ziegen zu treiben. Schiffszimmerleute besserten aufs Land gezogene Boote aus.

Ihr Schiffer hatte das Boot geschickt gesteuert, sodass es längsseits zu liegen kam, rasch wurde ein Brett herangeschoben. Berenike stieg als Erste aus, dann folgten die Jungen mit Senex, als letzter der Schiffer, nachdem das Boot vertäut worden war. Der Mann wollte in einer Hafenschenke warten.

Senex ging in eine breitere Gasse. Hunde lungerten herum, Katzen gab es viele, dazu Ziegen und Schafe. In den Höfen krähten die Hähne und gackerten Hühner. Sie erreichten einen kleinen Platz. Die gegenüberliegende Seite wurde von einem lang gestreckten Gebäude begrenzt. Auf dieses steuerte Senex mit seinen Begleitern zu. Sie waren nicht die Einzigen, denn viele junge Leute, Jungen und überraschenderweise auch Mädchen, wollten zum Eingang, andere kamen heraus. Auffällig war auch deren ruhiges Betragen, ein gewissermaßen gesetztes Wesen, ein wohlerzogenes Benehmen. Dabei herrschte keine Unfreundlichkeit, man lächelte einander zu, begrüßte sich, und es schien, als fühlte sich jeder dieser jungen Leute irgendwie auserlesen, zu einer besonderen Gemeinschaft gehörig.

Die jungen Männer trugen meist hemdartige Gewänder, die Mädchen den faltenreichen Peplos, einen in der Taille gebundenen Umhang in hellblauen, gelben oder braunen Tönen.

»Rot«, sagte Senex, ihren Blicken folgend, »vor allem Purpurrot, ist den Königen und Priestern vorbehalten.«

Der Glaube an die Seelenwanderung

Als sie in den Gang des Hauses traten, in dem das Licht gedämpft war, wies er sie auf zwei Tierhäute hin, zwei Pergamente, auf denen, wie auf einem schwarzen Brett, einige Zeilen standen, geschrieben in jener dekorativen griechischen Schrift, die heute nur noch in altsprachlichen Gymnasien gelehrt wird.

»Hier seht ihr die Regeln der pythagoreischen Gemeinschaft«, erklärte Senex. »Alle sind stolz darauf, zu ihr zu gehören.« Er beugte sich vor und las halblaut: »›Alle Schüler binden sich in Treue nicht nur an den Meister, sondern auch aneinander. Solange sie in der pythagoreischen Gemeinde leben, teilen sie alles miteinander. Sie dürfen kein Fleisch, keine Eier und keine Bohnen essen.‹«

Senex wandte sich um und erläuterte: »Ihr müsst wissen, der Genuss von Fleisch war auch deshalb untersagt, weil Pythagoras, wohl von einer Indienreise, den Glauben an die Seelenwanderung mitbrachte. Schließlich wollte man nicht unbeabsichtigt die Seele eines Ahnen verspeisen. Ich möchte euch auf den Verzicht des Fleisches ganz besonders hinweisen, denn zum ersten Mal begegnen wir Vegetariern.«

»Ich verstehe. Wir sollen uns daran erinnern, dass der Mensch der Urzeit vor allem Jäger war und den Herden folgen musste, um sein Leben fristen zu können. Und nun dies …«

»Ich finde das sehr sympathisch, Stef, und fortschrittlich ist es auch«, rief Berenike.

»Aber gewiss«, stimmte ihr Senex zu. »Dass man zu Pythagoras' Zeiten Vegetarier sein konnte, beweist ja auch, dass die Menschen keinen Hunger mehr kannten. Jede Beschäftigung mit Kunst, Philosophie, allen Geisteswissenschaften, setzt voraus, dass man nicht selbst für seinen Lebensunterhalt sorgen muss, sei es als Ackerbauer oder als Jäger.«

»Im Schweiße deines Angesichts sollst du dein Brot essen …«, sagte Roman. »Kultur ist also immer ein Luxus.«

»Ja, und beachtet auch, dass die Mitglieder der pythagoreischen Gemeinschaft kein Tier töten durften, das dem Menschen nichts zu Leide tut. Sie durften keine Tieropfer darbringen, eine fast unerhörte Forderung, da doch Tiere damals reichlich geopfert wurden, und sie durften nur an Altären beten, die nicht von Blut befleckt waren. Außerdem sollten sie keinen gepflanzten Baum beschädigen.«

»Mir kommen sie vor wie die Grünen der Antike. Durften sie denn überhaupt etwas?«

»Aber ja, Roman. Wein zu trinken war ihnen zum Beispiel nicht verboten, auch wenn empfohlen wurde, lieber Wasser zu nehmen, was mir angesichts der Hygiene in diesem heißen Land allerdings eher bedenklich erscheint. Aber man wusste ja noch nichts von Bakterien. Nun weiter. Die Mitglieder der Gemeinschaft mussten sich einfach kleiden und sittsam benehmen, sie durften sich nicht zum Lachen hinreißen lassen …«

»Das ist ja fast wie bei mittelalterlichen Mönchen! Und ich dachte, ich wäre bei fröhlichen Menschen.«

»Das bist du auch, Berenike, selbst wenn es Pythagoras nicht an Strenge fehlen lässt. Immerhin ordnet er auch an, dass niemand zu finster dreinblicken soll. Und man soll nicht bei den Göttern schwören, denn jeder soll so leben, dass man ihm auch ohne Eid glauben kann. Am Ende eines jeden Tages muss sich jeder Schüler der Gemeinschaft Rechenschaft darüber ablegen, worin er gefehlt, welche Pflichten er vernachlässigt und was er Gutes geleistet hat.« Senex richtete sich wieder auf, nahm die Brille ab und steckte sie in die Brusttasche zurück.

»Und der Meister selbst lebt wie ein Sektenguru in Saus und Braus, für ihn gibt es tausend Ausnahmen!«

»Falsch, Stefan! Pythagoras lebte streng nach seinen eigenen Regeln. Mit Ehrfurcht sprechen die Schüler davon, dass er bei Tage niemals Wein trinkt, vor allem Brot und Honig verzehrt und Gemüse als Nachspeise isst. Sein Gewand ist stets fleckenlos weiß, er isst niemals zu viel und verliebt sich nicht …«

»Das finde ich schade. Da fehlt ihm doch etwas Menschliches.«

»Nun, Roman, er ist ja auch kein Kind mehr. Er lacht nicht laut, er erzählt keine Witze oder Anekdoten und vor allem, er züchtigt niemals einen Schüler, ja, nicht einmal einen Sklaven!«

»Das erinnert mich an Pestalozzi«, warf Roman ein. »Und an unsere heutigen Vorschriften für Lehrer.«

»Die Aufnahme in die pythagoreische Gemeinschaft ist aber nicht so einfach wie in eine öffentliche Schule, eher schon wie in ein elitäres Internat. Sie setzt neben der Reinigung des Körpers durch Enthaltsamkeit und Selbstbeherrschung die Klärung des Geistes durch wissenschaftliche Studien voraus. Vor allem muss der neue Schüler einige Jahre lang das so genannte pythagoreische Schweigen wahren.«

»Und was heißt das?«, fragte Berenike.

»Das heißt, dass er während dieser Zeit die Lehre ohne Frage und Gegenrede hinnehmen muss, bevor er als volles Mitglied gilt und Pythagoras selbst ›sehen‹, das heißt bei ihm studieren darf. Vorher ist er ein exoterischer Schüler, ein außenstehender, später ein esoterischer, also eingeweihter, der zu den Geheimlehren des Meisters zugelassen ist, die mir freilich so streng geheim nun auch wieder nicht erscheinen. Der

Lehrplan besteht aus den vier Fächern Mathematik oder Geometrie, Arithmetik, Astronomie und Musik. Die Mathematik steht an der ersten Stelle, und zwar nicht als die praktische Wissenschaft, zu der man sie in Ägypten gemacht hatte, sondern als eine Theorie der Quantitäten, also als eine ideale Übung der Logik, bei der das Denken durch Folgerichtigkeit und Beweise zu Ordnung und Klarheit gezwungen wird. Bei Pythagoras nimmt die Geometrie endgültig die Form von Axiom, Lehrsatz und Beweis an. Doch treten wir kurz in diesen Raum, hören wir dem Meister selbst zu. Das ist sicher anschaulicher als jede Erklärung.«

Die Musik lässt sich durch Zahlen definieren

Senex wandte sich zur Seite, er ging in den Gang, wo es immer dunkler wurde, und öffnete eine Holztür, die mit Bronzeplatten beschlagen war. Sie blickten in einen mittelgroßen Saal mit weißen Wänden. Auf dem lehmgestampften Boden saßen an die zwanzig Jungen und Mädchen in hellen Tuniken. Durch drei Fenster an der rechten Wand, wo der Blick auf einen mit Bäumen bestandenen, schattigen und stillen Hof hinausging, fiel helles Licht herein.

Vorn saß ein älterer Mann in einem weißen Kittel auf einem hölzernen Podest, damit ihn alle gut sehen konnten.

Berenike, Roman und Stefan, von Senex winkend dazu aufgefordert, schoben sich neben der Tür an der Wand entlang und blieben dort stehen.

Pythagoras fuhr in seinem Vortrag fort: »Versteht also, jeder Schritt in der Abfolge eines mathematischen Satzes hebt euch auf eine neue Höhe, von der aus ihr einen größeren Einblick in das geheimnisvolle Weltgefüge gewinnen könnt.«

Senex wandte sich seinen drei Begleitern zu und flüsterte: »Pythagoras hat zum ersten Mal zwischen geraden und ungeraden, zwischen teilbaren und Primzahlen unterschieden.«

Der Meister sagte: »Die Untersuchung der Verhältniszahlen war es auch, die mich dazu brachte, die Musik auf Zahlen zurückzuführen. Ja, auch die Musik lässt sich durch Zahlen definieren …«

»Romi, hast du gehört?«, flüsterte Stefan. »Damit schafft er die Grundlage zur Digitalisierung.«

»Ja, Stef, vielleicht kann man sagen: kein Computer, keine CD ohne Pythagoras«, erwiderte Roman, ohne seine Aufmerksamkeit vom Meister abzuwenden.

Dieser sagte: »Hört diese kleine Geschichte. Es ist erst wenige Tage her, als ich an der Werkstatt unseres Schmiedes vorbeiging. Da wurde ich auf die regelmäßigen musikalischen Intervalle der Töne aufmerksam, die das Hämmern auf dem Amboss hervorbrachte. Ich ging hinein und stellte fest, dass die Hämmer verschieden schwer waren. Dann eilte ich nach Hause, nahm zwei Saiten gleicher Dicke und gleicher Spannung und entdeckte, dass die eine Saite beim Anschlagen eine Oktave tiefer klang als die andere, nämlich … Nun antwortet ihr!«

Die Schüler schwiegen, bis endlich einer sagte: »Vielleicht, wenn sie länger ist!«

»Sehr gut. Genauso ist es. Wenn die Saite genau doppelt so lang ist, klingt sie eine Oktave tiefer. Ist sie anderthalbmal so lang, ertönte ein Quintakkord, ist sie um ein Drittel länger, ein Quartakkord. Also kann man die Tonabstände Quart, Quint und Oktav durch die einfachen Zahlenverhältnisse drei zu vier, zwei zu drei, eins zu zwei ausdrücken.«

»Lässt sich so jedes musikalische Intervall mathematisch berechnen?«, fragte eine vorn sitzende Schülerin.

»Sicher.« Pythagoras nickte. »Und nun folgern wir weiter, dass alles, Musik und Harmonie, auch Zahl ist. Und da nun alle Körper, die sich im Raum bewegen, Töne erzeugen, deren Höhe vom Umfang und von der Geschwindigkeit des Körpers abhängt, wird auch jeder Planet in seiner Bahn um die Erde einen Ton erzeugen, der zu seiner Geschwindigkeit, die ihrerseits mit der Erdentfernung zunimmt, im Verhältnis steht. Und diese verschiedenen Töne bilden eine Harmonie, eine

Sphärenmusik, die wir nie bewusst hören können, weil sie ununterbrochen ertönt. Dennoch ist sie eine Realität.«

»Aber das stimmt doch nicht!«

»Ach, Stef, so einen kleinen Irrtum, der ja immerhin auf einer poetischen Vorstellung beruht, solltest du einem so frühen Meister nachsehen«, antwortete Roman genauso leise. »Wie sehr hat selbst Goethe mit seiner Farbenlehre geirrt, und doch ganze Generationen von Malern beeinflusst. Übrigens spricht Pythagoras schon von den Bahnen der Planeten, die diese um die Erde ziehen. Das finde ich höchst erstaunlich!«

»Etwas anderes ist ebenso beachtlich«, sagte Senex. »Die moderne Wissenschaft hat die Theorie des Pythagoras in gewissem Sinne nämlich doch bestätigt. Danach sind die Umlaufzeiten bestimmter Planetengruppierungen und ihre Zahlenverhältnisse ziemlich genau mit den akustischen Proportionen identisch, die den musikalischen Tönen zu Grunde liegen. Doch will ich das nur andeuten, es ist schwer zu verstehen und führt jetzt wohl doch zu weit.«

Senex schwieg, denn ein anderer Schüler bat: »Erzählt weiter vom Weltall, Meister!«

Pythagoras antwortete: »Das Weltall ist eine bewegte Kugel, in deren Mittelpunkt unsere Erde steht. Auch die Erde ist eine Kugel, die sich wie die anderen Planeten von Westen nach Osten bewegt. Ich teile sie, wie auch das ganze Weltall, in fünf Zonen ein, in die Arktis, die Antarktis, die Winter-, die Sommer- und Äquatorialregion. Die Mondfinsternisse kommen dadurch zu Stande, dass sich die Erde oder ein sonstiger Himmelskörper zwischen Mond und Sonne schiebt.«

Senex flüsterte: »Pythagoras ist einer der Ersten gewesen, der das Himmelsgebäude zuerst Kosmos genannt und die Erde als rund bezeichnet hat.«

»Und später wurde diese Erkenntnis jahrhundertelang unterdrückt«, murmelte Stefan.

»Ach Stef, vergiss doch nicht, dass wir uns noch in der Antike befinden!«

»Du hast Recht, Nik. Vielleicht liegt es daran, dass mir diese Zeit so klar und hell erscheint.«

»Pythagoras hat, so viel ist sicher, mehr als sonst jemand dazu beigetragen, dass die Wissenschaft in Europa Fuß fasste, vor allem die Mathematik und die Astronomie«, sagte Senex.

Diese Glücklichen kennen keine Eile

Pythagoras erhob sich, glättete seine Tunika und wandte sich einigen jungen Leuten zu, die zu ihm getreten waren. Auch die anderen Schülerinnen und Schüler standen auf.

Da gab Senex das Zeichen zum Aufbruch. Er wollte, dass sie als Erste durch die Tür schlüpfen konnten. »Im Gegensatz zu ihnen haben wir sehr wenig Zeit«, erklärte er leise. »Diese Glücklichen kennen keine Eile!«

Sie kehrten auf den hellen Platz zurück.

»Man sollte Pythagoras' Schriften wieder einmal lesen. Ich fühle mich richtig dazu angeregt.« Dann wandte sich Stefan an Senex. »Aber sagen Sie uns noch etwas über Pythagoras und seine Schule, ehe wir Kroton verlassen.«

»Gern, Stefan. Man kann die Schule des Pythagoras eine kommunistische Aristokratie nennen. In ihr teilen sich Männer und Frauen allen Besitz, sie werden gemeinsam erzogen, durch Mathematik, Musik und Philosophie zur Tugend und zu edlem Denken geführt. So werden sie darauf vorbereitet, als hütende Herrscher dem Staat zu dienen.«

»Wirklich Männer und Frauen?«

»Ja, Berenike, für Pythagoras war der Grundsatz gleicher Rechte für beide Geschlechter eine Selbstverständlichkeit, und zwar nicht nur in der Theorie, sondern auch in der Praxis. Er machte nur einen kleinen Unterschied in der Erziehung. Seine Schülerinnen bereiteten sich zusätzlich auf ihre Pflichten als Mütter und Hausfrauen vor. Die pythagoreische Frau galt in Griechenland lange als höchster Frauentypus, obwohl man einschränkend sagen muss, dass die große Rolle, die die

Frauen bei Pythagoras spielten, eigentlich untypisch für die Griechen war, wie wir noch sehen werden. – Doch jetzt zum Hafen!«

Sie tauchten in die Gasse ein, die zum Meer führte. Die Schatten waren kürzer geworden, da die Sonne höher stand.

»Und was wird aus Pythagoras und seiner Schule, Senex? Sie können doch in die Zukunft sehen, die eigentlich ja Vergangenheit ist.«

»Die Zukunft ist unerfreulich, sogar tragisch, Berenike. Pythagoras wollte seine Ideen in die Praxis umsetzen und seinen Anhängern die Herrschaft über die Stadt verschaffen. Das wurde allen zum Verhängnis. Sie mischten sich so direkt ins politische Leben ein und schlugen sich so entschieden auf die Seite der Aristokraten, dass die demokratische Volkspartei Krotons das Haus, in dem sich die Pythagoreer versammelten, empört niederbrannte, die einen tötete und die anderen vertrieb.«

»Und der Meister selbst, was wurde aus ihm?«

»Man weiß es nicht genau. Ein Bericht besagt, dass er auf der Flucht gefangen genommen und erschlagen wurde; ein anderer lässt ihn in die Stadt Metapont entkommen, wo er vierzig Tage lang keine Nahrung zu sich nimmt und sich so – vielleicht auch, weil er denkt, dass er mit achtzig alt genug ist – zu Tode hungert.«

Der Hafen lag vor ihnen. Als ihr Bootsmann sie sah, eilte er, wie es schien ein wenig unsicher, aber fröhlich, zu seinem Schiff, wo er ihnen beim Einsteigen half. Schwankte er wirklich ein wenig? Senex tadelte den Mann: »Aber Acheron, während des Dienstes …«

Acheron grinste, hob eine Achsel, ließ sie wieder fallen und machte dann das Tau los. Gleich lenkte er das Boot in den Wind und nahm Fahrt auf die Engstelle, die den Übergang vom Hafen zum Meer bildete und bei Stürmen Schutz bot.

»Macht euch keine Sorgen«, sagte Senex beruhigend. »Das Wetter ist gut, die Fahrt ist für uns nur ein Spiel und der Schiffer ist so erfahren, dass er uns selbst noch volltrunken sicher übersetzen würde.«

»Das hoffe ich sehr«, brummte Stefan. »Wo fahren wir denn jetzt hin und zu wem?«

»Auf die Insel Lesbos, zur Dichterin Sappho«, antwortete Senex. »Ich hoffe, ihr habt durch den Besuch bei Pythagoras einen Begriff davon bekommen, dass unsere abendländische Kultur auf den Hypothesen der griechischen Naturphilosophen vor Sokrates beruht. Sie nahmen als Erste an, dass es Naturgesetze gibt, die wir erfassen können.«

Senex setzte sich auf die Bank und lehnte sich an den Mast, denn er wollte sich ausruhen. Er schloss die Augen und hob sein Gesicht der Sonne entgegen. Berenike, Roman und Stefan machten es ebenso, jeder in seine eigenen Gedanken versponnen.

Mädchen, behütet wie in einem Garten

Der Wind trieb das Boot rasch voran. Manchmal sang der Schiffer. Sie fühlten sich weit entfernt vom gestrigen Morgen.

So kamen sie nach Mytilene auf der Insel Lesbos, fuhren in den Hafen ein, den die Häuser weit, wie ein großes Hufeisen, umfassten. Der Anblick war ähnlich wie in Kroton, aber sie spürten doch, dass Mytilene auf einer Insel lag, der Wind war frischer, die Luft erschien heiterer, der Himmel heller.

Mytilene war reich, es war schwer für die drei zu definieren, woran es lag, aber sie spürten es gleich, Senex brauchte nicht darauf hinzuweisen. Schwungvoll landeten sie.

»Wir halten uns hier nicht auf. Wir wollen gleich den Hügel hinter der Stadt hinaufsteigen. Da kommen wir in eine ganz andere Welt, in den Park und in die Gemeinschaft von Sapphos Jungfrauen.«

Berenike fragte: »Wieder eine Schule? Gibt es denn in Griechenland überall Schulen?«

»Natürlich nicht. Obwohl die Griechen zur Erziehung junger Menschen eine besonders enge Beziehung hatten, die man beinahe erotisch nennen kann – vielleicht sogar muss. Für uns ist es eher ein Zufall, dass wir gleich zwei Gemeinschaften hintereinander besuchen, die des Pythagoras und die der Sappho. Aber die Gemeinschaft der Sappho unterscheidet sich in jeder Beziehung von der des Pythagoras. Sappho lebte, wie ihr vielleicht wisst, einige Jahrzehnte vor ihm, aber aus geografischen Gründen bot sich mir die Fahrt nach Kroton als erste an. Bitte seht mir das nach. Was bedeuten schon drei Jahrzehnte angesichts der Zeiträume, die wir durchschreiten.«

»Und was ist das Besondere an dieser Gemeinschaft der Sappho?«

»Nun, Romi, sicher doch, dass Sappho nur Mädchen aufnimmt – und sich in sie verliebt«, rief Stefan.

»Da hast du nur teilweise Recht. Und auf jeden Fall vergröberst du die Dinge auf eine Weise, die ich, in aller Freundschaft, tadeln muss. Bei den kultivierten Menschen in Hellas ist alles viel subtiler, als wir modernen, groben Menschen es nachempfinden können. Sappho sammelte einen Kreis von jungen Mädchen um sich, von denen viele von weit her zu ihr reisten, übers Meer, die meisten aus den kleinasiatischen Städten. Die Mädchen lebten bei ihr, wurden in den musischen Künsten, in guten Sitten und allen häuslichen Arbeiten unterwiesen und kehrten zu ihrer Hochzeit wieder nach Hause zurück. Die Gemeinschaft war keine Schule, es ist schwer zu bezeichnen, vielleicht könnte man es eine Mädchenschaft nennen. Die Mädchen kommen zu Sappho, um bei ihr Poesie zu hören, zu singen und den Vortrag von Hochzeitsgedichten zu üben. Außerdem ist alles kultisch ausgerichtet. Sie rufen die Gottheiten an, besonders die weiblichen, etwa die schöne Aphrodite, die Göttermutter Hera oder die Musen und Charis, die Göttin der Anmut.«

»Wie hübsch!«

»Ja, Romi, so stellst du dir die Frau vor, dichtend und anmutig, ein Luxusgeschöpfchen, die perfekte Geliebte«, spöttelte Berenike.

Roman lachte.

Senex fuhr fort: »Vielleicht können wir sagen, dass bei Sappho ein in sich geschlossener Kreis weiblicher Erziehung und Persönlichkeitsbildung bestand, auf der Basis musischer Künste, verbunden mit dem Gottesdienst, dem Kult. Immer ist der Aufenthalt der Mädchen auf eine bestimmte Zeitspanne beschränkt. Sie werden behütet wie in einem schützenden Garten. Sappho selbst nennt ihre Zöglinge nicht Schülerinnen, sondern ›hetairai‹...«

»Daher der Ausdruck ›Hetäre‹?«, fragte Stefan. »Jetzt weiß ich Bescheid.«

»Sag lieber Genossinnen«, entgegnete Senex und Stefan überhörte nicht den leichten Tadel in seiner Stimme. »Das Wort ›hetairai‹ hatte damals nicht die geringste Nebenbedeutung und schon gar keine herabsetzende. Doch gehen wir. Unser Weg ist noch lang. Mir wird fast angst vor der Überfülle, die heute noch auf uns wartet.«

Dass Vergangenheit so schön sein kann

Sie bogen vom Kai in eine schmale Gasse, die leicht anstieg. Schildkröten schleppten sich über Steinplatten, und Eidechsen sonnten sich in Mauerritzen. Auf das Häusergewimmel folgten Felder voller Olivenbäume. Roman und Stefan pflückten ein paar Feigen, die über einen Zaun hingen, der ein einsames Gehöft umgab, und ließen sich das saftige Fruchtfleisch schmecken. Berenike brach einen blühenden Oleanderzweig ab. Sie liebte Oleander, die Lorbeerrose, und ihren narkotischen Duft, der den roten und weißen Blüten entströmt.

Dann durchwanderten sie einen im Südosten gelegenen schattigen Hain üppiger Bäume, kamen zum Tempelbezirk, an dem Senex sie aber vorbeiführte, sodass die drei nur weiße Mauern, Altäre, Treppenaufgänge, Säulen, Friese und Statuetten wahrnehmen konnten. Dann, hinter dem Wäldchen, lagen verstreut niedrige Häuser zwischen wilden Olivenbäumen auf dem fruchtbaren vulkanischen Boden.

Da blieben sie stehen und wandten sich zurück, blickten über die See, von der die Landzunge mit Stadt und Hafen umfasst wurde, und betrachteten fasziniert den Wechsel der Farbtönungen, das Licht und das Spiel von Wind und Wellen. Wachteln erfüllten die Luft mit ihren Rufen. Von den Kiefern am Ufer stieg ein aromatischer Duft auf, der sich mit der Würze von Salbei-, Thymian- und Wachholdersträuchern mischte. Hoch wachsende Weinreben mit üppigem Laub und reifenden Trauben umrankten die Bäume. Und in der östlichen Ferne war die dunkle Küste Kleinasiens im Dunst zu ahnen.

Senex folgte ihren Blicken: »Dort liegt Phrygien, das ist die Küste der heutigen Türkei, dahinter befand sich – für uns ist es immer noch dort – Pergamon, die Stadt, deren Altar heute in Berlin ausgestellt ist.«

»Dass Vergangenheit so schön sein kann«, murmelte Stefan. »Natürlich habe ich immer gewusst, dass auch in früheren Zeiten die Sonne schien, nicht naturwissenschaftlich verstanden, sondern als sinnliches Erlebnis, dass die Menschen den blauen Himmel über sich sahen, in Licht gebadet waren, den Regen und die Kälte spürten. Aber ich habe es eben nur gewusst und nie gefühlt und das ist etwas ganz anderes.«

»Das sagst du, gerade du?« Berenike sah ihn lächelnd an.

»Ja, Nik«, fuhr er fort, »Jetzt sehe ich es nicht nur, sondern ich fühle es sozusagen auf der Haut. Mit dem Kopf wissen oder mit allen Sinnen spüren ist eben wirklich zweierlei. Erst dadurch steigt die Vergangenheit aus muffigen Buchseiten und wird richtig lebendig. Auf diese Weise empfinde ich, dass die Menschen damals gelebt haben wie wir und dass ich auch so leben könnte, nämlich mit ihnen. Sie sind mir nicht mehr fern, sondern ganz nah. Ich könnte einer von ihnen sein.«

Berenike fühlte es genauso. Sie schaute auf die Landschaft und die gleißende See. »Ich bin froh, dass wir hier sind«, rief sie. »Und ich danke Ihnen, Senex, für dieses Erlebnis!«

»Hier werdet ihr verstehen, dass diese Landschaft, diese Insel auch die Kulisse, der Ort der ersten poetischen Liebesgeschichte der Weltliteratur ist. Gewiss, es werden, von heute aus gesehen, noch ungefähr achthundert Jahre vergehen, bis sie geschrieben werden wird, aber was sind achthundert Jahre in diesen Zeiten. Die Welt veränderte sich damals nur unwesentlich, der Ort blieb fast der gleiche. Sechshundert Jahre vor der Zeitwende lebte Sappho, zweihundert Jahre danach der Dichter Longus, was ist das schon …«

»Sie sprechen von Daphnis und Chloe, der Liebesgeschichte zweier Hirtenkinder«, sagte Roman.

»Genau an diese erinnere ich. Hier ist der Schauplatz ihres amourösen Erwachens, das mit so viel Charme gezeichnet wurde.«

Aphrodite – keine Göttin passt besser zu Sappho

Senex hatte einen Moment geschwiegen. Dann sagte er: »Wir folgen nun dem ausgetretenen Pfad nach links, er führt wieder ein wenig abwärts und bringt uns zu dem Haus der Sappho, das oberhalb der Stadt in einem parkähnlichen Garten liegt. Sappho ist, dank einer Erbschaft, die sie als Witwe machte, eine reiche Frau.«

Der Weg führte durch niedriges Buschwerk, in dem Bienen summten. Nach einer kleinen Biegung erblickten sie ein größeres Haus auf einer kleinen Anhöhe, die sich wie eine Welle aus dem Hügel erhob. Das ansehnliche Gebäude, das mit einem Vorbau geschmückt war, lag im Schatten großer Kastanien, etwas abseits erhob sich ein zierlicher Tempel zwischen Zypressen, zu dessen Altarraum fünf schmale Stufen hinaufführten. Vier Säulen trugen den friesgeschmückten Giebel.

»Er ist der Aphrodite geweiht«, erklärte Senex. »Ihr kennt sie sicher schon!«

»Sie ist doch die Göttin der Schönheit, der Verführung und der sinnlichen Liebe.«

»Richtig, Roman, und die des blühenden Lebens. Die Griechen lieben und verehren sie und keine Göttin passt besser zu Sappho. Nun – hier ist sie selbst!«

Wie hatten sie die schöne Frau nur bisher übersehen können? Die Mädchen machten ja genug Lärm, sangen und lachten, tanzten im Gras, barfuß, mit Blumen im Haar, und in Gewändern, deren Falten sich bewegten wie Wellen im Wind. Es waren mehr als zehn junge Geschöpfe, die sich, an den Händen haltend, im Kreis bewegen. Drei andere musizierten dazu mit Instrumenten, deren Schallkörper aus Schildkrötenpanzern bestanden. Mit einem Plektron, einem Schlagstäbchen, rissen sie rasch sieben Schafdarmsaiten an und brachten sie zum Klingen.

Die Frau, die in ihrer Mitte auf einem Stein saß, trug ein weit fallendes, safrangelbes Gewand, das mit einer purpurroten Borte geschmückt war. Ihr Alter war schwer zu schätzen, vielleicht hatte sie gerade die Mitte ihres dritten Lebensjahrzehnts überschritten. Sie war klein und zart. Auf dem Haupt trug sie einen Blumenkranz, ihr dunkles Haar ließ ihre Stirn noch heller erscheinen. Ihre Augen leuchteten braun und ihr Lächeln war sanft.

Sappho, die Hände über den Knien verschränkt, rief mit einer ebenso warmen wie melodiösen, fast singenden Stimme: »Leg nun die Lyra beiseite, Anaktoria, meine Schöne aus Milet, und ihr anderen, hört mit dem Tanzen auf, ja, auch du, Euneika. Und setzt euch zu mir, meine Gefährtinnen.«

Die Mädchen traten näher und versammelten sich im Halbkreis um Sappho auf dem Rasen.

»Heute Nacht«, sagte die Dichterin, »lag ich lange wach und schaute hinauf zum Mond. Da dachte ich an den Tod und wurde traurig. Ich stand auf und schrieb ein Gedicht. Wenn ihr es hören wollt, will ich es euch singen!«

»Ja, Liebste, trage es uns vor«, baten die Mädchen.

»Dann gib mir die Lyra, diese hell tönende Schildkröte, Iranna.« Sappho spielte einige Töne, dann sang sie:

Wenn du stirbst, ist es aus:
späterhin fragt keine Erinnerung,
keine Sehnsucht nach dir,
weil du ja nie
an den Rosen
im Garten der Musen
Anteil gehabt.
Unscheinbar gehst
du in des Hades Haus
zu den Schatten hinab,
kraftlos wie sie
fliegst du hinweg, ein Nichts.

Als sie geendet hatte, schwiegen die Mädchen erst, dann sagte eine: »Das ist wohl schön, aber so traurig, geliebte Freundin!«

Sappho neigte sich zu ihr hinüber, küsste sie auf die Wange und antwortete: »Freilich ist es traurig, mein Herz, denn das Sterben ist etwas Übles. Die Götter selbst haben das so gewollt. Denn sie würden sterben, wenn das Sterben schön wäre. Aber sie ziehen es vor, ewig zu leben. Ach, auch ich beginne die Anzeichen des Alterns zu spüren. Komm, liebste Gyrinno, nimm du jetzt die Leier! Wenn mein Haar weiß wird, werden mich meine Knie nicht mehr tragen, dann kann ich nie mehr so leichtfüßig mit euch tanzen. Aber was soll ich machen? Ewige Jugend kann ich unmöglich besitzen!«

»Aber noch bist du jung, fast eine von uns, und sollst uns von der Liebe singen!«, rief ein anderes Mädchen.

»So gebt mir die Lyra wieder«, antwortete Sappho. Sie wandte sich direkt an eines der Mädchen, sah es liebevoll an, während sie sang:

Eros erschüttert mein Herz,
wie ein Sturm im Gebirg
auf die Eichen sich stürzt.

Dann drehte sie sich einer anderen zu:

Jahre sind ins Land gegangen, seit ich,
Atthis, dich zum ersten Mal begehrt.
Doch ein Kind noch warst du, und ich fand dich
süßer Minne noch nicht wert.

Und danach zur Dritten:

Reizend süß du lachst und beraubst mich Arme
aller Sinne zugleich; denn wenn ich dich
nur einmal erblicke, Lesbia, Liebste, kann ich
nicht mehr sprechen. Schwer und lahm wird die Zunge
mir dann, wie von Flammen durchrieselt es mich.

Die Ohren klingen und brausen mir. Es wird mir
schwarz wie Nacht vor den Augen.

Als sie geendet hatte, klatschten die Mädchen verhalten, fast zärtlich in die Hände. Und eine, die nicht angesprochen worden war, rief: »Das ist alles schön und leidenschaftlich, aber dein liebstes Gedicht ist mir doch dieses:

Der Mond und die Siebensterne
sind untergegangen. Mitternacht ist
und die Zeit vorüber –
ich aber, ich liege einsam.

Hier hast du in wenigen Worten alles ausgedrückt, die Nacht und die Sehnsucht, die Qual des Wartens und die Hoffnungslosigkeit, die darin liegt, dass das Leben und die Liebe dahingehen und unerbittlich im Dunkel entschwinden.«

»Das hast nun wiederum du sehr schön gesagt, Euneika, und meine Verse hast du dir gut gemerkt, du wirst sie noch singen, wenn du wieder nach Salamis zurückgekehrt sein wirst. Du gehst ja bald. Vergiss dann nie, dass die schönen Dinge ein Abglanz des Himmlischen sind und dass wir sie mit sinnlicher Freude genießen sollen. Das möchte ich mit meinen Versen ausdrücken.«

Die Mädchen, an ihren eigenen Abschied denkend, rückten näher und legten ihre Arme um Sappho.

»Wie die Plastik eines antiken Bildhauers«, murmelte Senex. »Und damit wollen wir nun gehen. Unser Tag ist noch lang. Den Mittag wollen wir fröhlichen Dingen widmen, am Nachmittag lernen wir die Demokratie Athens kennen und sein Theater, der Abend ist dem Gespräch beim Gastmahl und den Philosophen gewidmet.«

Der klägliche Rest eines großen Werkes

Mit Bedauern nahmen sie Abschied von diesem Bild. Sie folgten einem schmalen Pfad, der sich durch ein Kiefernwäldchen schlängelte und sie rasch in die Stadt und zum Hafen zurückbrachte. Der Himmel über den Häusern war tiefblau, aber er schmückte sich bereits mit einem warmen rötlichen Schimmer.

Senex winkte dem Schiffer, der zwischen herumtollenden Kindern wartete. Er kam und wenige Augenblicke später befanden sie sich wieder auf See.

Sie saßen im Heck des Schiffchens auf zwei Brettern, die als Bänke dienten. »Wir haben nun Sappho und ihre ›hetairai‹ gesehen«, begann Berenike. »Sie ist eine Frau – deshalb interessiert sie mich besonders –, eine Frau, die sich in dieser Zeit so frei, so bewusst entfalten konnte und einen so hohen geistigen Rang erreichte.«

»›Sappho‹, sagte Strabon, ein griechischer Historiker, der sechshundert Jahre nach ihr lebte, ›war eine wunderbare Erscheinung. Denn meines Wissens ist nie eine Frau aufgetreten, die in der Dichtkunst mit ihr auch nur entfernt zu vergleichen wäre.‹ Wie die Antike unter ›Dichter‹ einzig Homer verstand, so wusste ganz Hellas, wer mit der ›Dichterin‹ gemeint war. Sie wurde um sechshundertzwölf vor unserer Zeitrechnung auf Lesbos geboren, bereits mit neunzehn Jahren genoss sie als Politikerin und Dichterin hohes Ansehen im öffentlichen Leben. Sie schloss sich einer Verschwörung des Adels gegen den damals herrschenden Tyrannen an, wurde verbannt und siedelte nach Sizilien über. Dort heiratete sie reich, verlor ihren Mann und kehrte nach fünfjähriger Verbannung verwitwet auf die Insel Lesbos zurück, wo sie sich an die Spitze der Gesellschaft und der Intelligenz stellte. Man sagte von ihr: ›Sie hat die Pracht geliebt und den heiteren Lebensgenuss.‹ In ihrem Hang zum tätigen Leben gründete sie eine Schule für junge Frauen, die sie in Dichtkunst, Musik und Tanz unterrichtete. Es war die erste Mädchenschule der Geschichte, die ihnen sozusagen den letzten Schliff gab. Die ›hetairai‹ tanzten und sangen bei Götterfesten, zu denen Sappho die Lieder schrieb. Und Sappho verliebte sich in alle diese Mädchen.«

»Das klingt doch sehr menschlich«, meinte Berenike nachdenklich. »Ich denke mir aber, dass es auch Eifersucht der Mädchen aufeinander gegeben haben muss, wenn Sappho eine bevorzugte. Da ist es bestimmt nicht bei heimlichen Tränen geblieben, da wird man sich wohl auch in die Haare geraten sein.«

Senex lächelte. »Davon ist nichts überliefert, aber denkbar ist es, sogar sehr wahrscheinlich. Man hat Sappho die Beziehungen zu ihren Mädchen, diesen ›Umgang‹ mit ihnen, oft verübelt, nicht jedes Zeitalter ist von Vorurteilen frei. Denkt nur, wie sehr unsere Väter und Großväter in engen Vorstellungen befangen waren.«

»Unsere Mütter und Großmütter doch nicht weniger. Eher noch mehr!«

»Gewiss, Stefan, auch sie waren auf eine Weise prüde, die uns heute lächerlich erscheint. Es ist traurig, aber wir verdanken es nur einem Zufall, dass überhaupt Werke der Sappho überliefert sind, denn tausenddreiundsiebzig nach Christus wurden alle ihre Gedichte in Konstantinopel und Rom von den Kirchenoberen öffentlich verbrannt.«

»Das wundert mich nicht!«, murmelte Stefan.

»Glücklicherweise wurden achtzehnhundertsiebenundneunzig in der ägyptischen Oase Fayum einige Särge aus gepresstem Papyrus entdeckt, zu deren Herstellung Seiten aus alten Büchern verwendet worden waren. Und auf diesen Fragmenten fanden sich einige von Sapphos Gedichten wieder, der klägliche Rest eines großen Werkes, das die griechische Antike mit Poesie erfüllt hat. Man vergisst oft, dass sie nicht nur über die Liebe geschrieben hat. Und nicht nur das, allein in den uns erhaltenen Resten verwendet sie mehr als ein halbes Hundert verschiedene Versmaße.«

»Waren all ihre Gedichte Lieder?«

»Sie wurden alle gesungen, Berenike, die Harfenmusik dazu schrieb sie selbst.«

Die Homoerotik der Griechen war Teil ihrer Erziehung

»Aber wieso gilt nur Sappho als lesbisch? War nicht die Homosexualität in der griechischen Gesellschaft sehr verbreitet?«

»Gewiss, jedenfalls war die Knabenliebe allgemein üblich. Aber Homosexualität wird bei uns im Allgemeinen nur verstanden als Fixierung auf das eigene Geschlecht, verbunden mit einer Ablehnung des anderen. Davon kann bei den Griechen keine Rede sein. Die Griechen liebten Knaben, ohne die Mädchen zu vernachlässigen. Jeder Mensch durchlebt eine homoerotische Phase, denn die Ichfindung des Jugendlichen erfolgt immer über die Identifikation mit einem oder mehreren Partnern des gleichen Geschlechts. Die meisten Freundschaften sind homoerotisch gefärbt. Zu dieser Identifikation gehört eben auch die erotische Spannung, die zu sexuellen Kontakten führen kann – freilich nicht muss.«

»Das glaube ich auch«, warf Stefan ein. »Eine gewisse Homosexualität ist beim Mädchen wie beim Jungen normal. Da fällt mir ein Satz von Leonard Bernstein ein, der über ein eigenes homosexuelles Erlebnis sagte: ›Wieso sollten wunderbare Beziehungen wie diese durch Gerede von Abnormität beschmutzt werden?‹ Das drückt doch alles aus!«

»Die Homoerotik der Griechen bezog sich ausschließlich auf jene männlichen Jugendlichen, die die Pubertät hinter sich hatten«, sagte Senex. »Daher konnte der große Schriftsteller Plutarch die Homosexualität der Griechen eine ›pädagogische Päderastie‹ nennen. Im Grunde blieb in Hellas der sexuelle Kontakt zwischen Männern und Knaben eher sekundär, unter Umständen beschränkte er sich sogar nur auf zarte Äußerungen des Verlangens und auf erotische Annäherungen, während es primär um die geistig-seelische Verbundenheit ging. Die Liebe zu einem Knaben sollte aus Sicht des Mannes in lebenslange Freundschaft münden. Es handelte sich immer nur um die Beziehung eines erwachsenen Mannes zu einem Jugendlichen, das verschiedene Alter war die unbedingte Voraussetzung. Sobald der Knabe größer wurde und sich die Partner geistig und körperlich anglichen, galt die gleichgeschlechtliche Liebe als anstößig. Der Jugendliche selbst brachte dem Älteren meist nur freundschaftliche Zuneigung, Hochschätzung oder Bewunderung entgegen. Die uns überlieferten Bilder und Schriften erzählen meist, dass die Knaben die Sexualität wenig schätzten. Oft wird von Abwehr und Flucht des spröden, jungen Geliebten berichtet, nicht von seinem Begehren. Der Ältere musste charakterliche Vorzüge haben, er musste menschlich und geistig überlegen sein. Aber auch für den Erwachsenen lag der wesentliche Sinn der Knabenliebe im Pädagogischen. Der sexuelle Kontakt war, salopp ausgedrückt, nur das Tüpfelchen auf dem i. Vom Erwachsenen lernte der geliebte Knabe das ideale Verhalten, Wertmaßstäbe für sein späteres Leben. Die Körpererziehung hatte – wie wir auch in Olympia sehen werden – für den Griechen einen hohen Stellenwert. Jeder Bürger Athens, der es sich nur leisten konnte, schickte seinen Sohn zum Sportunterricht, damit er von einem Lehrer unterrichtet wurde. Das begünstigte natürlich die Homoerotik. Die Knaben turnten ja nackt. Das forderte die Lehrer geradezu heraus, sich in sie zu verlieben.«

»Aber ging denn wirklich alles so ideal zu, wie Sie es schildern?«

»Nun, Roman, natürlich gab es auch Auswüchse wie Knabenprostitution. Natürlich stellten sich die Heranwachsenden auch gegen Geld, Geschenke oder andere Leistungen zur Verfügung. Im Übrigen war die Knabenliebe nur ein Privileg des freien Bürgers. Sklaven oder eingewanderten Fremden traute man das sittliche Niveau, das im Idealfall zur Knabenliebe gehörte, nicht zu. – Aber genug davon. Ich wollte lediglich einigen Vorurteilen begegnen. Noch einmal zurück zu Sappho.«

Die erste Dichterin der Weltliteratur

»Ihr kann man die sittliche Reife, den pädagogischen Eros wohl zutrauen!«, sagte Berenike.

»So sehe ich es auch«, erwiderte Senex. »Sappho war eine Dichterin und Erzieherin, die den Eros als formende Kraft erlebte. Sie war eine leidenschaftliche Natur, eine Frau, deren Worte, wie der Philosoph Plutarch sagte, ›mit Flammen vermischt waren‹. Ihre Sinnlichkeit war der körperliche Ausdruck des Überschwangs ihrer Seele. An ihr war nichts Verklemmtes, Verlogenes. Bei ihr finden wir den Eros in seiner sublimsten Form, nämlich entzündet durch den Anblick körperlicher Schönheit, aber verklärt zu höchster Geistigkeit.«

»Warum entschuldigen Sie so viel? Sollte es uns nicht genügen, dass sie eine hervorragende Dichterin war, voller Gefühl und Bilderreichtum, mit lebendiger Sprache und Form. Von wem kann man das schon sagen?«, meinte Roman nachdenklich.

»Wäre vielleicht die erste Dichterin der Weltliteratur zugleich ihre größte?«

»Jedenfalls ist der Stimmungszauber ihrer Gedichte erst sehr viel später wieder erreicht worden, Berenike.«

»Glücklich, wer seine Empfindungen so ausdrücken kann«, meinte Roman, mit einem Anflug von Neid. Denn er dachte an seine eigenen lyrischen Versuche.

»Vielleicht war es ein Segen für Sappho, dass sie früh ihren Mann verlor«, nahm Senex den Faden des Gesprächs wieder auf. »Denn das machte sie nicht nur reich und unabhängig, es gab ihr auch ungewöhnliche Freiheiten. Die Frauen führten in Griechenland, anders als in Ägypten, ein sehr untergeordnetes, unfreies Leben, vor allem die wohlhabenden griechischen Männer verlangten, dass ihre Frauen von der Welt abgeschirmt blieben und nicht mit den männlichen Besuchern des Hauses in Kontakt kamen. Ihre Räume waren meist im oberen Stockwerk, so weit wie möglich von den Türen entfernt, die zur Straße führten.«

»Das kann mir ja das ganze griechische Altertum verleiden!«

»Immerhin, Nik, die Frauen im alten Griechenland hatten bestimmt mehr Freiheit als ihre Geschlechtsgenossinnen in unserem Jahrhundert in den islamischen Ländern.«

»Das mag so sein, Stefan«, antwortete Senex. »Ihre Unfreiheit hatte natürlich auch einen Grund, mögen wir ihn nun verstehen oder nicht.

Die Männer wollten sicher sein, dass sie wirklich die Väter ihrer Kinder waren und nicht ein Fremder. Vergesst nicht, dass dies auch deshalb von Bedeutung war, weil nur frei geborene Kinder von frei geborenen Athenern in alle Rechte eingesetzt werden konnten.«

Berenike fragte Senex: »Wo und wann starb Sappho?«

»Wir wissen es nicht. Es gibt verschiedene Berichte. Wir müssen uns damit zufrieden geben, dass sie eine Poesie der Anmut und Leidenschaft hinterließ und jeden Sänger ihrer Zeit überstrahlte. Auch der Philosoph Platon sagte von ihr in einem Vers: ›Manche erzählen uns wohl, es gebe neun Musen. Wie töricht! Hat denn Lesbos uns nicht Sappho als zehnte gebracht?‹«

Das größte Sportfest

Ins Gebirge nach Olympia

Eine kleine Weile nur konnten sie sich zurücklehnen und die Sonne auf ihrer vom Wind gekühlten Haut genießen. Dann rief Senex: »Wir sind da!« Und im gleichen Augenblick hielt ihr Boot ruckartig an einem Steg. »Wir sind in der Bucht von Kyparissia, bitte steigt aus und beeilt euch. Wir haben uns bereits verspätet. Schaut euch gar nicht erst um, nicht weil es hier nichts zu sehen gäbe, sondern weil wir weiter wollen. Und nun hinein in diesen Karren mit den zwei braunen Pferden, er bringt uns auf dem schnellsten Weg ins Gebirge nach Olympia!«

»Zur Olympiade?«, fragte Berenike erwartungsvoll.

»Zu den Olympischen Spielen. Der Ausdruck ›Olympiade‹ bezeichnet nur den vierjährigen Zeitraum zwischen den Spielen, so wie eine Dekade den Zeitraum von zehn Jahren bezeichnet.«

Der Pferdekarren, der nur zwei Räder hatte, glich ein wenig den Streitwagen auf antiken Vasenbildern und aus historischen Filmen. Das ungefederte Fahrzeug, in dem sie nur ein Sitzbrett an jeder Seitenwand fanden, auf die sie sich niederlassen konnten, setzte sich sofort in Bewegung. Schneller, als sie es den beiden Pferdchen zugetraut hatten, ging die Fahrt über einen sanft ansteigenden Holperweg hinauf ins Hügelland.

Helle Akazienwälder wechselten mit einzelnen Platanen- und Eukalyptusgruppen, dann wieder breiteten Feigenbäume ihre lichten Schirme aus und hoch aufragende Blütenstände von Aloen begleiteten den Weg.

Schon bald hörten sie Geräusche. Aus der Ferne war es wie Meeresrauschen, das rasch lauter wurde. Sie konnten Beifallgetöse vernehmen, Hochrufe, Anfeuerungsgeschrei, Gebrüll, Gesang, Musik – alles vermischt zu einem dissonanten, vielstimmigen Chor.

»Wir sind da«, rief Senex. »Olympia liegt in einem fruchtbaren Tal voller Platanen und wilder Ölbäume. Hier fließt der legendäre Fluss Alpheus. In den warmen Sommernächten schlagen die Nachtigallen und betören die Verliebten, also die Erzieher und Knaben oder jungen Männer und ihre Freunde oder die Wettkämpfer und ihre Trainer. Im heiligen Hain legen die Sportler ihren Eid ab und bringen Zeus, dem Herrn über das Schicksal, ihre Opfergaben dar. Sonst ist der Ort eher verschlafen, nur in den wenigen Wochen der Spiele ändert sich das, dann aber gründlich. Die Umgebung verwandelt sich in ein riesiges Lager. Die meisten Besucher bringen ihr Zelt und ihre Vorräte selber mit, denn das Dorf könnte die Menschenflut nicht unterbringen. Stände und Buden schießen aus dem Boden, Souvenirverkäufer und fliegende Händler hoffen auf gute Geschäfte. Es kommen auch viele Prominente, Politiker, die in ganz Griechenland Erfolg haben wollen, dazu Philosophen, Dichter und Schriftsteller … Aber das alles werdet ihr selbst erleben.«

Im Sommer während des Vollmonds

Sie hielten dicht bei einem Kiefernwäldchen, das angenehmen Schatten spendete. Sofort waren sie umgeben von Menschen.

»Ihr werdet bemerken, dass hier nur Männer sind«, erklärte Senex. »Erlaubt mir dazu eine Abschweifung. Die Historiker widersprechen sich nämlich in diesem Punkt. Die einen sagen, dass Frauen generell der Zutritt zum heiligen Bezirk Olympias und der Besuch der Spiele verboten waren, sogar streng verboten, andere wieder sprechen nur von verheirateten Frauen, während sie ledige junge Frauen als Zuschauerinnen auf den Tribünen geduldet sehen. Sicher ist, dass verheirateten Frauen der Anblick nackter Männer nicht gestattet wurde. Das gehört zu dem Kapitel der Stellung der Frau bei den Hellenen überhaupt und deren Angst vor untergeschobenen Kindern. Nur bei der Priesterin, die den heiligen Dienst an der Göttin Demeter versah, wurde eine Ausnahme gemacht. Sie durfte von einem marmornen Thron aus die Spiele verfolgen. Ihr Amt war sehr begehrt, es wurde für jede olympischen Spiele neu vergeben. Anderen Frauen soll eine drakonische Strafe gedroht haben, sie sollten von einem schroffen Hügel zu Tode gestürzt werden. Angeblich ist aber nur eine einzige Frau entdeckt worden.

»Also gab es auch keine Athletinnen?«

»Natürlich nicht, Roman. Die Männer wollten erst recht nicht mit Sportlerinnen, also mit weiblichen Konkurrenten, wetteifern. Nur in Sparta wurden auch Mädchen sportlich erzogen, denn sie sollten in der Ehe auch harte Arbeit leisten und gesunde und kräftige Kinder zur Welt bringen. Für einen Griechen war es also undenkbar, dass Mädchen oder gar Frauen aktiv an den Olympischen Spielen teilnahmen. Dies zur Einführung. Wollt ihr noch eine kurze Erklärung hören?«

Die drei nickten.

»Alle vier Jahre gab es in Olympia religiöse, sportliche und literarische Darbietungen, und zwar im Sommer während des Vollmonds. Sie dauerten sieben Tage. Priester, die jeden Athleten darauf verpflichteten, im olympischen Geist zu kämpfen, leiteten sie. Die Teilnehmer und Zuschauer kamen aus allen Teilen der hellenischen Welt. Konzerte und Rezitationen von Dichtern wechselten mit Wettkämpfen in verschiedenen Sportarten. Am vierten Tag erreichte das Fest seinen kultischen Höhepunkt, wobei Blut in Strömen floss: Man führte mindestens hundert Rinder in einer großen Prozession zum Zeusaltar, wo man sie schlachtete.

»Was für Sportarten gab es?«

»Ringen und Faustkampf, Wettlauf, Diskus- und Speerwerfen, dazu Wagenrennen, Berenike. Am letzten Tag fand die Siegerehrung statt. Ein Riesenspektakel. Ein Herold rief ihre Namen, den ihrer Väter und den der Heimatstädte. Das war wohl der größte Augenblick für jeden Athleten, inmitten der Menge der Zuschauer und angesichts der gesamten hellenischen Würdenträger ausgezeichnet zu werden. Ein Kranz aus Zweigen vom heiligen Ölbaum wurde ihnen feierlich aufs Haupt gedrückt. Für diesen Moment hatte der Athlet lange trainiert, geübt, sich das Äußerste abverlangt. Nun wurde sein Name in die ›ewigen‹ Siegerlisten eingetragen. Choräle ertönten und danach wurde gefeiert, das Festmahl war üppig, die Siegesfeier zog sich oft bis zum nächsten Morgen hin. Im Mondlicht hallte der heilige Hain von Lobgesängen wider. In den nächsten Tagen entvölkerte sich die olympische Zeltstadt. Allmählich zog wieder Ruhe ein. Und die Sieger wurden daheim im Triumph empfangen.«

»Wie heute!«

»Während der Spiele sollten eigentlich in ganz Hellas die Waffen ruhen, aber so ist es nur selten gewesen während der fast zweitausend Jahre, in denen die Spiele stattfanden. Man beschwor zwar die brüderliche Freundschaft, denn so wollte es der Orakelspruch, die Weissagung des Gottes Apollo in Delphi. Aber nicht immer hielt man sich daran. Jedenfalls war es ein einzigartiger Versuch in der Geschichte, eine Friedensordnung durchzusetzen. Doch wir wollen auch die Schattenseiten nicht verschweigen. Ruhmsucht bestimmte auch das Denken der griechischen Aristokratie. Ehrgeizige Adlige konnten nach dem Sieg eines Athleten ihrer Stadt mit einem Zuwachs von Einfluss rechnen. Natürlich ersetzte kein olympischer Kranz eine schlagkräftige Truppe, aber im Verein mit Waffengewalt konnte der Ruhm des Olympiasiegers einem Tyrannen viel helfen. Die enge Beziehung zwischen Sport und Politik war eben auch in Griechenland selbstverständlich, wurde doch bei der Siegerehrung auch der Name der Heimatstadt ausgerufen – ein begehrter Ruhm im Wettstreit der griechischen Staaten, für den die Städte oft viel Geld ausgaben! Das ging von der Sportförderung vor den Spielen bis zu erheblichen materiellen Ehrungen. Es gab Ehrentafeln und Standbilder, Siegesmonumente und Prozessionen, das Ehrenbürgerrecht und die Befreiung vom Militärdienst, dazu Logenplätze im Theater und kostenlose Verpflegung auf Lebenszeit.«

»Mein Gott«, murmelte Stefan, »das klingt alles sehr modern.«

»Es ging sogar noch weiter. Manche Städte, manche Herrscher schmückten sich sogar mit fremden Federn, indem sie Männer fremder Städte mit Gold bestachen und bei sich einbürgerten.«

»Meine Hochachtung vor dem griechischen Ideal schwindet!«

»Betrachte es menschlich, Roman. So sind wir nun einmal. Denk allein daran, dass der Name Athlet sich von ›athlon‹, das heißt ›Kampfpreis‹ oder ›Belohnung‹ ableitet. Außerdem will der Athlet aller Welt beweisen, wie großartig er ist. Dafür scheut er keine Mühe und geht jedes Risiko ein.«

»Darin kann man auch ein fast krankhaftes Geltungsbedürfnis entdecken, nämlich das, sich zu produzieren!«

»Gut, Stefan, womit wir wieder beim Menschlichen wären«, entgegnete Senex. »Dabei braucht er natürlich Publikum. Ohne Beifall, ohne das Gefühl, der Größte zu sein, kein Wettkampf. Man wusste schon damals um die Schattenseiten. Der zeitgenössische Lyriker Pindar hat es vorhergesagt, dass die Größe Griechenlands vorbei sein würde, sobald der Sport etwas mit Geld zu tun hat. Die Olympischen Spiele waren nicht so ideal, wie sie oft geschildert werden. Es gab Bestechungen und Schiebereien, es wurden Siege aus politischen Gründen ausgehandelt, jede Stadt wollte so viel olympischen Glanz wie möglich abbekommen, und natürlich gab es auch Unglücks- und Todesfälle. Fast so alt wie die Olympischen Spiele selbst ist ihre Nutzung zu politischen Zwecken. Doch genug des Negativen, kommt mit zum Zeusaltar.«

Überall standen Buden und Wahrsager. Schreiend wurden Süßigkeiten angepriesen, Akrobaten führten Kunststücke vor, Musik ertönte zwischen den Herden von Opfertieren, Weinhändlern und Obstverkäufern. Mit Mühe zwängten sich die vier Besucher zwischen den Menschenmassen hindurch, manchmal fassten sie sich an den Händen, um sich nicht zu verlieren. So kamen sie durch den heiligen Hain zum Altar des Zeus und gelangten an dessen Stufen. Hoch über ihnen erhob sich die Statue des Gottes, dem die Spiele geweiht waren. Er hielt in jeder Hand einen Blitz. Seine Statue war aus dunklem Holz geschnitzt und sehr alt. Er lächelte geheimnisvoll.

Senex berichtete: »Hier ist heute Morgen ein Wildschwein geopfert und verbrannt worden. Auf dem Altar seht ihr noch die Asche vieler Opfergaben.«

An der Seite standen Athleten in einer Gruppe, jugendliche Kämpfer, alle gut gewachsen. Einige trugen einen Lendenschurz, anderen waren ganz nackt. Ihre athletischen Körper, die muskulösen Beine, die durchtrainierten Arme und Brustkörbe hätten jeden Bildhauer begeistert.

Ein Diener legte Ölzweige in ein Feuer, das auf einem niedrigen Seitenaltar brannte und übergab den Flammen Opfergaben, wie Weihrauch und Honigkuchen. Dann brachte er auf dem Boden davor ein Trankopfer dar.

Einen feierlichen Augenblick später stieg der Priester die Stufen zum großen Altar hinauf, ein älterer, würdiger Mann in einem weißen, kunstvoll drapierten Gewand. Er trug eine Fackel, die am ewigen Feuer entzündet worden war. Oben steckte er das aufgestapelte Holz an.

Ich schwöre, dass ich ein frei geborener Grieche bin

Der Geruch von schwelender Pappel und Weihrauch erfüllte die Luft. Dann brach die olympische Flamme durch den Rauch, und aus der Menge stieg ein Seufzen auf, das wie das Anschwellen des Windes klang. Tempeldiener brachten neue Opfergaben.

»Die Körbe sind voller Fleisch aus den Schenkeln von Rindern, die mit vergoldeten Hörnern und Blumenkränzen um den Nacken zum Schlachten geführt worden waren«, erläuterte Senex.

Der Priester drehte sich der Menge zu und rief: »Wenn sich hier ein Mann befindet, der eines Blutverbrechens oder einer Gotteslästerung schuldig ist, dann soll er gehen! Wenn unter euch Frauen sind, dann müssen sie ebenfalls gehen!«

Ein unterdrücktes Murmeln antwortete ihm.

Der Priester rief: »Dann spreche ich den ersten Eid, die Athleten mögen meine Worte wiederholen.«

Alles blickte nach rechts, zu den jungen Sportlern. Sie rückten ein wenig zusammen und traten weiter nach vorn. Der Priester wandte sich ihnen zu und sagte ihnen vor: »Ich schwöre, dass ich nicht gegen die Regeln der olympischen Wettkämpfe verstoßen werde. Ich schwöre, dass ich Gymnastik nicht um eines Rekordes willen treibe oder sie berufsmäßig ausübe, sondern um der körperlichen Vollkommenheit willen, wie es sich für einen Freien geziemt.«

Es kam wie ein Echo im Chor: »Ich schwöre, dass ich ein frei geborener Grieche einer freien griechischen Gemeinde bin, dass auch mein Vater und meine Brüder frei geborene Griechen sind, wie auch meine Vorväter frei geborene Griechen waren ... »

»Wir wollen gehen«, meinte Senex. »Wenn das Feuer niedergebrannt ist, wird es mit Wasser aus dem Fluss Alpheus gelöscht. Ist die Asche erkaltet, wird sie hart und glatt, und der Altar des Zeus wächst ein Stück weiter dem Himmel entgegen. So vermischen sich Erde, Luft, Wasser und Feuer, um ihn zu lobpreisen, der alles regiert. – Doch kommt! Wir gehen jetzt ins Stadion.«

Athleten aus ganz Griechenland

Die Kampfbahn lag hinter dem Hain, sie war zweihundert Meter lang und so breit, dass zwanzig Läufer nebeneinander starten konnten. Grün waren die Hänge zu beiden Seiten gewesen, bevor die Menge das Gras zertrampelt hatte. Jetzt waren sie mit Zuschauern gefüllt, die den Athleten zuschauten und Wetten abschlossen.

»Es sind keine Kopfbedeckungen erlaubt, um die Sicht nicht zu behindern«, erklärte Senex.

»Wie viel Zuschauer sind wohl hier?«

»Sicher mehr als zehntausend, vielleicht sogar zwanzigtausend, Roman. Der satirische Dichter Lukian meinte, man zähle bis zu vierzigtausend Zuschauer. Sie alle wollen die Wettläufe der Knaben sehen! Wir bleiben am besten gleich am Eingang. Setzt euch dort an den Rand.«

Berenike, Stefan und Roman fanden noch ein freies Plätzchen, wo sie sich niederlassen und auf den Platz schauen konnten. Einige Athleten beteten, denn sie meinten den Wettlauf nur mit Hilfe der Götter gewinnen zu können, andere tranken am Wasserbecken, wieder andere saßen im Gras und massierten sich die Muskeln.

Der Oberrichter verkündete die Namen der Wettkämpfer und ermahnte sie, ihr Bestes zu geben, zur Ehre ihrer Städte, zur Freude ihrer Väter und um ihres eigenen Namens willen.

Da ertönte das Trompetensignal und sofort brüllte die Menge begeistert auf, aber zweimal verzögerte sich das Rennen, weil die Teilnehmer falsch starteten und von den Aufsehern durch Schläge mit langen gegabelten Stangen bestraft wurden. Die Zurufe, die durch das Stadion brausten, wurden ungeduldiger.

Wieder erschallte die Trompete, die Läufer schossen vor. Die Distanz war nur kurz. Ein braun gebrannter Knabe mit lockigem Haar löste sich aus der Gruppe und erreichte die Zielmarke als Erster. Jubel brauste auf. Die Menschen am Ende der Strecke sprangen auf, liefen zu ihm und kreisten ihn ein. Ein Regen aus Blüten und Ölzweigen ging auf seine Schultern nieder. Einige wischten ihm den Schweiß vom Gesicht, andere hoben ihn auf die Schultern, die Männer seiner Stadt legten ihm eine Blütenkrone auf den Kopf, wanden ein Band um seinen Arm, ein anderes um seine Oberschenkel. So trugen sie ihn zum steinernen Sitzplatz der Richter, wo er den Palmenzweig erhielt, der als Zeichen des Sieges galt, bis zur letzten Nacht, in der die Sieger mit wilden Olivenzweigen gekrönt wurden.

Senex riet, sich jetzt etwas zum Essen aus den Picknicksäckchen zu nehmen. Während sie sich stärkten, erzählte er: »Viele Städte schicken Delegationen auf weite Reisen durch alle griechischen Staaten. Sie werden begleitet von Trompetern und Bannerträgern. Es ist wie eine Prozession zwischen den hochsommerlich abgeernteten Feldern – unterwegs werden sie begeistert begrüßt. Man bietet ihnen Wasser, Obst und Weizen an – und man bekränzt sie mit Blüten. Für die Nacht hält man Schutzdächer für sie bereit, oder sie schlafen in Pinienhainen, sogar unter freiem Himmel, unter den Sternen und dem Mond.«

»Schade«, sagte Stefan, »dass unsere modernen Olympischen Spiele zu solchen Monsterschauen herabgesunken sind, sie haben den Charme des Originals verloren.«

»Ich finde es trotzdem schön, dass man die Idee der Spiele wieder belebt hat«, entgegnete Berenike.

»Ach, wir haben noch sehr viel mehr von den Griechen übernommen«, ergänzte Senex. »Ihr werdet es noch erfahren.«

»Ja, aber vielleicht war es trotzdem nicht genug! Zu welcher geistigen Freiheit hätte sich der Mensch entwickeln können!«

Nur einer konnte das sagen – Stefan.

Geburt der Demokratie

Arsenale, Zollgebäude, Wechselstuben und Warenbörsen

Sie gingen. Am Ende des Tales wartete ihr Wagen, der sie rasch zur Bucht von Kyparissia zurückbrachte, wo sie noch einmal das Segelboot bestiegen. Auf eine für die drei Besucher noch immer unbegreiflich schnelle Weise umsegelten sie die nördliche Peloponnes, stets in Sichtweise der Küste, bis zu der Landzunge, auf der die Stadt Piräus lag, der Hafen Athens. Hier, unter dem wolkenlos blauen Himmel, befanden sie sich gleich im geschäftigsten Gewimmel, denn der Hafen – eigentlich waren es sogar drei – war das Handelszentrum der Stadt und ihre größte Einnahmequelle. Hier erhoben sich hunderte von Schiffshäusern und Lagerhallen, Arsenalen, Zollgebäude und Wechselstuben.

»In den Warenbörsen wird mit gewebten Stoffen, Getreide, Holz, Öl, Wein und anderen Erzeugnissen der Landwirtschaft und des Handwerks von Attika gehandelt«, erklärte Senex. »In den Schauhäusern wird zunächst alles zollfrei ausgestellt. Der Handel erstreckte sich in die ganze griechische Welt, nach Sizilien, an die Küste Italiens, bis zum Schwarzen Meer und nach Skytien, an das Asowsche Meer, nach Südrussland ebenso wie an die Mündung des Nils und in die Cyrenaika.«

Die riesigen Werften mit ihren Schachteldächern vermochten bis zu vierhundert Schiffe aufzunehmen, die zwischen den Stegen auf Fertigstellung oder Reparatur warteten. Hier lagen außer den schwerfälligen Handelsrundschiffen mit einem Mast, an dem ein buntes viereckiges Segel aufgezogen wurde, die schnelleren Langschiffe, die Fischerboote und die mächtige Kriegsflotte. Am auffälligsten waren die riesigen Trieren,

Kampfschiffe, die gerudert wurden, wobei im Inneren bis zu einhundertsiebzig Mann Besatzung auf drei Bankreihen saßen und sich im Takt von Flötenmusik bis zur Erschöpfung in die Riemen legen mussten. Diese Trieren waren mit einem Sporn ausgestattet, der mit Bronze beschlagen war. Mit ihm wurden die feindlichen Schiffe gerammt und zum Kentern gebracht.

Das brackige Wasser schmatzte kleinwellig an die Schiffsrümpfe, die Boote dümpelten vor sich hin, Möwen erfüllten die Luft mit ihrem Geschrei, Seeschwalben vollführten elegante auf- und abschwingende Bögen, im Wasser schwammen angebissene Früchte und Schalen, Holzstücke, Reste von Fischen, sogar kleine Amphoren.

Berenike mochte das Geschrei der Kaufleute und das Menschengedränge, fröhlich atmete sie die Gerüche von gerösteten Kastanien und gebratenem Huhn, von heißem Linsenbrei und all den köstlichen Dingen ein, die von den Verkäufern angeboten wurden.

Auffällig waren die Tempel der verschiedensten Kulte, denn hier wurden alle geduldet, die Altäre thrakischer oder phönizischer Gottheiten, angebetet von den Menschen aus den verschiedenen Kolonien, die sich in Piräus, das von einer mächtigen Mauer umgeben war, angesiedelt hatten.

»Jetzt verlassen wir unseren freundlichen Seemann, er ist in Piräus zu Hause und geht zu Frau und Kindern. Er ist ein Abkömmling von Eingewanderten, die man hier Metöken nennt. – Aber hört die Musik und den Gesang. Eine Prozession zieht am Hafen vorbei, hinauf zur Akropolis. Sie führen Opfer mit sich, darunter ein gesticktes Gewand für die Göttin Athene.«

Die drei stellten sich neben Senex an den Rand einer Gasse, die sich rasch aus Schaulustigen gebildet hatte. Jungfrauen trugen Körbe voller Obst, Pokale, Amphoren, Krüge und Rauchfässer an ihnen vorbei, gefolgt von Ochsen, Widdern und Kälbern.

»All die Tiere sollen auf dem großen Altar geopfert werden«, erklärte Senex. »Während der vorangegangenen Nacht blieb fast ganz Athen wach. Diese Prozession ist ein alter Brauch, er geht auf die Sage des vom Meer herkommenden Dionysos zurück.«

»Und hat sich bis in unsere Zeit erhalten«, meinte Stefan. »Denn wo ist der Unterschied zwischen unseren Prozessionen und den kirchlichen Festen südlicher Länder mit ihrem Überschwang, dem Volksfestcharakter, Fahnen, Teppichen, Trachten und Priestern? Und dieses Gewand der Göttin Athene – an seiner Stelle kann ich mir gut eine ›Muttergottes‹ vorstellen.«

»Viele christliche Bräuche haben heidnische Ursprünge, das ist doch kein Geheimnis«, sagte Roman. »Es mindert auch nicht ihren Wert.«

»Der Zug nähert sich seinem Ende«, erklärte Senex. »Er bewegt sich noch über die Agora, wie der Marktplatz in jeder altgriechischen Stadt heißt. Ich meine allerdings den berühmten Markt von Athen, das Zentrum griechischen Lebens und der athenischen Demokratie.«

Ein Platz von gewaltiger Größe

Sie gingen durch die Straße, die voller Lärm und Geschrei war, voller Getöse. Hier war es dunkler als in den Gassen Krotons und Mytilenes, das kam nicht nur daher, dass die Straße eng und gewunden anstieg, es lag vor allem daran, dass die Gebäude beidseits höher waren, Lagerhäuser und Schuppen.

»Dies hier«, Senex wies auf einen Rundbau, »ist ein öffentliches Badehaus. Ich zeige es euch deshalb, weil wir später in Rom eine Therme besuchen werden. Die Römer übernahmen diese Einrichtung, wie so vieles, von den Griechen. Zunächst war die Ausstattung bescheiden, man bezahlte ein Eintrittsgeld und wurde von ›Badeknaben‹ aus Kannen mit heißem und kaltem Wasser übergossen. Später werden die Bäder komfortabler, sie bekommen zum Teil fließendes Wasser. In Olympia gibt es Bäder mit unterirdischer Heizung. Schon Homer schildert Badeszenen. Da gießt die Zauberin Kirke dem müden Odysseus mit Kräutern vermischtes Wasser über die Schultern, da wird sein Sohn Telemach von der jüngsten Tochter eines fürstlichen Gastgebers eigenhändig gebadet.«

»Beneidenswert«, murmelte Roman.

»Die Freude an Vergnügungen und Wohlleben ist groß«, fuhr Senex fort. »Es gibt Parfümerien, man pflegt soziale Kontakte, ist galant – aber es gibt auch Kriminalität. Der Philosoph Aristoteles wird berichten, dass auf Diebstahl im Bad die Todesstrafe steht!«

Sie gingen rasch weiter. Schon bald öffnete sich der Blick auf einen Platz gewaltiger Größe. Senex hatte sie so geführt, dass sie die Agora von Nordwesten betraten, sodass der rechteckige Platz frei vor ihnen lag. Behörden, darunter die Münze, hatten hier ihren Sitz in weißen Marmorbauten.

Menschen drängten in Tempel oder flanierten in den Säulenhallen, suchten die Verwaltungen und die Gerichte auf, umstanden die Standbilder oder schöpften Wasser aus den Brunnen.

»Die Agora ist das Herz Athens«, sagte Senex, während sie einen Augenblick stehen blieben. »Sie hat ihren Ruhm bis in unser Jahrhundert bewahrt. Die Agora Athens ist, wenn nicht der erste, so doch der bedeutendste Platz der Menschheit des Altertums, von dem die weitreichendsten Wirkungen ausgingen. Hier, darf man sagen, entstanden die Demokratie, die Philosophie, die dramatische Kunst und vieles, vieles andere mehr. Wenn man das klischeehafte Wort vom ›pulsierenden Leben‹ überhaupt einmal anwenden darf, dann hier, auf der Agora Athens. Auf der Agora entwickelten sich der Staat, die Politik und die Kultur gleichermaßen. Ob Arm oder Reich, die Agora ist jedermanns Wohnstube, der Platz für Geschäftigkeit und Müßiggang. Hier verbringen die Athener ihre Tage, ihr seht es ja, hier wird es nie langweilig, denn es gibt immer etwas zu erzählen, zu erfahren, zu streiten. Hier werden die neuesten Theaterstücke genauso besprochen wie Liebesaffären, häusliche Angelegenheiten oder Feldzüge und Verteidigungsmaßnahmen, sei es gegen die Perser oder die Spartaner. Früher war die Agora nur Athens Markt, jetzt haben sich die meisten Händler in die Nebenstraßen und auf die kleineren Plätze zurückgezogen. Aber die Geschäftsleute führen trotzdem ihre Verhandlungen mit Vorliebe hier in den schattigen Laubengängen.«

Rund um den Platz gab es zwar auch einige Privathäuser, vor allem jedoch öffentliche Gebäude und die Werkstätten von Bildhauern, Handwerkern, Metallgießern, Tischlern oder Schuhmachern.

»Aber wie lebt der Athener? Und wie die Athenerin?«, fragte Berenike.

Unterprivilegierte Frauen

Senex antwortete: »Der einfache Athener steht im Morgengrauen auf und macht sich bald auf den Weg zum Markt, denn das Einkaufen ist Männersache. Die Frauen sind in jeder Beziehung unterprivilegiert, man kann ruhig sagen: unterdrückt. Deshalb sieht der einkaufende Athener auf seinem Weg auch fast nur Männer, die frei sind wie er, oder Sklaven, die Lasten schleppen. Frauen gehen meist nur nach draußen, wenn sie Wasserkrüge vom Brunnen in die Wohnhäuser bringen, denn die allerwenigsten Häuser haben eine eigene Wasserversorgung. Und wer im Dunkeln unterwegs ist, muss gehörig aufpassen, nicht in Schmutz und Abwässer zu treten, die nachts auf die unbeleuchteten Straßen geschüttet werden, Athen verfügt nämlich über keine Kanalisation. Wie ihr wisst, geht man barfuß, selten werden Sandalen getragen. Wenn der Athener die Freude hat, ein junges Mädchen oder eine Frau zu sehen, dann weil sie aus dem Fenster eines wohlhabenden Hauses schaut. Sie verschwindet aber, sobald sie ihn erblickt – aus Stolz und weil es von ihr verlangt wird. Kommen ihm einmal zwei Mädchen entgegen, schauen sie zur Seite. Übrigens ist es nachts auf den Straßen recht gefährlich. Diebe haben sich darauf spezialisiert, ihre Opfer im Dunkeln zu überfallen. Manche tragen daher brennende Fackeln, die nicht nur Licht spenden sollen, sondern auch als Waffe dienen. Junge Männer, die betrunken von Festen kommen, strolchen durch die dunklen Straßen und hämmern an Türen, hinter denen sie Frauen vermuten. Dennoch – Athen war für seine Freiheit berühmt, auch für die der Rede. Arme Männer und zuweilen auch Sklaven treten auf der Agora für ihre Interessen ein. Man sagt ironisch, dass in Athen selbst die Pferde und Esel ein überzogenes Selbstvertrauen haben. Viele Philosophen, unter denen es natürlich auch solche Leute gibt, die wir als ›Stammtisch-Politiker‹ bezeichnen würden, aber eben auch so erlauchte Geister wie Thukydides, Kritias und Platon verachten die einfachen Athener und es missfällt ihnen, dass die Demokratie allen so viel Macht gibt. Es ist wie überall, der reiche, gebildete Athener hält den einfachen Bürger für zu ungebildet, um die Angelegenheiten der Stadt zu regeln, und meint, dass nur er selbst diese Aufgabe übernehmen kann. Die Ärmeren ärgern sich darüber und bestrafen nicht selten die führenden Gegner der Demokratie.«

»Demokratie«, warf Stefan ein, »dieses Wort ist nun schon oft gefallen. Erzählen Sie von der Athener Demokratie!«

»Mit Demokratie meinte der große Perikles im fünften Jahrhundert vor Christus eine Staatsform, die damals geradezu revolutionär war. Volksherrschaft heißt sie, weil in ihr nicht nur einige wenige, meist Adlige oder Reiche, bestimmen, sondern die Mehrheit der Bürger. Zwar hatten nach dem Gesetz in Streitfällen alle das gleiche Recht, in der Praxis aber war doch der im Vorteil, der sich Ansehen erworben hatte, freilich nicht durch Zugehörigkeit zu einer mächtigen, bevorzugten Gruppe, sondern durch eigenen Verdienst. Ebenso wurde kein Armer oder Unbekannter, der für die Stadt etwas leistete, ausgeschlossen. Aber wir wollen hinübergehen zur Pnyx, dem eigentlichen Versammlungsplatz, den man ausbaute, weil die Agora zu klein geworden war und natürlich ihrem eigentlichen Zweck, dem Markt, vorbehalten bleiben sollte… Wir sind schon da!«

Staatsführung durch das Volk

Auf der Pnyx, dem terrassenförmigen, in die Felsen hineingebauten Platz im Südwesten der Akropolis, waren reihenweise Sitzbänke aus Holz aufgestellt. Auf eine setzten sie sich und Senex fuhr fort: »Schauen wir uns die attische Demokratie doch einmal genauer an. Denn sie ist der erste und zugleich gelungenste Versuch einer Staatsführung durch das Volk. Freilich hatte sie ihre Grenzen. Zunächst einmal konnten ja nur relativ wenige Leute lesen. Außerdem konnte Athen von den abgelegeneren Städten nur schlecht erreicht werden. So war das Wahlrecht auf die Söhne frei geborener Athener beschränkt, die einundzwanzig Jahre alt sein mussten. Nur sie und ihre Familien genossen die bürgerlichen Rechte. Es war ein streng abgegrenzter Kreis von Bürgern, der zur Zeit des Perikles, als die Demokratie ihre vollkommenste Ausprägung erhielt, die politische Macht innehatte. Und trotzdem, innerhalb dieses Kreises war das Recht für alle gleich, vor dem Gesetz und in der Volksversammlung.«

Ein Mann, der mit seinem Freund oder Nachbarn gekommen war, setzte sich mit ihm auf eine Bank in der Nähe. Der Besucher schien ziemlich aufgebracht zu sein, denn er redete laut: »Nie, seit ich mich selbst wasche, tat mir mein Auge so weh vom Staub wie heute am Morgen, wo wir souveränes Volk Versammlung haben. Sieh nur, wie leer der Platz ist. Die Leute stehen auf der Agora herum, schwatzen und finden kein Ende. Doch wenn sie zu spät kommen, was meinst du wohl, wie sie sich um die besten Plätze drängen werden und einander stupsen und stoßen und übereinander purzeln!«

Währenddessen hatten sich die Reihen rings mehr und mehr gefüllt. Und tatsächlich balgten sich die Leute um die Plätze. Senex wandte sich wieder seinen Begleitern zu. »Lasst euch noch einige Worte zur Demokratie sagen. Sie entstand nach vielen Wirren, die ich im Einzelnen nicht schildern will. Vorausgegangen war eine Zeit von Alleinherrschern und Königen. Nun war Athen reich geworden und die Bürger wollten mehr Macht. Das wichtigste und revolutionärste Element der Demokratie, die sich nach und nach herausbildete, war die Volksversammlung. Ursprünglich kam man dazu auf dem Marktplatz von Athen zusammen. Später wurde dieser Versammlungsort hier, auf dem Felsenhügel Pnyx, geschaffen, dicht bei der Akropolis. Sechstausend Männer konnten sich hier versammeln, denn Frauen waren ausgeschlossen!«

»Natürlich! Wenn ich bedenke, dass sich das bis in unser Jahrhundert erhalten hat! Die Appenzeller in der Schweiz konnten sich ja erst vor wenigen Jahren zum Wahlrecht für Frauen durchringen.«

»Nun, Berenike, neben den Frauen durften auch Sklaven oder Ausländer nicht daran teilhaben. Als Ausländer betrachtete man jeden, der aus einer anderen Stadt kam, auch wenn er in Athen lebte und arbeitete. Insgesamt gehörten, so gesehen, zum ›Volk‹ nur dreißigtausend Menschen, etwa zehn Prozent der Gesamtbevölkerung. Und die Bauern waren von vornherein benachteiligt. Da sie außerhalb lebten, hatten sie eine beschwerliche Wanderung zu den Versammlungen zurückzulegen, mussten sehr früh aufstehen oder begannen ihren Weg bereits am Abend zuvor und wanderten über Nacht.«

Die Mehrheit schwieg

»Sprechen konnte jeder«, fuhr Senex fort. »Aber nur einmal zum selben Thema und nur über die Sache, die gerade verhandelt wurde. Entscheidend war, dass der Redner niemanden beleidigen durfte. Hatte ihm der Vorsitzende das Wort erteilt, betrat er den Rednerstein – seht ihr, dort …« Senex wies zu einem höher stehenden Block. »Dann setzte er sich einen Myrtenkranz auf, was ihm das nötige Ansehen verschaffte. Freilich genügte das allein nicht, hatte er eine leise Stimme, stotterte oder redete er ungeschickt, wurde er ausgelacht. Daher waren es vor allem Adlige mit guter Bildung, die Wortführer wurden. Die Mehrheit schwieg …«

»Wie immer und überall.«

»Ja, Stefan, und darin lag eine große Gefahr. Schon damals spielten sich die professionellen Redner in den Vordergrund, die nicht immer die besten Ansichten vertraten. Es wurden sogar Reden gegen Honorar verfasst und gehalten. So kam es, dass man unter einem ›Politiker‹ bald nicht mehr jeden engagierten Bürger verstand, sondern nur noch die Berufsredner. Doch zurück zum eigentlichen Sinn der Demokratie Athens: Waren alle Reden gehalten, wurde abgestimmt.«

»Wie?«

»Durch Handaufheben, Berenike – wie heute noch. Die einfache Mehrheit entschied. Ein Schreiber protokollierte die Beschlüsse und veröffentlichte sie auf geweißten Holztafeln. Danach brachte man sie ins Archiv. Diese Beschlüsse begannen mit den Worten: ›Rat und Volk haben beschlossen.‹ Für den Athener ist ein Bürger nicht nur ein Mann, der wählt, sondern auch einer, der Ämter übernimmt, in der Gemeinde oder bei Gericht. Dazu muss er frei, bereit und fähig sein, dem Staat zu dienen. Keiner, der einem anderen untertan ist oder durch Arbeit sein tägliches Brot erwerben muss, kann die Zeit oder die Fähigkeit dazu haben. Auf diese Weise wird ein großer Teil der Bevölkerung vom Wahlrecht ausgeschlossen. Die Wähler schließen sich nicht in Parteien zusammen, sie werden locker als Anhänger entweder der oligarchischen, also der einiger weniger Auserwählter, oder der demokratische Gemeinschaften vertretenden Gruppe zusammengefasst. Es kommt dabei zum Beispiel darauf an, ob sie für oder gegen die Ausweitung des Wahlrechtes, die Vorherrschaft der Volksversammlung und die Unterstützung der Armen auf Kosten der Reichen sind. Es gibt Bünde jeder Art: religiöse, familiäre…«

»Clans«, warf Roman ein.

»Man kann es so nennen. Dazu militärische, Arbeiter-, Schauspieler- und politische Bünde oder Vereine, die sich ungeniert nur zum Bechern und Schlemmen zusammengefunden haben.«

»Auch das gibt es heute noch!«

»Damals wie heute nennt man das ›Recht auf Freiheit‹, Roman.«

»Die stärksten Bünde sind die der Oligarchen, deren Mitglieder sich zu gegenseitiger Hilfeleistung in Politik und Gesetz verschworen haben und die von dem gemeinsamen leidenschaftlichen Hass gegen das niedere Volk zusammengehalten werden. Ihnen gegenüber steht die verhältnismäßig demokratische Gruppe der kleinen Geschäftsleute, der Bürger, die Lohnarbeiter geworden sind, und derjenigen, die die Mannschaften der Handels- und der athenischen Kriegsflotte stellen. Diese Bünde sehen missgünstig auf den Luxus und die Vorrechte der Reichen und lassen in Athen Gerber, Schafhändler, Seiler, Harfenbauer und Lampenmacher an die Spitze des Staates treten. Perikles hielt sie ein Menschenalter lang mit einer verständigen Mischung von Demokratie und Aristokratie fern; nach seinem Tod aber ging die Staatsführung auf die Oligarchen über und sie nutzten die persönlichen Vorrechte, die sich daraus ergaben, weidlich aus. Vom Beginn der Demokratie mit Solon bis zur Eroberung Athens durch die Römer wird der erbitterte Kampf zwischen Oligarchen und Demokraten mit Reden, Abstimmungen, Scherbengerichten, Morden und Bürgerkriegen geführt. – Aber nun wollen wir den Leuten unsere Plätze frei machen, damit sie ihre Pflicht erfüllen können. Alles drängt sich jetzt am Eingang.«

Ein Herold forderte die Leute auf: »Geht weiter, Bürger, weiter! Auf den Platz! Wir wollen anfangen!«

»Zeit für uns«, meinte Senex. »Lassen wir die Athener ihre politischen Geschäfte allein regeln. Wir werfen heute Abend noch einmal einen Blick auf eine besondere Spielart ihrer Demokratie. Doch jetzt verspreche ich euch eine Delikatesse: Wir wollen ins Theater. Natürlich nur auf eine halbe Stunde, aber ihr seht genug vom Beginn unserer Theaterkultur. Das Dionysostheater liegt direkt unter der Akropolis, die wir nur deshalb nicht aufsuchen, weil wir in Ägypten genug große Tempel gesehen haben, von denen die Griechen zu ihren Bauten angeregt wurden. Das Theater aber, das Theater ist nun wirklich etwas ganz Neues, geboren aus dem eigenartigen Trieb des Menschen, sich selbst, seine Schicksale, seine Tragödien und Komödien darzustellen. Das kennen wir erst seit Athen, jedenfalls in dieser umfassenden Form, vor so vielen Zuschauern, mit Dichtern, die für das Theater schreiben. Und mit Schauspielern – keinen Schauspielerinnen, wohlgemerkt, denn in Griechenland spielten die Männer auch die Frauenrollen. Wer wollte die große Bedeutung des Theaters durch all die Jahrhunderte europäischer Kultur bis heute bezweifeln?«

Das Theater ist voll besetzt

Senex richtete ihre Aufmerksamkeit auf ihr nächstes Ziel: »Wir wandern unterhalb der Akropolis vorbei. Seht, wie dort oben die mächtigen Marmorbauten und Säulenhallen in den ewig blauen Himmel ragen. Die Burg und der Tempelbezirk Athens, eine architektonische Meisterleistung, die mit den größten Werken der Bildhauerkunst geschmückt ist.« Sie sahen das Parthenon, den Haupttempel der Akropolis. »Wie das ganze Bauwerk in lebendiger Farbigkeit strahlt! Blau … rot … durchzogen von goldenen Bändern, und die bunten Gewänder der Figuren auf den Giebelfriesen … Vielleicht sollte ich nun doch ein Wort zur griechischen Plastik sagen. Entweder wurden nackte Männerkörper – Götter oder idealisierte Jünglinge – abgebildet oder bekleidete Frauengestalten, meist Göttinnen. Der herausragende Bildhauer war Phidias. Er war einer der größten Künstler der Menschheit und der erste, von dem wir wenigstens einige Lebensdaten kennen. Man hat Michelangelo mit ihm verglichen. Er arbeitete für Perikles an vielen großen Projekten Athens mit, als Planer, Berater und Organisator wie auch als ausführender Künstler. Viele Jahrhunderte lang schmückten seine Werke die größten Kultstätten. Sie waren Ziel auch für die gebildeten Reisenden der Antike. Die Römer ließen tausende von Marmorkopien nach griechischen Originalen anfertigen, die dann im ganzen römischen Reich verteilt wurden. Glücklicherweise, denn so blieben wenigstens sie teilweise erhalten, während die Originale aus Bronze, Gold oder Elfenbein sämtlich untergegangen sind. Achtundvierzig vor Christus errichtete Phidias dort oben im Parthenon der Akropolis das große Standbild der Göttin Athene aus reinem Elfenbein. Wahrscheinlich leitete er die Anfertigung der riesigen Figuren im Giebel. Nicht nur Fürsten, Adlige oder Reiche waren damals die Auftraggeber, sondern das ganze Volk, eben die athenische Demokratie. Für Olympia schuf Phidias eine gewaltige Zeusstatue, auch sie aus Gold und Elfenbein. Sie wurde zu den sieben Weltwundern gezählt. Aber ich nenne Phidias nur stellvertretend für viele

Künstler, deren Namen uns nur zum Teil überliefert sind. Am Parthenon dürften siebzig bis achtzig Bildhauer gearbeitet haben, die wohl aus den verschiedensten Gegenden kamen.«

Das Bild des Tempels erlosch, die Umgebung trat wieder hervor. Asphodelos und Ginster blühten, Königssalbei und Mimosen. Bronzefarbene Eidechsen, mit grünen Längsbändern geziert, huschten über die Steine. Judasbäume prunkten mit purpurroten Bällen.

Sie schlenderten durch eine angenehm schattige Zypressenallee und kamen zu einer Art Tempelchen aus schmalen, übermannshohen Säulen. »Hier sind wir nun«, sagte Senex. »Das ist der Eingang zum Dionysostheater.«

Sie traten ein und er leitete sie eilig zu ihren Plätzen. Das Theater war fast voll besetzt. Die Zuschauer saßen dicht an dicht auf den ansteigenden Rängen, die sich im hufeisenförmigen Halbrund vor der Bühne erhoben.

»Wir sehen eine Aufführung der ›Lysistrata‹ des berühmten Aristophanes«, erklärte Senex. »Natürlich nicht das ganze Stück, etwa eine halbe Stunde werden wir bleiben. Trotzdem, ihr könnt euch freuen, denn die Komödien des Aristophanes sind sowohl Lustspiel und Posse als auch politisches Kabarett, voller Heiterkeit, Witz, aber auch besinnlich, ermahnend, gleichzeitig frech und fromm. Goethe nannte ihn den ›ungezogenen Liebling der Grazien‹. Die ›Lysistrata‹, deren Heldin den bezeichnenden Namen ›die Heeresauflöserin‹ trägt, brachte er vierhundertelf vor Christus zur Aufführung. Er war damals vierunddreißig Jahre alt, in Athen geboren zur glücklichen Friedenszeit nach den Perserkriegen, als die Stadt ihre glanzvollste Epoche erlebte und Perikles den Parthenon auf der Akropolis bauen ließ.«

Ihr Blick wanderte über das dreitürige Bühnenhaus, dessen unterer Teil aus grauem Stein bestand, das jetzt aber zum Teil durch die gemalte Wiedergabe der Akropolis verstellt war. Darüber zog sich eine Säulengalerie hin, in deren Nischen Götterbilder standen, übermannshohe Statuen, auf deren Köpfen und Schultern Tauben gurrten, während Schwalben und Sperlinge herumschwirrten. Und sonderbar – immer wieder waren Eulenrufe zu hören, auch später, während des Stückes.

»Daher kommt wohl das Sprichwort: ›Eulen nach Athen tragen‹«, meinte Roman. »Es muss sie in Schwärmen geben.«

Neben dem Theaterbau fiel die Ebene mit Lorbeerhainen und dunklem Buschwerk gewellt zum Meer ab, das als Lichtstreifen in der Ferne zu ahnen war.

»Der Zuschauerraum hat achtundsiebzig Sitzreihen. Er fasst tausende von Besuchern«, sagte Senex.

Die Leute schwatzten, sie bedienten sich aus Körben mit Ziegenkäse, Obst und Gebäck, gossen sich Wein aus gebauchten Krügen in Becher oder direkt in den Mund.

Senex fuhr fort: »Wundert euch nicht über die Menge der Zuschauer. Die Vorstellungen sind beliebt und gut besucht, außerdem bekommt jeder Athener eine Art ›Entschädigung‹, also bares Geld dafür, dass er ins Theater geht, ebenso gibt es Freibilletts. In den Tagen der Dionysien – sozusagen in der Hauptsaison – legt man in ganz Athen die Arbeit nieder, alle Streitigkeiten vor Gericht werden vertagt, man verfügt einen allgemeinen Zahlungsaufschub und entlässt Häftlinge aus den Gefängnissen. Ihr dürft euch auch nicht über die Hemmungslosigkeit wundern, mit der hier Wein getrunken wird, denn Enthaltsamkeit gilt als Respektlosigkeit gegenüber Dionysos, dem jungen, zügellosen Gott. In diesen Tagen bewegen sich zahllose farbige Umzüge durch die Straßen, wo es nicht beim Trinken bleibt.«

»So stelle ich mir heidnisches Leben vor. Dionysos ist ja berüchtigt für seine Exzesse«, sagte Roman.

»Zuerst saßen die Zuschauer auf der Erde. Nur hoch gestellte Persönlichkeiten bekamen Sitze aus Holz, aber dann baute man die Reihen aus Kalkstein. Die marmornen Sitze mit den runden Lehnen gehören den verschiedensten Würdenträgern. Sie sind nicht nur bequem, man kann sie sogar mit Sonnendächern versehen.«

Bunt gekleidete Musikanten kündigten mit Flötenspiel, Trommelwirbel und Beckenschlag den Beginn der Vorstellung an. Aber es wurde auf den Rängen kaum leiser, der Lärm änderte nur seinen Charakter, als hätte die Erwartung ein eigenes Geräusch.

Zwei Schauspieler traten auf. Sie waren als Frauen kostümiert und trugen Masken aus Holz und Leder, die mit durchsichtigem Gewebe bespannt und bunt bemalt waren, vor ihren Gesichtern, Mund und Augen blieben frei. »Frauen und Mädchen, das hatte ich ja schon erwähnt, dürfen an Kulthandlungen nicht aktiv teilnehmen, und als solche gelten Theateraufführungen. Schauspielerinnen gibt es also nicht…«

»Noch ein Beispiel für die Diskriminierung der Frau«, bemerkte Berenike.

Auf diesen Steinen fußen alle Dramatiker der Welt

Senex sprach weiter: »Die Vorstellungen beginnen im Morgengrauen, dann wetteifern die verschiedenen Bühnendichter nacheinander um die Gunst des Publikums. Die Schauspieler erhalten eine umfassende Ausbildung. Sie werden sehr verehrt und üppig bezahlt. So schlug das europäische Theater seine Augen auf. Denn hier – an diesem Ort, im Dionysostheater von Athen – und nirgends sonst wurden die europäische Tragödie und die Komödie geboren, die Satire ebenso. Dies ist eine Sternstunde unserer Kultur. Auf diesen Steinen vor euch – der Skene, der Bühne – fußen alle Dramatiker der Welt, mögen sie nun Shakespeare, Schiller, Molière oder Lessing heißen. Sogar das Musiktheater hat hier seine Wurzeln, sodass die Linie auch zu Claudio Monteverdi ins Italien der Renaissance, zu Mozart ins Wiener Rokoko, zu Giuseppe Verdi ins Mailand des neunzehnten Jahrhunderts und zu Richard Wagner ins bayerische Bayreuth führt. Sogar der Bühnenraum des Bayreuther Festspielhauses hat hier sein Vorbild, kein Wunder, es gibt ja keine bessere Form. Sicher wisst ihr, dass nicht wenige Dichter und Komponisten immer wieder auf die hier zum ersten Mal aufgeführten antiken Stoffe zurückgegriffen und sie neu bearbeitet haben, bis in die allerjüngste Zeit…«

»Richard Strauss und Oscar Wilde!«

»Ja, Romi, um nur zwei von vielen anderen zu nennen!«

Da rief wieder eine Eule, wie um das zu bekräftigen.

Während sie leise miteinander sprachen, – Berenike zwischen Stefan und Roman –, schauten sie sich um, zunächst interessierte sie die dreigeteilte Bühne.

»Auf der Plattform neben der eigentlichen Bühne steht der Chor«, erklärte Senex. »Die Bühne selbst ist aus Stein. Auf ihr kann man die Dekorationen aufbauen. Während sich die Tragödien meist vor Palästen oder Tempeln abspielen, für die in der Regel ein Portal genügt, entwickelt sich die Komödienhandlung oft vor mehreren benachbarten Häusern, von denen jedes seine eigene Tür braucht. Doch unser heutiges Stück macht da eine Ausnahme. Obwohl es eine Komödie ist, und zwar eine deftige, spielt es vor der Burg von Athen.«

Das Ausgehen ist für uns Frauen nicht leicht

Die Akropolis war als bemalter Prospekt mit Tempeln und Säulenhallen stilisiert dargestellt und im Hintergrund quer über die Bühne gespannt.

»Die Dekoration kann während der Aufführung gewechselt werden, je nachdem, ob die Szene auf einem Feld oder am Meer spielt oder, wie hier, vor der Akropolis.«

Der Schauspieler, der die Lysistrata spielte, begann mit künstlich hoher Stimme eine Klage über die Saumseligkeit der anderen Frauen, die sie aufgefordert hatte, zu ihr zu kommen, um ihnen einen wichtigen Vorschlag zu machen. Ihre Nachbarin Kalonike beruhigte sie:

Sie kommen gewiss, mein Herz! Das Ausgehen ist für uns
Frauen nicht so leicht: Wir müssen unsere Männer
bedienen, die Knechte wecken, das Kind zurecht legen, es
waschen und füttern …

»Da habt ihr schon die ganzen Anweisungen für die weibliche Rolle. Mein Gott, die Welt hat sich seit den vergangenen Jahrtausenden wahrhaftig nicht ein bisschen verändert.«

»Und das wird auch niemals geschehen, Nik. Höchstens dann, wenn wir Männer Kinder kriegen können. Wer weiß, vielleicht bringt die Genforschung das noch fertig«.

»Ich habe nichts gegen den kleinen Unterschied«, meinte Roman lachend, während Kalonike auf der Bühne in ihrer Rede fortfuhr:

Ich geh lieber heim! Was können wir Frauen schon
Vernünftiges tun, oder gar Ruhmvolles? – Wir sitzen doch
nur aufgeputzt und mit Blumen im Haar herum, schminken
uns, schlingen uns den safrangelben Schal um und tragen
Bänderschuhe zu modischen Schleppkleidern …

Lysistrata, die Heldin, widersprach ihrer Freundin sofort:

Das eben ist es, was uns retten wird, die gelben
Schals, die Bänderschuhe und die Salben, die Schminke und
die durchsichtigen Gewänder!

Senex flüsterte erläuternd: »Es geht darum, dass Lysistrata den Krieg gegen Sparta beenden und die Frauen Athens überreden will, sich ihren Männern so lange zu verweigern, bis diese die Waffen niederlegen.«

»Und die Spartanerinnen genauso«, ergänzte Roman, während Lysistrata ihre Geschlechtsgenossinnen leidenschaftlich gestikulierend zu überzeugen versuchte:

Ganz gewiß! Wir sitzen hübsch geputzt daheim, wir
streichen im durchsichtigen Florkleid, wie von Amor, halb
entblößt mit glattgerupftem Schoß an ihnen vorbei: Ihr sollt
sehen, wie die Männer da brünstig werden und mit uns ins
Bett wollen, aber wir kommen nicht, schlagen es rund ab! –
Sie machen Frieden, sage ich euch, und zwar bald!

»Recht hat sie schon. Eigentlich tragen die Frauen wirklich ihren Teil Mitschuld daran, dass die Kriege noch immer nicht aufhören!«

»Aber Stef, was für ein Unsinn!«

»Wieso, Nik? Wären die Frauen dem Rat von Lysistrata gefolgt, vielleicht hätte es wirklich nie mehr Kriege gegeben! Aber die Frauen wollen ja ihre ruhmbedeckten Helden haben!«

»Die Helden standen auch deshalb so hoch in der Gunst, weil sie die Bürger vor dem Überfall räuberischer Feinde und vor der Verschleppung in die Sklaverei schützen sollten.«

»Die Sklaverei ...«, wollte Berenike fragen, aber Senex sagte gleich, dass er später darüber sprechen wolle.

Theater als Notwendigkeit

»Lasst euch rasch noch erzählen, dass man im griechischen Theater nicht von ›aufführen‹, sondern von ›lehren‹ spricht und damit besonders die Tragödie meint. Schon die älteste Poesie, aus der auch das Theater hervorgegangen ist, wollte vor allem lehren. Von der Dichtung wurden die ersten Mythen verbreitet, all jene Sagen, in denen sich der moralische Gehalt hinter einer allegorischen Darstellung verbirgt. Dennoch hätte sich die Bühnenhandlung vielleicht niemals entwickelt, wären nicht Ereignisse eingetreten, die das Theater gewissermaßen notwendig, sogar unvermeidbar machten.«

»Theater als Notwendigkeit?«

»Gewiss, Roman! Das Volk von Athen, also die Töpfer, Schuster, Handwerker und Bauern, die kleinen und armen Leute, kämpften gegen die wenigen reichen Familien um gleiche Rechte, um mehr Demokratie. Ein gewisser Peisistratos, um die Mitte des sechsten Jahrhunderts von den Bürgern an die Macht gebracht, sah in dem Theater, vor allem in der Tragödie, das beste Mittel, die Bürger zu erziehen. Er rief die Dionysien ins Leben, die Feiern zu Ehren des Fruchtbarkeitsgottes. Man beging sie im Dezember, wenn die Natur den Winterschlaf beginnt, und im März, wenn sie wieder erwacht. Mit diesen Feiern werden bald auch die Satyrspiele, in denen das Volk auf dem Land die Naturerscheinungen deutete, in die Stadt gebracht. Da sah man den berühmten Wagen des Thespis, von dem eine Satyrgestalt ihre frechen Scherze herabschrie. Vermutlich führte jeder Stamm im Wettbewerb mit den anderen seine eigenen Spiele auf und zu diesen Gelegenheiten wurden immer wieder neue geschrieben. So entstanden die griechischen Theaterstücke aus den ländlichen Gesängen und Tänzen, die der Chor vor dem Altar des Gottes Dionysos für zahllose Zuschauer aufführte – und heute noch aufführt, wie eben hier.«

Auf der Bühne näherte sich das Stück seinem Höhepunkt. Lysistrata hatte ihr Ziel erreicht, die Frauen waren bereit, alles zu versprechen, und schworen:

Fasst all den Humpen an! Und eine spricht mir den Eid
für euch nach und ihr bekräftigt dann zugleich den Schwur!

Eine Athenerin nach der anderen berührte den Humpen und sprach:

Nie soll ein Buhler noch ein Ehemann … –
Nie soll ein Buhler noch ein Ehemann … –
Mit steifer Rute zu mir kommen. – Sprich doch nach!
Mit steifer Rute zu mir kommen. – Ach, mir werden die Knie
weich, Lysistrata!

Aber Lysistrata war unbarmherzig, sie fuhr fort, den Schwur vorzusprechen:

Ich will zu Hause unberührt bleiben …
Ich will zu Hause unberührt bleiben …
Im gelben Schal, geschminkt und aufgeputzt …
Im gelben Schal, geschminkt und aufgeputzt …
Will meinen Mann in helle Flammen setzen …

Will meinen Mann in helle Flammen setzen…
Und mich ihm nie ergeben…
Und mich ihm nie ergeben…
Und wenn er mich mit Gewalt dazu zwingen will…
Und wenn er mich mit Gewalt dazu zwingen will…
Verderb ich ihm den Spaß und rühr mich nicht!

»Wir wollen natürlich die großen Tragödiendichter nicht vergessen«, warf Senex leise ein. »Sie stehen wie Riesen am Eingang zur europäischen Theaterlandschaft. Ich erwähne nur die drei wichtigsten: Aischylos mit seinem ›Prometheus‹, Sophokles mit der ›Antigone‹ oder dem ›König Ödipus‹ und Euripides als den ersten Gestalter des unerschöpflichen ›Iphigenie‹-Stoffes. Tagelang könnte man über diese Genies des Theaters und ihre Werke sprechen, doch lassen wir es für heute damit genug sein. Denn mindestens eben so stark ist die Freude am Komischen. Da gibt es Chöre, die als Vögel mit Federn bespickt sind, oder Satyrn mit Schwänzen oder in Wieselpelzen, mit reichem Blattschmuck im Haar.«

Senex schwieg, denn jetzt beschwor Lysistrata ihre Genossinnen:

Seid standhaft, harrt nur noch kurze Zeit aus, denn ein
Orakel sagt: Wir siegen, wenn wir einig bleiben!

»Das könnte man uns Frauen auch heute ins Stammbuch schreiben«, murmelte Berenike.

Senex erhob sich. »Wir werden noch oft Gelegenheit haben, gerade über dieses Thema zu reden«, meinte er. »Wir verlassen jetzt das Theater. Wir wollen den großen Sokrates sehen, der nie eine Zeile geschrieben hat, dessen Worte uns nur in den Nachdichtungen seines Schülers Platon übermittelt wurden.«

Sie strebten dem Ausgang zu. Dabei mussten sie Acht geben, dass sie nicht über die ausgestreckten Beine der Zuschauer stürzten, die ganz ins Spiel vertieft waren und immer wieder in schallendes Gelächter ausbrachen.

Die Sonne senkte sich zum Horizont, die Schatten wurden länger. Sie warfen bizarr geformte Muster auf das Halbrund der Sitzplätze und auf die Bühne. Und wieder rief eine Eule, dunkel und klagend, als wollte sie die Nacht und ihren Beuteflug über die nächtlichen Hügel ankündigen.

Die drei großen Philosophen

Durch das Tor mit den kleinen Säulen erreichten sie den Zypressenweg. Hier benutzte Senex eine kleine Abzweigung zu einem Hügel unterhalb der Akropolis, der einen freien Blick auf das Vorland bis zum Hafen Piräus und das Meer gewährte – eine schimmernde weite Fläche, die sich erst gelblich, später rötlich verfärbte, je tiefer die Sonne sank. Darüber lagerten einige lang gestreckte Wolken, die sich am verschwenderischen Farbschauspiel beteiligten. Die schwarzen Silhouetten von Segelbooten wirkten wie mit dem Pinsel hingetuscht.

»Was für ein Feuerwerk«, murmelte Berenike.

Senex schlug vor, sich ein wenig auszuruhen, es sei eine gute Gelegenheit, sich noch einmal aus den Picknicksäckchen zu stärken, einen Schluck Wein zu trinken und die Dunkelheit abzuwarten.

»Euch steht heute Abend noch etwas Besonderes bevor, aber dazu muss es Nacht geworden sein.«

»Sie machen uns neugierig, Senex. Sagen Sie schon, was Sie vorhaben.«

»Ich will über die drei größten griechischen Philosophen sprechen, über Sokrates, Platon und Aristoteles. Das heißt, wir werden jetzt mit dem Gespräch beginnen, es dann unterbrechen, in dem wir kurz an einem der Gastmähler teilnehmen, durch die Sokrates berühmt wurde. Danach wollen wir in unser Quartier zurückkehren und dort weiterreden. Man kann Hellas nicht verlassen, ohne sich wenigstens ein bisschen mit ihnen beschäftigt zu haben. Ganze Generationen vor uns haben es schon getan und noch viele werden es tun.«

Senex stützte sich auf seine abgewinkelten Arme und betrachtete das Schauspiel der untergehenden Sonne. So begann er seinen kleinen Vortrag.

Sokrates

»Sokrates ist der Älteste des Dreigestirns, ein junger Steinmetz – oder Bildhauer –, von dem einige Mädchenfiguren beim Aufgang zum Athenatempel auf der Akropolis stammen sollen. So genau weiß man über ihn nicht Bescheid, er selbst hat ja keine Zeile hinterlassen. Seine Gespräche sind nur durch Schreiber und dank der Verlegertätigkeit seines Schülers Platon überliefert. Die Schreiber ritzten die Gespräche in Kurzschrift in wachsbeschichtete Stoffblätter und schrieben sie später mit Tinte auf Papyrus aus. Schönschreiberinnen vervielfältigten die Texte. Außerdem machte Aristophanes, von dem wir eben die Komödie ›Lysistrata‹ sahen, Sokrates in einer anderen Komödie, ›Die Wolken‹, zur Zielscheibe seines Spottes. Angeblich besuchte Sokrates die Aufführung, stand aber mittendrin auf und ging heim. Auf dem Höhepunkt seines Ruhms wird Sokrates als merkwürdiger, hässlicher Kauz geschildert, über fünfzig Jahre alt, mit einer Glatze, die eingerahmt war von einem Kranz roter Haare. Auch soll er nicht besonders sauber gewesen sein. Aber er war sehr einflussreich. Seine Hauptttätigkeit bestand darin, auf der Agora zu promenieren und junge Leute um sich zu scharen. Man sagt, Sokrates sei ein Mann gewesen, der andere Menschen zum Denken anregen konnte.«

»Wie hat er das gemacht?«

»Indem er nur solche Fragen stellte, Stefan, zu denen einem gute Antworten einfallen konnten. Dann fragte Sokrates auf gelassene Art weiter, als wäre er dumm, sodass der andere drauflosredete. Sokrates korrigierte ihn aber gleich und erklärte, dass die Dinge nicht so sind, wie man sie sich denkt. Er sagte es nicht direkt, sein Partner merkte es vor allem daran, wie Sokrates ihn ansah. Er selbst meinte von sich: ›Unergründlich bin ich, und ich bringe es dahin, dass die Menschen nicht mehr weiterwissen.‹«

»Das klingt ziemlich eitel und ein bisschen unheimlich dazu.«

»Ach, Roman, Sokrates ist gar nicht unheimlich. Er ist ja die Klarheit in Person. Er führte ein sehr einfaches Leben, jeder Philosophiestudent kennt den Satz, den er beim Anblick der vielen Waren auf dem Markt ausrief: ›Wie zahlreich sind doch die Dinge, derer ich nicht bedarf!‹«

»Ich erkläre mich jetzt schon zu seinem Schüler.«

»Das würde ihn sicher freuen, Stefan. Nun, das große Dreigestirn der griechischen Philosophie wird durch ihn eröffnet und wäre ohne ihn nicht möglich gewesen. Er war körperlich und seelisch robust und das wirkte sich auf seine Intelligenz aus, auch auf seine Menschenfreundlichkeit. Seine Vorliebe für Ironie gehört dazu. Er war selbstbeherrscht, aufgeschlossen und liebenswürdig.«

»Das klingt wie die Anpreisungen in einer Heiratsannonce!«

»So möchte ich es ganz und gar nicht verstanden wissen, Berenike. Über seine Ehe mit Xanthippe wird ja viel erzählt und nicht immer das Richtige. Jedenfalls gewann er bald einen Kreis von treuen Anhängern. Die gesamte griechische Philosophie basiert auf Sokrates.«

»Bitte erklären Sie das näher.«

»Mehr möchte ich dazu noch nicht sagen. Erst müsst ihr mehr wissen. Schön wäre es auch, wenn ihr Sokrates zuvor gesehen und gehört hättet. Deshalb will ich mich jetzt mit der Feststellung begnügen, dass Sokrates, unermüdlich redend und fragend, auf der Jagd nach dem Allgemeinen war. Für dieses Allgemeine würden wir heute ›die Begriffe‹ sagen. Sokrates glaubte, dass man sich anstrengen müsse, um gut und böse zu erkennen. Man solle Kenntnisse erwerben, denn Tugend folge aus Wissen. Und Wissen bedeute vor allem Selbsterkenntnis.«

»Erkenne dich selbst!«

»Genau, Roman! Und niemand soll willentlich Unrecht tun.«

»Das klingt ja christlich!«

»Viele christliche Gebote wurden schon vor Christus gedacht, Roman. Sokrates schätzte das Wissen und die Überlegenheit des Intellekts. Er hoffte, seine jungen Gesprächspartner durch rationales Fragen zur

Wahrheit zu führen, da – wie er sagte – ein unreflektiertes Leben wertlos sei. Seine Fragestellungen müssen oft provozierend gewirkt haben, vor allem, wenn er die anderen aufs Glatteis zu führen versuchte, was ihm viel Vergnügen bereitet haben muss.«

»Aber worin besteht seine größte Leistung?«, fragte Roman.

»Sokrates beschäftigte sich mit dem sittlichen Leben. Denn das sittliche Leben hängt nach seiner Meinung von der Einsicht in das ab, was gut ist. Nach Sokrates beruht die Tugend auf Wissen, und wer weiß, was gut ist, der will auch das Gute. Nur der Weise ist der Gute und damit der Lebenstüchtige. Aus dem Wissen des Guten fließt unmittelbar das tugendhafte Leben. Sokrates war überzeugt davon, dass es ein absolutes, unwandelbares Sittengesetz gibt, das wir zum Herrn über Leib und Seele machen sollten.«

»Ich habe nicht gewusst, dass dieser berühmte Mann ein so großer, fast möchte ich sagen: kindlicher Optimist war.

»Er verfügte ja auch nicht über so viele Erfahrungen wie wir, Stef, und er wusste nur wenig über die Menschheitsgeschichte«, sagte Roman. »Außerdem hatten die Philosophen des Altertums auch noch keine naturwissenschaftlichen Kenntnisse.«

»Desto mehr müssen wir sie bewundern«, meinte Senex. »Bedenkt, dass zum Beispiel Demokrit schon fünfhundert Jahre vor Christi Geburt erklärte, dass die Natur aus Atomen besteht, die im leeren Raum herumgeschleudert werden.«

»Und dieses Wissen wurde so lange unterdrückt!«, sagte Stefan.

Inzwischen hatte sich das Himmelstheater verwandelt, es war von rotem Feuerzauber in ein Violett übergegangen, das facettenreich mit der Dunkelheit verschmolz.

Wieder riefen die Eulen, diesmal mit Recht, denn es war ihre wahre Stunde, mochten sie nun in den Bäumen nisten oder im Giebel und auf den Säulen der Akropolis sitzen.

»Das ist auch für uns das Zeichen zum Aufbruch«, meinte Senex. »Wenn wir noch später gehen, können wir die Straße nicht mehr erkennen.«

Sie gingen in die Stadt. Schon hatten sie die ersten Häuser passiert. Es war finster geworden. Aus keinem der Häuser fiel Licht und die Nacht war sternenklar, aber mondlos. Manchmal kam ihnen ein Athener entgegen, der sich den Weg mit einer Fackel beleuchtete. Ihr flackerndes Licht wanderte über die gelblichen Mauerwände.

Roman schob sich näher an Berenike heran und fasste sie unter. Trotz der Dunkelheit bemerkte es Stefan und er tat es ihm auf ihrer anderen Seite nach. Berenike ging zwischen ihnen und fühlte sich wohl.

Ich habe mich schön gemacht, um vor einen Schönen zu treten

Nach einer Weile erblickten sie eine dunkle Haustür, vor der einige Männer standen. Zwei trugen Fackeln. Ein älterer, ein wenig beleibter Mann mit hoher Stirn, die von einem Haarkranz begrenzt war, fiel ihnen sofort auf.

Sein Begleiter fragte ihn: »Du hast gebadet, Sokrates? Und du trägst Sandalen? Das ist selten!«

»Ja«, antwortete Sokrates, »ich habe mich so schön gemacht, um schön vor einen Schönen zu treten.« Im Übrigen machte er aber einen etwas abwesenden Eindruck, als sei er mit sich selbst und seinen Gedanken beschäftigt.

Ehrfürchtig betrachteten Berenike, Roman und Stefan diesen Mann. Gemeinsam mit ihm traten sie in das Haus. Ein Diener mit einem Licht führte sie alle in einen Raum, in dem bereits einige Männer auf Ruhebetten lagen. Auf kleinen Tischen vor ihnen standen Schalen mit Obst, Gebäck und Käse neben Bechern und Karaffen, die mit Wein oder Wasser gefüllt waren.

Öllämpchen tauchten alles in ein angenehm warmes Licht.

Senex wies auf vier unbenutzte Liegestätten, die dicht an der Wand standen. Dort ließen sie sich nieder.

Ein Diener reichte den Gästen Wasser zum Waschen der Hände und ein Tuch zum Abtrocknen. Ein Mann, den ihnen Senex als Agathon, den Gastgeber, vorstellte, rief Sokrates vom anderen Ende des Saales zu: »Komm hierher, Sokrates, leg dich zu mir!«

Sokrates ging zu Agathon und legte sich bei ihm nieder. Sie speisten, brachten Trankopfer dar – und stimmten ein Lied zu des Dionysos Ehren an, was eher misstönend und rau als schön klang.

Eine Flötenspielerin trat ein, aber Sokrates rief unwillig: »Schickt sie fort. Sie mag sich selbst etwas vorspielen oder, wenn sie will, den Frauen in ihren Gemächern. Wir bleiben heute allein bei unseren Gesprächen.«

»Aber bei welchen Gesprächen?«, fragten die anderen.

»Das will ich, wenn es euch recht ist, vorschlagen«, antwortete Sokrates.

»Ach«, rief Agathon, »ich wünschte, ich bekäme durch deine Berührung auch etwas von deiner Weisheit ab.«

Sokrates sagte lachend: »Das könnte dir so passen, Agathon, dass die Weisheit etwas wäre, das aus einem vollen Gefäß in ein leeres fließen könnte. Wenn das mit der Weisheit ebenso wäre, würde ich den Platz an deiner Seite sehr schätzen, denn gewiss würde ich mich mit mancher deiner schönen Weisheiten füllen. Meine eigene wäre da nur karg, vielleicht sogar anfechtbar, denn sie ist wie ein Traum. Deine aber strahlt und nimmt immer mehr zu.«

Nach diesen Worten bediente sich Sokrates aus seinem Becher und trank. Dann fuhr er fort: »Sprechen wir einmal vom Eros. Glaubst du, dass der Eros das Gute ist und dass alle Menschen das Gute für immer besitzen wollen?«

»Ich denke, ja«, antwortete Agathon.

»Dann folgere ich, dass der Eros der Drang ist, das Gute für immer zu besitzen!«, sagte Sokrates lächelnd.

Da fragte Senex leise: »Gibt es eine schönere Definition für die Liebe?«

Er erhob sich, die anderen folgten. »Kommt«, sagte er, »es ist spät geworden.«

Ein Diener geleitete sie mit einem Licht zum Haustor, wo sie tiefe Dunkelheit umfing.

Der zweite Abend

Philosophen und Frauen

Philosophieren heißt vor allem fragen

Verblüfft waren sie, als sie bereits nach wenigen Schritten vor dem mit niedrigen Lampen beleuchteten Garten ihres Gästehauses standen.

»Wie ihr seht, sind wir schon da.« Senex freute sich über ihre Überraschung. »Geht nur gleich auf eure Zimmer, duscht und genießt den Komfort unserer Zeit. In einer halben Stunde treffen wir uns zum Abendessen.«

Die Schlüssel lagen bereit. Sie gingen die Treppe hinauf in ihre aufgeräumten Zimmer.

»Was für ein Tag«, murmelte Berenike, »und er ist noch nicht zu Ende.«

Eine Viertelstunde später saßen sie im Speisesaal vor Tellern und Gläsern.

»Heute trinken wir griechischen Wein, wie man ihn auch damals genoss«, sagte Senex. »Er ist naturbelassen, ohne jedes chemische Hilfsmittel. Er wird euch bekommen. Genauso, wie ich hoffe, dass euch dieser Tag bekommen ist.«

»Aber ja«, riefen sie. Und sie meinten es auch so.

»Sie sind uns noch Platon und Aristoteles schuldig geblieben.«

»Ich spreche gleich von ihnen, Roman. Beenden wir zuerst unseren Blick auf Sokrates. Er ist, wie die früheren Philosophen, davon überzeugt, dass die Wahrheit dem prüfenden Denken zugänglich ist. Sein Logos hat einen Kern von Rationalismus, er ist ein Stück Aufklärung. Sokrates stellt sich damit gegen fast alles, was Sitte und Brauch den Griechen damals vorschrieben, sowohl im Ethischen wie auch im Religiösen. Nach Wahrheit müsse man unablässig fragen, meinte er. Womit er ausdrücken wollte, dass man niemals im Besitz der Wahrheit sein könne.«

»Wurde er deshalb zum Tode verurteilt?«

»Man warf ihm Gotteslästerung vor. Man klagte ihn an, dass er nicht an die Götter glaube und die jungen Männer verdürbe. Als spätere Soldaten sollten sie Befehle ausführen und niemals fragen oder gar zweifeln. Berühmt und charakteristisch für Sokrates ist seine Bemerkung vor dem Athener Gericht: ›Ich weiß, dass ich nichts weiß.‹«

»Die Maxime aller Skeptiker«, rief Stefan.

»Philosophieren hieß für Sokrates vor allem fragen, immer wieder fragen. Man darf sich mit keiner Antwort begnügen. Seine Verurteilung hatte auch politische Gründe. Das ist heute im Prinzip nicht viel anders. Der selbstständig denkende Bürger ist unbequem. Nur sind die Strafen weit weniger drakonisch.«

»Das stimmt.« Stefan nickte.

»Vielleicht hat zu seiner Verurteilung auch beigetragen, dass er beim Volk unbeliebt war, weil er zuvor als ein Mitglied des Rates der Fünfhundert vergeblich versucht hatte, die Hinrichtung einiger Generale zu verhindern, die nach einer gewonnenen Seeschlacht nicht alle Schiffbrüchigen hatten retten können. Ich wünschte, jeder könnte wie Sokrates von sich sagen: ›Mein ganzes Leben lang bin ich dem Gedanken gefolgt, der sich mir als der richtige gezeigt hat.‹ Wie auch immer, er hätte das Recht gehabt, jede andere Strafe für sich vorzuschlagen. Wenn er die Verbannung gewählt hätte, wäre ihm das wohl gewährt worden. Seine Ankläger wollten ihn eigentlich nur zum Schweigen bringen. Aber Sokrates hielt stattdessen eine Rede mit der Forderung, er wolle für den Rest seines Lebens als öffentlicher Wohltäter vom Staat unterhalten werden. Das empfand man als Hohn und deshalb fühlten sich die Geschworenen beleidigt.«

»Kleingeister!«

»Es gibt vielleicht noch einen tieferen Grund für das Todesurteil«, sagte Senex.

»Und der wäre?«

»Er liegt in der Natur der Menschen begründet. Sie brauchen Sicherheit, sie wollen Gewissheit, um leben zu können. Und wenn nun einer kommt, der ihnen erklärt, dass es weder Sicherheit noch Gewissheit gibt, so irritiert er sie so sehr, dass sie ihn hassen. Das war sein Schicksal. – Aber werfen wir noch einen Blick auf Sokrates im Gefängnis. Sein alter Freund Kriton will ihn zur Flucht überreden. Es ist alles vorbereitet. Doch Sokrates meint, dass es jetzt nur auf Einsicht und Überzeugung ankomme. Er kann schließlich Kriton davon überzeugen, dass er nicht fliehen darf. Darin wird Sokrates' Haltung, dass in allen ethisch relevanten Fragen nur die Einsicht gelten darf, noch einmal ganz deutlich. Sokrates hat nämlich erkannt, dass man nicht tun darf, was man möchte. Denn wer möchte in dieser Lage nicht fliehen? Nein, man darf auch nicht tun, was andere Leute meinen. Kriton – und all seine Freunde, vielleicht sogar die meisten Athener – waren der Meinung, Sokrates solle fliehen und er werde fliehen. Aber Sokrates setzt dem entgegen: ›Man muss das tun, was sich in einer vernünftigen Untersuchung als das Richtige erweist. So habe ich es mein ganzes Leben lang gehalten und so werde ich es auch jetzt machen.‹«

»Aber hat Sokrates nicht vielleicht erst durch seine Verurteilung und seinen Tod seine große geschichtliche Wirkung erlangt?«, fragte Roman.

»Das mag sein.« Senex nickte. »Sokrates sagte nach seinem Todesurteil zu seinen Richtern: ›Jedoch, es ist nun Zeit, dass wir gehen. Ich, um zu sterben, und ihr, um zu leben. Wer aber von uns beiden zu dem besseren Geschäft hingeht, das ist allen verborgen, außer Gott.‹ Was gut ist, das muss jeder selbst vor seinem Gewissen ausmachen! Sokrates war natürlich nicht der Erste in der griechischen Philosophie, der bohrende Fragen stellte, aber sicher der Tiefgründigste, auch wenn sein Ton oft leicht, manchmal fast heiter war.«

Platon

Senex hob sein Glas. »Kommen wir zu Platon. Der Schüler von Sokrates wuchs auf dem Landgut seines Vaters bei Athen auf und machte weite Reisen. Dreihundertsiebenundachtzig vor Christus wurde er auf der Rückreise von Sizilien nach Griechenland gefangen genommen und kam nur gegen Zahlung eines Lösegeldes frei. In Athen blieb er den Rest seines Lebens. Ihr müsst ihn euch als einen gebeugt gehenden Mann vorstellen. Alle seine Schriften kreisen um Sokrates, obwohl natürlich keine seiner Aussagen authentisch sein kann. Platon versuchte aber auch gar nicht, Sokrates' Leben zu erzählen, er wollte ihn vielmehr dadurch ehren, dass er ihn als Sprachrohr – oder als Kulisse – für sein eigenes philosophisches Werk benutzte. So schuf er das schönste literarische Denkmal, das jemals ein Schüler für seinen Lehrer errichtet hat. Darüber hinaus ist Platon der Erste, der Transzendentes lehrt, das heißt Dinge, die sinnlich nicht wahrnehmbar sind. Er nennt es ›Idee‹ und die ›Idee‹ wiederum das ›eigentlich Seiende‹. Wichtig ist, dass er eine Akademie gründete, die er nach dem Grabmal des Helden Akademos benannte – daher der Name ›Akademie‹. Sie lag am Stadtrand von Athen, ein Garten in einer der schönsten Landschaften. Dort scharte er einen kleinen Kreis um sich, etwa zwanzig Mathematiker und Naturwissenschaftler, die ihre Gedanken vortrugen. So wurde die Akademie Platons zum Vorbild aller Akademien, sogar der Universitäten. Platon verlangte eine fünfzehnjährige Ausbildung, dabei setzte er zehn Jahre für Mathematik an, fünf Jahre für Philosophie. Damals kannte man im Wesentlichen diese fünf Wissenschaften: Arithmetik, Geometrie, also Raumlehre, Stereometrie, Astronomie und Akustik. Dass Platon auch Schriftsteller war, beweist er durch seine Dialoge. Er beweist es aber auch durch eigene Gedichte, vorwiegend Distichen. Mindestens dreiunddreißig sind erhalten, die ihn als hochsensible, feinsinnige Persönlichkeit ausweisen, bei der scharfer Verstand und Gefühlstiefe vereinigt sind. Ich gebe euch drei Beispiele. Das erste:

Schaust nach den Sternen empor, mein Stern.
O wär ich mit tausend Augen der Himmel.
Ich sähe nieder mit ihnen auf dich.

Oder ein anderes:

Morgenstern warst du dereinst,
der unter den Lebenden strahlte;
nun bei den Toten im Tod,
strahlst du als Abendgestirn.

Ein drittes noch, in dem er sich als Liebender zeigt:

Werf ich den Apfel dir zu und bist du geneigt mich zu lieben,
oh, so fang ihn und schenk mir deine Keuschheit dafür.
Trägst du andres im Sinn – was der Himmel verhüte! –,
so fang ihn doch und bedenke:
Wie rasch schwindet die Schönheit dahin!«

Senex schwieg.

»Im letzten Gedicht spricht er doch sehr deutlich von der körperlichen Liebe. Ich bringe seinen Namen dagegen immer mit dem Begriff der platonischen Liebe zusammen und habe mir darunter eine rein ideelle Liebe vorgestellt, die auf körperliche Kontakte bewusst verzichtet.«

»Ja, Berenike. In seinen Dialogen will Platon zeigen, dass eine Liebe, die zuerst durch den Anblick des schönen Körpers entsteht, sogar zu dem Wunsch werden kann, eine Leidenschaft für die Schönheit an sich zu entwickeln, die übersinnlich und transzendental ist, sodass sie nur der Geist erfassen kann. Dabei komme ich noch einmal auf die Homosexualität der Griechen zu sprechen. Die sokratisch-platonische Philosophie machte die sexuelle Enthaltsamkeit zum neuen Ideal, auch wenn gelegentlicher Geschlechtsverkehr akzeptiert wurde.«

Der Einzelne, ein Glied des Staates

»Ich empfehle euch Platons Ideenlehre«, fuhr Senex fort. »Er hat sie in seinen großen Dialogen dargestellt, sie bildet das Zentrum seiner Philosophie. Ich gehe nur kurz auf den ›Phaidon‹ ein. Dieser erzählt Sokrates' Gespräche mit seinen Freunden an seinem Todestag. Darin geht es um den Tod und die Unsterblichkeit der Seele und dabei fließt die Ideenlehre als fundamentaler Gedanke ein. Platon meint, es gäbe ›ein Schönes an und für sich und ein Gutes und ein Großes – und so alles andere. Wenn mir jemand sagt, weswegen irgendetwas schön ist, entweder weil es eine blühende Farbe hat oder Gestalt oder sonst etwas dieser Art, so lasse ich das andere und halte mich ganz einfach und kunstlos daran, dass nichts anderes es schön macht als eben das Schöne.‹ Man könnte hinzufügen: ›als das Schöne selbst‹ oder ›das Schöne allein‹.«

»Also die Idee des Schönen?«

»Ja, Stefan. In Platon kann man vor allem den Begründer des Idealismus sehen. Seine materielle Welt wird von etwas Immateriellem geschaffen und regiert. Hinter den sichtbaren Erscheinungen steht für ihn die wahre, unveränderliche Wirklichkeit. Gerade diese idealistischen Gedanken haben das philosophische und religiöse Denken des Abendlandes geprägt. Er meinte auch, dass wirklicher Gottesdienst Mitarbeit an einem edlen Werk bedeutet, nämlich an der Pflege der Seele. Mit Platon wird die Metaphysik zu einer Disziplin, ebenso bereitete er der analytischen Philosophie den Weg. Natürlich kann man Platon, wie alle griechischen Philosophen, nicht verstehen, wenn man ihn nicht aus seiner Zeit heraus betrachtet. Die griechische Sprache, das griechische Denken und Handeln, die griechische Kunst, die griechische Polis, also der Stadtstaat, die griechischen Götter – aus all dem lebt Platon – und greift doch weit darüber hinaus. Es gibt drei Zentren seines Denkens: den Humanismus, die Wissenschaftslehre und die Staatslehre. Auf den Staat beziehen sich seine beiden umfangreichsten Werke: ›Politeia‹, ›Der Staat‹, und ›Nomoi‹, ›Die Gesetze‹. Auf den Humanismus kommen wir in der Renaissance noch zu sprechen. Jetzt erscheint es mir wichtiger, einige Worte zu Platons Staatsverständnis zu sagen. Er betrachtete den Staat als einen ›Menschen im Großen‹, daher wird für ihn der Einzelne zu einem bloßen Glied des Staates und daher kann der Staat die Aufhebung des Privateigentums und die Gütergemeinschaft verlangen.«

»Das klingt sehr nach Kommunismus«, meinte Stefan. »Schon damals!«

»Es gibt kaum etwas Neues unter der Sonne«, erwiderte Senex, »wenigstens nicht seit der griechischen Hochkultur. Platon sagte weiter: ›Der Staat kann auch die Aufhebung von Ehe und Familie verlangen, die Erzeugung der Kinder unter Aufsicht stellen ...‹«

»Also das geht dann doch zu weit!«

»Es stimmt aber, Berenike, Platon war auch ein Dogmatiker, für ihn gab es keine Freiheit.«

»Aber vielleicht hätte diese platonische Idee, wenn sie befolgt worden wäre, das Desaster der Übervölkerung der Erde verhindert.«

»Vielleicht, Stefan. Jedenfalls sollte man nach Platon auch die Kindererziehung dem Staat vorbehalten.«

»Das ist nun wieder ganz sozialistisch gedacht.«

»Die Maxime jeder Diktatur! Aber Platon hat es später eingeschränkt. In seiner letzten Schrift, den ›Gesetzen‹, spricht er auch der Familie einen Anteil an der Kindererziehung zu.«

»Sein Glück!«

»Schau, Berenike, Platon meinte lediglich, vielleicht ein bisschen zu idealistisch, dass der Staat ein notwendiges Mittel ist, um die Tugend im Menschen zur Entfaltung zu bringen.«

»Schön wäre das«, sagte Stefan. »Aber ich glaube, das Gegenteil ist eher der Fall.«

»Die Glückseligkeit des Menschen, sagt Platon, ist an sein Leben im Staat gebunden, denn dessen Zweck ist die Erziehung der Bürger zur Tugend, und sie schafft den Menschen Glückseligkeit. Fast wird er visionär oder sogar illusionär, wenn er meint: ›Der richtige Staat ist so eingerichtet, dass die denkende Vernunft in ihm herrscht, denn alle Tugend ruht auf Erkenntnis, das heißt auf Wissenschaft. Die Herrschaft der Vernunft im Staate bedeutet also Herrschaft der Wissenschaft, und die richtige Staatsverfassung ist die, in der die Wissenden, die Philosophen, am Ruder sind.‹«

»Das muss man sich auf der Zunge zergehen lassen! Was er will, ist eigentlich eine Diktatur, allerdings eine der Vernunft. Viele Menschen denken heute, dass unsere Erde nur noch von einer aufgeklärten Diktatur gerettet werden könnte.«

»Wie meinst du das, Stef?«

»Wir sehen heute in allen Demokratien, dass die Politiker nahezu ohnmächtig sind. Es gäbe eine Fülle von brillanten Problemlösungen, aber politisch durchsetzbar sind sie nicht, weil die Masse nur ihre kurzsichtigen Interessen befriedigt sehen will. Und die Masse bestimmt die Politik.«

»Willst du etwa die Demokratie abschaffen?«

»Nein, natürlich nicht, obwohl sie mir ungeeignet erscheint, die Probleme der Zukunft zu lösen. Andererseits würde die schrankenlose Macht Einzelner allzu leicht zur Tyrannei.«

»Bleiben wir ganz kurz noch bei Platon«, bat Senex. »Ihr solltet noch wissen, dass er bereits in seinem ›Phaidon‹ die Kugelgestalt der Erde lehrte, aber er war nicht der Einzige.«

»Schon dreihundertfünfzig vor Christus?«

»Nicht nur das, Berenike, ebenso wurden die Achsendrehung der Erde und ein heliozentrisches Weltsystem gelehrt, das die Sonne als Mittelpunkt sieht. Und zweihundertsiebzig vor Christus schreibt Aristarchos von Samos über die Größe und Entfernung von Sonne und Mond und dass die Planeten und die Erde um die Sonne kreisen. Platon selbst bekannte sich zum pythagoreischen Weltbild, er sagte: ›Um das Zentralfeuer kreisen der Reihe nach Erde und Gegenerde, Mond, Sonne, die das Zentralfeuer für die Erde spiegelt, und die Planeten.‹«

»Und das alles ohne Hilfsmittel, ohne Fernrohre, ohne Sextanten.« Roman wandte sich an Senex und fragte: »Aber warum ist für uns, mehr als zweitausend Jahre nach seinem Tod, die Beschäftigung mit Platon noch so wichtig?«

»Weil von ihm die Grundbegriffe des abendländischen Denkens geprägt worden sind. Ob wir von der Wahrheit sprechen, vom Guten, vom gerechten Staat, immer steht er Pate.«

Aristoteles

Senex fuhr fort: »Zum Schluss möchte ich noch kurz über Aristoteles sprechen. Stellt ihn euch mit dünnen Beinen und spitzbäuchig vor, glatzköpfig und kurzsichtig. Er hatte einen Sprachfehler, den seine Schüler nachäfften. Dieser große Philosoph kleidete sich gern wie ein Stutzer, er liebte gutes Essen und badete in warmem Öl, das er später verkaufte.«

»Das klingt nicht unbedingt sympathisch.«

»Und dennoch, Berenike – was für eine geistige Potenz! Er lebte nur wenig später als Sokrates und Platon. Ob er der bedeutendste Philosoph Griechenlands war, ist umstritten, jedenfalls ist er derjenige, der den größten Einfluss auf die abendländische Geschichte hat. Aristoteles ist der einzige griechische Philosoph, der von der christlichen – sagen wir besser, von der katholischen – Kirche akzeptiert wurde. Allerdings verdankt er das vor allem dem römischen Philosophen Boethius, der – fast fünfhundert Jahre nach Christus – das gesamte Werk des Aristoteles ins Lateinische übersetzte, wodurch dieser die einzige Quelle griechischen Denkens für das Mittelalter wurde. Er beeinflusste die mittelalterlichen scholastischen Philosophen Albertus Magnus und Thomas von Aquin, die sich intensiv mit seinem Werk auseinander setzten. Man hat Aristoteles den ersten Professor Europas genannt. Er war keine künstlerische Natur. Ihm fehlten die geniale Phantasiefülle und poetische Inspiration Platons, aber er besaß ein feines ästhetisches Urteil, war ein großer Sammler, Kritiker und Organisator, in erster Linie aber war er Naturforscher, dem natürlich ebenfalls alle Hilfsmittel fehlten, die der modernen Wissenschaft selbstverständlich sind. Er besaß kein Thermometer, kein Barometer, keine Lupen und keine Fernrohre, keine Reagenzgläser und Präzisionswaagen, nicht einmal eine richtige Uhr, denn man kannte zu seiner Zeit weder Minuten noch Sekunden. Man hatte überhaupt ein ganz anderes Zeitgefühl, vielleicht sogar gar keines. Und dennoch wusste auch Aristoteles, dass die Erde eine Kugel ist, auch wenn er sie noch im Zentrum des Universums sah.«

»Und was ist nun das Besondere an seiner Philosophie?«

»Aristoteles ist der Erste, der dem menschlichen Denken oder Erkennen eine Theorie abgewinnt und die Tätigkeit des Denkens…«

»– die so viele Menschen gar nicht als Tätigkeit werten wollen«, warf Stefan ein.

»… als Erkenntnisquelle in ihrer Gesetzmäßigkeit zu verstehen sucht. Platon hatte an allgemeine Gesetzmäßigkeiten in der Natur geglaubt. Aristoteles ging noch weiter, indem er die Meinung vertrat, dass alles vernünftig erklärt und verstanden werden könne. Als Erster erkannte er, dass man die Natur nur dann wirklich erforschen kann, wenn jede der verschiedenen naturwissenschaftlichen Disziplinen eigenständig, von den anderen getrennt, arbeitet. Für ihn bestanden die Wissenschaften aus drei großen Gruppen: aus der Theorie, die nach dem Wissen von der Wahrheit strebt, aus der Praxis, in der das richtige Verhalten dominieren soll, und aus der Produktivität, die etwas Neues schafft. Er pflichtet seinem Lehrer Platon darin bei, dass Wissenschaft erst in begründetem Wissen besteht. So sieht er die Hauptaufgabe der Logik darin, das begründende Denken zu untersuchen. Dieses begründende Denken aber besteht für ihn darin, dass für ein Urteil der Beweis geliefert werden muss, indem man das Urteil aus anderen Urteilen ableitet. Für Aristoteles führt Denken nur mittels Beweis und Definition zur Erkenntnis. Er meint, dass Schlussfolgerung und Definition zur Wissenschaft gehören. Die Forderung der Wissenschaft ist daher, dass das Urteil bewiesen und der Begriff definiert wird. Er betreibt Erfahrungswissenschaft. Für ihn sind Ideen Wesenheiten zweiten Ranges, er spricht ihnen die selbständige Existenz völlig ab. Die Idee, meint er, sei nichts anderes als eine überflüssige Verdoppelung durch Hinzufügung des Wortes ›an sich‹.«

»Was heißt das?«

»Das heißt, Berenike, dass zum Beispiel die Wesenheit des Pferdes aus allen Pferden abstrahiert ist, sie ist das aus allen Pferden abstrahierte Pferd ›an sich‹.«

»Also kommt nach Aristoteles die volle Wirklichkeit nur den Einzeldingen zu?«

»Ja, Stefan, er sagt, dass das Allgemeine nicht für sich allein existieren kann, denn es ist nichts Substanzielles. Das Wesen kann sich nicht außerhalb der Dinge befinden, deren Wesen es ist.«

Also meint er, das Wesen des Pferdes ist in einem bestimmten Pferd – und in einem anderen – aber sonst nirgends?«

»Ich verstehe das so, Roman. Das Wesen einer Sache ist ein Teil der Sache.«

»Also ist Aristoteles der erste Erfahrungswissenschaftler?«

»So kann man es nennen. Aristoteles ist der Erste, der unserer Welt durch logische Zergliederung auf den Grund zu kommen sucht. Indem er konkrete Fakten verlangt, die für ihn überhaupt erst die Grundlage jedes Denkens sind, befreit er die Naturwissenschaften von den Fesseln der Philosophie.«

»Sie haben von seiner Humanität gesprochen. Können Sie das verdeutlichen?«

»Gewiss, Roman. Ganz wichtig ist für Aristoteles die bewusste Wahl eines Mittelwegs. Diese Lehre wurde eine seiner bekanntesten. Er wollte, dass der Mensch immer das rechte Maß finden solle, einen Mittelweg zwischen Extremen, zum Beispiel zwischen spartanischer Enthaltsamkeit und luxuriösem Wohlleben. Außerdem streben für Aristoteles alle Dinge auf ein Ziel zu. Das ist ihnen eingeboren.«

»Auch ein Streben nach Selbsterfüllung?«

Senex nickte. »Richtig, Berenike, er meint das Streben, alle in einem schlummernden Möglichkeiten zu verwirklichen. Darin erkannte man auch den religiösen Charakter seiner Philosophie. Er meint, dass das Streben des Menschen auf seine Glückseligkeit zielt. Aber er sagt auch, dass es die Vernunft ist, durch die sich der Mensch vom Tier unterscheidet.«

»Aber was für religiöse Vorstellungen hatte Aristoteles? Wie Sie sagen, ist er doch der einzige griechische Philosoph, den die christliche Kirche schon früh anerkannt hat«, fragte Berenike.

»Aristoteles lehrt ausdrücklich einen Monotheismus, er kennt also nur einen Gott. Das zwölfte Buch seiner Metaphysik ist ganz dieser These gewidmet. Er denkt Gott abgesondert von der Welt. Gott ist für Aristoteles eine transzendente reine Form und nicht etwa – wie die ›sich in der Welt selbst auswirkenden Formen‹ – in die Welt einbezogen.«

»Dann wäre Gottsein nach Aristoteles reines Geistsein?«

»Ja, Roman. Gott ist ein reines Denkwesen, aber sein Denken ist nicht, wie das menschliche Denken, Bewegung, es geht nicht den Weg vom möglichen Wissen zum tatsächlichen Wissen. Sein Denken ist ein ruhiges Im-Besitz-Sein des Wissens, ein Schauen seiner selbst.«

»Ich verstehe nicht alles«, sagte Berenike. »Aber es ist eine Gottesvorstellung, die ich nachvollziehen kann. Ich glaube, Aristoteles ist ein Philosoph, den ich schätzen könnte.«

»Das wird sich gleich ändern, wenn ich euch erzähle, dass er die herrschende Meinung von der philosophischen Minderwertigkeit von Frauen, Handwerkern und Sklaven unterstützte.«

»Allerdings ...«

Die Idee der Wissenschaft als Wissenschaft

»Aber wir dürfen die Zeit nicht vergessen, in der er lebte«, sagte Senex.

»Wieso? Vorausgegangen war doch eine besondere Wertschätzung der Frau in Ägypten.«

»In Griechenland dachte man anders. Wir mögen das heute als unverständlich empfinden. Doch so ist es nun einmal. Sprechen wir erst von den Bauern und dem ›gemeinen Volk‹, über die sich die athenischen Gebildeten, vorwiegend die Adligen, lustig machten und die sie als Böcke verspotteten. Man kann das fast verstehen, denn diese armen Leute lebten in einer aus Rausch, Grauen und Wollust zusammengebrauten Welt. Ihnen waren Zauberer, Sibyllen, also jede Art weissagender, in Höhlen hausender Frauen, und Orakel, wie das von Delphi, allemal näher und verständlicher als die Philosophen. Aristoteles war ein universeller Geist, auch wenn er irrte. Er nahm Stellung zur Politik, indem er verlangte, dass die herrschende Klasse aus einer Aristokratie des Geistes und der Tugend bestehen sollte. Er wünschte sich die mittleren Klassen, also die Bürger, die mindestens zu einem bescheidenen Wohlstand gekommen waren, einbezogen, weil sie dann nicht aus Unzufriedenheit an einen politischen Umsturz dachten. Er wollte das Bürgerrecht auf eine Minderheit beschränken, kleiner als die, welche im Athen seiner Zeit tatsächlich das Privileg der Bürgerschaft genoss. Dabei sollten Landarbeiter, Handwerker und Ladeninhaber ausgeschlossen bleiben.«

»Das finde ich unsozial.«

»So sehen wir es, Berenike. Aber damals herrschte die Meinung, dass Handarbeit gemein mache – eine Ansicht, die erst das aus dem Judentum hervorgegangene Christentum revidieren sollte. Denn Handarbeit, so die damalige Meinung, lasse dem Mann keine Zeit, seine Pflichten als Bürger zu erfüllen. Dazu brauche er Muße. Dass Aristoteles vom ›geborenen Sklaven‹ sprach, zeigt ihn einmal mehr als konservativen Denker, zumal schon damals gegensätzliche Meinungen diskutiert wurden. Freilich verlangte auch Aristoteles, dass kein Grieche einen Griechen versklaven dürfe. Doch positiv und ganz neu war, dass Aristoteles eine Geschichte der Tiere schrieb, mit einer Sammlung von Tatsachen aus ihrem Leben. Damit hatte sich bisher noch niemand befasst.«

»Also ein Aristoteles-Tierleben?«

»Nenne es ruhig so, Roman. Er beschäftigte sich mit der Anatomie, Physiologie und den Verhaltensweisen aller Tiere. Darüber hinaus wandte sich sein umfassender Geist der Poesie zu, obwohl er, wie ich sagte, seinem eher unkünstlerischen Wesen nach vielleicht nicht der rechte Mann dazu war, Tragödien oder epische Dichtungen zu beurteilen. Trotzdem ist seine ›Poetika‹ doch der früheste und wichtigste Beitrag zur Literaturkritik. Aristoteles gab ihr eine eigene Sprache und Definitionen, die noch später, und zwar bis in unsere Tage hinein, ihren Einfluss ausübten.«

»Sie meinen die Lehre von der Einheit des Ortes, der Zeit und der Handlung?«

»Richtig, Roman, obwohl Aristoteles eigentlich nur eine einzige Einheit forderte, nämlich die der Handlung. Bei allem, was er leistete, blieb Aristoteles ein bescheidener Mann, immer bereit, seine Theorien zu überprüfen und zu versuchen sich besser auszudrücken, wenn er zu neuen Erkenntnissen gekommen war.«

Senex schwieg. Dann fuhr er leise, wie ermüdet, fort: »Nun noch ein Wort zu seinem Ende. Er war der Lehrer Alexanders des Großen und als sein Günstling war er den Athenern verdächtig. Einem Prozess, der nach Alexanders Tod wegen des Vorwurfs der Gotteslästerung gegen ihn angestrengt werden sollte, entzog er sich auf die Insel Euböa, wo er dreiundsechzigjährig starb. Vielleicht nahm er Gift.«

Epikur

»Alexander der Große. Ist er nicht eine der prägenden Gestalten der Antike? Warum reden wir nicht über ihn?«

»Ob Genie oder Größenwahnsinniger, darüber wird gestritten, Roman. Aber er gehört eben zu jenen Eroberern und Feldherrn, die zwar aus der Geschichte der Menschheit herausragen, ihr aber im Sinn der Evolution keine Impulse gegeben haben. Sein Reich, so gewaltig es war, brach mit seinem Tod auseinander. Unsere Entwicklungsgeschichte ist noch so reich an wesentlichen Persönlichkeiten, dass wir immer wieder gezwungen sein werden, uns zu beschränken. Aber einen möchte ich noch erwähnen, der in meinen Augen die Reihe der großen griechischen Philosophen würdig abschließt. Ich spreche von Epikur. Er ist für mich zugleich der liebenswürdigste und menschlichste. Er wurde etwa vierzig Jahre nach Aristoteles geboren. Und wenn ich an ihn denke, dann sehe ich den milden, bescheidenen Weisen in seinem Garten vor den Toren Athens lustwandeln.«

»Aber war er nicht ein krasser Genussmensch, der nichts anderes im Sinn hatte als sein Wohlergehen? Eben ein Epikureer?«

»Zunächst einmal, Berenike, das gibt es sonst in der Geschichte der Philosophie nicht, dass ein Name derart zum allgemeinen Begriff wurde. Epikur suchte das Glück, das ist wahr, aber nicht aus Genusssucht, sondern um seines Seelenfriedens willen. Lest ihn, es lohnt sich. Ich erinnere an einige Worte, die dir, Stefan, gefallen werden. Epikur sagt nämlich, dass es unmöglich sei, die Angst zu verlieren, wenn man nicht über die wahre Natur des Alls Bescheid wisse, sondern darüber Vermutungen auf Grund von Göttermärchen anstelle. Es sei, sagt er, nicht möglich, ohne die Naturwissenschaft ungetrübte Freuden zu genießen.«

»Allerdings, das entspricht mir sehr.«

»Und weiter. Epikur meint auch, dass dem verständigen Menschen der Zufall nur in nebensächlichen Dingen einen Strich durch die Rechnung macht. Die ihm wichtigen Dinge habe er nämlich vorher mit seinem Verstand geregelt.«

»Das ist wohl leider oft ein frommer Wunsch«, erwiderte Stefan.

»Epikur machte sich auch Gedanken über den Kosmos, die durchaus modern anmuten. Er meinte, dass das All immer so war, wie es jetzt ist, und auch immer so bleiben wird. Denn da sei nichts, wohinein es sich verwandeln könnte, neben dem All gäbe es nichts, was in das All eindringen und eine Veränderung bewirken könnte. Das All bestehe aus Körper und Leere. Dass es Körper gebe, bestätige uns die Wahrnehmung. Und wir müssten das Unsichtbare durch Überlegungen beurteilen, die im Einklang mit den Wahrnehmungen stehen.«

»Also war Epikur auch ein Rationalist!«

»Vielleicht war seine ganze dem Dasein zugewandte Lebensanschauung aus der Vernunft geboren. Sie ist ja nicht nur genusssüchtig, sie ist viel eher vernünftig.« Senex wollte aufstehen. »Gute Nacht, also!«

Die Frau in Hellas

»Warten Sie noch«, rief Berenike zu aller Verwunderung. »Ich möchte doch noch mehr über die Frau in Griechenland erfahren. Mir scheint das Bild, das Sie uns vom antiken Hellas vermitteln, ist ein wenig zu hell, zu strahlend, mindestens aber unvollständig, wenn wir dieses Kapitel, das doch recht trübe zu sein scheint, übergehen.«

»Nun, ein wenig habe ich ja bereits dazu gesagt«, murmelte Senex, der nicht sehr erfreut zu sein schien, denn er wollte nicht gern Schatten auf sein geliebtes Griechenland fallen sehen. Schließlich aber lenkte er ein: »Also gut, es ist wahr, die großen Epen Homers, die ›Odyssee‹ und ›Ilias‹, erzählen vorwiegend von einer Welt der Männer, obwohl es ja eine Frau war, die schöne Helena, um die gekämpft wurde. Aber sie wurde eben doch wie ein Besitztum des Mannes behandelt, nicht wie ein selbstständiges Wesen, das sich frei für ihren Geliebten, Mann oder Gefährten entscheiden kann. Sie war im Grunde nur ein Spielball.«

»Aber in der ›Odyssee‹ kann die Frau des Odysseus doch selbst unter ihren Freiern wählen.«

Senex lächelte: »Ich bin dir dankbar für diesen Einwand, Roman. Tatsächlich gibt es, freilich in Ausnahmefällen, diese Freiheit auch für die Frau. Aber denkt daran, dass die Gemahlin des Odysseus eine Königin war und als Witwe galt. Auch Sappho, die ein so freies Leben führte, war Witwe und reich. Selbstständigkeit war also für die Frau auch in Hellas nicht ganz unmöglich. Außerdem spielten die Epen Homers in einer sehr frühen, nicht der klassischen Zeit, und Sappho lebte teils auf Sizilien, teils auf der Insel Lesbos, nicht in Athen. Später wandelte sich die aristokratische Ordnung, von der noch Homer berichtet, in die Athener Volksherrschaft. In diesem neuen demokratischen Stadtstaat wurde der Einfamilienhaushalt zur wichtigsten Lebensform. Da war der Ehemann das Familienoberhaupt, dazu gehörten die Ehefrau und die Kinder sowie die Sklaven, die das Land bebauten.«

Senex machte ein Pause. Er überlegte.

Die Hausgemeinschaft als Grundeinheit der Gesellschaft

»Der freie, wohlhabende Athener lebte vorwiegend in der Öffentlichkeit«, fuhr er dann fort. »Er politisierte und diskutierte. Der Frau unterstand der Haushalt. Sie war nur Gattin und Haushälterin und hatte nach dem Gesetz keinerlei öffentliche Aufgaben zu erfüllen.«

»Das alte Rollenspiel.«

»Das kannst du so nicht sagen, Nik. Einiges hat sich doch geändert.«

»Das glaube ich auch, Stefan«, stimmte ihm Senex zu. »Die Frau in Athen war nur dafür verantwortlich, dass im Haus alles reibungslos ablief, damit der Herr sich in den Kolonnaden der Agora ergehen und die politischen Versammlungen besuchen konnte. Im Grunde war die griechische Frau nie mündig, stets wachte jemand über sie, entweder der Vater oder der Onkel. Sie konnten eine Ehe lösen und die Frau neu verheiraten. Die Aufgabe der Frau war es, Kinder zu gebären, um die Existenz der Gemeinschaft zu sichern. Dabei wollten die Athener unbedingt vermeiden, dass die Heiligkeit des Hauses durch fremdes Blut entweiht wurde. Deshalb betrachtete man den Ehebruch als ein Verbrechen und deshalb wachte der Staat über die Sexualität der Frau.«

»Da hat man man ja ganz gehörig in die Privatsphäre eingegriffen.«

»Diesen Begriff kannte man damals noch nicht, Berenike. Eine Frau, die Ehebruch beging, durfte nicht mehr an den religiösen Riten teilnehmen, und ihr Mann war gezwungen, sich von ihr scheiden zu lassen. Beides war grausam, denn Religion und Ehe, zusammen mit den Kindern und dem Haushalt, bildeten den einzigen Lebensinhalt der Frauen.«

»Und die Männer durften sich, wie ich vermute, Konkubinen halten!«, rief Berenike.

»Demosthenes, der große Redner, drückte es so aus: ›Die Hetäre haben wir für das Vergnügen, die Konkubine für unsere täglichen Bedürfnisse und die Gattin, damit sie uns legitime Kinder gebiert und unseren Haushalt verwaltet.‹ Der Gesetzgeber wünschte übrigens, dass der Ehemann wenigstens dreimal im Monat im Bett seiner Frau schlief.«

»Das ist wirklich stark. Da bin ich bloß froh, keine Athenerin der klassischen Epoche zu sein.«

»Die Frau hatte nur wenige Möglichkeiten, ihren Lebensunterhalt zu sichern. Weder erbte sie Grundbesitz, noch durfte sie Verträge unterschreiben. Nur wenn der Ehemann nicht dazu im Stande war, für seine Familie zu sorgen, konnte sich die Frau als Amme Geld verdienen oder einen kleinen Handel mit Wollwaren und Wein betreiben. Die Sklavinnen besorgten dann das Spinnen der Wolle und das Weben der Stoffe. Ein besonders finsteres Kapitel war außerdem, dass man das Bevölkerungswachstum durch Kindesmord regulierte. Ich scheue mich wirklich, es auszusprechen, aber das war an der Tagesordnung.«

»Und das traf Mädchen bestimmt öfter als Jungen.«

»Ich muss es zugeben, Berenike. Auch heute noch werden jedes Jahr etwa eine Million Kinder nach der Geburt umgebracht, weil sie das falsche Geschlecht haben, weil sie Mädchen sind. Man tadelte schon damals: ›Auch der arme Mann zieht seinen Sohn auf und auch der reiche Mann setzt seine Tochter aus.‹ Häufig setzte man die neugeborenen Mädchen in einem Krug aus, sie starben an Frost und Hunger oder wurden von wilden Tieren gefressen.«

»Aber wie konnte sich eine Frau denn selbst ernähren, wenn sie nicht verheiratet war?«, fragte Roman.

»Durch Prostitution. Unter den Dirnen gab es auch Töchter von Sklavinnen, die ihrem Herrn zu Willen sein mussten, und Töchter aus freien Familien, die verführt worden waren.«

»Ein Wunder, dass sie nicht getötet wurden«, meinte Berenike empört.

»Aber der Vater eines gefallenen Mädchens durfte seine Tochter verkaufen. Es gab Seeräuber und Händler, die auf Frauenraub spezialisiert waren.«

»Und das alles nahmen die Philosophen so hin?«, murrte Berenike.

»Nun, von Pythagoras wissen wir ja, dass er den Mädchen die gleiche Erziehung zukommen ließ wie den Knaben, aber das war eben auch in einer italienischen Kolonie Griechenlands. Platon forderte zwar die gleiche Erziehung für Mädchen und Jungen, glaubte aber, dass die Frau geringere Fähigkeiten als der Mann besitze. Außerdem brauche die Frau den Mann, während umgekehrt keine Abhängigkeit bestehe. Auch Aristoteles war der Ansicht, dass die Frau unter dem Mann stehe. Er meinte, ihr fehle die natürliche Fähigkeit zur Tugend, gestand ihr aber zu, dass sie über andere Vorzüge verfüge, wie zum Beispiel einen schönen Körper und Fleiß.«

»Immerhin lässt er noch ein gutes Haar an uns! Wie erstaunlich!«

»Viel war es nicht«, sagte Senex. »Ich muss zugeben, dass Aristoteles den Charakter der Frau als von Natur aus defekt bezeichnete, eine verhängnisvolle Ansicht, da die Philosophie des Aristoteles das europäische Denken bis in unsere Tage beeinflusste. Im Laufe der zwei christlichen Jahrtausende galt Aristoteles als die unumstrittene Autorität. In seiner Nachfolge meinte der Theologe Thomas von Aquin im dreizehnten Jahrhundert, dass die Frau zwar nicht direkt ein Irrtum Gottes sei, da Gott ja nicht irren könne, dass sie aber doch nur ein unvollständiger Mann wäre. Und sechshundert Jahre später stempelte sogar noch Sigmund Freud die Frau zu einem defekten Mann, die in sexueller Beziehung immer neidisch auf ihn sei.«

»War denn in der Praxis wirklich alles so krass? Waren die athenischen Frauen wirklich so benachteiligt und unterdrückt, wie es nach dem Gesetz und der Meinung der Philosophen aussieht? Manchmal sind die Verhältnisse in der Realität doch etwas anders. Es wird doch auch Liebe und Verständnis füreinander gegeben haben?«

Senex atmete auf. »Das war wirklich so, Roman. Einigen Frauen gelang es, durch ihre Erziehung, durch ihre Schönheit und Intelligenz eine bevorzugte Stellung zu erlangen, Wohlstand, Anerkennung, sogar ein freies Leben. In der Regel erhielt das athenische Mädchen keine besondere Erziehung. Wenn es mit vierzehn oder fünfzehn Jahren verheiratet wurde, dann konnte es gerade ein bisschen weben. Aber die Frau konnte durchaus das Haus verlassen, um Verwandte zu besuchen, um sich eine politische Rede anzuhören oder ins Theater zu gehen. Zum Gastmahl durfte sie ihren Mann nicht begleiten, aber sie konnte sich andere Freiheiten verschaffen. Das Gesetz war wirklich nur ein Gesetz, die Praxis konnte ganz anders aussehen. Wenn der Ehemann langweilig war, hielt sich die Frau vielleicht sogar einen Liebhaber. Das war denkbar, wenn der Ehemann ein Auge zudrückte und hoffte, dass alles geheim blieb. Denn sonst hätte er sich scheiden lassen müssen. Bei der Scheidung war er gezwungen, die Mitgift an den Vater zurückzugeben. Das konnte sich nicht jeder leisten, ohne seine eigene Bequemlichkeit zu opfern. Nein, auch die strengste Bewachung machte aus seiner Frau nicht unbedingt eine treue Gattin. Gelegenheiten ergaben sich immer, in Athen wie überall auf der Welt, wenn man nur wollte. Schließlich ist nicht alles eine Frage der Vorschriften. Und Gesetze, das wissen wir ja, sind auch dazu da, dass man sie umgeht. So kam es, dass oft neben der Frau und dem Kind auch ein Liebhaber schlief.«

Es trat eine kleine Pause ein.

Große Gestalten der Weltliteratur

Senex sprach weiter: »Ich darf vielleicht noch das eine sagen: Die griechische Kultur hatte ein merkwürdiges Verhältnis zur Frau. In der Öffentlichkeit spielte sie keine Rolle, desto leidenschaftlicher befassten sich die Dichter mit ihr. Aischylos, Sophokles, Euripides und Aristophanes vermochten in ihren Dramen nicht auf sie als tragende, die Handlung vorantreibende Figuren zu verzichten. Sie schilderten ihren Schmerz, ihre Liebe und ihre Leidenschaft, bis hin zum Mord. Nicht nur die schöne Helena, auch Antigone, Eurydike, Klytaemnestra, Elektra, Medea und nicht zuletzt die menschliche Iphigenie – sie alle wurden zu den größten Gestalten der Weltliteratur und spielen in den griechischen Tragödien und Komödien durchaus keine untergeordnete Rolle. – Und damit würde ich nun doch gern abschließen«, erklärte Senex.

Aber Berenike widersprach erneut.

Beseelte Werkzeuge

»Immer wieder ist das Wort Sklave gefallen, schon seit wir in Ägypten waren. Ich weiß natürlich, was ein Sklave ist – und trotzdem: Können Sie dazu nicht noch etwas sagen? Das empfinden wir doch heute als zutiefst inhuman. Wie kam es überhaupt dazu – und wieso gab es in Griechenland, das Sie an den Beginn der humanen Kultur stellen, Sklaverei?«

Senex war das Thema nicht recht, aber er war höflich und antwortete: »Nun ja, vielleicht müssen wir wirklich darüber sprechen, obwohl es eines der düstersten Kapitel unserer Geschichte ist, dass Menschen andere Menschen gebrauchen und ganz selbstverständlich über sie verfügen. Der Sklave war immer auch ein Werkzeug, das die Möglichkeiten seines Herrn enorm erweiterte. Schon Aristoteles hatte dies ja so gesehen und nannte die Sklaven ›beseelte Werkzeuge‹!«

»Wie treffend«, murmelte Stefan.

»Wann es die ersten Sklaven gab, wird wohl nie ganz zu klären sein. Es gab und gibt sie in fast allen Kulturen der Erde, auch bei den Ägyptern. Die Griechen haben sie wahrscheinlich von den Phöniziern übernommen. Schon mit der griechischen Kolonisation – also ab etwa siebenhundertfünfzig vor unserer Zeitrechnung – raubten die Griechen systematisch Menschen und veranstalteten regelrechte Jagden auf sie, vor allem auf die im Hinterland lebenden so genannten Barbaren. Sie wurden als Beute auf den großen Sklavenmärkten verkauft. Welches Ausmaß der Handel annahm, erseht ihr daraus, dass allein auf der Insel Delos im zweiten Jahrhundert vor Christus täglich etwa zehntausend Sklaven ihre Besitzer wechselten. Nicht viel anders war es in Athen, auf Kios oder in Byzanz. Im so genannten goldenen Zeitalter des Perikles gab es in Athen dreihunderttausend Sklaven und dreißigtausend freie Bürger.«

»Ein dunkler Schatten!«

»So sehen wir es heute. Früher hätte man uns wegen einer solchen Ansicht verständnislos betrachtet. Vergesst nicht, dass es Sklaverei bis ins vorige Jahrhundert gab. Im Altertum war die Plünderung von Städten und die Versklavung ihrer Bürger ganz selbstverständlich. Jeder war davon bedroht. Sogar Königssöhne wurden geraubt und in die Sklaverei verkauft. Die Piraten des Mittelmeeres verdienten großartig an diesem Geschäft. Ihr bekanntestes Opfer war sicher Julius Caesar, der nur dadurch dem Sklavenmarkt entging, weil seine Familie ein immenses Lösegeld für ihn aufbringen konnte. Kinder von Sklaven waren von Geburt an ebenfalls Sklaven. Auch Findelkinder wurden oft zu Sklaven, und Findelkinder gab es viele, galt doch die Kindesaussetzung als Möglichkeit der Familienplanung. Es war einfach so, dass der durchschnittliche Lebensstandard nur die Erziehung von einem oder zwei Kindern ermöglichte, und da man Söhne den Töchtern vorzog, setzte man wesentlich mehr Mädchen als Knaben aus.«

»Wie auch nicht!«

»Das machten sich viele Bordellbesitzer zu Nutze. So wurden zahllose Findlinge schon als Kinder zur Prostitution gezwungen.«

»Die Kritiker unserer Zeit übersehen allzu schnell die Nachteile des Lebens in den alten Kulturen. Wer sagt uns denn, dass wir damals als privilegierte Freie und nicht als Sklaven geboren worden wären?«

»Du brauchst gar nicht als Sklave geboren worden zu sein, Stefan, auch wenn du deine Schulden nicht tilgen konntest, wurdest du zum Besitztum deines Gläubigers. Das wurde freilich später sowohl in Griechenland wie auch in Rom verboten. Dabei will ich aber auch nicht verschweigen, dass es manchen Sklaven relativ gut gehen konnte, manche wurden zu Vertrauten, sogar zu Freunden ihrer Herren. Nicht alle Bürger konnten sich mehrere Sklaven leisten, meist blieb es bei einem einzigen. Dieser konnte unentbehrlich werden und zählte fast zur Familie, vor allem Ammen, Erzieher und Erzieherinnen. Aristoteles hatte dreizehn Haussklaven, für ihn war es selbstverständlich, dass manche Menschen von Natur aus Sklaven waren, Platon begnügte sich mit fünf. Es gab auch Leihsklaven für besondere Gelegenheiten, wie Feste und Gastmähler, Köche, Tänzerinnen und Musiker. In der römischen Kaiserzeit war es für alle Wohlhabenden selbstverständlich, sich Spezialsklaven zu halten, Masseusen, Hausärzte, Sänften- und Fackelträger,

Portiere, die wie Hofhunde vor der Haustür angekettet wurden, griechische Gelehrte – und vieles andere mehr. Daneben gab es die Sklaven, die man zu Handwerkern ausbildete. Weder die Griechen noch die Römer hätten ihre hohe Kultur ohne Sklaverei entwickeln können.«

»Und später? Nach den Griechen und Römern war die Sklaverei doch nicht zu Ende!«

»Das ist nun schon ein Vorgriff auf künftige Zeiten. Wer kennt nicht ›Onkel Toms Hütte‹ und die Sklaverei in den amerikanischen Südstaaten, die erst im vergangenen Jahrhundert, nach einem blutigen Krieg, abgeschafft wurde? Auch die großen Religionen duldeten die Sklaverei. Sowohl die Bibel als auch der Koran setzen sie als gegeben voraus, wobei freilich nur Anhänger eines fremden Glaubens versklavt werden durften. Die Sklaverei fand durch das römische Recht Eingang in das Christentum. Paulus schrieb im ersten Korintherbrief, dass ein jeder in seinem Stand bleiben solle, also auch die Sklaven in ihrem. Und der Kirchenvater Augustinus meinte, dass das Sklavenlos dem Sünder von Gott als natürliche Strafe auferlegt werde. Denn es sei sicher besser, einem Menschen als Sklave zu dienen, als der Begierde. Sogar Luther bestätigte die Sklaverei noch – und nach der Entdeckung der Neuen Welt bereicherte sich das christliche Abendland so grausam wie unrühmlich am Sklavenhandel. Portugiesische Seefahrer eröffneten im fünfzehnten Jahrhundert den Handel mit afrikanischen Sklaven, bald folgten auch Franzosen und vor allem Engländer, die ihre Kolonien mit billigen Arbeitskräften belieferten. Noch vierzehnhundertfünfundzwanzig erlaubte Papst Nikolaus der Fünfte den Portugiesen ausdrücklich, ›Heiden‹ zu versklaven, und einhundertzwanzig Jahre später gestand Papst Paul der Dritte auch kirchlichen Amtsträgern das Recht zu, Sklaven zu halten. Doch nach diesem Ausflug in ein düsteres Kapitel …«

»… das im Grunde immer noch nicht abgeschlossen ist, wenn sich auch die Bezeichnungen geändert haben.«

»Leider hat Stefan Recht. Doch nun schlage ich vor, wir gehen wirklich zu Bett«, meinte Senex.

Da alle müde geworden waren, standen sie auf, verabschiedeten sich herzlich voneinander und zogen sich auf ihre Zimmer zurück.

[illegible]

[illegible]

[illegible]

[illegible]

[illegible]

Der dritte Tag

Rom

Roma aeterna

Als sie nach dem reichlichen Frühstück gemeinsam aus dem Gästehaus traten, bot sich ihnen wieder ein völlig verändertes Bild. Die Anhöhe, auf der sie sich befanden, war in ein diffuses Licht getaucht. Eine schleierdünne Wolkenschicht bedeckte den Himmel. Die Sonne zog als fahle Scheibe hindurch – eine Täuschung, die durch die rasch davontreibenden Wolken entstand.

Unter ihnen dehnte sich das Gebäudegewirr einer Stadt in einem hügeligen Gelände. Einige Bezirke schmiegten sich in Täler, während andere sich über Höhen erstreckten, die grün herausleuchteten, da auf ihnen Zypressen, Pinien, Palmen und viele andere Bäume wuchsen.

Der Lärm auf den Straßen klang gedämpft zu ihnen herauf, wie unter einem dicht wollenen und flauschigen Teppich.

Senex wies auf eine Steinbank: »Ich möchte euch einige Worte sagen, bevor wir in die Stadt gehen. Denn in der letzten Nacht sind wieder einige Jahrhunderte vergangen.«

Sie setzten sich.

»Sie sagen: die Stadt. Ich kann mir schon denken, welche Sie meinen.«

»Das muss Rom sein, Nik«, rief Roman. »Ich erkenne es an den Gebäuden.«

»Ja, Rom – es wird euch ganz bewusst gezeigt, obwohl Rom natürlich nicht die erste Stadt der Menschheit ist. Ihr kennt ja bereits mehrere, Jericho, Memphis und Athen. Aber Rom kann man doch die erste Großstadt in modernem Sinn nennen, es beherbergt mehr als zwei Millionen Menschen, die zum großen Teil in Mietshäusern wohnen. Bis zu zwanzig Familien leben darin auf fünf Stockwerke verteilt. Das hat es noch nie gegeben. Rom – Roma aeterna – ist die erste Stadt mit nennenswerten Ziegelbauten, mit Kuppeln und Gewölben, reich in Marmor ausgestaltet. Es gibt mehr als viertausend Wohnblocks, mehr als eintausendsiebenhundert Wohnhäuser, über zweihundert Lagerhäuser, mehr als achthundert öffentliche Bäder, einhundert öffentliche Latrinen und fast fünfzig Bordelle, dazu über eintausenddreihundert Brunnen, über zweihundert Backöfen und einige Feuerwachen. Eine Riesenstadt. Dort unten türmt sich das Kapitol säulengeschmückt auf dem kapitolinischen Hügel, links davon erstreckt sich die Linie des Forum Romanum. Von hier aus wird die Welt regiert.«

»Ich sehe Tempel, Dächer, wirr verschlungene Straßen, Aquädukte mit Gebäude überspannenden Konstruktionen«, rief Roman begeistert.

»Sie bringen das frische Wasser aus den Bergen in die Stadt. Sie sind die Lebensadern. Überall stehen Statuen, Götterbilder, zu Göttern erhobene Kaiser, Imperatoren, goldfunkelnde Adler mit ausgebreiteten Flügeln, reliefgeschmückte Säulen, Triumphbögen. Seht dort: die kaiserlichen Paläste auf dem Palatin. Vom Namen dieses Hügels leitet sich die Bezeichnung Palast ab, wie der Begriff Kaiser vom großen Caesar kommt. Der Evo-Park zeigt euch Rom, weil es über Jahrhunderte hinweg, fast zwei Jahrtausende lang, keine wichtigere Stadt im Abendland gab. Rom war nicht nur das Zentrum der damaligen Welt, es blieb es über Jahrhunderte, überdauert selbst das römische Weltreich. Es wurde zur Kapitale des Christentums, zum Sitz der Päpste und ihrem politischen Mittel- und Angelpunkt. Über die Wirren der Völkerwanderung hinweg und das ganze Mittelalter hindurch, selbst noch nach der Reformation, behauptete Rom diese Stellung. Erst in unseren Tagen verblasst Roms Einfluss, wenn auch nur politisch, denn noch immer umspannt der Einfluss des Vatikan die ganze Erde.«

»Ein großer Hymnus auf Rom. Aber was ist mit der Wissenschaft, mit den Philosophen ...«

Roman stimmte Stefan zu: »Was ist mit den Künsten, dem Theater, der Dichtung, den Bildhauern?«

»Ihr legt den Finger – ich will nicht sagen: auf die Wunde, wohl aber auf den nervus rerum, wie der Lateiner sagt.«

»Also auf den Kern der Sache!«

Senex nickte.

Drei Dinge hat die Welt Rom zu verdanken

»Nach dem ungeheuren Schub, den sie in Griechenland erhalten hatte, verfiel die kulturelle Evolution in eine Art Lethargie«, erklärte er dann. »Sie machte eine lange Pause. Man kann auch sagen, die Errungenschaften konsolidierten sich. Es war, wie wenn sich die Evolution einmal hätte ausruhen müssen, um Atem zu schöpfen für einen neuen großen Aufschwung. Zu dem sie später, eigentlich erst in der Renaissance, mit erneuerter Kraft wieder ansetzen wird. Natürlich darf man nicht behaupten, dass sich überhaupt nichts bewegte. In Syrien wird das erste Glas geblasen, Julius Caesar führt den Julianischen Kalender ein, bei dem auf drei Jahre mit dreihundertfünfundsechzig Tagen jeweils ein Schaltjahr mit dreihundertsechsundsechzig Tagen folgt. Der Juli, Julius Caesars Geburtsmonat, ist nach diesem Mann benannt. Herodes, den man den Großen nennt, lässt den ersten Hafen im offenen Meer in der Nähe des heutigen Haifa bauen, bei dem Zementblöcke verwendet werden, die man in riesigen Holzformen gießt. Ein gewisser Strabon berechnet ziemlich exakt den Erdumfang und nimmt an, dass in den unbekannten Teilen der Erde noch andere Kontinente existieren müssen. Wir sehen den Mathematiker und Mechaniker Heron ein dampfgetriebenes Spielzeug basteln, bei dem Dampfstrahlen einen Kessel rotieren lassen, aber er zieht keinen praktischen Nutzen aus dieser Erfindung.«

»Wie anders hätte sich die Welt entwickelt, wenn er es getan hätte.«

»Ach, Stef, was soll das?«, warf Roman ein. »Es gibt kein Hätte und Wäre in der Geschichte.«

Senex fuhr mit seiner Aufzählung fort, die ihm am Herzen lag, denn er wollte zumindest die wesentlichsten Ereignisse erwähnen: »Kaiser Vespasian ordnete den Bau des Colosseums an, das fünfzigtausend Zuschauer fassen konnte. Es wird das größte Amphitheater der Welt werden und bleibt es bis zum Anfang unseres Jahrhunderts, ein großartiges Beispiel antiker Baukunst. Vor allem aber – entschuldigt, das geht alles ein bisschen arg durcheinander, gehört aber in die Zeit des römischen Imperiums – greift der Römer Lukrez kurz vor Christi Geburt die Lehre Epikurs auf, von dem ich euch ja erzählte. Auch er betont die atomare Beschaffenheit der Materie und verkündet, dass nicht irgendwelche geheimnisvollen Götter, sondern die Naturgesetze das Schicksal der Menschen bestimmen.«

»Wie sympathisch!«, rief Stefan.

Sie wanderten einen schmalen, ausgetretenen Weg hinab, der an Landhäusern mit säulengeschmückten Eingangspforten vorbeiführte. Vögel vollführten in den dichten Schirmen der Pinien, die einen herben Geruch ausströmten, einen gehörigen Lärm und übertönten fast die Geräusche der Stadt.

Senex begann über das Handwerk in Rom zu sprechen: »Die Römer übernahmen aus den Ländern und Städten, die sie erobert hatten – Ägypten, Griechenland, Südfrankreich, Spanien, Tunis, also Karthago – viele technische Verfahren und vervollkommneten sie mit Kunstverstand. Berühmt sind ihre Gläser bis in unsere Zeit.«

»Meine Eltern haben ein römisches Glas«, sagte Berenike. »Es werden auch immer wieder schöne Kopien angeboten, in matten Blau-, Grün-, Rot- und Gelbtönen, alle wie milchig und verschleiert. Das macht sie so reizvoll.«

»Stellt euch vor, dass die reichen Römer aus solchen Gläsern und Kelchen tranken und natürlich die Kaiser mit ihrem Hofstaat. Die Römer vervollkommneten auch die Metallgewinnung. Wichtig für ihre Bauten wurde das Ziegelbrennen. In der Töpferei waren sie ebenfalls Meister, obgleich die griechischen Vasen, Schalen und Krüge nach wie vor unerreichte Gipfel dieses Handwerks darstellen. Die Färberei und die Gerberei kamen zur Blüte. Es gab Großbäckereien, Öl wurde in riesigen Mengen gepresst, man brauchte Mörtel für die städtischen Bauten.

Außerdem kam – erinnert euch an Jericho und die mühselige Ackerbestellung, an den ersten Weizen – Dünger in Gebrauch, natürlich vor allem Viehdung. Nun, ich könnte noch lange fortfahren, aber es mag genügen.«

»Aber können sich die Römer nicht doch auch im Sinne der kulturellen Evolution Verdienste zurechnen? Ich habe doch das Gefühl, da müsste noch etwas mehr sein.«

»Und du hast nicht Unrecht, Roman«, erwiderte Senex. »Allerdings liegen die großen Verdienste der Römer nicht auf philosophischem Gebiet. Drei Dinge hat ihnen die Welt zu verdanken. Einmal kann man sie die Väter der modernen Architektur nennen. Ihre größte Leistung war der Gewölbebau, die Kuppeln, mit denen sie riesige Innenräume schaffen konnten. Nun brauchten sie keine tragenden Säulen mehr, sie benutzen sie nur noch als schmückende Ornamente. Aber vielleicht noch wichtiger war durch die Gewinnung von Mörtel die Einführung der Ziegelbauweise für ihre mehrstöckigen Häuser, Wohnblöcke, Wasserleitungen und Abwasserkanäle, Straßen und Brücken. Zum Zweiten – und das hebe ich besonders hervor – das römische Recht, auf dem unsere Zivilisation bis heute basiert, und drittens die Kunst der Verwaltung.«

Ein Körper aus Gliedern unterschiedlicher Herkunft

»Wenn man bedenkt, wie viele verschiedenartige Völker zum römischen Reich gehörten! Bei den riesigen Entfernungen war es bestimmt sehr schwierig und langwierig, Nachrichten zu übermitteln«, meinte Stefan nachdenklich.

»Man könnte das römische Weltreich mit einem Körper vergleichen, der aus Gliedern unterschiedlicher Herkunft zusammengesetzt ist«, bestätigte ihm Senex. »Die oftmals in Eroberungskriegen oder Revolten geschaffenen politischen Institutionen stellten das Fundament dar, auf dem die großartigste Staatskonstruktion der antiken Welt ruhte. Rom, erst ein Bauerndorf, dann eine Stadt, die Italien eroberte, wurde zur Großstadt und zur Hauptstadt des gesamten mittelmeerischen Raumes. Rom vereinigte in seinem Reich die verschiedenartigsten und gegensätzlichsten Völker, Traditionen, Kulturen, Sprachen und Religionen. Urbi et orbi, das sagt heute nicht nur der segnende Papst, das sagten schon die Zeitgenossen von Kaiser Augustus, indem sie ihre Stadt und die ihnen bekannte Welt als eine Einheit betrachteten. Der Dichter Ovid schrieb, dass anderen Völkern Raum nur in gemessenen Grenzen gegeben sei, einzig für den Römer sei die Stadt und die Welt eins. Ja, damals schon verstand man Rom als ewige Stadt, als Hauptstadt eines im wesentlichen befriedeten Reiches. Der große Vergil ermahnte die Römer, den Völkern mit Macht zu gebieten, friedlich Ordnung zu stiften und Unterworfene zu schonen.«

»Aber es wurde doch auch mit äußerster Härte regiert.«

»Selbst dann, Roman! Es war eben doch Roms Verdienst, dass in allen seinen Gebieten Frieden und Sicherheit herrschten. Unter dem Schutz des römischen Adlers, der das römische Gesetz und die politischen Institutionen symbolisierte, kamen überall Handel und Wirtschaft zu neuer Blüte. Durch die Vermischung und gegenseitige Befruchtung der verschiedenartigsten Zivilisationen entstanden reifere und verfeinertere Lebensformen, Kulturen und Künste. Die politische Klammer förderte das Entstehen der letzten großen Leistungen der klassischen Kultur, und zwar in der ganzen römischen Welt. Jahrhundertelang bewährte sich die römische Verfassung, die zur Grundlage vieler Verfassungen der Menschheit wurde. Das bleibt Roms Verdienst.«

»Und ich meine, es ist kein geringes. Denn es war ein Sieg nüchternen Denkens und praktischer Vernunft. Ich finde, dass man darüber nachdenken sollte, ob die Römer damit nicht mehr für das Zusammenleben der Menschen geleistet haben als die Griechen, zumindest was deren philosophische Spekulationen betrifft.«

»Für das Zusammenleben vielleicht, Stefan. Für das Denken selbst sicher weniger.«

»Ich will die Griechen, deren rationale Philosophie mir sehr entspricht, auch keineswegs herabsetzen, Romi«, lenkte Stefan ein. »Ich möchte nur den Anteil Roms ins rechte Licht rücken, denn der größte Philosoph kann seine Gedanken nicht entfalten, wenn im alltäglichen Leben das Chaos herrscht. Einen gesunden Geist gibt es nun einmal nur in einem gesunden Körper. Ein für die Römer charakteristischer Spruch. Man kann statt Körper getrost Staat sagen, und der Geist steht stellvertretend für alle kulturellen Leistungen, also für die Künste, das Denken, die Literatur, das Theater, die Malerei, die Musik.«

»So lasse ich es gelten«, schloss sich ihm Senex an.

Die lang gestreckte Linie der Bogenbrücke

Sie kamen an einem Bestattungsplatz vorbei, auf dem reliefgeschmückte Sarkophage und Grabmäler standen. »Alle Beerdigungsplätze liegen außerhalb der Stadt«, erklärte Senex. »So schreibt es das Gesetz vor. Aber schaut, dort hinten, fast am Horizont, entsteht ein neuer Aquädukt. Für zwei Jahrtausende bleibt die säulen- und bogengetragende Silhouettenlinie dieser Aquädukte für Rom charakteristisch. Durch das rasche Wachstum der Bevölkerung wurde die Wasserversorgung immer wichtiger. Die beiden Kaiser Augustus und Agrippa ließen deshalb verschiedene alte Aquädukte renovieren und das Wasser dreier Quellen auffangen. Als schließlich die Goten vierhundertzehn nach Christus in Rom einfielen, gab es elf große Aquädukte, die das lebenswichtige Nass sogar über viele Kilometer herbeischafften. Es floss teils auch unterirdisch in Tunneln. Kanäle, Rohrleitungen und über eintausend Brunnen sorgten dafür, dass jedes Haus Wasser hatte. Die Leitungen wurden wie bei uns unter den Straßen entlanggeführt. Fast jedes Haus verfügte über eine Zisterne, Leitungsrohre und oft Springbrunnen. Rom beschäftigte allein über siebenhundert Wasserarbeiter.«

Auf der lang gestreckten Linie einer Bogenbrücke, die von eng stehenden Pfeilern gestützt wurde, standen von großen Holzrädern bewegte Kräne und Flaschenzüge. Männer arbeiteten, von hier aus winzig, auf Gerüsten.

»Wie Insekten«, fand Berenike.

»Wir betreten nun die Stadt durch die Aurelianische Mauer«, sagte Senex. »Nochmals: Roma aeterna – ewiges Rom.«

Die Straße wurde von dichten Häuserreihen begrenzt, davor lagen vielfach überdachte Gehsteige. Da und dort wurden Körbe mit frisch eingekauften Lebensmitteln an Hanfseilen emporgezogen. Auch die Läden wurden zahlreicher. Bei den Metzgern hingen ausgenommenes Geflügel, enthäutete Kaninchen und Schinken über den Theken.

»Die Häuser dürfen in der Regel nicht höher sein als die doppelte Straßenbreite«, erläuterte Senex. »Sonst würden sie zu viel Licht wegnehmen. Eine Ausnahme bilden allerdings die Mietshäuser, die bis zu fünf Stockwerke emporwachsen. In der Stadtmitte, in den sogenannten ›insulae‹, gibt es besonders viele, meist von Spekulanten erbaut. Diese neue Art von Gebäuden finden wir in allen Stadtteilen Roms, sie war das Grundelement dieses riesigen lärmenden Häusermeeres. In ihnen gab es Werkstätten und Läden, dort lebten bis zu zwanzig Familien auf engstem Raum, in Lärm und Gestank – nun, vielleicht auch in fröhlicher Nachbarschaft.«

»Oder zankend und streitend«, warf Stefan ein. »Warum sollte es damals anders gewesen sein als heute? Was haben sie denn in ihrer Freizeit gemacht?«

»Es gab Theater und Zirkusspiele«, sagte Roman.

»Nicht umsonst sorgte die römische Verwaltung für ›panem et circenses‹«, stimmte ihm Senex zu. »Brot und Spiele. Die Amphitheater waren immer überfüllt, die Spiele waren begehrte Abwechslungen, ja geradezu Sensationen. Viele römische Dichter liefern uns genaue Beschreibungen. Auch wir im Evo-Park waren versucht, euch ins Colosseum zu führen, aber da standen wir wieder einmal vor dem Problem der Auswahl. Wir waren bereits in Olympia und im Dionysostheater in Athen – also entschieden wir uns für das Neue, Andersartige – für die Thermen. Doch jetzt blickt euch bitte um, denn wir werden nur einmal durch eine Straße des klassischen Rom gehen.«

Kinder trieben Reifen und ließen Kreisel tanzten. Berenike fielen gleich die vielen Katzen auf, die nun als Haustiere gehalten wurden. Sie galten nicht mehr als heilig wie im alten Ägypten.

Viele Holztüren der Häuser waren mit großen Nägeln beschlagen, sodass sich kunstvolle Muster gebildet hatten. Über den Balkonbrüstungen und Fensteröffnungen hing Wäsche, viele Fenster hatten Vorhänge, Frauen lehnten sich hinaus und schwatzten über die Straße mit ihren Nachbarinnen.

»Aber das ist nicht viel anders als heute!« Berenike blieb immer wieder stehen und schaute. Ihre Aufmerksamkeit galt besonders den vorbeigehenden Frauen in ihren bis auf die Sandalen reichenden Tuniken, die in der Taille gegürtet waren. Alle trugen ein Tuch über dem Haar, das linksseitig herabhing und über die Brust zur rechten Seite geführt wurde.

Die Frauen in Rom

»Die Frau in Rom, vor allem die aus den oberen Schichten, lebte besser als ihre Geschlechtsgenossin in Griechenland«, erklärte Senex. »Zwar hatte auch hier der Mann die Gewalt über die Familie, aber die Frauen konnten doch freier über ihr Leben bestimmen. Auch wenn sie nie politische Rechte bekamen, hatten sie doch oft wirtschaftliche Macht. Viele erhielten eine gute Erziehung, lernten lesen, schreiben und rechnen, und das ermöglichte ihnen Tätigkeiten in verschiedenen Berufen, nicht nur an der Seite ihres Gatten, sondern auch selbstständig. Ihre wirtschaftliche Lage war sogar besser als in den darauffolgenden tausend Jahren. Die Schwester erbte genauso viel wie der Bruder und Testamente konnten ohne Einschränkung zu Gunsten von Töchtern gemacht werden. Während der Kaiserzeit häufte manche vornehme Frau riesige Vermögen auf und legte ihr Geld geschickt an. Der Römer achtete seine Ehefrau und seine Mutter, wenn sie ihre Grenzen respektierten. Der Platz der Frau war das Heim, da war sie die ›mater familias‹, die Mutter der Familie. Hier hatte sie die gleiche Macht wie der Vater. Allerdings musste sie tugendhaft leben und ihm gehorchen.«

»Das war ja zu erwarten!«

»Nun, Berenike, sie konnte sich zumindest scheiden lassen. Kaiser Augustus war es, der den Frauen schließlich auch gesetzlich viele Rechte und Freiheiten einräumte, wenngleich er andererseits den Männern das Vergnügen beließ, mit ihren Geliebten, Konkubinen und Sklavinnen zu schlafen. Bordelle blühten an allen Straßenecken.«

»Vermutlich durfte wieder nur die verheiratete Frau nicht fremdgehen.«

»Allerdings nicht, Berenike. Der Ehebruch war verpönt, eine Frau sollte nur mit ihrem Ehemann schlafen. Tat sie das nicht, so verlor sie die Hälfte ihrer Mitgift und ein Drittel ihres Vermögens. Auch konnte sie mit Verbannung auf eine einsame Insel bestraft werden. Der Vater der Frau durfte den Liebhaber töten, wenn er ihn in flagranti erwischte, dem Ehemann war das nur dann erlaubt, wenn der Liebhaber von niederer Geburt war. Immerhin machte sich auch der Mann des Ehebruchs schuldig, wenn er mit einer freien, verheirateten Frau schlief. Die meisten Frauen kamen der Bestrafung dadurch zuvor, dass sie sich vor einem Ehebruch scheiden ließen. Scheidungen waren bald an der Tagesordnung und Frauen wechselten die Männer wie Kinder ihr Spielzeug. Die Männer ihrerseits lebten so zügellos, dass sie neben ihrer Ehefrau noch dutzende von Geliebten, Konkubinen und Sklavinnen hatten.«

»Es gab doch auch Vestalinnen?«

»Richtig, Berenike. Die Vestalinnen waren die Dienerinnen der Göttin Vesta. Sie lebten an der Südseite des Forums. Ihr Tempel wurde von den sechs Jungfrauen betreut, die das ewige Feuer dreißig Jahre lang zu hüten hatten. Dann konnten sie, meist wohlhabend, ins weltliche Leben zurückkehren. Sie genossen hohes Ansehen.«

Alle sind auf mündliche Mitteilungen angewiesen

Händler und Bauern, Soldaten und Müßiggänger bevölkerten die Gehsteige. Über die gewölbte, gepflasterte Fahrbahn rumpelten Wagen auf derben Rädern, gezogen von Ochsen oder Kühen zwischen klobigen Deichseln. Lastenträger, die ihre Bürde in Gestellen buckelten oder auf dem Kopf balancierten, mussten geschmückten Sänften ausweichen, in denen sich vornehme Römer oder wohlhabende Damen durch den Schmutz tragen ließen. Da gab es Viehtreiber, Straßenhändler, Volk aus aller Welt.

»Seht diese Bleirohre«, rief Senex. »Die erste Wasserinstallation der mediterranen Welt. Das frische Wasser aus den Bergen wird zu den Brunnen und öffentlichen Bädern geleitet, aber auch in die Privathäuser. Auf den hohen Ziegeltürmen wird der Vorrat für die wohlhabenden Bürger in Bleibecken gespeichert. Durch das Gefälle entsteht so viel Druck, dass alle angeschlossenen Häuser damit versorgt werden können.«

»Damals schon?«

»Das ist noch nicht alles, Stefan. Noch bemerkenswerter ist, dass die Abwässer der Häuser durch ein Tunnelsystem abgeleitet werden. Ihr Ausmaß ist so groß, dass man aufrecht darin gehen kann. Über eiserne Wehre fließen die Abwässer in die große Kloake, die ›cloaca maxima‹, und dann in den Tiber.«

»Der bestimmt ordentlich gestunken hat!«

»Ja, Berenike, aber das ist eine Voraussetzung dafür, dass die Menschen in dieser Millionenstadt einigermaßen gesund leben können und dass sich keine Seuchen ausbreiten.«

Währenddessen kamen sie an einem Barbierladen vorbei, in dem ein Römer in langer Tunika, unter der seine nackten Füße in Sandalen herausschauten, auf einem bequemen, aus Stroh geflochtenen Lehnstuhl saß und sein frisch rasiertes Kinn kritisch in einem Metallspiegel betrachtete.

»Die Barbiere sind nicht nur für die Schönheit, die Bärte und Frisuren der Römer da«, erklärte Senex lächelnd, »sie sind mindestens genauso wichtig für jede Art der Nachrichtenübermittlung. Sie tragen die amtlichen Verlautbarungen weiter, natürlich auch jede Art Klatsch und Tratsch aus den Stadtvierteln. Es gibt ja noch keine Zeitungen, überhaupt keine Drucksachen, nur Abschriften. So ist man auf die mündliche Mitteilung angewiesen. Wie viele Irrtümer sich da einschleichen, was alles aufgebauscht und verfälscht wird, lässt sich leicht denken. Übrigens werden während der heißen Mittagsstunden alle Läden geschlossen. Dann schiebt man Holzbretter vor die Türen und verriegelt sie. Ist es Nacht geworden, wandern Wächter mit Fackeln durch die Straßen und kontrollieren, ob alle Häuser versperrt sind. Eine Straßenbeleuchtung gibt es noch nicht.«

Gewichte und Maße

Im Weitergehen erreichten unsere Besucher einen Markt, der von zweigeschossigen, mit Kolonnaden geschmückten Gebäuden umschlossen war. »In den oberen Stockwerken gibt es übrigens viele Schreibstuben«, erklärte Senex. »Sie werden von Kaufleuten gemietet, die landwirtschaftliche Güter in großen Mengen aufkaufen und in andere Märkte exportieren, wobei sie möglichst die Wasserwege benutzen.«

In der Mitte stand einer der vielen Brunnen Roms. Er war umgeben von einem Säulenkranz, auf dem ein kreisförmiges Ziegeldach ruhte. Am Rand lehnten Krüge und Amphoren, Mägde kamen mit ihren Gefäßen, schwatzten und gingen wieder. Kinder tranken aus der hohlen Hand und lachten ihrem glitzernden Spiegelbild zu. Müde alte Frauen und Greise hatten sich auf seinen Stufen niedergelassen und plauderten. Der Platz selbst war bis in den letzten Winkel hinein voll gestellt mit Verkaufsständen, die mit braunen Stoffbahnen pultförmig überdacht waren, sodass Waren und Verkäufer im Schatten lagen. Da wurde gefeilscht und gezetert, gestikuliert und angepriesen, ausgesucht und geprüft. Gemüse und Getreide, Obst, Geflügel und Eier wurden angeboten – und alle Früchte des Feldes, ebenso Wein und Öl. In einem Winkel wurde frischer Fisch verkauft, der beim ersten Tageslicht aus der Hafenstadt Ostia herangeschafft worden war. Abgewogen wurde auf schwankenden Waagen, die man in der Hand hielt, wobei das Gegengewicht aus einem Messingmedaillon bestand, auf dem ein Relief der Fruchtgöttin Ceres dargestellt war.

»Man kennt nicht nur Gewichte, es gibt auch bereits Maße«, erklärte Senex. »Sonst wäre die römische Baukunst nicht denkbar. Hier um den Markt herum seht ihr Läden, Werkstätten und Bäckereien. In der Gasse dort drüben werden die schweren Steine der Getreidemühlen von Sklaven gedreht. Der Bäcker arbeitet meist draußen, er schiebt das Fladenbrot in den Backofen, in dem ganz hinten das Feuer flackert.«

»So wie heute in jeder guten Pizzabäckerei.«

»In den Straßen um den Markt herum stehen die Lagerhäuser für Getreide, Wein und Öl«, fuhr Senex fort. »Wein wie Öl werden in großen Tongefäßen, den Amphoren, aufbewahrt. Man gräbt sie der Kühle wegen im Boden ein. – Kommt, hier ist ein Ölhändler.«

Im Hof stand die Ölpresse, daneben riesige Fässer mit schwarzen, braunen, hell- und dunkelgrünen, rosenholzfarbigen, glatten und runzligen Oliven. Sklaven griffen mit bloßen Armen in die Gefäße, um sie durchzurühren.

»Die Handwerker lassen sich gern in einem bestimmten Bezirk nebeneinander nieder«, sagte Senex. »Sie haben herausgefunden, dass die Konkurrenz ihnen nicht schadet, sondern im Gegenteil Kunden anlockt und das Geschäft belebt. Da sucht und findet der Römer alles.«

»Eine ziemlich moderne Erkenntnis.«

»Ja, Stefan, so ist es in den arabischen Souks oder Basaren oder auch in heutigen Fußgängerzonen. Es gibt eine Goldschmiedegasse, eine Straße der Bäcker – ihr habt ja vorhin eine gesehen – Gassen der Korbflechter, der Töpfer und Schneider. Die Meister wohnen vielfach direkt über ihren Läden. Und immer wieder sorgen kleine Schenken am Straßenrand für Erfrischungen. Da lehnen die Leute an einer gemauerten Theke, in die man Vertiefungen für Krüge mit heißen und kalten Getränken eingelassen hat. Die Tonbecher werden griffbereit auf einem Wandbord aufbewahrt. Schaut, dort drüben wird ein Haus gebaut. Beachtet die Tonnengewölbe. Die Bögen werden aus Ziegeln über Holzverschalungen gemauert. Es gibt unzählige davon in Rom.«

Während sie weitergingen, erklärte Senex: »Der bedeutendste Platz ist natürlich das Forum. Heute werden seine Ruinen von tausenden von Touristen besichtigt. Leider haben es die Römer über Jahrhunderte hinweg als Steinbruch benutzt, daher ist es fast völlig zerstört. Das Forum war der Mittelpunkt der Welt, sowohl politisch als auch religiös, hier wurde die Politik des Imperiums bestimmt. Es ist eine rechteckige, von prächtigen Bauwerken und Säulenhallen umgebene Anlage aus Verwaltungsgebäuden und Tempeln und geschmückt mit Triumphbögen. Im Süden wurde das Forum vom palatinischen Hügel mit den Kaiserpalästen überragt, im Nordwesten vom Kapitol. Er war im Altertum der Haupthügel. – Doch nun wollen wir uns beeilen. Für euch ist nämlich ein Besuch dort vorgesehen, wo sich der Römer am liebsten aufhält: in einer der großen Badeanstalten, in den Thermen des Caracalla. Bei den Griechen gab es Bäder zunächst für die Athleten. Die Römer lernten die Bäder bei den Griechen kennen und nannten sie auch nach dem griechischen Wort ›thermos‹, was ›warm‹ bedeutet. Nun kam zwar die Anregung zum Baden aus Griechenland, aber die Römer machten auf ihre Art ein Kunstwerk daraus. Ihre Schwitzbäder waren wie Tempel, ihre Thermen Paläste. Zuallererst war das Baden für sie eine Kulthandlung, dann Reinigung und zuletzt Vergnügen und Lebensinhalt. Schon zu Christi Geburt, also dreiunddreißig vor der Zeitwende, gab es in Rom einhundertsiebzig öffentliche Bäder, große und prächtige, dazu zahllose kleinere private. Sie befanden sich in Gasthäusern, die damit um Kunden warben, oder am Rand von Geschäftsvierteln, bevorzugt an Verkehrsknotenpunkten. Man erließ Badeordnungen und setzte Eintrittspreise fest.«

Eine Anlage aus roten Ziegeln

Sie gingen rasch weiter und erreichten die Thermen des Caracalla bald.

»Das könnte eine Kirche, ein Dom oder sonst ein Prunkbau sein!«, rief Berenike.

Vor dem Eingang erstreckte sich eine Parkanlage, reich mit den verschiedensten Buscharten und Bäumen bepflanzt. Menschen ohne Zahl strömten in den Bau, alle in Tuniken gekleidet, den genähten Hemdröcken mit Gürteln. Sie unterschieden sich nur durch ihre Farben voneinander. Die Tuniken der Männer reichten bis zum Knie, die der Frauen bis zu den Füßen.

Die Thermen bildeten fast einen eigenen Stadtteil, umgeben von Gärten, geschmückt mit Statuen, die im Freien und in kuppelhohen Räumen aus Nischen oder Galerien von Sockeln herabgrüßten. Brunnen plätscherten vor Gastwirtschaften, Erholungsstätten, vor Bibliotheken und Schulen für Leibesübungen. Die Leute schlenderten durch Arkaden mit Läden, Imbissstuben, Massageräumen, Wohnungen der Diener und Verwaltungstrakten. Hier kauften sie Öle und Salben, trafen ihre Freunde, besahen sich die neuen Kunstwerke, Mosaike und Plastiken, setzten sich zum Lesen nieder oder hörten einem Vortrag zu. Das öffentliche Bad war ein weiträumiger Komplex, prachtvoll ausgestattet mit vielfarbigem Marmor, mit Säulen, Friesen und Kranzgesimsen, mit Fußbodenmosaiken und mit Wannen, die aus einem einzigen kostbaren Marmorblock gehauen worden waren, herbeigeschafft aus entlegenen Provinzen.

Senex ließ den drei jungen Besuchern Zeit, ihre Blicke staunend über die vielfarbige Pracht wandern zu lassen. Dann sagte er: »Etwa eintausendsechshundert Personen können gleichzeitig bedient werden, im Durchschnitt fünftausend pro Tag. Die Thermen sind täglich von mittags bis Sonnenuntergang geöffnet. Bei besonderen Anlässen kann man sie auch nachts für einige Stunden besuchen. Die Säle werden dann mit großen Bronzeleuchtern erhellt. Ein Bild eigenartigen Zaubers, wenn der aufsteigende Rauch vom Licht angestrahlt wird. Täglich strömen Millionen Liter Wasser über die Aquädukte in die Kaltwasserbecken, die Schwimmbecken und die Warmwasserbecken. Ein dichtes Netz von Kanälen und Röhren, die in die Wände und in den Fußboden eingelassen sind, versorgt die verschiedenen Behälter und Bäder. Wirklich, die technische Einrichtung ist fast noch erstaunlicher als die aufwendige Ausstattung: die Heizungen und Lüftungen, die genau geplante Wasserversorgung und -entsorgung. Man beschäftigt ein Heer von Lieferanten und Bediensteten, Ingenieuren, Installateuren, Heizern, Reinigern, Aufsehern, Badewärtern. Natürlich braucht man für all das viele Diener. In den Thermen des Caracalla sind es ungefähr zehntausend ...«

»Aber das ist ja die Bevölkerung einer kleinen Stadt!«

»Ja, Berenike, die Bäder geben vielen Menschen Arbeit. Meist sind es Sklaven, darunter auch solche, die zu Besitz gelangt sind. Und – was nicht vergessen werden darf – um die Bäder zu heizen, wurden riesige Waldflächen kahl geschlagen.«

»Also schon ein Eingriff in die Umwelt.«

»Gewiss, Roman! Als der Mensch den ersten Baum fällte – natürlich auch, als er den ersten Baum pflanzte –, griff er bereits in den Haushalt der Natur ein. Doch damals ahnt man von den Schäden noch nichts. Unbeschwert verbringt das römische Volk hier mit Spielen und Baden seine freien Nachmittage, wenn nicht gerade ein außergewöhnliches Schauspiel im Zirkus stattfindet. In den ›Villen des Volkes‹, wie man die Kaiserbäder nannte, gibt es keine Klassenunterschiede. Die Thermen sind des Römers liebster Zeitvertreib. ›Bäder, Wein und Liebe richten unsere Körper zu Grunde‹, hieß es, ›doch nur Bäder, Wein und Liebe bedeuten Leben.‹«

Großer Lärm erfüllt die überwölbte Halle

»Stellt euch den Ablauf eines Bades etwa so vor«, fuhr Senex fort: »Zuerst nimmt man ein Schwitzbad, um dem Körper die schädlichen Stoffe zu entziehen. Dann trocknet man sich ab und steigt, auch um die Transpiration zu fördern, in möglichst heißes Wasser. Danach geht man in mäßig warmer Luft ein wenig umher. Anschließend taucht man in kaltes Wasser, um den Blutkreislauf anzuregen. Schließlich machen Massagen und Einreibungen mit Öl und wohlriechenden Essenzen die Muskeln geschmeidig. Danach begibt man sich in die Palästra, die Ringerschule. Hier trainiert man seinen Körper mit Laufen, Ballspielen, Ringen und anderen gymnastischen Übungen.«

»Ich sehe nur Männer«, meinte Berenike.

»Das war unter den verschiedenen Kaisern unterschiedlich. Man kennt Polizeiverordnungen, die das getrennte Baden anordnen, aber es gab auch Perioden, in denen gemeinsam gebadet werden durfte. Einerseits heißt es: ›Die Bäder sind nach Geschlechtern getrennt‹, andererseits: ›Die Frauen haben in den Trajansthermen gebadet.‹ In den Mietshäusern mit eigenen Bädern und in vielen kleineren öffentlichen Bädern badeten Männer und Frauen gemeinsam. Kaiser Hadrian ließ Männer und Frauen trennen, wobei die Räume für die Frauen kleiner waren, aber eleganter ausgestattet wurden. Sicher ist, dass viele vornehme Frauen die öffentlichen Bäder mieden, um ihrem Ruf nicht zu schaden.«

Inmitten des tosenden Stimmengewirrs, das die überwölbte Halle erfüllte, konnten unsere Besucher die Unterhaltung zweier Badegäste verfolgen.

»Nun, auch hier, Sextus?«, fragte der eine ein wenig korpulente Mann.

»Ja, ich bin froh, Severus«, antwortete der Schlanke, »dass ich die komfortabel ausgestatteten Thermen so nah habe und hier mein Dampfbad nehmen kann, ohne befürchten zu müssen, meine Kleider danach nicht mehr an ihrem Platz zu finden.«

»Die Masseure verstehen ihr Handwerk«, bestätigte ihm Severus. »Das sind keine Pfuscher, die dich nur beliebig kneten und zwicken.«

»Alle Diener hier sind sehr geschickt, und immer ist einer zur Stelle, wenn man ihn braucht.«

»Ja, die Organisation ist ausgezeichnet.«

Hunderte von Dienern schienen unterwegs zu sein. Sie trugen Reisigbündel und Holzscheite, um die Feuer am Brennen zu halten, mit denen das Wasser erwärmt wurde. Wieder andere huschten wie Schatten durch die Nebelschwaden. Sie trugen Stöße von Handtüchern oder kleine Amphoren.

»Parfümiertes Öl für die Massagen«, erläuterte Senex.

Andere Diener reinigten den Mosaikfußboden von den Sandspuren, die die Besucher der Palästra hinterlassen hatten.

»Nun«, fuhr Senex fort, »ich sagte euch schon, dass die Römer die Bäder von den Griechen übernommen haben. Das war nicht das Einzige. Rom verdankt den Hellenen viele Formen der Zerstreuung, ganz besonders die Tragödien und Komödien, wie die ›Lysistrata‹ des Aristophanes. In Rom hatte man Plautus und Terenz als Komödiendichter. Hier lebte auch ein Mann, Freund des Kaisers Augustus, den man den bekanntesten Förderer der Künste nennen kann. Ihr wisst, wen ich meine?«

»Maecenas«, rief Roman. »Daher die Bezeichnung ›Mäzenatentum‹.«

»Maecenas war besonders ein Gönner von Horaz, Vergil und Properz. Er scharte in seinen Palästen und Gärten einen Kreis von Künstlern, Dichtern und Gelehrten um sich. Horaz schenkte er ein Landgut und blieb ihm in Freundschaft verbunden. Natürlich gab es auch jede Art von Gesellschafts- und Glücksspielen. Dazu ein üppiges Leben in Muße, mit regelmäßigen Gelagen und Gastmahlen. So ein großes Festessen bestand meist aus sieben Gängen, von der Vorspeise bis zum Nachtisch. Uns ist das Gastmahl des Trimalchio lebendig geschildert worden. Da gab es mit Honig und Mohn überzogene Haselmäuse, eine hölzerne Henne, die Pfaueneier legte, es gab den Sternzeichen entsprechende Gerichte, den ›Stier‹ aus Rindfleisch, den ›Steinbock‹ mit Hummer – und vieles andere mehr. Eine sorgfältig geschulte Dienerschaft servierte mit Musik und Tanz.«

»Ganz schön üppig, wenn nicht sogar dekadent«, meinte Berenike.

Ein dichtes Netz gepflasterter Straßen

Senex hakte sich bei Stefan und Roman ein. »Ich möchte euch kurz entführen«, erklärte er. »Dich natürlich auch, Berenike. Dort drüben sitzen zwei Männer auf einer Bank, beide in mittlerem Alter. Der eine hat gerade eine Reise hinter sich gebracht. Ich möchte, dass wir uns seinen Bericht anhören, denn dabei erfahren wir nicht nur etwas vom Reisen zur damaligen Zeit, sondern auch etwas über eine der größten Taten der Römer: das Straßennetz, das schließlich den halben europäischen Kontinent durchzog. Allein auf dem Gebiet des heutigen Italien gab es nahezu vierhundert Hauptstraßen und achtzehntausend gepflasterte Hauptverkehrswege, dreiundachtzigtausend Kilometer gepflasterte Landstraßen. Ein dichtes Netz von Nebenstraßen und Landstraßen führte sogar über die Alpen, bis nach Paris, Wien, Augsburg, Köln oder Leiden. Viele Fähren wurden durch solide Brücken ersetzt. Noch heute stehen vierzigtausend Meilensteine aus der römischen Zeit. Eine andere Straße führte über den Balkan durch die Türkei und Palästina, dann an der afrikanischen Küste entlang nach Alexandria, von dort über Tunis in die algerische Wüste, wo sie erst hinter dem heutigen Oman endete. Ich verwende immer die heutigen Namen, damit ihr euch zurechtfindet. Von Tanger verlief die Straße wieder ein Stück an der Westküste Marokkos entlang in den Süden des Land, eine andere übersprang die Meerenge von Gibraltar, durchzog Spanien und Frankreich, ging von Calais über den Kanal nach London – und endete schließlich hinter Liverpool am Meer, vor dem Sprung nach Irland. Unschätzbar, was dieses römische Straßennetz für das europäische Mittelalter, für Handel und Verkehr bedeutete.«

»Eine gewaltige Leistung.« Roman versuchte sich alles wie auf einer Landkarte vorzustellen.

»Die Straßen sind zwischen vier und sieben Metern breit und haben, zumindest in den Städten, Gehsteige. Sie bestehen aus grobem Schotter, darauf kommt eine Lage aus feinerem Schotter, die, wenn nötig, zum Beispiel in der Nähe der größeren Städte oder auf verkehrsreichen Strecken, durch eckige Pflastersteine ersetzt wird. So kann der Belag dem Gewicht der Wagen, den Witterungseinflüssen und sogar den Bodensenkungen besser standhalten. Die antiken Techniker verfügten über genaue Kenntnisse der verschiedenen Bodenbeschaffenheiten und aller Besonderheiten des Terrains. Sie verstanden ihr Handwerk, ganz gleich, ob die Straße durch einen Sumpf, durch Torf oder über Hügel führte, wo man mit Sturzbächen zu rechnen hatte. Im heutigen italienischen Wort ›strada‹, dem englischen ›street‹ und dem deutschen ›Straße‹ klingt diese Errungenschaft der römischen Zivilisation nach. ›Strada‹, ›street‹ und ›Straße‹ leiten sich ja nicht vom lateinischen Wort für Straße her …«

»Das heißt ja ›via‹!«

»Richtig, Roman. ›Strada‹ leitet sich von einer bedeutenden technischen Einzelheit des Straßenbaus her, nämlich vom Nivellieren und Pflastern, wodurch sich die römischen Verkehrsstraßen von den anderen staubigen, ungepflasterten Straßen des Altertums so vorteilhaft unterscheiden. Der Bau der großen Verkehrsadern machte gewaltige öffentliche Arbeiten notwendig: für Tunnels das Abtragen von Felsen, für Brücken die Konstruktion mehrerer mächtiger Bogenreihen übereinander. Über das sternförmige Straßennetz Roms, dessen Mittelpunkt der von Augustus auf dem Forum errichtete Goldene Meilenstein bildete, zogen Soldaten und Kaufleute, wurden Waren und Ideen verbreitet, die ganze Kultur, später das Christentum, und schließlich kamen auch die ›Barbaren‹, die dem römischen Weltreich sein Ende bereiteten. Tacitus berichtet, dass ein Kurier, am frühen Morgen in Mainz aufgebrochen, nach der über einhundertachtzig Kilometer langen Reise noch am Abend desselben Tages in Köln ankommen konnte. Gut ausgestattete Pferdewechselstationen halfen ihm dabei. Von Rom nach Mainz brauchte man zehn Tage. Übrigens möchte ich euch im Zusammenhang mit den Straßen noch erzählen, dass Wagen in Rom lange Zeit verboten waren, denn sie erwiesen sich als zu hinderlich. Die reichen Römer ließen sich in Sänften durch den Schmutz tragen. Erst als die Straßen verbreitert wurden, war auch der Fortschritt auf Rädern nicht mehr aufzuhalten. Seit dem zweiten Jahrhundert nach Christus begann der Wagen die Sänfte zu verdrängen. Und noch ein kleines Detail zur Wohnkultur am Rande: Zu dieser Zeit kamen bei den Römern neben der Truhe zur Kleideraufbewahrung die ersten Schränke mit Türen und Fächern in Gebrauch.«

Nun gingen sie die wenigen Schritte zu den beiden Männern auf der Bank, die in der von Säulen umgebenen, den Nymphen geweihten Brunnenanlage saßen.

»Warum machst du eine so große Reise«, fragte der Ältere, »bis ans südliche Ende?«

»Warum wohl? Geschäfte, mein Lieber. Die erste Nacht verbrachte ich in einer mehr als bescheidenen Herberge. Der einzige Luxus war ein Laubengang, dafür musste ich mich mit einem kratzenden Sack begnügen! Am nächsten Morgen ging es weiter auf meinem Maulesel, gegen Abend ritt ich in einen Ort, wo der Kanal beginnt, der durch die Pontinischen Sümpfe führt. Da gab es zwar Gastwirtschaften, so viel ich wollte, aber es waren alles elende Spelunken mit den frechsten und betrügerischsten Wirten. Spätabends versuchte ich einen Platz auf einem Boot zu ergattern. Die Schiffer kümmerten sich überhaupt nicht um mich. Als ich sah, dass manche Leute einfach auf die flachen Kähne sprangen, machte ich es auch so. Diese Schiffchen werden von Maultieren auf Treidelwegen durch das Wasser gezogen. Wir hörten die Frösche quaken und die ganze Nacht plagten uns die Mücken. Ruhe fand ich keine, denn irgendjemand sang erbärmlich, ein anderer schnarchte laut und ein Dritter schimpfte auf die beiden, weil er Ruhe haben wollte. Ich muss aber auch irgendwann eingeschlafen sein, als ich nämlich erwachte, stand die Sonne schon eine Handbreit über den Feldern. Gegen zehn Uhr gingen wir an Land. Die Via Appia stieg immer weiter an. Am folgenden Tag fuhr ich mit einem Wagen nach Formiae. Jeder durfte sich glücklich schätzen, wenn er dort im Landhaus eines Freundes behaglich untergebracht werden konnte und nicht auf eine der dreckigen Schenken angewiesen war, wo man zudem noch befürchten musste, ausgeraubt zu werden. Ich hätte wirklich nicht gedacht, dass es an dieser Straße, die Meile für Meile von unserer Macht und Größe zeugt, so etwas gibt! Der Wirt schlurfte muffig und unwillig heran, um die Bestellung entgegenzunehmen, und dann musste ich mich mit dem zufrieden geben, was seine miserable Küche bot, und obendrein musste ich noch mehr bezahlen, als der Fraß wert war. Und die Nacht! Wer es nicht vorzieht, sich in dem großen, stinkenden Raum halb auf den Tisch zu legen, und versucht, so zu schlafen, der wird ein Opfer des gefräßigen Ungeziefers, von dem das so genannte Bett wimmelt, das diesen Namen wirklich nicht verdient.«

»Das klingt ja grauenhaft«, murmelte der ältere Mann. »Und wie lange warst du unterwegs?«

»Dreizehn Tage, seit ich Rom durch die Porta Capena verlassen hatte.«

»Dreizehn Tage, fast ein halber Monat. Nicht gerade wenig.«

»Aber immerhin – was haben die Leute wohl früher gemacht, als es die Via Appia noch nicht gab?«

Da sagte Senex leise: »Damals wusste man noch, dass das Leben ein Weg ist, der zu Fuß zurückgelegt werden muss.«

Die drei sahen ihn ein wenig verwundert an.

Die Baugeschichte einer einmaligen Metropole

Danach schlug Senex seinen Begleitern vor: »Verlassen wir die Thermen! Im Gegensatz zu gestern sollte es heute nicht so spät werden.«

»Aber es gibt sicher noch viel über Rom zu sagen!«

»Natürlich, Berenike. Aber wir können nicht die ganze Geschichte Roms aufrollen, mit allen Volkstribunen, Kaisern, Rednern, Dichtern,

Philosophen – die es natürlich auch gab –, mit allen Sitten und Unsitten, so reizvoll das wäre. Das römische Panorama ist ja eines der reichsten und farbigsten der Historie, und je mehr man sich damit beschäftigt, desto faszinierender wird es, vor allem deshalb, weil es uns in seiner Sachlichkeit, seiner Nüchternheit und Vernunft so sympathisch erscheint. Aber wir würden Wochen brauchen, wollten wir auch nur eine gewisse Vollständigkeit anstreben. Unser Park soll erfreuen …«

»Ich glaubte, er soll auch zum Nachdenken anregen.«

»Richtig, Stefan. Aber Freude und Nachdenken schließen einander ja nicht aus. Im Gegenteil! Zumindest sollte es so sein, dass Denken mit der Freude am Denken einhergeht!«

»Einverstanden.« Stefan fand diese Worte von Senex so treffend, dass er ihm spontan die Hand schüttelte.

Sie standen auf. Viele Leute strebten dem Ausgang zu, denn es näherte sich der Zeitpunkt, an dem die Therme geschlossen wurde. »Wollt ihr vielleicht doch noch ein wenig durch die abendlichen Straßen Roms schlendern? Wir könnten noch einen kurzen Bummel machen.«

Sie ließen noch einmal das Menschengewimmel und die vielfältigen Szenen auf sich wirken. Und während sie jedes der bunten Bilder, die jetzt im Abendlicht noch wärmer, tiefsatter wurden, in sich aufnahmen, plauderte Senex über die Baugeschichte dieser einmaligen Metropole der alten Welt: »Gartenanlagen habt ihr schon in Ägypten gesehen, es gibt auch in Rom Parks, so zum Beispiel für den römischen Feldherrn Lucull, dessen Freude am Luxus sprichwörtlich wurde. Und im Jahr achtzig nach Christus brannte Rom.«

»Hat Kaiser Nero wirklich den Befehl gegeben, die Stadt anzuzünden?«

»Das gehört wahrscheinlich ins Reich der Fabel, Berenike. Aber es ist ja eine wirkungsvolle Geschichte, die den Wahn dieses Kaisers charakterisiert. Wie auch immer, man machte sich unverzüglich an den Wiederaufbau, schon zwanzig Jahre später hatte Rom über eine Million Einwohner. Keine Stadt der alten Welt war größer. Kaiser Augustus ließ alle Straßen wieder in Stand setzen. Ein neues, großartiges Kanalisationssystem machte es möglich, viele zu nivellieren, zu verbreitern und neu zu pflastern. An den Kreuzungen stellte man Altäre oder Weihestatuetten auf. Brücken wurden gebaut oder ausgebessert, Triumphbögen zu Ehren des Kaisers, der jungen Prinzen und vieler Feldherren errichtet. Mit ihren dreigeteilten Durchgängen wurden sie zum Vorbild mittelalterlicher Kirchenportale. Seht euch diese daraufhin einmal genauer an, den Kölner Dom, Nôtre Dame in Paris, die englischen Kathedralen. Dabei wurden auch zahllose Tempel, Säulenhallen, Bäder und Brunnen wieder hergestellt. Und nun kommt etwas ganz Wichtiges: Der friedliebende Kaiser Hadrian errichtete einhundertachtunddreißig nach Christus das Athenäum.«

»Was war das?«

»Man kann es die erste höhere Lehranstalt nennen, sogar dic erste Universität Europas oder zumindest die Mutter aller Universitäten, Berenike. Aus diesem Grund gibt es ja heute das Athéné in Belgien oder in Italien die Bezeichnung ›ateneo‹ für Universität.«

»Aber Athene ist doch eine griechische Göttin.«

»Eben, Berenike. Eigentlich hieß es auf Griechisch auch ›athenaion‹. Es war ein Heiligtum dieser Göttin, in dem Dichter und Gelehrte ihre Gedanken vortrugen. Die Römer waren nun einmal fasziniert von Griechenland und seiner Kultur. Obwohl sie Hellas erobert und unterworfen hatten, galt es ihnen immer als Vorbild. Wer etwas auf sich hielt, holte sich griechische Lehrer für seine Söhne, man lernte Griechisch, man reiste nach Griechenland, die ganze römische Plastik zeigte keinen neuen, eigenen Ausdruck. Dagegen gab es, wie ihr gesehen habt, einen großen Stilunterschied zwischen der ägyptischen und der griechischen Kunst. Auf zwei Beispiele der Baukunst möchte ich euch aber noch besonders hinweisen, einmal, weil sie heute noch stehen, zum anderen, weil sie etwas ganz Neues darstellten, zumindest in ihren Ausmaßen. Beide ließ Kaiser Hadrian schaffen, das Erste ist das Pantheon. Ursprünglich war es als Tempel gedacht, ein Rundtempel im hellenistischen Stil. Sein Inneres hat einen gewaltigen Durchmesser von vierzig Metern, ganz ohne Stützen. Darüber erhebt sich eine frei tragende Kuppel, eine Kassettendecke aus getriebener Bronze, die man als Triumph der römischen Architektur bezeichnen kann. Licht fällt in das Pantheon durch eine runde Öffnung von acht Metern Durchmesser im Scheitelpunkt der Kuppel, sodass es gleichzeitig eine präzise Sonnenuhr darstellt. Und von dieser Kuppel, der größten der Baugeschichte, führt eine direkte Linie zum Dom von Florenz, zur Peterskirche, zur Saint Paul's Cathedral in London und über den Atlantischen Ozean zum Capitol in Washington. Im Pantheon mit seinem gedämpft einfallenden Himmelslicht hat man ein Gefühl der Weite, der Freiheit, des Schwebens, das danach frühestens wieder in den gotischen Kathedralen erreicht wird. Vielleicht stammt sogar der Entwurf, zumindest jedoch die Anregung zu diesem Tempel, der mit zahlreichen Götterbildern geschmückt war, von Kaiser Hadrian selbst, der, wie Caesar, Augustus, Claudius und Marc Aurel, zu den großen Gestalten der Weltgeschichte gehört.«

Berenike fragte: »Und welches ist das zweite Gebäude?«

»Ich denke, es ist Kaiser Hadrians Grabmal«, warf Roman ein.

»Die heutige Engelsburg, ja. Sie beeindruckt freilich weniger aus Gründen der Ästhetik als wegen ihrer gewaltigen Ausmaße. Kaiser Hadrian konnte den Bau nur beginnen lassen, er starb vor seiner Vollendung. Im Lauf der Geschichte erfuhr die Engelsburg viele Veränderungen, sie war Mausoleum für die römischen Kaiser, Festung von Adelsgeschlechtern und Fluchtburg der Päpste. Die Engelsburg ist ebenfalls ein Beweis für das große Können der römischen Baumeister und ihre Beherrschung der Statik. Plinius der Ältere, der als Erster die Erscheinungen der Natur in überlegter Ordnung dargestellt hat – er starb beim Ausbruch des Vesuvs, bei dem Pompeji verschüttet wurde – und der Dichter Martial: Beide schreiben stolz, dass keine Stadt der Welt mit Rom verglichen werden könne.«

»Woher wussten sie das? Sie kannten die ganze Welt ja noch nicht.«

»Richtig, Stefan, sie meinten eben die ihnen bekannte Welt, Ägypten, Griechenland, Palästina und Nordafrika, die Provence und England – da stimmte es wohl. Rom war seiner Ausdehnung nach und mit seinen zwei Millionen Einwohnern tatsächlich gewaltig. Freilich, wenn Plinius und Martial Rom als einzigartig bezeichneten, so haben sie sich vielleicht weniger auf die Ausmaße und die Einwohnerzahl als vielmehr auf die Pracht seiner Bauwerke und die Großartigkeit seiner öffentlichen

Einrichtungen bezogen. Jedenfalls beginnt zu ihren Lebzeiten, zur Zeit des Kaisers Augustus, in Rom das eigentliche, das revolutionierende Bauen, gerade so, als ob die alte republikanische ›urbs‹ aus Tonziegeln, Holz und Stein mit der wachsenden Macht und neuen Regierungsformen auch ihr Antlitz ändern musste. Zwar ging der Plan, die Stadt umzugestalten, auf Cäsar zurück, doch verwandte man erst unter seinem Nachfolger Augustus weißen Marmor. Trotz aller Neuerungen wollten die Römer sich aber nicht von ihren alten Tempeln und dem Forum mit seiner bunten Menschenfülle trennen, auch nicht von den engen, schattigen Straßen, in denen die Frauen schwatzen konnten und die Männer sich in Kneipen trafen. Da auf den Hügeln die Wasserversorgung weniger gesichert war, zogen es die meisten Römer vor, im Zentrum zu wohnen. Augustus sorgte für Wächter, richtete nächtliche Streifen mit Fackeln ein und ließ die Zahl der öffentlichen Brunnen vermehren. Ich meine, dass die Regierungszeit des Augustus eine der segensreichsten der Weltgeschichte war. Im ersten Jahrhundert nach Christus umfasste das römische Weltreich drei Millionen dreihunderttausend Quadratkilometer und hatte vierundfünfzig Millionen Einwohner. Nie zuvor hatte es ein so großes, einheitliches Staatsgebilde so vieler verschiedener Völker gegeben und es war nicht zu ihrem Schaden!«

»Wäre es doch nur so geblieben! Wie viel Kriege und wie viel Leid wären Europa erspart geblieben. Aber sagen Sie, Senex, bei so vielen Menschen – wo sind die Friedhöfe?«

»Die Römer begruben ihre Toten außerhalb der Stadt, Stefan, die Christen später unterirdisch in Katakomben.«

Der freie Römer achtet eifersüchtig auf seine Rechte

Roman sprach nicht so gern über den Tod und bat: »Erzählen Sie uns noch etwas vom römischen Recht, das Sie als so wichtig bezeichnet haben, Senex.«

»Gern. Doch will ich es kurz machen. Das römische Recht hat im Lauf der Geschichte viele Änderungen und Ergänzungen erfahren. Interessant ist, dass sogar unser heutiges Rechtssystem von ihm beeinflusst ist. Der freie Römer achtete eifersüchtig auf seine Rechte, die ihm auch als Durchschnittsbürger zustanden. Er besaß vor allem zwei Grundrechte: das Recht der Anrufung der römischen Volksversammlung und das Stimmrecht. Das Recht auf Berufung war so anerkannt und so wichtig, dass ein Richter, der eine Todesstrafe vollziehen ließ, ohne dem Beklagten die Möglichkeit zur Berufung gegeben zu haben, sich des Mordes schuldig machte. Dieses alte republikanische Prinzip wurde unter den Kaisern auf die Zivilprozesse ausgedehnt. Von da an konnte man – wie es noch heute üblich ist – von einer niedrigen Instanz an eine höhere appellieren. Es gab zwei Oberste Reichsgerichte, das eine unter dem Vorsitz eines Konsuls, das andere unter dem Vorsitz des Kaisers selbst. Diese neuen Gerichtshöfe wurden bald wichtiger als die früher üblichen Stadtgerichte und die Sonderstrafgerichtshöfe, wobei das Recht auf Anrufung des Kaisers besonders hoch eingeschätzt wurde.«

»Das war auf jeden Fall ein großer Gewinn an Rechtssicherheit für jeden Einzelnen.«

»Nicht nur das, Stefan, man darf sagen, ein enormer Gewinn an Humanität überhaupt.«

Sie hatten die Stadt durchquert, auch die Stadtmauer hinter sich gelassen und standen bald wieder vor ihrem Quartier. Senex forderte sie auf, noch einmal zurückzublicken, und so sahen sie das unregelmäßige Häusermeer des antiken Rom im Licht der untergehenden Sonne, die hinter dem Hafen von Ostia ins Meer sank. Die Ziegelbauten leuchteten auf, unregelmäßig durchzogen von den dunklen Schluchten der Straßen und Gassen. Da und dort, besonders im Zentrum, stachen die Marmorgebäude wie hellere Inseln hervor, vor allem das lang gezogene Forum Romanum mit seinen Prachtbauten, begrenzt einerseits vom Oval des Colosseums, andererseits vom kapitolinischen Hügel, der Trajanssäule darunter und den hoch gelegenen Palästen des Palatin. Und alles wucherte aus den Tälern über die Anhöhen der sieben Hügel, umfasst von der Aurelianischen Mauer. Die wie mit dem Lineal gezogenen, von Bögen getragenen Linien der Äquädukte führten schnurgerade von den Bergen in die Stadt hinein. Der Himmel schmückte sich mit Kupferschleiern.

Berenike schloss die Augen, um dieses Bild fest in sich einzuschließen, sie wollte es nie mehr vergessen. Sie empfand intensiv, dass dies ein Augenblick war, der nie wiederkehren würde. Und in einer plötzlichen Aufwallung fasste sie Romans und Stefans Hände. Eine Weile standen die drei unbeweglich. Sie fühlten in diesem Moment, wie sehr sie mit ihrer Vergangenheit zusammenhingen.

Das lateinische Alphabet

Senex wartete ein wenig, dann meinte er: »Noch ein letztes Wort zu Rom, ehe wir der Stadt den Rücken kehren. Aus ihr kommt die universale Sprache des europäischen Mittelalters, die alle anderen Sprachen beeinflusst hat. Latein ist die Basis nicht nur des Italienischen, auch des Französischen und Spanischen, und sogar unsere deutsche Sprache und die englische sind vom Latein stärker durchsetzt, als uns bewusst ist. Es ist die Sprache vieler Wissenschaften geblieben. Weltweit verständigen sich die Botaniker und Mediziner in Latein, die Insektenforscher ebenso, um nur einige zu nennen. Mit der Sprache kam auch die Schrift, das lateinische Alphabet. Mit seinen sechsundzwanzig schlichten Buchstaben hat es die Welt erobert. Das hat vielleicht eine tiefere Bedeutung. Die

Schrift ist ja nicht einfach Form, sie ist auch Inhalt. Mit der Schrift hat sich ein Teil des römischen Geistes über die Erde erstreckt: Sachlichkeit, Nüchternheit, Klarheit in geistigen und materiellen Dingen. Es gibt sicher kein Werk der Weltliteratur, keine wissenschaftliche Abhandlung von Bedeutung, überhaupt kaum ein irgendwie wesentliches Schriftstück, das nicht in lateinischer Schrift vorhanden wäre. Selbst wenn es ursprünglich in einer ganz anderen Schrift geschrieben wurde, in kyrillischer, arabischer, chinesischer – irgendwann wurde es übersetzt. So kann heute alles – mit ganz wenigen Ausnahmen –, was Menschen je schriftlich niedergelegt haben, in lateinischen Buchstaben entziffert werden. Sie wurden, über das Medium der englischen Sprache, zur universalen Schrift der Menschheit. Und dort unten hat man sie zuerst geschrieben.«

»Ich habe eine Frage, die Sie vielleicht seltsam finden werden«, sagte Roman. »Es hat mich schon immer interessiert und ich habe nie eine Antwort darauf bekommen können. Wieso wussten die römischen Schreiber, Dichter, Juristen, Historiker – und die Leute, von denen die Inschriften in die Monumente gemeißelt wurden –, wie die Worte orthografisch richtig geschrieben wurden? Es gab doch damals keinen Duden und erst recht keine gedruckten, in tausenden von Exemplaren vervielfältigten Rechtschreibbücher.«

Senex schwieg verblüfft. »Darauf weiß ich auch keine Antwort. Irgendeine Übereinkunft, irgendwelche Unterlagen, nach denen auch die Schüler lernten, muss es gegeben haben.«

»Aber die Römer hatten doch Bücher?«, fragte Roman weiter.

»Bücher in Rollen, ja. Es wurde sehr viel gelesen. Es gab sogar Buchhandlungen. Als der römische Dichter Plinius erfuhr, dass man seine Werke in Lyon kaufen konnte, wunderte er sich darüber und meinte, er habe gar nicht gewusst, dass es dort überhaupt Buchhandlungen gebe.«

»Aber er war sicher stolz darauf, in der fernen Provinz gelesen zu werden.«

»Das war er, Roman. Es gab einen organisierten Buchhandel, der von Rom aus alle Länder des Reiches mit den neuen Schriften belieferte – alle in der einheitlichen lateinischen Sprache. Das begann im ersten Jahrhundert vor Christus. Schon Cicero klagte über schlechte, von Fehlern wimmelnde Abschriften griechischer Autoren. Sein Freund, der Verleger Titus Pomponius Atticus, war nicht nur ein Freund der Literatur, sondern auch ein tüchtiger Geschäftsmann. Er begnügte sich nicht mit dem üblichen Abschreiben durch Haussklaven, er ließ professioneller kopieren. Waren die Texte auf ihre Qualität geprüft worden, wir würden sagen lektoriert, dann wurden sie in mehreren Sälen jeweils fünfzig Schreibern gleichzeitig diktiert, und die Abschriften gingen erst in den Handel, nachdem sie erneut geprüft worden waren. Seit Kaiser Augustus gab es nach und nach auch öffentliche Bibliotheken – schließlich waren es achtundzwanzig. Zu jeder großen Therme gehörte eine Bibliothek, in den Caracalla-Thermen hat man zwei entdeckt, am Ende der Zisternenreihen, mit tiefen Nischen zur Aufnahme der Werke. Auch private Bibliotheken kamen in Mode, der Handel mit Geschriebenem blühte – so sehr, dass Seneca gegen das wahllose Lesen wetterte, indem er meinte, man solle das Planlose bei der Lektüre vermeiden, das nur dem intellektuellen Schein diene. Man solle die Bücher nicht nach Menge oder äußerem Schmuck auswählen, sondern sich auf eine kleine Zahl von Werken beschränken, die man sich mit Gewinn zu Eigen machen könne.«

Als das Licht schwächer wurde, forderte Senex die drei auf, mit ihm ins Haus zu gehen.

»Es kann nichts bleiben, nichts dauern«, meinte Berenike betrübt.

»Das ist das Wesen der Zeit.« Stefan verstand sie gut. »Die Gegenwart, sagt man, dauert gerade vier Sekunden. Aber ohne Vergänglichkeit gäbe es nichts Neues und keine Entwicklung.«

Sie betraten das Gästehaus, nahmen ihre Schlüssel und trennten sich.

Der dritte Abend

Jesus von Nazareth

In Bethlehem wird ein Kind geboren

Als sie dann wieder an ihrem Tisch zusammensaßen, begann Senex das abendliche Gespräch: »Wir sollten uns nun mit einem ganz wichtigen Thema beschäftigen, mit dem wir so leicht nicht zu Ende kommen werden. Unter dieser Stadt Rom, die ihr zu euren Füßen liegen gesehen habt, unter dieser glänzendsten aller damaligen Städte, tickten bereits seit mehreren Jahrhunderten zwei Zeitbomben. Die eine wird es zerstören, die zweite zu neuem Glanz erheben.«

»Ich glaube, ich weiß, was Sie meinen«, unterbrach Roman. »Es ist ja nicht schwer. Mit der ersten meinen Sie die Völkerwanderung der germanischen Stämme, durch die Rom erobert und zerstört werden wird, und mit der zweiten das Christentum, das zwar auf andere Weise auch zum Untergang des römischen Imperiums beiträgt, aber die Stadt andererseits zum Sitz des Papsttums macht.«

»Ja«, antwortete Senex. »Die Römer waren in religiösen Fragen über Jahrhunderte hinweg sehr tolerant gewesen. Jeder durfte glauben, was er wollte, vorausgesetzt, dass er keinen anderen damit belästigte und dem Staat nicht schadete.«

»Und diese religiöse Toleranz haben die ersten Christen mit ihrem Anspruch zerstört, im Besitz der allein selig machenden Wahrheit zu sein«, stellte Stefan fest. »Das ist für mich ein Phänomen.«

»Vielleicht«, überlegte Senex, »ist dies auch ein Sprung der Evolution, von der Materie zur Transzendenz. Seit ihrem Ursprung, und ganz besonders seit den fünftausend Jahren der antiken Hochkulturen, hatten die Menschen zwar immer ihre Götter angebetet, sich aber doch ihrer Erde zugewandt und sich auf ihr häuslich eingerichtet, so gut es eben ging. Sie liebten ihr Leben und schmückten ihre Häuser und Städte. Plötzlich wandten sie sich von allem ab, wie wenn sie seiner überdrüssig geworden wären, ja, sie verachteten die Welt und das Leben sogar.«

»Sie setzten es gleich mit der Sünde!«

»Sie suchten etwas anderes, Stefan, ich möchte sagen, sie suchten mehr, sie richteten ihre Augen auf den Himmel und fanden das Jenseits. Und nun wurde in Bethlehem – angeblich zur Zeit des Kaisers Augustus – dem Zimmermann Joseph und seiner Frau Miriam aus Nazareth ein Kind geboren, ein Sohn mit Namen Johuschua oder Josua. Der Name Jesus ist griechisch. Die jüdische Bedeutung des Namens ist: ›Jahwe hilft‹, Jahwe nennen die Juden ihren Gott, so wie die Mohammedaner ihn fast sechshundert Jahre später Allah nennen werden. Übrigens ist die Ähnlichkeit zwischen den Namen ›Jehowa‹ oder ›Jahwe‹ für den Gott der Juden und ›Jupiter‹ oder ›Jovis‹ für den Gott der Römer auffällig, wie auch ›Zebaoth‹ möglicherweise seine Wurzel in ›Zeus‹ hat.«

»Soviel ich weiß, hatte Jesus vier Brüder und einige Schwestern und diese Geschwister stammten sogar aus einer früheren Ehe Marias?«

»Stefan hat insofern Recht, als im Markus-Evangelium die vier Brüder Jakobus, Josef, Juda und Simon namentlich erwähnt werden«, sagte Senex. »Jedoch ist dies jetzt nicht unser Thema. Wenden wir uns Jesus zu. Wir – ich meine damit die Verwaltung des Evo-Parks – haben uns intensiv mit der Frage beschäftigt, ob wir eine der Stationen seines Weges und Wirkens darstellen sollen. Aber wir haben uns dagegen entschieden. Einerseits wollen wir weder mit naiv-frommen, dörflichen Passionsspielen in Konkurrenz treten, zumal das alles nah am religiösen Kitsch liegt. Andererseits besteht wirklich kein Darstellungsbedarf. Es gibt wohl keine andere Geschichte, die so bekannt ist wie die Jesu Christi, von der Geburt in der Krippe bis zur Kreuzigung auf Golgatha. Jedes europäische Kind lernt das in der Schule. Die Fülle der Bücher, der Gemälde, der Nacherzählungen, sogar der mehr oder weniger gelungenen Verfilmungen ist wahrhaft unübersehbar. Ich gehe also davon aus, dass auch euch all das bekannt ist. Das betrifft übrigens auch seine

Lehre, die jeder Religionsunterricht behandelt und die in jedem Gottesdienst gepredigt wird.«

»Aber die Geburt im Stall mit Krippe, Ochse und Esel, Hirten und Heiligen Drei Königen sind und bleiben nun einmal Märchen«, warf Stefan ein.

»Sie zeigen, dass Jesus für die Machtlosen, nämlich die Hirten, und gegen die Machthaber Partei ergriff.«

»Mag sein. Aber Jesus gibt es gleich doppelt! Der eine ist der Jesus der Gläubigen, der andere ist der Jesus der Bibelforscher und Kritiker. Einmal soll er in Bethlehem geboren worden sein, ein andermal gilt Nazareth als seine Heimat. Einmal ist er der einzige Sohn der Jungfrau Maria, ein andermal einer von fünf Söhnen von Joseph und Maria. Die einen glauben an seine Wunder, die kein anderer vollbringen konnte, die andern behaupten, dass er bestenfalls einige Kranke geheilt und Dämonen ausgetrieben habe, was damals so ziemlich ein und dasselbe war, wie wir ja auch in Ägypten gesehen haben. Wo ich auch hinsehe, ich kann keinen historischen Jesus finden, und schon gar keinen Gottessohn, bestenfalls einen Mann, auf den sich die Heilserwartung seiner Anhänger richtete.«

»Nun, Stefan, wenn Jesus auch nicht auf historischem Boden steht, so lebt er doch als eine innere Realität in seinen Gläubigen. Wenn Jesus nicht Gottes Sohn, sondern Mensch war, dann ist er für seine Gläubigen doch der wahre Mensch gewesen, der für sie in vieler Hinsicht die Maßstäbe setzte – auch wenn kaum einer danach lebt.«

Bei Stefan war ein Nerv getroffen. »Dieser Mann, der verkündet hat: ›Liebe deinen Nächsten so wie dich selbst‹, sagte ebenso: ›Wer nicht Vater, Mutter, Frau, Kinder, Brüder und Schwestern und auch sich selber hasst, kann nicht mein Jünger sein.‹ Ist das noch eine Botschaft der Liebe, die wir beherzigen sollen?«

»Ich weiß, worauf du hinauswillst. Aber der Glaube an ihn hat unbeschadet überlebt und alle Verirrungen, die in seinem Namen begangen wurden, vergessen lassen. Der innerste Gehalt seiner Lehre ist auch heute noch nicht überholt. Nicht nur jeder Europäer kennt sie. Ob er sie versteht und beherzigt, ist ein zweite Frage.«

»Sicher nicht«, meldete sich jetzt Roman zu Wort. »Denn wenn man die Lehre Jesu wirklich verstanden und danach gehandelt hätte, ich meine vor allem die Bergpredigt, dann sähe die Welt anders aus. Immerhin vermittelt seine Botschaft wohl den einzigen Weg, wie Menschen miteinander umgehen können, ohne sich gegenseitig zu vernichten.«

»Aber es ist nun einmal erwiesen, darüber wurde ja schon viel geschrieben, dass die Bergpredigt nie so gehalten wurde, wie Matthäus sie übermittelt hat«, erklärte Stefan mit geröteten Wangen. Dies war ein Thema, das ihn immer schon brennend interessiert hatte. »Matthäus hat nur viele seiner Aussprüche zusammengestellt. Kein Wunder, dass die Juden in Jesus nicht Gottes Sohn sehen. Er ist für sie nur ein Prophet und so denken auch die Mohammedaner. Was mich betrifft, so werden mir immer zwei Dinge unbegreiflich bleiben. Das erste, dass Gott seinem Sohn Jesus nicht die Wahrheit über diese Welt und ihre Wunder offenbart haben soll, nicht ihre Kugelgestalt, nicht ihr Kreisen im All, die Vielzahl ihrer Kontinente, die Vielfalt an Kulturen – die es ja damals schon gab –, die Fülle der Landschaften, Tiere und Pflanzen. Dass er ihn keinen Blick in die unendliche Tiefe des Universums tun ließ mit den Milliarden von Galaxien, Sternen, Sternhaufen, Gaswolken. Dass er stattdessen seinen einzigen Sohn ungebildet ließ, unwissender noch als die vielen Denker vor ihm und die seiner eigenen Zeit, von späteren Generationen ganz zu schweigen. Das zweite ist, dass davon noch nie einer seiner Anbeter ins Grübeln gebracht wurde. Damit hat Gott doch schließlich das Wichtigste, was jeder Vater an seinem Sohn leisten müsste, unterlassen. Stattdessen sollte er ihm, um seine Gotteskindschaft zu beweisen, nur die Kraft zu einigen banalen, der Magie und Zauberei nahen Wundern verliehen haben? Das ist doch wirklich blamabel! Außerdem meine ich, dass Jesus sich unmöglich so über das angeblich bevorstehende Weltende und das letzte Gericht getäuscht haben könnte, wenn er Gottes Sohn gewesen wäre.»

Es entstand eine Pause.

Ein Mensch, der die Welt nachhaltig verändert

Senex ließ einige Augenblicke verstreichen, ehe er antworte: »Du vertrittst die Positionen extremer Kirchen- und Glaubenskritiker, Stefan. Damit stehst du nicht allein. Jedoch, es gibt noch andere Meinungen. Aber, ob Gottes Sohn, Mensch oder Prophet, uns sollen vor allem die Folgen seines Lebens interessieren. Und da musst selbst du zugeben, dass wohl niemals ein Mensch geboren wurde, der eine größere Wirkung hatte, der mehr bewegte, der die Welt nachhaltiger veränderte als er.«

»Vielleicht Buddha.«

»Buddha kommt aus einem anderen Kulturkreis, er gehört nicht in den Evo-Park, der sich nur mit der Entwicklung um das Mittelmeer und im Abendland beschäftigt. Und seine Wirkung war sanfter, milder …«

»Sagen Sie ruhig: weniger militant!«

»Das ist richtig. Aber die Militanz des Christentums liegt doch nicht in der Lehre Jesu begründet, sondern im Charakter des Menschen.« Senex befürchtete ein Abgleiten der Diskussion in Polemik, wie so leicht in Glaubensfragen. »Wollen wir uns nicht lieber damit beschäftigen, woher das Bedürfnis des Menschen nach Glauben und Religion kommt? Der Mensch hatte es doch schon, seit er denken kann, und er versuchte es mit zahllosen Mythen und Bildern, mit Märchen, Berichten und Dichtungen zu befriedigen. Er suchte die Antworten auf die ewigen Fragen: wie die Welt entstand, warum Unschuldige leiden, warum wir sterben müssen, was nach unserem Tod sein wird …«

»Und vor allem: Welchen Sinn unser Leben hat«, warf Roman ein.

Senex nickte. »Vielleicht ist die wichtigste Aufgabe der Religion, all das zu benennen, was unsichtbar, unhörbar und unberührbar ist. Der Mensch hat von Beginn an nach einer Erklärung für seine Existenz gesucht, schon lange vor den griechischen Philosophen. Der Glaube will das Sichtbare mit dem Unsichtbaren verbinden, er stiftet den Sinn, ohne den wir nicht leben können, er verheißt die Hoffnung, ohne die wir verloren wären.«

»Credo, quia absurdum. – Ich glaube, gerade weil es widersinnig ist«, sagte Stefan.

»Der Ausspruch eines Römers, des Kirchenschriftstellers Tertullian, der in Karthago, in der Nähe des heutigen Tunis, geboren wurde«, ergänzte Senex.

»Er wusste schon, was er sagte«, fuhr Stefan fort. »Denn es ist wirklich absurd, was wir glauben sollen!«

Das größte Buch der Weltliteratur

»Lasst uns nicht die Zeit mit einem Streit vergeuden, der noch am Ende der Zeiten nicht ausgetragen sein wird«, bat Senex. »Vielleicht unterhalten wir uns später noch einmal darüber. Denkt bitte noch einmal an Jesus. Stellt euch den armseligen Ort Bethlehem vor, wo er geboren wurde, Nazareth, nach dem er benannt wird, auch die Stadt Jerusalem zur römischen Zeit, wo er gekreuzigt wurde. Wie bescheiden war der Ursprung des Christentums. Und überlegt dann, welche Ausstrahlung es hatte, denkt an die Pracht des päpstlichen Rom, an die Kathedralen, an die Klöster, an die Kirchen in Italien, in Spanien, in England, in Frankreich, in Deutschland – all das entstand aus einer Idee, aus dem Glauben, aus den Worten eines einzigen Mannes, der zu überzeugen vermochte.«

Senex machte eine Pause. Die drei anderen schwiegen ebenfalls. Dann fuhr er fort: »Ihr habt Rom gesehen. In der Zeit seiner Blüte entstand das Christentum. Damals wurde auch die Bibel geschrieben, ich meine natürlich das Neue Testament, denn das Alte Testament, das immer noch die Heilige Schrift der Juden ist, ist ja viel älter. Ich denke, wir sind uns einig darin, ob wir nun gläubig sind oder nicht, dass wir in der Bibel das größte und weiseste Buch der Weltliteratur besitzen. Und da die Bibel seit damals als ›wahr‹ gilt und die Gläubigen ihr Leben nach ihr eingerichtet haben, ist sie für unsere Kultur von einzigartiger Bedeutung.«

»Heute weiß man aber, dass die Evangelien von Menschen geschrieben wurden, die keineswegs göttlich inspiriert waren. Deshalb wird die Bibel ja auch ›Das Märchenbuch der Christen‹ genannt.«

»Nun, Stefan, vielleicht sagen wir lieber ›Glaubensbuch‹«, warf Senex ein. »Du wirst mir sicher Recht geben, dass die Bibel das wichtigste Werk unserer abendländischen Kultur geworden ist. Unsere Geschichte seit Christi Geburt, oder sagen wir genauer, seit dem Untergang des römischen Reiches, ist nur mit ihr zu verstehen. Noch niemals vorher hatte ein einziges Buch – das nicht einmal gedruckt und dadurch nur wenigen zugänglich war – in solch ausschließlicher Weise als absolute Wahrheit gegolten, mehr noch, als Quelle allen Wissens und allen Denkens. Jahrhundertelang machten die Menschen des Abendlandes all ihr Handeln davon abhängig. Gewiss, das fing schon bei den Juden an, aber die jüdische Religion verbreitete sich nicht über den mediterranen Raum hinaus, wie das Christentum. Das lag einerseits an Jesus selbst, aber auch an der ungeheuer erfolgreichen Missionstätigkeit des Apostels Paulus. Er war es, der den Anspruch erhob, die neue Religion auch auf die nichtjüdischen Völker auszudehnen – wir werden noch darüber sprechen.«

»Aber es ist doch unbestreitbar, dass die Bibel nicht auf der historischen Wahrheit beruht«, sagte Stefan, der den in Senex' Ausführungen anklingenden Vorwurf nicht unwidersprochen hinnehmen wollte.

»Es fragt sich, ob es darauf ankommt«, antwortete Senex milde. »Der große Arzt und tiefgläubige Mensch Albert Schweitzer hat schon neunzehnhundertdreizehn sinngemäß gesagt, das moderne Christentum müsse immer mit der Möglichkeit rechnen, dass Jesu Existenz nicht aus der Geschichte bewiesen werden könne. Und für den evangelischen Theologen Martin Kähler war bereits achtzehnhundertzweiundneunzig nicht der historische Jesus wirksam, sondern nur der Jesus, über den gepredigt wird und an den man glaubt – ein wirklich erhellendes Wort, das viel von der inneren Wirksamkeit des Christentums verrät. Aber wenn du nur vom historischen Jesus sprichst, so hast du natürlich Recht, Stefan«, gab Senex zu. »Heute ist man sich darüber einig, dass die Evangelien und die Briefe des Apostels Paulus alle nach dem Tod Jesu verfasst wurden. Keiner der Evangelisten hat Jesus gekannt, auch Paulus nicht, dessen Briefe, so weit sie als echt gelten, die ältesten Zeugnisse sind. Das Markus-Evangelium wurde etwa vierzig, das Lukas- und das Matthäus-Evangelium wurden etwa sechzig und das Johannes-Evangelium siebzig bis achtzig Jahre nach dem Tode Jesu geschrieben. Auch existieren die vier Evangelien nicht im Original, sondern nur als Abschriften von Abschriften und wieder neuen Abschriften. Länger als zwei Jahrhunderte haben die Kopisten Änderungen vorgenommen, Ergänzungen, Verbesserungen – angeblich hunderttausende. Glaubt man dem französischen Philosophen der Aufklärung, Denis Diderot, dann hat es in den ersten Jahrhunderten des Christentums sechzig verschiedene Evangelien gegeben, die er unverdaulich, kindlich und albern nannte. Davon seien nur dic vicr uns bekannten übrig geblieben.«

»Also hat sich niemand schriftlich über Jesus geäußert, der ihn selbst gesehen hat.«

»Das ist wahr, Stefan. Diejenigen, die ihm begegnet sind, haben nichts über ihn geschrieben, und die, die über ihn geschrieben haben, sind ihm nie begegnet. Lediglich Paulus wurde bereits wenige Jahre nach der Kreuzigung Christ. Seine Briefe sind die ältesten Texte des Neuen Testaments, etwa zwanzig Jahre nach dem Tod Jesu verfasst. Von Jesus selbst gibt es keine schriftlichen Aufzeichnungen.«

»Wie auch immer, ich mache mir wenig aus der Bibel. Wahr oder unwahr, das ist für mich ohne Bedeutung, wichtig ist für mich nur, dass die Bibel voll von altem Aberglauben steckt und ihm noch heute Vorschub leistet, nichts dagegen beiträgt zur Ausbildung des Verstandes. Wir müssen aber den Aberglauben bekämpfen, denn der Aberglaube wird die Menschheit zu Grunde richten. Ich bin ein Skeptiker, ich halte nichts vom Glauben, ich möchte Tatsachen erkennen und daraus Konsequenzen ziehen. Es deprimiert mich immer wieder, wie leidenschaftlich sich viele Leute an irgendwelchen Vorstellungen festhalten, die sie nie überprüfen.«

»Du hast vielleicht in manchem Recht, Stefan, aber ich glaube, du vereinfachst die Sache ein bisschen zu sehr«, warf Roman ein. Dann griff er das eigentliche Thema wieder auf und fragte: »Was Jesus betrifft, so liegt seine ungeheure Wirkung doch wohl vor allem an seiner Verheißung, dass wir nach dem Tod auferstehen werden?«

»Und ist das nicht ein Beweis für das, was ich eben gesagt habe?«, entgegnete Stefan. »Wer kann denn im Ernst daran glauben?«

Senex überhörte Stefans Einwurf. »Roman hat Recht. Das war es, was den Menschen Trost und Hoffnung schenkte. Das war die Botschaft Jesu und die Botschaft der Bibel, die sie hören wollten.«

»Aber mit dieser Bibelgläubigkeit wurde doch die geistige Entwicklung für Jahrhunderte blockiert.«

»Ja und nein, Stefan, denn andererseits kam man auch zu wunderbaren Erkenntnissen und tiefen Wahrheiten, natürlich nicht im naturwissenschaftlichen Sinne. Die Botschaft der Bibel öffnete den Menschen in ihnen ruhende Reichtümer, die über die Realität hinausgehen, beflügelte ihre Phantasie, zeigte ihnen ihre fast grenzenlose Liebes- und Leidensfähigkeit, forderte von den Menschen Gehorsam, Demut und Hingabe, schenkte ihnen aber auch unermessliche Hoffnung.«

»Aber, das müssen Sie doch auch zugeben, Senex, dass dieser blinde Glaube sie zu fürchterlicher Intoleranz verführt hat und noch verführt.«

»Wir werden noch davon sprechen, Stefan. Bleiben wir bei Jesus. Er verhieß den Menschen Erlösung.«

»Ja, und meiner Meinung nach ist nicht der Glaube, sondern die Sehnsucht nach Erlösung die größte Kraft der Seele, denn die Sehnsucht erschafft den Glauben.«

»Vielleicht hast du Recht, Stef. Dann haben also weder die ägyptische, noch die griechisch-römische, ja, nicht einmal die jüdische Religion das Bedürfnis so vieler Menschen nach Erlösung befriedigt. Das tat erst Jesus.«

»Das sehe ich auch so, Romi. Obwohl es andererseits wie Gotteslästerung klingt, vom Leben erlöst werden zu wollen, das uns geschenkt wurde und für das wir gar nicht dankbar genug sein können!«

»Vergiss nicht, dass es für die meisten Menschen aus Mühe, Kampf, Plackerei, Kummer und Schmerzen besteht, Nik. Vor allem damals waren die Leute geplagt von Krankheiten, Alter, Todesangst und immer wieder von Hunger.«

»Also musste man Gott für dieses Leben auch nicht danken!«, stellte Stefan nüchtern fest. »Ich finde, wir sollten nicht auf einen Erlöser hoffen, sondern uns die Verhältnisse auf der Erde so gestalten, dass wir keinen Erlöser brauchen, mindestens keinen Erlöser von irdischen Plagen.«

So wichtig wie Jesus selbst

»Wenden wir uns, ehe wir Jesus verlassen, noch kurz dem Apostel Paulus zu«, bat Senex. »Er ist als geistige Kraft mindestens so wichtig wie Jesus selbst. Denn er legte den Grundstein zum Christentum als Weltreligion, er setzte es durch, dass auch Heiden bekehrt werden konnten, ohne dass sie dadurch Juden wurden. Erst dadurch öffnete er das Christentum für jedermann. Mehr als ein Drittel des Neuen Testamentes berichtet von Paulus, von seinen Worten und seinen Handlungen. Aus seinen Schriften lesen wir eine geistige Kraft heraus, die sich sehr wohl mit der von Jesus messen kann. Geboren während der Regierungszeit des Kaisers Augustus in Taurus als Sohn eines jüdischen Bürgers, hieß er zuerst Saulus und verfolgte die ersten Christen leidenschaftlich. Bald aber hatte er eine berühmt gewordene Erscheinung. Er selbst sprach von der ›Klarheit dieses Lichts‹, ließ sich taufen, nannte sich Paulus und bereiste während seines Lebens unermüdlich die ganze damals bekannte Welt des Mittelmeeres, um Christi Lehre zu verkünden, predigend, lehrend und schreibend. So legte er wohl mehr als zwanzigtausend Kilometer zu Fuß zurück. Er kam durch Kleinasien nach Griechenland, nach Kreta, nach Malta und schließlich nach Rom. Es gab ja damals im römischen Imperium keine Grenzen. Oft musste er fliehen, er wurde gequält, vertrieben, gesteinigt, sodass man glaubte, er wäre tot. Er kam nach Athen, das immer noch der Mittelpunkt der Künste und der Philosophie war, wo er freilich keine Anhänger fand. In Korinth konnte er eine Gemeinde gründen. Als er es verlassen hatte und erfuhr, dass in der Gemeinde Streit ausgebrochen war, schrieb er die beiden Korinther-Briefe, vielleicht seine schönsten. Paulus hat seine Briefe diktiert, meist in Hast, manchmal beim Teppichweben, denn das war sein Beruf. Alle seine Briefe tragen den Charakter mündlicher Mitteilungen, auch das macht sie so lebendig. In Rom, wohin er schließlich gelangte, soll er außerhalb der Stadtmauern enthauptet worden sein. Man weiß es jedoch nicht genau, der Überlieferung nach ist er unter Nero als Märtyrer gestorben. Er wurde nahe der Straße nach Ostia begraben.«

»War es nicht Paulus, der sich besonders gegen die Frauen wandte?«

»Das ist richtig, Berenike. Von Jesus selbst stammt die Frauenfeindlichkeit des Christentums jedenfalls nicht. Aber vergiss nicht, dass Paulus damit auf der Tradition der Griechen und ihrer Philosophen aufbaute. Er ermahnte seine – also Jesu – Anhänger: ›Die Zeit ist kurz. Für die Zukunft sollen jene, die ein Weib haben, so sein, als hätten sie keins.‹«

»Er verlangte also, dass die Männer ihre Frauen verlassen sollten, um Christen werden zu können?«

»Nun, Berenike, er hat auch etwas anderes verlangt, das sich in der Folge als ebenso wesentlich herausstellen sollte. Er schrieb nämlich an seine Schäfchen: ›Dass jeder mit seinen Händen arbeite, um seinen Bedarf zu stillen und um denen zu geben, die nicht genug haben.‹ Ihr wisst ja, dass in Griechenland und Rom die Arbeit verpönt war, man überließ sie den Sklaven. Dagegen wurde die körperliche Arbeit in Israel nicht verachtet. Bei den Juden erlernten auch die Schriftgelehrten einen praktischen Beruf, um ihren Lebensunterhalt verdienen zu können. Sie sagten, dass sich das Studium der Thora gut mit der Ausübung eines Handwerks vertrage, weil die gleichzeitige Ausübung zweier Tätigkeiten den Menschen von der Sünde fern halte und jegliches Studium, das nicht von Handarbeit begleitet sei, Nichtstun und Unordnung bewirke. Diese Ansicht sollte für das Mittelalter, auch für das Mönchstum, von allergrößter Bedeutung sein, bis in unsere Zeit hinein. Doch davon ein andermal.«

Eine Welt des Übergangs

»Wenden wir uns den ersten nachchristlichen Jahrhunderten zu«, schlug Senex nun vor. »Von da an, ich stelle es nur noch einmal fest, veränderte sich die Welt in einer Weise wie niemals zuvor. Und wir sind noch mitten in dieser Veränderung. Ich gebe zu, wir werden wieder einen großen Sprung durch die Jahrhunderte machen, denn die geistige Entwicklung des Menschen legt wieder einmal eine Pause ein, zu Gunsten einer religiösen Erneuerung. Mit dem Christentum, besonders im Mittelalter, trat ein Menschentypus plötzlich in Massen auf, den es vorher höchstens vereinzelt gegeben hatte – der Glaubensfanatiker. Die Verachtung alles Irdischen, die irrationale Flucht aus der Welt, die doch als Gottes Schöpfung eigentlich anbetungswürdig ist, wurde zur religiösen Bewegung und nahm Ausmaße an, wie es sie vorher noch niemals gegeben hatte. Daneben blieb natürlich die jedem Geschöpf angeborene Freude am Leben – aus der ja auch die Angst vor dem Tod resultiert – immer mächtig. Dieser unlösbare Widerspruch führte bei vielen Menschen zu schweren Konflikten, die ihre seelischen Spannungen ins Unerträgliche steigern konnten. Das wird die neue Welt sein, in der ihr euch morgen befinden werdet, eine Welt des Übergangs von der Antike …«

»Zur Neuzeit?«

»Noch nicht, Stefan. Oder nur zögernd. Aber von der Antike zu einem christlich geprägten Menschenbild, zu einem Menschen, der beides in sich zu vereinigen suchte, das Christentum und den antiken Geist. Das ist der Grund, weshalb ich einen besonderen Mann ausgesucht habe.«

»Und wer ist es? Natürlich wieder ein Mann.«

»Ja, Berenike, ein Mann. Morgen wollen wir nach Italien, genauer gesagt nach Apulien. Zuvor reisen wir kurz nach Palästina, um die Krönung Friedrichs des Zweiten zum König von Jerusalem mitzuerleben.«

Sie standen auf und gingen in ihre Zimmer. Die Bilder dieses Tages begleiteten sie in ihre Träume.

Der vierte Tag

Kaiser und Ketzer

Imperium Christianum

Im Morgengrauen ertönte vom Minarett einer Moschee der singende Aufruf eines Muezzins an die gläubigen Muslime, sich zum ersten Gebet niederzuwerfen. Berenike, Roman und Stefan hörten es – noch kaum erwacht – verwundert und fragten sich, wo sie sich befänden.

Kurz vor acht Uhr trafen sie sich zum Frühstück.

»Heute seid ihr in einem ganz anderen Kulturkreis«, begann Senex. »Wieder sind einige hundert Jahre vergangen – und mit ihnen zerfiel das römische Weltreich.«

Es war etwas weniger hell im Raum als an den beiden vorangegangenen Tagen, nicht gerade düster, aber eben so, wie es in einer Stadt ist, wo umliegende Gebäude das Licht filtern. Zudem hörten sie Straßenlärm, das anpreisende Rufen von Verkäufern, das Schreien und Reden vieler Menschen, dazwischen Pferdegewieher und das Blöken von Schafen. Manchmal auch eisenklirrende Schritte. Ihr Refugium hatte seinen Platz erneut gewechselt.

»Wo sind wir?«, fragte Berenike.

»In Jerusalem«, antwortete Senex. »Ihr seid in der heiligen Stadt der Christen, der Juden und der Muslime. Aber heute sind wir hier wegen der Christen.«

»Ich wundere mich schon über gar nichts mehr. Nur möchte ich auch noch wissen, in welches Jahrhundert Sie uns versetzt haben?«

»In das dreizehnte, Romi, heute ist der achtzehnte März zwölfhundertneunundzwanzig.«

»Aber dann sind ja seit gestern über achthundert Jahre vergangen! Da muss sich die Welt doch gewaltig verändert haben. Schließlich haben die Westgoten unter König Alarich Rom erobert und geplündert, Theoderich der Große hat Ravenna zu seiner Residenz gemacht hat, und noch einmal vierhundert Jahre später ist Karl der Große in Rom vom Papst zum Kaiser des Heiligen Römischen Reiches Deutscher Nation gekrönt worden, und zwar genau achthundert nach Christus.«

»Du weißt aber viel, Stefan«, antwortete Senex. »So war es in der Tat. Das Christentum hatte sich im Römischen Reich installiert, Konstantin der Große ebnete ihm den Weg zur Staatsreligion, ehe er seinen Sitz nach Byzanz verlegte. Das Imperium Christianum wurde durch Karl den Großen geeinigt, und das markanteste Datum war wirklich, als er von Papst Leo dem Dritten in Rom die Kaiserkrone empfing. Damit erreichte das Abendland seinen ersten Höhepunkt.«

»Ehe wir dazu kommen, sagen Sie uns doch, warum das große und mächtige Rom mit all seiner Macht und seiner Kultur untergegangen ist.«

»Es ist wohl eine Art Naturgesetz, dass die Kräfte jeder Kultur einmal nachlassen. In Rom herrschten vor seinem Untergang einige unfähige, sogar perverse Kaiser, die sich nur ihrem luxuriösen Leben hingaben. Der Kirchenvater Cyprian meinte schon um zweihundertfünfzig nach Christus: ›Du musst wissen, dass die Welt bereits alt geworden ist, dass sie nicht mehr in ihrer früheren Kraft steht.‹ Vielleicht war es so. Aber weder der Untergang Roms noch der Aufstieg des Nordens ist unser Thema. Das wäre es für den Geschichtsunterricht, nicht für den Evo-Park. Vielleicht darf ich es so sagen: Wenn auch Roms Licht vom Norden – von den so genannten Barbaren – ausgelöscht wurde, so wuchs ihm doch aus dem Süden neue Helligkeit zu und erleuchtete es schließlich wieder auf eine ganz andere, aber nicht weniger spektakuläre Weise. Das Licht des Christentums!«

»War es wirklich das Licht?«, fragte Stefan.

Der erste uomo universale

Senex lächelte vieldeutig. »Da Rom das Zentrum der Welt gewesen war, wählten es auch die Päpste zu ihrem Sitz. Der Bischof von Rom wurde zum Oberhaupt der Gesamtkirche. Sein Amt wird auf den Apostel Petrus zurückgeführt, den Christus selbst eingesetzt haben soll. Auf ihn folgte Linus – und eine ununterbrochene Kette von Päpsten bis in unsere Tage. Diese Welt bestand und besteht schließlich nicht nur aus Europa, der römische Katholizismus umspannt die ganze Erde, und seine Amtssprache ist noch immer das Latein der Römer. Latein war im Übrigen auch die Universalsprache des ganzen Mittelalters. Als das Weströmische Reich untergegangen war und die germanischen Völker die christliche Lehre und die antike Kultur in sich aufnahmen, begann die Zeit, die wir das Mittelalter nennen. Für uns ist diese Epoche vor allem deshalb interessant, weil damals auch das nördliche Abendland zu eigener kultureller Form fand. Man kann es vielleicht so ausdrücken: Die Welt der heidnischen Barbaren traf nun auf die geordnete und gesittete Welt des Christentums.«

»Waren die Heiden wirklich so barbarisch?«

»Das ist schwer zu sagen, Stefan. Sie waren keinesfalls so überfeinert wie die vornehmen Römer, die immer das große Vorbild der gebildeten Schichten blieben. Auch die deutschen Kaiser führten ihr Amt ausdrücklich auf sie zurück. Später, in der Renaissance, besann man sich dann wieder auf die Griechen. Und mit der Renaissance ist für mich das Stichwort gefallen für den Menschen, mit dem wir uns heute als Erstes beschäftigen wollen. Es ist Kaiser Friedrich der Zweite von Hohenstaufen.«

»Also doch ein Kaiser!«

»Ja, Berenike, aber als Kaiser eine Ausnahmeerscheinung. Obwohl auch er Kämpfe ausfocht und Kriege führte, einen Kreuzzug unternahm – höchst widerwillig übrigens –, war er kein kriegerischer Mensch. Man kann ihn als ersten ›uomo universale‹ bezeichnen. Er war nicht nur eine

Gestalt der deutschen Geschichte, sondern auch der italienischen, ja, der Weltgeschichte und – deshalb spreche ich über ihn – der Kulturgeschichte. Geistig war er seiner Zeit weit voraus. Er bekämpfte kirchliche Vorurteile genauso wie feudale Vorrechte. Vor allem aber trieb er die geistesgeschichtliche Entwicklung voran. – Aber, ehe ich viel rede, schlage ich vor, dass wir gehen!«

»Gehen? Wohin?«

»Wir gehen die Via Dolorosa hinab, die Gasse, durch die Christus sein Kreuz nach Golgatha tragen musste. Wir betreten die Grabeskirche, um an der Krönung Friedrichs, des Kaisers, zum König von Jerusalem teilzunehmen. Er hatte sein Kreuzzugsgelübde erfüllt, obwohl der Papst den Bann über ihn verhängt hatte. Er war daher exkommuniziert und den Geistlichen war jeder Kontakt mit ihm verboten. Als Einzigem in der unrühmlichen Geschichte der Kreuzzüge war es ihm gelungen, Jerusalem unblutig in Besitz zu nehmen, allein durch sein diplomatisches Geschick. Er konnte mit dem Gesandten des ägyptischen Sultans Al-Kamil in arabischer Sprache verhandeln und wurde von diesem wegen seiner Kenntnisse der islamischen Wissenschaften und für seine Liebe zur arabischen Kultur und Philosophie geachtet. Freilich wird es ihm bei seinen Verhandlungen auch geholfen haben, dass er mit dem Papst verfeindet war. Mit seiner Ausstrahlung und seinem Geschick erreichte er, dass Jerusalem und ein schmaler Korridor zur Küste – mit Ausnahme eines für die Muslime heiligen Bezirks und ihrer Moschee – an die Christen zurückgegeben wurde, nachdem es ihnen vorher in blutigen Kämpfen abgenommen worden war.«

Ein mittelalterliches Gotteshaus

Berenike, Roman und Stefan staunten, denn diesmal befanden sie sich mitten in einer orientalischen Stadt. Ein kleiner Vorplatz schuf ein wenig freien Raum. Auf der gegenüberliegenden Seite verengte er sich in den schmalen Schlund einer Gasse, die von niedrigen gelben Häusern eingefasst war. Das Menschengewimmel war so groß, dass sie sich nur mühsam hindurchschieben konnten.

»Eigentlich hättet ihr zwischen den Einheimischen auch Christen, vor allem Ritter, sehen müssen, aber diese befinden sich jetzt alle in der Kirche, keiner will den feierlichen Augenblick versäumen«, erklärte Senex.

Endlich erreichten sie die Grabeskirche, die, ein hellgelber, überkuppelter Steinbau, einen mittelgroßen Platz abschloss. Es war die Kirche, die angeblich über der Stätte der Kreuzigung Christi errichtet worden war.

Berenike, Stefan und Roman blieben einen Augenblick stehen und betrachteten das Gotteshaus in seiner schlichten Schönheit. Die Fassade stieg in ruhiger, gemessener Kraft auf. Die Arbeit der Steinmetze, die mit Mittelsäulen und Kapitellen geschmückten Fenster, erweckten sie zum Leben, gesteigert noch vom blendenden Licht der Sonne und deren Schattenspielen.

Der Platz war fast menschenleer, denn die Muslime mieden ihn. Nur einzelne Nachzügler, Pilger und Kreuzfahrer im Rittergewand mit wehenden Schultermänteln, eilten auf das Portal zu, ohne von den fremden Besuchern Notiz zu nehmen. Durch die Schlitze der angelehnten Türen der Grabeskirche drang Rauch in feinen Schwaden und hüllte das Schnitzwerk in bläulichen Dunst. Dumpf-fromme Gesänge drangen nach draußen.

Senex stieß einen der Türflügel auf, Berenike, Roman und Stefan traten in das Dunkel. Sie blieben in der Nähe des Eingangs stehen. Pilger und Ritter knieten, eine unübersehbare Menge fast schwarzer Gestalten. Es fiel nur wenig Licht durch die schmalen Fenster, allein das Gewölbe vorn über dem Altar war erfüllt von einem grauen Schein. Je länger sie schauten und sich ihre Augen gewöhnten, desto stärker schien das Halbdunkel zu leuchten. Überall flackerten Kerzen wie Gestirne, dazu das milchige Licht der ewigen Lampen, die leicht schaukelnd in den Gewölbebogen hingen, und der Duft des Weihrauchs, der Geruch abbrennender und erlöschender Dochte, von denen kräuselnder Rauch aufstieg.

»Der Gottesdienst ist beendet«, flüsterte Senex. »Kaiser Friedrich hat nicht an ihm teilgenommen, aus Rücksicht auf die Geistlichen, denen jeder Kontakt mit ihm untersagt ist, da der Papst ihn mit dem Bann belegt hat. Aber er wird gleich kommen.«

Die Krone des Königreichs Jerusalem

Eine Bewegung entstand, weniger zu erkennen als zu hören, ein unterdrücktes Atmen, dann schleifende Schritte. Ritter traten ein und drängten die Pilger vom Mittelgang zur Seite. Licht stieß in staubdurchtanzten Strahlen durch die weit aufgestoßenen Portale und leuchtete bis zum kerzengeschmückten Altar, vor dem eben noch die Priester die Heilige Messe zelebriert hatten, die sich nun aber eilig zurückzogen und den Platz vor dem Kreuz frei machten. Auf einem Podest aus rotem Samt befand sich ein runder, goldener Gegenstand, geschmückt mit funkelnden Edelsteinen.

»Die Krone des Königreichs Jerusalem«, erklärte Senex.

Nun trat ein Mann ein und schritt entschlossen nach vorn. Auch er trug, wie alle Ritter, einen wehenden Umhängemantel, darunter jedoch eine goldfarbene Robe, die durch einen grünen Gürtel gehalten wurde. Sein Haar war rötlich, ebenso der kurz gestutzte Bart. Seine Augen strahlten etwas Bezwingendes aus.

Die Spalier stehenden Ritter beugten die Knie. Auch die Pilger konnten sich der Würde des Augenblicks nicht entziehen. Der Eintretende beachtete keinen, er blickte geradeaus und schritt rasch und energisch zum Altar. Dort blieb er stehen und bekreuzigte sich. Er streckte beide Arme aus, nahm die Krone von ihrem Podest, hob sie hoch über sein Haupt und drehte sich dabei der ergriffenen Menge zu. Ein intensives Leuchten ging von ihm aus. Der Kaiser blickte nach oben, zu dem Goldkranz in seinen Händen, danach wendete er sich abermals, sodass er nun wieder dem Gekreuzigten ins schmerzensreiche Angesicht sah. Mit einer langsamen Bewegung, die freilich nichts Zögerndes hatte, sondern die Bedeutung der Handlung unterstrich, drückte er sich die Krone auf sein Haupt. Dann beugte er sein Knie und faltete die Hände zum Gebet.

Die Pilger stimmten ein Lied an, in das die Kreuzritter einfielen, freilich nicht lange, denn der Gesang ging rasch in überschäumendem Jubel unter.

»Ich gäbe viel darum zu wissen, was er jetzt denkt«, sagte Stefan leise. »Er, dem der Papst nachsagt, er habe behauptet, die Welt sei von drei Betrügern irregeführt worden, nämlich von Moses, von Christus und Mohammed.«

»Ich freilich halte ihn für zu klug dazu, eine solche Äußerung getan zu haben«, erwiderte Senex. »Wahr ist wohl, dass er die Lehre von der Jungfrauengeburt töricht genannt und das Dogma der unbefleckten Empfängnis Mariä abgelehnt hat. Und nun krönt er sich selbst zum König der christlichsten Stadt und demonstriert auf diese Weise die Gottesunmittelbarkeit seines Königtums als Nachfolger König Davids.«

Die Heiligkeit der Handlung war vergessen. Die Kreuzritter wurden von ihren Gefühlen mitgerissen, von Triumph, Ergriffenheit, Glück, Freude – und auch Erleichterung, dass das Abenteuer des Kreuzzugs so gut ausgegangen war und sie ohne einen geopferten Kameraden nach Hause zurückkehren konnten. Das dankten sie der überlegenen Staatskunst ihres Kaisers, und diesen Dank, verbunden mit Verehrung, brachten sie zum Ausdruck, indem sie nach vorne drängten und ihn umringten. Jeder wollte ihm so nah wie möglich sein.

»Kommt«, schlug Senex vor. »Das, was ich euch zeigen wollte, ist vorbei.« Er drehte sich zur Tür, die drei folgten ihm.

An der Tür wies Senex noch einmal zurück zur Kuppel über dem Altar, die noch immer magisch leuchtete: »Erinnert euch, dass es die Römer waren, die den Kuppelbau erfanden. Von Rom aus verbreitete er sich über das ganze Abendland.«

Ein Palast in orientalischer Pracht

Sie mussten die Augen zusammenkneifen, so grell war das Licht. Die Sonne hatte, obwohl es Vorfrühling war, nicht nur wärmende Kraft, sie warf auch ihre Helligkeit in gebündelten Strahlen auf die Pflastersteine.

»Wir verlassen Jerusalem, wir verlassen das Heilige Land«, erklärte Senex. »Christus war es, dieser eine Mensch, in dem die Gläubigen Gottes Sohn sehen, der diesen Ort für seine Anhänger zum heiligsten der Erde machte. Ströme von Blut wurden um seinen Besitz vergossen. Ich möchte euch nun gern eine historische Episode erzählen, die etwas Farbe in die Geschichte bringt und den Kaiser charakterisiert. Der Papst, der den Kaiser hasste, hatte wohl erfahren, dass sich unter den Geschenken, die jener vom Sultan erhielt, auch sarazenische Tänzerinnen befanden. Nun ließ er unter den Pilgern das Gerücht ausstreuen, der Kaiser habe die Tochter des Sultans und fünfzig Sarazeninnen geheiratet.«

»Und hat er das?«

»Nein, Berenike, aber Tatsache ist, dass er aus der Verbindung mit einer Orientalin einen natürlichen Sohn hatte, Friedrich von Antiochien. Einen Harem besaßen schon seine normannischen Vorfahren in Sizilien. Friedrich selbst hat wohl erst in späterer Zeit in seinem Gefolge Frauen in verschleierten Sänften, von Eunuchen bewacht, mit sich geführt und auf seinen Burgen, vor allem im apulischen Castel del Monte, gehalten. Mit dem Segen der Kirche war er dreimal verheiratet, aber geliebt hat er wahrscheinlich nur seine erste Gemahlin, die zehn Jahre ältere Konstanze von Aragon. Sie hatte ihn – der verwaist und verwahrlost aufgewachsen war – in die höfische Welt der feinen Sitten eingeführt. Als sie viel zu früh starb, legte er ihr seine eigene Krone in den antiken Marmorsarkophag und ließ den Spruch einmeißeln: ›Siziliens Königin war ich, Gemahlin des Kaisers. Hier liege ich nun, Friedrich, die deine.‹ So kann man es noch heute in Palermo sehen und lesen. Womit ich in Gedanken in Sizilien wäre – und diesem Gedanken wollen wir folgen, zwar nicht eigentlich nach Sizilien, das auch zu Friedrichs Königreich gehörte, aber ins südliche Italien, nach Foggia in Apulien, wo Friedrich meist residierte. Wir gehen diese Gasse hinab. Sie führt uns ohne weiteren Umweg, dank der wohl überlegten Planung des Evo-Parks, nach Foggia.«

So gelangten sie, ohne es eigentlich zu merken, in eine andere Stadt und in ein anderes Jahr.

Senex erzählte währenddessen: »Von Friedrichs Residenzschloss in Foggia ist nur ein Torbogen mit einer Inschrift erhalten geblieben, aber die zeitgenössischen Chronisten sprachen von einem prunkvollen Palast, dessen orientalische Pracht an die Schlösser der Almohaden in Spanien erinnerte. Hier war für einige Jahrzehnte der Mittelpunkt eines Reiches, das nach dem Willen des Kaisers das ›Imperium Romanum‹ erneuern und die Welt rund um das Mittelmeer beherrschen sollte. Nach dem Vorbild der spanisch-arabischen Paläste – denkt nur an die Alhambra in Granada – hat die Leitung des Evo-Parks das Residenzschloss rekonstruiert.«

Kaiser Friedrichs Vogelhaus

Unversehens befanden sie sich vor einem großen Tor, das wie ein Hufeisen geformt war. Ehrenwachen im vollen Schmuck der Waffen standen auf Posten, und auf den Zinnen flatterten Fahnen. Die Wachen ließen sie passieren. Sie gingen durch lichte Höfe, umgeben von rötlichen Mauern, an die die Sonne glänzende Muster malte. Die Böden waren mit weißem Marmor ausgelegt, Wasser plätscherte in Alabasterbrunnen. Ampeln aus Kristall hingen in prachtvoll mit Kacheln ausgekleideten Räumen. Arabesken und Inschriften zierten die Wände. Das Rauschen kostbarer Stoffe, die behutsamen Schritte von Höflingen und die gedämpften Stimmen der Schreiber drangen leise zu ihnen. Vor jeder Tür blinkten die vergoldeten Harnische der sarazenischen Wachen. Anmutige orientalische Sklaven füllten Silberschalen mit frischem Wasser.

Durch ein Tor erreichten sie schließlich die Gartenanlage. Eine weite

Rasenfläche mit Büschen und Bäumen breitete sich vor ihnen aus. Etwas entfernt sahen sie einen großen Käfig, der aus mehreren voneinander getrennten Abteilungen bestand, um die zarten Schmuck- und Paradiesvögel vor den Raub- und Greifvögeln mit ihren scharfen Schnäbeln und Fängen zu schützen.

»Kaiser Friedrichs Vogelhaus«, erklärte Senex. »Es ist der eigentliche Grund unseres Besuchs. Und da ist er auch selbst!«

Der Kaiser stand in Gedanken versunken vor seinen Vögeln.

»Er liebt fremdartige Tiere«, erklärte Senex. »Beim Reichstag von Ravenna zwölfhunderteinunddreißig erschien er nicht nur mit großem und prächtigem Gefolge, sondern er führte auch zahlreiche ungewöhnliche Tiere mit sich, Elefanten, Dromedare, Kamele, Panter, Raubvögel und sogar Löwen. Viele dieser Tiere hatten ihm orientalische Fürsten geschenkt, mit denen er Briefe wechselte. Natürlich verfolgte er durch solche Schaustellungen die Absicht, den Glanz seiner Herrschaft zu erhöhen, aber er hatte auch echte zoologische Interessen. Er war ein leidenschaftlicher Jäger und beobachtete die Natur außerordentlich genau, da er von ihrer vernünftigen und zweckmäßigen Einrichtung überzeugt war. Darin war er einzig in seiner Zeit. Er war so erfahren, dass er sogar dem Verfasser einer Pferdeheilkunde Ratschläge und Belehrungen erteilen konnte.«

Das Vogelhaus des Kaisers, ein luftiges Gebilde aus Kupferstäben, die man zu einem Gitterwerk verflochten hatte, war umrahmt von grünem Buschwerk, da der Kaiser wünschte, dass seine Vögel von Natur umgeben waren.

Die Vögel schüttelten ihr Gefieder, hüpften, schwangen sich auf und flogen, so weit es das Gitter erlaubte. Der Kaiser stand unbewegt und beobachtete einen Milan, ein besonders schön gezeichnetes Exemplar mit rot-braunem Gefieder. Nur Kopf und Brust waren weiß. Ein mächtiger Steinadler näherte sich im Gleitflug, sackte ab, streckte die Füße aus und berührte den Boden.

Über die Kunst, mit Vögeln zu jagen

Nun löste sich der Kaiser aus seiner Versunkenheit. Dicht neben dem Vogelhaus, vor einer Buchsbaumhecke stand ein Marmortisch, an den zwei mit Stoff bespannte Klappstühle gerückt wurden. Der Kaiser ließ sich auf einem nieder, den anderen Sitz nahm, sich zuvor verneigend, ein schmächtiger Schreiber ein, der einige glatt gestrichene Pergamentblätter vor sich auslegte und sein Schreibzeug, Feder und Tinte, aufbaute.

Senex winkte seinen Begleitern. Sie traten ein wenig näher, sodass sie die Szene gut beobachten konnten.

»Ihr werdet den Kaiser diktieren hören«, sagte Senex. »Er schreibt an seinem berühmten Buch über die Vogeljagd, ›De arte venandi cum avibus‹ – ›Über die Kunst, mit Vögeln zu jagen‹. Es ist aus seinen jahrzehntelangen ornithologischen Forschungen hervorgegangen. Erinnert euch an die Anfänge der Menschen, wie sie zunächst Jäger waren und dann Tiere hielten und zu züchten begannen. Nun fangen sie an, ihr Leben zu erforschen. Dieses Buch weist Friedrich als den ersten wirklich kritischen Naturforscher und als den besten Kenner der Beizjagd aus. Hört, was er im Vorwort sagt …«

Der Kaiser diktierte: »Es ist die Absicht unseres Buches, die Dinge, die sind, so wie sie sind, darzulegen.«

»Entscheidend ist für ihn dabei die eigene Beobachtung«, flüsterte Senex. »Diese stellt er über jede andere Autorität oder überlieferte Meinungen, ergänzt sie aber durch Beobachtungen anderer Schreiber. Die Sprache seines Buches ist nüchtern, durchsichtig, klar und logisch. Zuerst beschreibt er die Jagdvögel, ihr Gefieder, ihren Flug, ihre Nistplätze und Lebensgewohnheiten. Dann beschäftigt er sich mit der Beize, also mit ihrer Aufzucht, Pflege und Führung. Um seine Kenntnis der Falkenjagd zu erweitern, korrespondierte er mit arabischen Herrschern, ließ sich, wie ihr hier seht, Falken und Falkner schicken und studierte die antike und arabische Literatur. Niemand zuvor hatte über diese Vögel so umfassende Kenntnisse besessen, niemand zuvor hatte sie so genau beobachtet und sein Wissen weitergegeben. Jetzt hört ihr ein Beispiel aus der kaum überschaubaren Fülle seiner Einzelbeobachtungen, mit denen er Aristoteles widerspricht.«

»Sie meinen dessen Geschichte der Tiere, von der Sie uns in Athen erzählt haben.«

»Richtig, Roman. Aristoteles wird von jetzt an für die abendländische Geisteskultur immer wichtiger.«

Der Kaiser fuhr in seinem Diktat fort: »Man erkennt des Nachts an der Stimme, ob Kraniche, Reiher, Gänse oder Enten ziehen, welche sich nicht, wie Aristoteles sagt, wegen der Anstrengung des Fliegens hören lassen, sondern deren Stimmen oben erschallen, um andere Vögel zu sich heranzurufen.« Die Feder des Schreibers kratzte eilig über das Pergament. Ihr oberes Ende zitterte.

»Ob ein Falke auf einer weiten Reise oder lange Zeit schlecht getragen worden ist, erkennt man daran, dass er die Flügel herabhängen lässt. Sein Schwanz bildet mit dem Rücken keine gerade Linie, vielmehr benützt er ihn als Stütze und berührt damit des Falkners Hand, sodass an der Stelle, wo Schwanz und Rücken ineinander übergehen, ein Knick entsteht. Ferner hält er die Schwanzfedern nicht in der rechten Weise fest zusammen. Er springt und schüttelt sich nur matt, schlägt nicht mit den Flügeln, sondern spreizt bald den einen, bald den anderen, gelegentlich auch beide und ebenso seine Füße. Seine Augen haben einen stumpfen Ausdruck, bald schließt er nur eines, dann wieder beide.«

»Das mag genügen«, flüsterte Senex seinen drei Begleitern zu. »Ich möchte euch noch ein wenig von diesem vielseitigen Mann erzählen, der zu Recht von seinen Zeitgenossen ›Stupor mundi et Immutator Mirabilis‹, ›Das Staunen der Welt und ihr wundersamer Verwandler‹, genannt wurde. Um das verstehen zu können, reicht das Falkenbuch natürlich nicht aus.«

Der Mensch soll nichts glauben, was nicht durch die Natur und die Vernunft bewiesen werden kann

Sie gingen über die Rasenfläche, die angenehm weich unter ihren Füßen nachgab wie ein Teppich, und gelangten in den schönsten aller Höfe. In seiner Mitte plätscherte ein Brunnen, ein Marmorbecken, das von zwölf Falken getragen wurde. Der Hof war von Bogenreihen umgeben, die sich über zierliche weiße Säulen spannten. Hier gab es mehrere Bänke, gleich die nächste suchte Senex aus.

»Was war es also, das diesen Kaiser so besonders machte?«

»Es waren seine geistige Universalität, mit der er seine Zeit weit überragte, Stefan, sein vorurteilsfreies Denken, seine Aufgeschlossenheit für fremde Kulturen – er war wirklich eine Ausnahmeerscheinung. Er unterhielt sich, wie ich schon sagte, mit arabischen Gelehrten über Logik, Mathematik, Physik und Metaphysik, er fragte nach Beweisen für die Unsterblichkeit der Seele …«

»Das muss doch damals wie Blasphemie gewirkt haben!«

»Richtig, nicht umsonst wurde er mehrmals mit dem Kirchenbann belegt, zumal er auch noch bezweifelte, dass die Seele überhaupt unsterblich sei. Der Papst sagte über ihn: ›Dieser König der Pestilenz hat erklärt, der Mensch solle nichts glauben, was nicht durch die Natur und die Vernunft bewiesen werden könne.‹«

»Und hat er denn nicht Recht?«, fragte Stefan.

»Das ist ein Gedanke, der auch von einem griechischen Philosophen stammen könnte«, meinte Berenike.

»Gerade deshalb nennt man ihn auch einen Vorläufer der Renaissance, worunter man, wie ihr wisst, die Wiedergeburt der Antike versteht. Ich meine, Friedrich nimmt in gewisser Weise sogar schon die Aufklärung vorweg.«

»Höchst erstaunlich, in einer so vom Glauben dominierten Zeit«, meinte Stefan.

»Erzählen Sie mehr von ihm«, bat Roman.

»Ich lasse die politischen Wirren fort«, sagte Senex. »Seine Regierungszeit war ein fortwährender Kampf, vor allem mit dem Papst. Friedrich meisterte ihn nur mit seinem unbeugsamen Willen. Er machte seine Residenz, diesen schönen Palast von Foggia, zum Zentrum des Abendlandes für Wissenschaft, Dichtung und Kunst. Sein Hof blühte wie keiner zuvor. Er gründete die Universität von Neapel und lud die Professoren und Scholaren der damals schon berühmten Universität von Bologna ein, nach Neapel zu kommen, ›...wo das von uns mit großer Sorgfalt eingerichtete Studium in Blüte steht, wo die Anmut der Landschaft lockt wie der Überfluss an allen Dingen und die verehrte Gemeinschaft der Doktoren.‹«

»So könnte auch ein moderner Werbetext lauten.«

»Die Werbefachleute von heute könnten stolz auf ihn sein, Berenike. Jedenfalls kamen nicht nur italienische Gelehrte, sondern auch jüdische und arabische, um in Neapel zu studieren.«

»Erstaunlich! Was lernten sie denn, außer Theologie?«

»Mehr, als ihr annehmt. Man betrieb philosophische, naturwissenschaftliche, medizinische, mathematische, aber auch astrologische und alchimistische Studien. Dabei nahm der Kaiser an allem Anteil, was ihm durch seine Sprachkenntnisse erleichtert wurde, denn er konnte neben Volgare – einer italienischen Volkssprache – auch Latein, Griechisch, Hebräisch, Arabisch, Französisch und Provenzalisch.«

»Kaum zu glauben!«

»Vielleicht war es wirklich ein wenig übertrieben, Roman, denn Latein wurde ja überall verstanden und gesprochen, vor allem in den Kirchen, Kanzleien und Universitäten. Auf Friedrichs Veranlassung wurden übrigens mehrere Schriften des Aristoteles, zusammen mit einem Kommentar des Averroes, aus dem Arabischen ins Lateinische übersetzt.«

»Averroes, wer war das?«

»Der größte arabische Philosoph der damaligen Zeit, Berenike. Auch das ist ein Zeichen für Friedrichs Aufgeschlossenheit fremden Kulturen gegenüber. Er ließ auch andere arabische Werke zum ersten Mal ins Lateinische übersetzen. Die neue Synthese aus aristotelischen und arabischen Gedanken beeinflusste die Philosophie und Theologie des abendländischen Mittelalters auf kaum zu überschätzende Weise. Davon zeugt auch das Werk des Thomas von Aquin, der ebenfalls Student in Neapel war. Wir werden noch über ihn sprechen.«

»Das muss eine sehr lebendige Stadt gewesen sein, mit dem rauchenden Vesuv im Hintergrund und der märchenhaft schönen Bucht. Wenn man bedenkt, wie ungeheuer reich unsere Zeit an Zeugnissen der Vergangenheit ist! Und wir machen kaum Gebrauch davon, höchstens als mehr oder weniger interessierte Touristen mit Fotoapparat. Dabei hat uns die Vergangenheit so viel zu sagen«, meinte Berenike.

»Aber man muss in sie eintauchen und auf sie hören«, stimmte ihr Roman zu.

Vater der italienischen Poesie

Senex fuhr fort: »Friedrich, dieser vielseitige Mann, beschäftigte sich auch mit Poesie, die damals vor allem an den französischen und provenzalischen Höfen gepflegt wurde. Er begründete eine Dichterschule. In ihr wurden zum ersten Mal Lieder, Gesänge und Kanzonen in italienischer Sprache, im sizilisch-apulischen Volksdialekt, geschrieben. Einige wenige Kanzonen, die Friedrich selbst gedichtet hat, haben sich erhalten.«

»Können Sie eine auswendig?«, fragte Roman.

»Nur den Anfang. Wenn ihr ihn hören wollt?«

»Bitte«, rief Berenike.

»Es ist ein wehmütiges Abschiedslied, das angeblich einer von Friedrichs orientalischen Favoritinnen galt:

Weh, ich gedachte nicht,
dass gar so schweres Leide
das Scheiden wäre von der Fraue mein.

Ich wähnt, ich müsste sterben,
seitdem ich sie meide
und ich der Süßen nicht mehr darf Geselle sein.
Von solchem Kummer wusst ich nie zu sagen,
als seit das Schiff mich von ihr fortgetragen.
Ich sterb gewisslich, wenn ich sie entbehre
und mich nicht schnellstens wieder zu ihr kehre.

»Wie viel Gefühl er darin zeigt!«

»Ja, Berenike, nicht umsonst priesen ihn die Troubadoure Siziliens und auch Walther von der Vogelweide. Der größte Dichter Italiens, Dante Alighieri, nennt ihn in seiner ›Göttlichen Komödie‹ gar den Vater der italienischen Poesie.«

Senex schwieg einen Augenblick und in diese Stille hinein klang das Plätschern des Falkenbrunnens.

»Wie war er als Mensch?«

»Schwer zu beantworten, Berenike, denn in seinem Charakter vereint sich vieles, Freude an Luxus und exotischer Pracht, heitere Gesprächigkeit und bezaubernde Liebenswürdigkeit. Er konnte aber auch bis zum Sarkasmus ironisch und erschreckend kalt sein, sogar unbarmherzig und grausam. Vielleicht ein Erbteil seiner normannischen Vorfahren. Obwohl selbstdiszipliniert und geistig überlegen, ließ er sich doch auch zu Zornesausbrüchen hinreißen. Seine Sinnenfreude und Sinnlichkeit sind verbürgt. Und es besteht ein unerklärlicher Widerspruch zwischen seinem freien Geist, seiner Skepsis, sogar seiner Ungläubigkeit gegenüber den Dogmen der Kirche einerseits und der Befangenheit in seiner Zeit und seiner Ketzerordnung, was zu erbarmungslosen Verfolgungen, Folterungen und Verbrennungen führte. Andererseits schützte er die Juden gegen abergläubische Vorurteile, wie er sich überhaupt nur gegen Ketzer, also vom Glauben abgefallene Christen, wandte, die seine Untertanen waren, aber jeden von Geburt aus Andersgläubigen respektierte. Als man die Juden von Fulda zwölfhundertfünfunddreißig beschuldigte, ein christliches Kind ermordet zu haben, um sein Blut für ihr Passahfest zu verwenden, rettete er sie, indem er die Geschichte ins

Reich der Fabel verwies. Immer wieder trat er fanatisch als höchster Richter auf, sodass ihn schon seine Zeitgenossen als Tyrannen bezeichneten. Befand er sich aber unter Menschen, die ihm vertraut waren, liebte er geistvolle Gespräche und konnte einen Charme entfalten, der die anderen mitriss.«

»Ich glaube, Friedrich war eine vielschichtige, in sich zerrissene Persönlichkeit, vielleicht wirkt er gerade deshalb auf uns so modern.«

»Da hast du sicher Recht, Roman. Einerseits war er Christ, andererseits zweifelte er an vielen Lehren der Kirche. Er war ein Kind Siziliens und hielt sich später eine sarazenische Leibwache. Orientalischer Prunk faszinierte ihn genauso wie die arabische Philosophie. Doch leider müssen wir diesen Hof, so schön er auch ist, nun verlassen. Es ist schon fast Mittag und ich habe noch eine kleine Überraschung für euch.«

Burg in geliebter Landschaft

Sie gingen zurück, vorbei an Wachen, Beamten, Höflingen, durch Hallen und Höfe und schließlich durch den Hufeisenbogen des Eingangstores. An der Mauer waren vier gesattelte Pferde angebunden. »Es ist euch doch recht, wenn wir ein kurzes Stück reiten?«, fragte Senex lachend. »Es sind gutmütige Tiere. Wir kommen rascher voran und ich will euch im Vorbeireiten noch einen Blick auf die bekannteste Bauschöpfung des Kaisers werfen lassen, die auf einer Anhöhe in Apulien steht. Du weißt sicher, was ich meine, Roman.«

»Das Castel del Monte!«

»Wir werden in wenigen Minuten dort sein.«

Ein Diener in orientalischem Kostüm, der abseits gestanden hatte, band die Tiere los, sie trabten an und die Hufe hämmerten über das Pflaster. Sie verließen die Stadt Foggia und befanden sich bald darauf in der weiten, sonnenüberglänzten Landschaft Apuliens.

»Friedrich ließ sehr viele Burgen und Lustschlösser errichten, die meisten nach seinem Kreuzzug. Das Castel del Monte aber trägt wie kein anderes seine Handschrift. Man vermutet, dass der erste Entwurf von ihm selber stammt. Vielleicht kommt in diesem Bau, in seiner schlichten Schönheit und mathematischen Ordnung, die Persönlichkeit Friedrichs am klarsten zum Ausdruck. Der Kaiser ließ das Castel del Monte – wie ich finde ganz im Sinne der Evolution – bewusst in die von ihm geliebte Landschaft bauen, nämlich als Steigerung und Erfüllung der Natur durch ein Menschenwerk. Er liebte Apulien genauso wie Sizilien und soll gesagt haben, Gott hätte sich für seinen Heilsplan sicher nicht Palästina gewählt, wenn er dieses Land, Friedrichs Erbkönigreich, gekannt hätte.«

Sie waren kaum zehn Minuten unterwegs. In der nach allen Seiten bis zum Horizont sich ausdehnenden Ebene erhob sich ein sanft ansteigender Hügel und auf ihm, wie eine Krone, ein massiver achteckiger Bau aus gelblichem Sandstein, bewehrt mit acht Türmen.

»Es ist ein Oktogon, ein Achteck, das im Orient wie im Okzident Vorbilder hat. Denkt nur an den Felsendom in Jerusalem oder an die Pfalzkapelle des Aachener Münsters. Aber was hier aus dem Achteck entstand, ist einmalig. Die Zahl Acht hatte im Mittelalter die Bedeutung des Absoluten, der Vollendung. Übrigens schrieb man sie damals noch mit römischen Ziffern, erst unter Friedrich dem Zweiten kamen allmählich die arabischen – eigentlich indischen – Ziffern auf. Doch davon ein andermal. Man hat das Castel del Monte auch mit einer Kaiserkrone verglichen, die hier in Stein wie ein Symbol des Reiches nachgebildet worden ist.«

»Ich finde es monumental, aber fast düster!«

»Von außen vielleicht, Berenike, aber stell dir im Inneren filigran gestaltete Marmorwände vor, mosaikbelegte Böden, ein Badebassin aus Marmor und nach antiken Vorbildern geschaffene Skulpturen. In den mit ausgesuchtem Luxus ausgestatteten Schlössern Friedrichs fanden all jene Feste statt, hinter denen märchenhafte Geheimnisse vermutet wurden. Aber wir wissen nicht, wann, wie oft und wie lange der Kaiser hier weilte. Ist das Kastell nicht die Krone Apuliens? Von den Plattformen der Türme, von denen vielleicht einmal seine Falken aufstiegen, geht der

Blick weit über das Land. An schönen Tagen kann man bis nach Trani, zum Meer, ja, bis zu den weißen Häusern von Andria schauen, in dessen Kathedrale zwei von Friedrichs drei Frauen beigesetzt sind.«

»Ist er selbst auch hier gestorben?«

»Nein, er starb zwar in Apulien, aber im Castel Fiorentino bei Lucera, an einer fiebrigen Darmentzündung. Er wurde sechsundfünfzig Jahre alt. Sein Sohn Manfred, der am Sterbebett des Vaters gestanden hatte, schrieb an seinen Bruder Konrad: ›Untergegangen ist die Sonne der Welt, die über die Völker geleuchtet hat, die Sonne der Gerechtigkeit, der Hort des Friedens.‹ Gemäß Friedrichs Wunsch wurde sein Leichnam nach Palermo gebracht und im Dom neben seiner ersten Gemahlin Konstanze beigesetzt. Einerseits war er der letzte deutsche Kaiser des Mittelalters, der den Anspruch erhob, die Weltherrschaft der Römer, das Imperium mundi – aber nun im Zeichen des Kreuzes – zu realisieren. Andererseits – indem er das Politische mit dem Geistigen vereinigte, nämlich mit Poesie, Kunst und Wissenschaft – sehe ich in ihm einen Ahnherrn der italienischen Renaissance.«

Kraft des Glaubens

Der kleine Ort ist Assisi

So, und nun reiten wir weiter«, fuhr Senex fort, »nach Norden, zu einer zweiten Persönlichkeit, die – wenn auch auf ganz andere Art und Weise – über das Mittelalter hinausweist. Dieser Mann war ein Zeitgenosse Friedrichs des Zweiten, ein wenig früher geboren. Aber während die Wirkung des Kaisers mit seinem Tode erlosch, wie auch das Geschlecht der Hohenstaufen, so blieb der Einfluss dieses bescheidenen Mannes bis in unsere Tage groß, er bewegt die Herzen noch heute. Ahnt ihr, wen ich meine?«

»Wenn wir nicht in Apulien wären, würde ich an den heiligen Franz denken«, rief Roman.

»Wir sind nicht mehr in Apulien«, antwortete Senex. Mit einer ausladenden Bewegung seines rechten Armes wies er auf die Landschaft, die ihren Charakter gewandelt hatte. Statt südlicher Heiterkeit, Weite des Himmels und strahlendem Licht umfing sie hier eher ein silbriger Ernst. Man hätte die Gegend mit ihren grauen Tälern und schwermütigen Berghängen fast karg nennen können. Hochgeschossene Zypressen wirkten wie scharfe, in Licht getauchte Akzente, die eine ernste Heiterkeit erzeugten. »Jetzt sind wir in Umbrien. Der kleine Ort vor uns mit seinen grauen Häusern, umgeben von der Wehrmauer, ist Assisi, am Hang des Monte Subasio gelegen. Darüber seht ihr die Zwingburg, heute die Rocca Maggiore. Ich gebe zu, rein chronologisch gesehen, hätten wir zuerst nach Assisi zum heiligen Franz gehen müssen und danach zum Kaiser Friedrich, aber unmittelbar nach unserem Aufenthalt im kaiserlichen Rom erschien mir die Verbindung zu dem deutschen Kaiser, der das Imperium Romanum zu erneuern versuchte, richtiger. Wir sind also in der Zeit um wenige Jahrzehnte zurückgegangen. Übrigens gibt es auch eine Verbindung zwischen Franziskus und Friedrich dem Zweiten, denn der Kaiser und Erbe des Heiligen Römischen Reiches wurde elfhundertsiebenundneunzig im Dom von Assisi getauft. Damals war Friedrich drei Jahre alt, Franziskus dagegen, der eigentlich Giovanni Bernardone hieß und Sohn eines wohlhabenden Tuchhändlers war, jedoch bereits sechzehn. Vielleicht stand er unter den Zuschauern der sicher prächtigen Taufzeremonie.«

»Franziskus von Assisi«, murmelte Stefan. »Soviel ich weiß, hat sich seine Botschaft der völligen Armut nicht durchgesetzt, nicht einmal in seinem eigenen Orden.«

»Das ist wahr, Stefan«, bestätigte Senex. »Die Gemeinschaft der Minderbrüder, also der Franziskaner, entwickelte sich zur ebenso einflussreichen wie vermögenden Gesellschaft. Franziskaner wurden Mitarbeiter der Inquisition, Hetzprediger, sie engagierten sich gegen den Kaiser. Nur eine Minderheit hielt am Grundideal der Einfachheit und Armut fest. Einhundert Jahre nach Franziskus wurden diese so genannten Spiritualen als Häretiker gebrandmarkt, vier ihrer Führer endeten auf dem Scheiterhaufen. Franziskus selbst aber predigte Brüderlichkeit, Frieden und soziale Reformen, und er lebte danach. Leider scheiterte er, gemessen an seinen Utopien: Armut, Einfalt, Arbeit, Demut. Davon ist nichts geblieben.«

Senex machte eine Pause, als erwarte er eine Reaktion. Als diese ausblieb, fuhr er fort: »Aber das ist nicht die Schuld des ›Poverello‹, des ›kleinen Armen‹, wie er auch liebevoll genannt wird. Er war und ist der demütige Freund der Menschen und Tiere und der naive Diener Gottes, der die edle Frau Armut umarmen wollte. Deshalb zieht er wie kaum ein anderer Heiliger auch heute noch die Pilger an.«

»Und einen Schwarm von Devotionalienhändlern mit all ihrem religiösem Kitsch, der in Hongkong hergestellt wird.«

»Auch das ist nicht seine Schuld, Stef«, rief Berenike. »Ich war schon einmal in Assisi, da hat mich der Rummel auch abgestoßen. Von der Botschaft des heiligen Franz konnte ich nichts mehr spüren.«

Überall in Italien toben Kriege

»Zeichen unserer Zeit«, sagte Senex. »Ich wollte eigentlich sagen: Zeichen unserer Zeit, nicht seiner, aber ich muss mich berichtigen. Die Zeit des heiligen Franz war erfüllt von Unruhe, überall in Italien tobten Kriege. Assisi lag in dauernder Fehde mit Perugia. Wer die kleine Stadt verließ, tat es gewappnet und bewaffnet. Der damalige Kaiser, der Vater Friedrichs des Zweiten, Heinrich der Vierte, ein grausam-harter, fanatisch-herrischer Mann, kämpfte gegen den Papst. Die Bürger stritten gegen die Adligen, selbst die kleinste Stadt hatte ihre eigene Bürgerwehr. Ihr müsst euch die Städte damals wie umgürtete Inseln vorstellen, zwischen denen unruhige Gebiete lagen, teils sogar noch Urwälder, in denen wilde Tiere lebten. Die größeren Städte erklärten sich zu selbstständigen Republiken, die dem Kaiser Widerstand leisteten und sich unter den Schutz des Papstes stellten. Nicht zu vergessen der Reichtum vieler Klöster, vor allem der Benediktinerabteien, der dem Elend der meisten Menschen Hohn sprach. Die Mönche vollbrachten zwar viele Wohltaten, sie speisten die Hungrigen, pflegten die Kranken, aber insgesamt waren die Päpste und mit ihnen die Kirche so reich und mächtig geworden wie niemals zuvor. Die einfachen Menschen, suchten in dieser unermesslichen Pracht vergeblich nach der schlichten Person Christi und seiner Botschaft. Weder im Papsttum noch im Kaisertum war die Botschaft des Evangeliums verwirklicht. Wo war der Geist des Mannes aus Bethlehem in all den Äußerlichkeiten? Zahllose Menschen, sogar Geistliche, hofften auf eine radikale Erneuerung der Kirche. Da kam Franziskus, der ›zweite Mann nach Jesus‹, wie er auch genannt wurde, den man als den größten Reformator der katholischen Kirche bezeichnet hat. Er wollte zurück zur Einfachheit und Reinheit der Urkirche. Aber er blieb der Kirche immer loyal verbunden, er wollte sie von innen heraus reformieren. Franziskus brauchte die Genehmigung der Kirche, um seinen Glauben verkünden zu können, wollte er nicht als Ketzer verbrannt werden. Er reiste nach Rom zu Papst Innozenz dem Dritten und bat um die Erlaubnis, einen Mönchsorden zu gründen. Es wurde eine denkwürdige Begegnung, denn Franziskus ähnelte wohl eher einem Landstreicher in Lumpen. Der Papst fragte ihn, ob er aus einem Schweinestall komme. Aber über die einfachen Lebensregeln, die Franziskus aus dem Neuen Testament abgeleitet hatte, kamen sie sich näher. Franziskus konnte den Papst überzeugen, zumal dieser hoffte, dass durch die neue Bewegung die Kirche gestützt würde. Franziskus war gleichzeitig orthodox und radikal und genau das brauchte das Papsttum. Nun, ich müsste Stunden reden, wenn ich auch nur ein ungefähres Bild dieser Epoche geben wollte, die voller Wirrnisse war, auch geistiger und religiöser. Überall entstanden organisierte Sekten, die dem Ideal Christi nacheifern wollten. Der mittelalterliche Mensch war ja auch von Geburt an geplagt. Ihm mangelte es an allem, was uns selbstverständlich ist. Er war allen Launen des Wetters ausgeliefert, den Naturkatastrophen, Hungersnöten und Seuchen. Nur wenige konnten gesund und schmerzfrei leben, alles war hart, vieles eine Qual, die Arbeit, die Fortbewegung, Kälte, Hitze und Feuchtigkeit, alles war Mühe! Damals war der Mensch noch weit entfernt davon, sich die Erde untertan zu machen, und musste froh sein, wenn er überhaupt überlebte. – Nun, ich denke, wir belassen es bei diesen Erläuterungen. Reiten wir weiter. Wir halten uns ein wenig südlich von Assisi, denn ich möchte euch einen kleinen Ort zeigen, der heute als Portiunkula bekannt ist.«

Abgerissen gekleidete Männer

Senex ritt voraus, sie kamen durch einen dichten Mischwald aus Laubbäumen, Pinien, Zypressen, Erlen und Weiden. Dann erreichten sie eine sumpfige Wiese, die von vielen einfach, sogar abgerissen gekleideten Gestalten bevölkert war. Ein Mann kauerte nahe am Wegrand, seine Hände zeigten die Spuren harten, ärmlichen Lebens, das er hier außerhalb jeder bürgerlichen Ordnung führte. Er war barfuß, trug ein braunes schmutziges Gewand und ein Tuch über den langen, ungekämmten Haaren. »Ihre einfache Kleidung betrachten sie als einen ersten Schritt zu einem neuen Menschtum«, erklärte Senex. »Die Brüder kommen von überall her. Ehemalige Soldaten sind darunter, aber auch Bürgersöhne oder junge Adlige; es gibt Handwerksburschen und Studenten, die ihre Universität verlassen haben, um dem Heiligen nachzufolgen, der freilich jetzt noch kein Heiliger ist, aber wie einer verehrt wird, junge Advokaten, die der Paragraphen müde geworden sind und Gott nahe zu kommen hoffen. Die Lehre von der neuen Gnade verbreitet sich wie ein Lauffeuer. Aus allen Himmelsrichtungen strömen die jungen Menschen herbei, um neue Brüder zu werden. Ihre Zahl schwillt täglich an. Damals hatte die Sprache noch eine ungeheure Kraft, es gab für den einfachen Mann nur die Bilder in den Kirchen, da war es vor allem das Wort, mit dem man die Menschen erreichen konnte.«

Berenike, Roman und Stefan zügelten ihre Pferde und blickten sich um. Der Boden war teils sumpfig, teils bestand er aus dürren Wiesen, auf denen Unterholz und Gestrüpp in lichter Unordnung wuchs. Ein Bach schlängelte sich vom Hügel herab, er spendete den Brüdern das Trinkwasser. Diese standen oder hockten irgendwo herum, manche lagen auch ausgestreckt auf dem Boden. Einige trugen härene, kratzende Hemden auf der rauen Haut, darüber eine lange Kutte aus grobem braunem Wollstoff, die von einem Hanfseil zusammengehalten wurde. Ihre Schuhe waren aus Holz, oft sogar aus grober Baumrinde, viele gingen allerdings auch barfuß. Hier vor den Stadttoren lebten sie, bewohnten primitive Hütten aus Holz und Astwerk oder Höhlen, die sie in den Abhang gegraben hatten.

»Sie kennen noch keine Regeln«, sagte Senex leise. »Ihr einziges Ziel ist es, Jesus nachzufolgen und ein Leben streng nach dem Evangelium zu führen. Franziskus ist ihnen wie Vater und Mutter. Sogar Diebe zählt er zu seinen Brüdern. Alle leiden Hunger, gewiss, manchmal fürchten sie vor Hunger zu sterben. Schlimm sind besonders die Winter, wenn der Schnee auf den Hügeln liegt und sie, oft genug barfuß, über den hartgefrorenen Boden gehen müssen. Ihre Holzfeuer wärmen nur spärlich, gerade, dass sie vor dem Erfrieren bewahrt werden.«

»Sie kommen mir vor wie große Kinder.« Sympathie schwang in Stefans Stimme mit.

»Ja, sie fühlen sich als Kinder Gottes und sehen in allen Geschöpfen ihre Schwestern und Brüder. Denn im Gegensatz zu den Katharern, von denen wir später noch sprechen werden, verkündete Franziskus die Schönheit der Natur und kritisierte alle, die sie missachteten.«

»Ich weiß, dass man Franziskus auch den Schutzpatron der Umweltschützer nennt«, sagte Roman.

»Und das war nicht selbstverständlich, denn in der Bibel fehlt zum Beispiel das, was wir heute Tierliebe nennen.«

»Auch das ist ihr Mangel oder sogar ihre Schuld!«

»Ach nein, Stefan, da muss ich doch widersprechen«, rief Senex. »So können wir erst heute argumentieren, früher waren solche Erwägungen undenkbar.«

Alle schwiegen eine Weile.

Die Natur brachte alle Tiere um der Menschen willen hervor

Endlich fuhr Senex fort: »Alle Religionen sind Menschenwerk und für jeden Glauben steht der Mensch im Mittelpunkt.«

»Aber im Buddhismus ist es anders!«

»Auch die östlichen Religionen schonen das Tier nur scheinbar, Berenike, denn sie schätzen es ja nicht um seiner selbst willen, sondern sie respektieren in ihm die Seelen verstorbener Menschen. Darin sehe ich keine echte Tierliebe.«

»Dabei sind so viele Tiere, vor allem die Säugetiere, hoch entwickelt«, rief Berenike. »Sie empfinden wie wir Menschen Schmerzen und Angst, sie haben Gefühle, ohne die sie gar nicht existieren könnten.«

»Die Menschen haben die Tiere immer gejagt und nur dann geschont und geschützt, wenn sie ihnen nützten«, fuhr Stefan fort. »Auch Jesus verlor kein einziges Wort über unsere Mitgeschöpfe, nicht einmal über den Esel, auf dem er in Jerusalem eingeritten ist. Und das kommt mir schon merkwürdig vor, dass der Mann, der sich als Gottes Sohn bezeichnete, uns nicht gelehrt haben soll, einen Großteil der Schöpfung seines Vaters, nämlich Tiere und Pflanzen, zu respektieren.«

»Das aber tat der heilige Franz«, erwiderte Senex.

»Aber er allein kann doch keine Wiedergutmachung leisten und keinen Mangel ersetzen«, setzt Stefan nach. »So erweist er sich doch nur als ein krasser Außenseiter, der diese Wunde desto deutlicher zeigt. Er hat ja, soviel ich weiß, nicht einmal in seinem eigenen Orden Nachfolger gefunden.«

»Nun ja, Stefan. Thomas von Aquin, freilich kein Franziskaner, sondern ein Dominikaner, aber fast ein Zeitgenosse des heiligen Franz, meinte: ›Da die Natur nichts Zweckloses oder Unnützes hervorbringt, so ist es unleugbar wahr, dass sie alle Tiere um der Menschen willen hervorbrachte.‹«

»Und ich meine, dass die menschliche Moral ihren Namen nicht verdient hat, solange sich in ihr alles nur um den Menschen dreht.«

»Es lohnt sich aber schon, dazu etwas zu sagen. Die jüdisch-christliche Tiermissachtung sollten wir lieber eine menschliche Tiermissachtung nennen, denn ich kenne keine Kultur, in der das Tier als Gattung geachtet oder gar geliebt wurde, obwohl Tiere manchmal zu Göttern erhoben wurden. Das müssen wir wirklich als negativ bezeichnen, da es uns Menschen erlaubt, das Leben der Tiere zu vernichten, sodass auch heute noch Tiere Sachen sind und keine Mitgeschöpfe oder, juristisch gesprochen, Personen. Vielleicht wird uns erst jetzt, da viele Tierarten bedroht sind, endlich bewusst, dass wir zusammengehören, dass wir alle Teil der gleichen Natur sind. Ohne ein Umdenken wird es in der Zukunft keine Ethik geben«

»Und ohne Ethik keine Zukunft!«, fügte Stefan hinzu.

Die stärkste religiöse Kraft des Mittelalters

Nicht weit entfernt hatte sich eine Gruppe um einen Mann geschart, der auf einem Steinhaufen stand und predigte. Senex und seine Freunde ritten näher.

Der Bruder hatte eine sehr zierliche Gestalt, nur weil er erhöht stand, konnte man ihn überhaupt sehen.

Berenike sagte erstaunt: »Wie klein er ist!«

Senex antwortete: »Er misst nicht einmal anderthalb Meter.«

Sein Äußeres schien ihm gleichgültig zu sein, man konnte ihn fast verwahrlost und ungepflegt nennen. Das Gesicht war schmal und asketisch, von Entbehrungen gezeichnet, die Backenknochen traten stark hervor. Das Haupthaar wallte unordentlich herab, um das schmale Kinn wucherte ein struppiger Bart und seine Augenbrauen waren buschig. Seine glühenden dunklen Augen richtete er teils gen den Himmel, teils auf seine Zuhörer.

»Selig sind die Armen«, begann er zu predigen, »selig sind, die da Leid tragen, denn sie werden getröstet werden. Selig sind die, die geschmäht werden im Namen Christi. Liebt eure Feinde, umarmt sie. Und richtet nicht, auf dass ihr nicht gerichtet werdet. Vergesst nicht, die Barmherzigkeit des Himmlischen Vaters ist unendlich.«

Stefan murmelte ironisch: »Wie man an der ganzen Weltgeschichte ablesen kann!«

»Darum gebt zehnmal«, hatte Franziskus inzwischen fortgesetzt. »Besser noch, gebt tausendmal. Gebt den Armen. Ihr sollt nichts bei euch tragen, weder Beutel, noch Geld, noch Sandalen. Wer mir nachfolgen will, verleugne sich selbst, nehme sein Kreuz auf sich und folge mir.«

»Kommt nun«, forderte Senex seine Begleiter auf und trieb sein Pferd an.

Sie legten rasch eine kurze Wegstrecke zurück. Als sie eine menschenleere Gegend erreicht hatten, erzählte Senex weiter: »Vielleicht war Franziskus die stärkste religiöse Kraft, die das Mittelalter hervorgebracht hat. Sicher war er die rührendste Gestalt der Kirche. Als Sohn eines wohlhabenden Tuchhändlers entsagte er, nach einer elegant und luxuriös verbummelten Jugend, aller Weltlichkeit auf der Suche nach innerem Frieden, hörte die Stimme Gottes…«

»Er dachte wie ein Kind«, meinte Stefan.

»Er glaubte, dass dem das Paradies offen steht, der mit Gott seinen Frieden gemacht hat«, fuhr Senex fort. »Er lebte in völliger Armut, scharte Anhänger um sich, baute Kapellen und Kirchen wieder auf. Er zog übrigens auch Frauen an, eine von ihnen, Klara, wurde in seiner Nachfolge zur Gründerin ihres eigenen Ordens. Auch sie wollte Gott dienen, wie Franziskus. Sie lief mit sechzehn Jahren, gemeinsam mit zwei Schwestern, aus einem reichen Elternhaus und vor einer reichen Heirat davon und gründete den Orden der Armen Frauen von Assisi. Schon zwei Jahre nach ihrem Tod wurde sie heilig gesprochen.«

»Aber haben die Männer sie denn aufgenommen?«

»Die Eingliederung der Klarissinnen in die Gemeinschaft war sicher nicht leicht und ging bestimmt nicht ohne Anfechtungen vor sich, aber sie gelang. Nun, Franziskus reiste durch das ganze Land, sogar in den Orient. Aufgestört durch den verhängnisvollen Kinderkreuzzug, versuchte er ins Heilige Land überzusetzen. Er wollte sämtliche Kreuzzüge beenden.«

»Ganz im Gegensatz zu anderen Heiligen seiner Zeit!«

»Er wurde krank, erblindete beinahe, scharte aber immer mehr Brüder um sich. Man verehrte ihn und jubelte ihm zu. Vom Tod gezeichnet, erhielt er als erster Christ die Stigmata, die Wundmale Christi. Und er verfasste einen Sonnengesang, nicht in lateinischer, wie es üblich gewesen wäre, sondern in italienischer Sprache, weil er sich an alle, auch an das Volk wenden wollte. So öffnete er das Tor zur religiösen Dichtung Italiens, zugleich mit einem ihrer schönsten Werke. Er pries die edle Schwester Sonne und den Bruder Mond, den Bruder Wind und die Schwester Wasser, den Bruder Feuer ebenso wie die Erde. Sogar im leiblichen Tod sah er unseren Bruder. Wahrhaft rührend und ganz ungewöhnlich für seine Zeit war auch, wie wir schon gesagt haben, seine Liebe zu den Tieren. Sie spiegelt sich in vielen Legenden wider, die sich um seine Person ranken. Er umarmte und küsste nicht nur die Aussätzigen, er bekehrte auch den grimmigen Bruder Wolf, er predigte den Vögeln und gelobte: ›Wenn ich eines Tages mit dem Kaiser spreche, werde ich ihn anflehen, einen schriftlichen Befehl zu erlassen, daß kein Mensch die Schwestern Lerchen fangen und ihnen Böses tun darf.‹«

»Wirklich, die Italiener ehren ihren kleinen großen Heiligen schlecht, wenn ich an das Morden der Singvögel denke!«

»Ja, Roman, das kann man wirklich nicht tolerieren. Wisst ihr eigentlich, dass jedes Jahr am Namenstag des heiligen Franz, am vierten Oktober, der Welttierschutztag begangen wird? – Aber wir wollen nun den heiligen Franz verlassen. Er gehört in die Zeit der Kreuzzüge, der Burgen und Kathedralen, er hebt sich vor dem bunten, aber genauso dunklen Hintergrund dieser Epoche ab durch unendliche Freundlichkeit und Liebe zur Schöpfung. Daher flogen ihm die Herzen der Menschen zu.«

»Bei aller Achtung vor diesem Mann – seine Zeit ist uns doch unendlich fern gerückt. Diese Glaubensinbrunst und Erlösungssehnsucht können wir nicht mehr nachvollziehen.«

»Da irrst du dich, Stef«, rief Berenike. »Auch heute noch kannst du tiefe Gläubigkeit bis hin zur Selbstaufopferung finden.«

Er überlegte, dann stimmte er ihr zu: »Du hast Recht, Sekten und Fanatiker, Fundamentalisten und Selbstmörder, denen man das Paradies verheißen hat, gibt es überall, auch im Christentum. Vielleicht lässt sich der Mensch – auch heute noch – von nichts so leicht verführen wie vom Glauben. Vielleicht ist er vor allem ein gläubiges Geschöpf, bis zum Exzess, bis zur Selbstverstümmelung, bis zum Mord.«

Berenike und Roman nickten. Gedankenversunken schwiegen sie und Senex ließ ihnen Zeit. Endlich sagte er: »Noch verlassen wir das Mittelalter nicht. Wir wollen vielmehr zweier ganz unterschiedlicher Männer gedenken, die wie keine anderen ihre Zeit bewegt haben. Seid ihr einverstanden?«

Alle drei nickten.

Scholastik und Glaubenseifer

Wie konnte man zu Gott gelangen?

Ich spreche zunächst vom heiligen Bernhard von Clairvaux und von Pierre Abélard, der auch Petrus Abaelardus genannt wird«, begann Senex. »Gewiss, wir gehen wieder einen Schritt in der Zeit zurück. Sie gehören aber beide hierher, weil in ihnen Altes und Neues zusammentreffen. Man muss wissen, dass sich die Menschen niemals so sehr nach Erlösung gesehnt haben wie im Mittelalter, sie wollten Gott selbst erfahren, und – ebenso wichtig – auf dem Weg dahin wollten sie die richtigen Fragen stellen. Wie aber konnten sie zu Gott gelangen? Zwei Ansichten standen sich diametral gegenüber – die eine, vertreten durch die Person des Bernhard von Clairvaux, stellte die mystische Schau in den Mittelpunkt, den persönlichen Kontakt zu Gott, die andere, die des Pierre Abélard, wollte das Ziel durch die Analyse von Gottes Worten erreichen. Die Gelehrten suchten nach der Wahrheit durch den Intellekt, durch Diskussion und Erklärung. Bernhard dagegen meinte, dass man größere Erfüllung in der Natur finde, nicht in Büchern. Gottes Schöpfung würde den Menschen Dinge lehren, die sie von ihren Magistern nicht erfahren könnten.«

»Dieser Streit ist bis heute nicht beendet. Wenn überhaupt, dann vertrete ich wohl eher Abélards Position.«

»Wie viele andere Menschen heutzutage, Stefan. Darum spreche ich von ihm. Abélard war der bekannteste Lehrer seiner Zeit, immer auf der Suche nach der Wahrheit. Er gründete zunächst in Paris eine eigene Schule. Paris war damals übrigens noch eine kleine Stadt, zusammengedrängt inmitten der Seine auf der Ile de France – ohne Notre-Dame, ohne den Louvre und all die Prachtbauten. Abélards Schule war bald eine der berühmtesten, die von überall her junge Leute anzog. Er war ein blendender Redner, genial, geistreich, phantasievoll, freilich auch hochmütig, und ein Meister des Paradoxen, von beißendem Witz. Bei ihm wurde nicht nur nachgedacht, sondern auch bis zur Erschöpfung diskutiert. Man wollte ergründen, ob die griechischen Denker überhaupt Antwort auf die Fragen des Glaubens und des Christentums geben konnten. Mit Abélard begann eine für das Mittelalter neue Form des Philosophierens, nämlich das Denken in Gegensätzen.«

»Meinen Sie das dialektische Denken?«

»Ja, Stefan. Das ist die Geburtsstunde der scholastischen Philosophie, wie sie sich zuerst an den theologischen Schulen und später an den Universitäten entfaltete und im dreizehnten Jahrhundert mit Thomas von Aquin und Albertus Magnus ihren Höhepunkt erreichte.«

»Man hatte also die griechischen Philosophen nicht vergessen?«

»Keineswegs, Roman. Ihr werdet mehr darüber erfahren, zum Beispiel, wenn wir über Thomas von Aquin sprechen. Jedenfalls – Abélard stützte sich auf Aristoteles. Immer zahlreicher erschienen damals Übersetzungen der antiken, arabischen und sogar der jüdischen Denker, die zunehmend Einfluss ausübten. Nach und nach wurden die Lehren des Aristoteles in ihrem ganzen Umfang bekannt. Für Abélard war es unmöglich, an etwas zu glauben, was er nicht verstand.«

»Mir geht es genauso«, murmelte Stefan.

»Abélard wollte suchend die Wahrheit erkennen. Worte allein waren für ihn nutzlos, wenn der Verstand ihnen nicht folgen kann. Alles musste zuerst verstanden werden. Er verurteilte die blinden Führer blinder Menschen, wie er sie nannte. Er meinte, dass Zweifel und Forschungen zum Wissen führen und ehrliches Fragen zur Wahrheit. Er bezog sich dabei ausdrücklich auf den scharfsinnigsten aller Philosophen, auf Aristoteles. Damit durchstieß er die engen Grenzen, die dem Denken durch die Religion damals gezogen waren. Er machte das Denken logischer und versöhnte es mit dem Wissen der Araber und Griechen. In diesem Sinne war er ein über seine Zeit hinausragender Mensch.«

Glaube ist eine Sache der Gotteserfahrung

»Und Bernhard von Clairvaux?«

»Bernhard vertrat dagegen den Standpunkt, dass zuerst der Glaube nötig sei, während das Verstehen dann von selbst komme. Für ihn war der Glaube eine Sache der direkten Gotteserfahrung, wie er sie selbst erlebt zu haben meinte. Ihn konnte nichts in seinem Glauben erschüttern, er missachtete alle Akademiker, die sich rühmten, nichts zu wissen, und alles in Zweifel zogen. Er strahlte eine Sicherheit aus, die durch nichts ins Wanken gebracht werden konnte.«

»Irgendwie doch beneidenswert«, meinte nun Roman.

»Der Mönchsorden der Zisterzienser verdankt Bernhard von Clairvaux ein neues Aufblühen, denn die Zisterzienser, die ihren Namen vom Kloster Citeaux ableiteten, waren in Gefahr, wegen ihrer sehr strengen Regeln unterzugehen. Die Mönche mussten unbedingte Armut einhalten und jede Fleischeslust meiden. Bildung, Wissenschaft und Dichtung waren ihnen nicht erlaubt, jeder Prunk untersagt. Dazu mussten sie hart in den Gärten und Werkstätten der Klöster arbeiten. Das schreckte viele junge Männer ab. Bernhard, der Sohn eines Ritters, trat dennoch in das Kloster Citeaux ein. Es gelang ihm nicht nur, neunundzwanzig Novizen, Brüder, einen Onkel und Freunde, mitzubringen, später überredete er sogar seinen Vater dazu, ins Kloster zu gehen, und seine Mutter und Schwester, den Schleier zu nehmen.«

»Er muss also über eine seltene Überzeugungskraft verfügt haben«, sagte Roman.

»Ja, er war ganz durchdrungen von seiner Mission. Als er später zum Abt eines neuen Klosters berufen wurde, gründete er es in einem bewaldeten Gebiet, ›Clara Vallis‹, das heißt ›helles Tal‹ – oder Clairvaux.«

»Daher sein Name.«

»Ja, Berenike. Er übte – predigend, tadelnd, anklagend, aufrüttelnd – bald eine große Wirkung auf die kirchliche Hierarchie seiner Zeit aus. Den einflussreichen Staatsmann und Abt Suger von Saint-Denis veranlasste er zu einer Klosterreform. Bernhards Predigten rissen die Gläubigen mit, er beeinflusste die Politik von Kirche und Staat ebenso wie Konzile, Bischöfe, Päpste und Könige. Viele Male verließ er seine karge Zelle, weil er politische Aufgaben zu lösen hatte. Man kann sich die Wirkung seiner Persönlichkeit kaum groß genug vorstellen. Die Leute küssten ihm die Füße und zerrissen seine Kutte, um aus den Fetzen Reliquien zu machen. Kranke erhofften von ihm Heilung, Bauern erflehten seinen Segen – als er starb, hatte er die Zahl der Zisterzienserklöster um etwa dreihundert vermehrt.«

»Da kann ich mir leicht denken, wie gefährlich es gewesen sein muss, von diesem Mann nicht verstanden zu werden, schlimmer noch, ihn zum Gegner zu haben«, sagte Stefan.

»Haben sich Bernhard und Abélard denn jemals persönlich auseinander gesetzt?«, fragte Berenike.

»Ja und nein. Es sollte ein Streitgespräch geben, und zwar elfhundertvierzig auf dem Konzil von Sens. Der König kam, dazu zahllose Bischöfe und andere kirchliche Würdenträger. Aber bereits am Abend vor dem Disput hatte Bernhard von Claivaux die Anwesenden derart gegen Abélard aufgebracht, dass nur noch eine Verurteilung möglich schien. Pierre Abélard verließ daher die Versammlung vorzeitig, konfrontiert mit einer Inquisition, die es ihm unmöglich machte, eine ehrliche Debatte zu führen. Er wollte sich direkt an den Papst wenden, aber wieder kam ihm Bernhard zuvor, Abélard wurde exkommuniziert, und das war das Schlimmste, was einem gläubigen Menschen im Mittelalter geschehen konnte. Es bedeutete nämlich, dass er – seinem tief religiös ausgerichteten Weltverständnis zufolge – zur Hölle fahren musste und alle Aussichten auf die unermessliche Seligkeit, einst Gott zu sehen, verlor, was er mehr als alles andere ersehnte. Abélards Schriften wurden in Rom verbrannt. Ähnlich wie Sokrates warf man ihm vor, dass er die Jugend verführe. Gerade die wollte Bernhard von Clairvaux ja für sich und seine Klöster gewinnen. Wie viele andere, später auch der große Galilei, widerrief Abélard und verkündete, dass er kein Philosoph sein wolle, wenn das Zwietracht mit dem Apostel Paulus bedeute, kein Aristoteles, wenn ihn das von Christus trenne. Seine letzten Jahre verbrachte er als

Gast des Abtes im Kloster Cluny und erst kurz vor seinem Tode wurde er wieder in die Kirche aufgenommen.«

Das Liebespaar des Mittelalters

»Ich muss gestehen, das Einzige, was ich bisher von Abélard kannte, war seine berühmte Liebesgeschichte mit Héloïse«, sagte Roman. »Héloïse war Abélards Schülerin, ein intelligentes Mädchen, er liebte sie, trieb – nach damaliger Auffassung – Unzucht mit ihr, heiratete sie, aber nur heimlich, weil er seinem Ruf als theologische Kapazität nicht schaden wollte. Deshalb brachte er seine junge Frau in einem Kloster unter. Ihre Verwandten hielten das unsinnigerweise für ein Eingeständnis seiner Untreue und rächten sich grausam an ihm, indem sie ihn kastrieren ließen.«

»Mittelalterliche Blutrache – so grausam und dumm wie es Blutrache immer ist«, murmelte Stefan.

Senex nahm den Faden von Romans Bericht auf: »Héloïse blieb im Kloster. Für ein Frau ihrer Zeit war sie ungewöhnlich gebildet. In einigen Ausnahmefällen konnten Frauen eben doch ihre eigene Persönlichkeit verwirklichen. Damals begannen die Dichter damit, die Frau nicht mehr nur als züchtiges, gehorsames Geschöpf darzustellen, wie man sie traditionell betrachtete. Werke wie ›Tristan und Isolde‹, in denen ein Ehebruch verherrlicht wurde, erregten die Gemüter, nicht zuletzt die der Frauen. Héloïse selbst war so frei in ihren Anschauungen, dass sie sagen konnte, die Tugend sei keine Sache des Körpers, sondern eine der Seele. Wenn wir sie nach ihren Briefen beurteilen, die allerdings von Abélard bearbeitet sein dürften, so gehörte sie zu den fortschrittlichsten Köpfen ihrer Zeit. Und doch erinnert man sich an sie nur als an Abélards Geliebte. So voreingenommen und blind sind wir Menschen. Abélard selbst erging es nicht anders. Obwohl er eigentlich der Begründer der modernen Theologie ist, rühmt man ihn nicht deswegen, sondern hat ihn als schrecklich verstümmelten Liebhaber im Gedächtnis behalten.«

»Kamen Abélard und Héloïse nie wieder zusammen?«

»Nein, Berenike, aber als kleine Wiedergutmachung, als ein Zeichen der Achtung der Nachwelt liegen sie nun nebeneinander auf dem Pariser Friedhof Père Lachaise.«

»Sie haben die Möglichkeiten für die Frauen, selbstständig zu leben, gleich wieder eingeschränkt, indem Sie die die Vermutung ausgesprochen haben, dass Héloïses Briefe mehr oder weniger von Pierre Abélard stammen könnten.«

»Ich will dir gern ein Gegenbeispiel nennen, Berenike.«

Literatur und Musik

Anmutige Gebilde ohne allzu viel Tiefgang

Senex erzählte: »Ich meine Christine de Pizan, die dreizehnhundertfünfundsechzig in Italien geboren wurde und später an den Hof des französischen Königs Karls des Fünften kam. Sie war vielleicht die erste Frau des Abendlandes, die ihre ganze Familie – sie war mit fünfunddreißig Jahren verwitwet –, ihre Mutter und all ihre Kinder, allein vom Schreiben ernährte, wie eine Berufsschriftstellerin. Sie begann damit, wie sie es selbst ausdrückte, ›anmutige Gebilde ohne allzu viel Tiefgang‹ zu verfassen, lernte dann aber ihr Handwerk gründlich, ihr Stil wurde eleganter, ihre Themen gewichtiger. Sie schrieb fünfzehn umfangreiche Bücher, niedergelegt in fünfzig großen Heften.«

»Aber wie konnte sie sie verkaufen? Es gab doch noch keine Buchdrucker und keine Verleger?«

»Richtig, Berenike. Ihr blieb nur ein Weg. Sie überreichte ihre Werke hoch gestellten, reichen Persönlichkeiten, von denen sie finanzielle Gegenleistungen erwartete und erhielt – zum Beispiel von Isabeau, der Königin von Frankreich. Zu ihren Werken gehört ›Das Buch von der Stadt der Frauen‹, in dem sie drei weibliche allegorische Gestalten einführt: Frau Rechtschaffenheit, Frau Gerechtigkeit und Frau Vernunft …«

»Frau Vernunft? Und das zu dieser Zeit?«

»Mehr noch, Stefan. Schon damals wehrte sie sich gegen die Behauptungen der Männer …«

»Und der Kirche!«

»Nun ja, gegen die Behauptung, dass die Frauen weniger Verstand hätten. Wenn Mädchen die Schule besuchen und später studieren könnten, dann würden sie genauso gut lernen und selbst die letzten Feinheiten der Kunst und Wissenschaft ebenso begreifen wie die Jungen.«

»Aber dann war sie ja eine Vorkämpferin der Frauenbewegung.«

»In gewissem Sinne ja, Berenike. Sie war nicht nur Schriftstellerin, sondern – wie wir heute sagen würden – auch Soziologin, Pädagogin, Utopistin, Journalistin, Managerin, Historikerin und dazu noch Mutter und Hausfrau.«

Ein großer Liedersänger deutscher Sprache

»Aber wir sind vorausgeeilt«, fuhr Senex fort. »Bitte erinnert euch, dass wir uns eigentlich noch immer in der Zeit des heiligen Franz von Assisi befinden. Und ehe wir nun weiterreiten, möchte ich an Walther von der Vogelweide erinnern, den wir früher schon einmal erwähnt haben.«

»Hat er die Menschheit weitergebracht?«

»Er ist immerhin der erste bedeutende Liedersänger und Lyriker deutscher Sprache, Stef!« Roman zitierte gleich auswendig:

»Unter der Linde, auf der Heiden,
Wo unser beider Bette war,
Da mögt ihr finden, schön die beiden,
Gebrochen Blumen und das Gras.
Vor dem Wald, in einem Tal,
Tandaradei!
Sang so süß die Nachtigall.

Berenike sah ihn lächelnd an: »Das erinnert mich an Sappho und ihre Liebeslieder. Erst vorgestern waren wir auf Lesbos und jetzt sind schon anderthalb Jahrtausende vergangen. Wie ähnlich sich die Menschen doch geblieben sind.«

»Was das Gefühl der Liebe angeht, sicher, Berenike. Nur wie sie es ausleben durften, das war sehr unterschiedlich. Die Kirche erklärt bis heute die körperliche Liebe außerhalb der Ehe zur Sünde und erzeugt damit permanent Schuldgefühle.«

»Das stimmt, Stefan.«

»Damals empfand man Walther von der Vogelweides Lied, das ja eine Liebesnacht in freier Natur besingt, und zwar nicht die eines Ehepaares, bestimmt als anstößig.«

»Ja, Berenike, und auch als revolutionär. Walthers von der Vogelweide Lieder stehen am Beginn der deutschen Lyrik. Aber wenn er auch ständig auf Wanderschaft war, so dürft ihr euch Walther von der Vogelweide nicht als streitenden Ritter und Helden vorstellen. Er war immer den Gefahren der Landstraße ausgesetzt, zu Fuß oder auf dem Pferd – das oft genug ein armseliger Klepper war –, immer auf der Suche nach einem Fürsten oder einem reichen Kleriker, dem er dienen konnte, indem er ihn pries und lobend besang. Oft war er glücklich über einen abgetragenen Mantel, den er geschenkt bekam. Er klagte ungeniert, wenn er, wie im Kloster Tegernsee, nicht gut aufgenommen und schlecht verköstigt wurde. Erst am Ende seines Lebens erhielt er von Friedrich dem Zweiten ein eigenes Lehen, also einen Gutshof, bei Würzburg. Er dichtete nicht alte Heldensagen und Rittermärchen, wie viele andere, sein Thema war die Gegenwart, die menschliche Seele, die Welt. Seine Zeilen klingen leicht und fließend. Er besang, was er sah und empfand. So erneuerte er den streng geregelten Minnesang seiner Zeit, der stark von den provenzalischen Troubadouren beeinflusst war.«

»Er ist doch auch der erste politische Dichter, der deutsch geschrieben hat.«

»Richtig, Roman. Vielleicht noch generell ein Wort zum Minnesang und zur Musik dieser Epoche. Es gab damals viele umherziehende Dichter und Sänger. Ihre Lieder wurden zunächst nicht schriftlich festgehalten, sie gingen von Mund zu Mund. Man hat sie erst aufgeschrieben, als ihre Zeit eigentlich schon vorbei war.«

»Es gab doch Minnesänger vor allem zur Zeit der Kreuzzüge.«

»Völlig richtig, Roman. Sicher war damals diese Musik genauso lebendig, wie es heute die Volksmusik oder die Rockmusik ist. Leider wissen wir nicht mehr viel darüber, wir können nur versuchen, sie zu rekonstruieren. Im Minnesang drückte sich eine veränderte Stimmung, ein neues Gefühl aus, das zu einer eigenen Kultur wurde. Die Sänger verklärten die Frau in ihren Liedern – freilich nur hier genoss sie eine Art Anbetung. Man idealisierte die Liebe, damals ›Minne‹ genannt, bewusst im Gegensatz zu den Ansichten der Kirche.«

»Also Liebe ausschließlich als dichterische Verklärung?«

»Nun, Berenike, sicher lebte man auch seine Sexualität kräftig aus. Nur verboten es die Sitten, davon ebenso freizügig zu berichten. Die Kirche predigte ja auch gerade deshalb so leidenschaftlich gegen die Unmoral, weil sie die überschäumende Sinneslust eindämmen wollte. Doch lasst uns nun weiterreiten. Unser Weg führt nach Norden, dann wenden wir uns nach Westen, nach Frankreich, durchqueren es bis fast zur Loire. Aber, wie ihr unseren Park kennt, werden wir nicht viel Zeit dazu brauchen.«

Die Knaben singen vom Blatt

Senex trieb sein Pferd an, die drei ritten auf gleicher Höhe mit ihm.

»Wurde zu Walthers von der Vogelweide Zeit auch sonst viel musiziert?«, fragte Roman.

»Ja, Spielleute und Sänger waren immer und überall unterwegs. Man sang im Gottesdienst, machte Musik bei festlichen Gelegenheiten, spielte auf Leiern, Lauten, Pfeifen, Harfen, Flöten, Trompeten und allerlei Schlaginstrumenten. Allerdings dürft ihr diese Instrumente nicht mit unseren vergleichen, sie waren recht primitiv. Aber es gab in vielen Kirchen kleine Orgeln, die auch bei Prozessionen mitgetragen werden konnten. Sie hatten höchstens zehn bis zwölf Pfeifen. Und man konnte bereits mehrstimmig, also polyphon, singen und musizieren, ein wichtiger Beitrag zur Geschichte der Musik des Mittelalters.«

»Aber wie hat man die Melodien und Lieder weitergegeben?«

»Gut, Roman, dass du das fragst.« Senex lehnte sich im Sattel ein wenig vor. »Das war wirklich eine große Schwierigkeit. Zunächst brachte man Zeichen über dem Gesangstext an, die ein Fallen oder Sinken der Melodie anzeigen sollten, eine nach oben oder nach unten weisende Hand. Ähnlich verfuhren schon die alten Ägypter. Im Mittelalter versah man diese Zeichen zusätzlich mit Buchstaben und begann sie rhythmisch zu akzentuieren, dann gruppierte man sie um eine bis drei Hilfslinien. Aber nun – bitte schaut nach Osten. Dort mündet der Fluss Po ins Mittelmeer und seine Lagunen – nein, Roman, noch gehen wir nicht nach Venedig, das heben wir uns für später auf. Ihr seht dort in den Sümpfen, über denen das Licht schwirrt, die Benediktinerabtei Santa Maria di Pomposa, unser nächstes Ziel, wenn auch nur zu einem kurzen Zwischenaufenthalt. Übrigens drehen wir die Zeit wieder etwas zurück, bis zum Anfang des elften Jahrhunderts, zweihundert Jahre vor Franziskus.«

Senex wendete sein Pferd nach rechts, ein schmaler Pfad führte durch sumpfige Wiesen, über denen Schwärme von Mücken tanzten. Sie erreichten die einsam in der Landschaft liegende Gebäudegruppe rasch, eine Klosterkirche mit viereckigem Glockenturm, umgeben von einigen niedrigen Bauwerken aus grauem Stein. Sie stiegen ab und banden die Pferde an einer Mauer fest, dann gingen sie durch eine von Säulen gestützte Vorhalle. Aus dem Gotteshaus schallte ihnen der Gesang von Knabenstimmen entgegen. Das Kirchenschiff war niedrig, Es drang nicht viel Licht durch die Fenster, einige Kerzen flackerten. Sie blieben an der Tür stehen, und als sich ihre Augen an die Dämmerung gewöhnt hatten, sahen sie in der Nähe des Altars, ein wenig seitlich abgerückt, eine Gruppe von Knaben, die alle schwarze, rockartige Überwürfe trugen, unter denen ihre nackten Beine hervorschauten. Sie übten unter der Chorleitung eines Benediktinermönches in schwarzer Kutte ein Kirchenlied, ihre Stimmen waren klar und rein.

Die Besucher hörten zu. Endlich sagte Senex. »Ich möchte euch auf etwas aufmerksam machen. Bitte schaut genau hin. Fällt euch an diesen Sängerknaben irgendetwas Besonderes auf?«

»Ich sehe nichts«, antwortete Roman.

»Nun, euch fällt nichts auf, weil es euch selbstverständlich ist. Aber für die damalige Zeit war es ganz neu. Die Knaben haben Blätter in den Händen, sie singen vom Blatt. Nun ja, sie hatten noch keine vollkommenen Noten, so wie wir sie kennen, aber wir stehen hier am Beginn der Notenschrift. Der Mönch heißt Guido von Arezzo, weil er aus Arezzo stammt. Dort wurde er neunhundertzweiundneunzig geboren. Er war es, der auf die Idee kam, Noten in farbige, waagrecht verlaufende Hilfslinien zu setzen, zunächst nur in vier, die im Terzabstand übereinander standen.«

»Und nun konnte man Melodien notieren?«

»Ja, Berenike, wenn auch noch nicht sehr genau und noch ohne rhythmische Gliederung.«

Jetzt klatschte der Chorleiter ungeduldig in die Hände. Seine Knaben brachen den Gesang ab. Der Mönch wandte sich einem der Jungen zu und rief: »Siehst du denn nicht, Beppone, dass dies ein Sol ist? Du kennst doch die Tonleiter. Sag mir die Noten einmal auf!«

Der Junge gehorchte und stammelte: »Ut – re – mi – sol…«

»Nein, das ist nicht richtig, noch einmal!«

»Ut – re – mi…« Der Knabe stockte.

Ein Kamerad kam ihm zu Hilfe: »Fa – sol – la…«

»Gut, also dann sing auch sol, wenn es da steht!«

Wieder begann der Gesang.

»Guido von Arezzo war es, der den ersten sechs Noten der Tonleiter Namen gab, die er aus einem lateinischen Lied an Johannes den Täufer ableitete.«

»Kennen Sie es? Schließlich mussten wir alle genauso do-re-mi-fa-sol-la-si-do singen lernen, da möchte man auch wissen, woher die Bezeichnungen kommen?«

»Gewiss, Roman.« Senex zitierte:

»Ut queant laxis resonare floris
Mira gestorum famuli tuorum
Solve polluti labii reatum.

In diesem Fall können wir wohl auf die Übersetzung verzichten, denn sie ist nicht wichtig. Übrigens steht ut für do. Die Benennung der Töne hat sich, ihr wisst es ja, für immer durchgesetzt. Aber noch wichtiger waren die vier Notenlinien, zu denen später eine fünfte kam. Dieses neue Liniensystem – zusammen mit ut, re, mi, fa, sol – ermöglichte es den Chorknaben, in kurzer Zeit eine Melodie zu erlernen, wozu sie früher Wochen gebraucht hatten.«

»Wirklich ein großer Fortschritt«, meinte Roman.

»Nicht umsonst steht ein prächtiges Denkmal für Guido von Arezzo in seiner Heimatstadt. Man nennt ihn sogar den ›inventor musicae‹, den Erfinder der Musik, denn die Sänger brauchten von jetzt an nicht mehr eine ganze Liturgie auswendig zu lernen. Auch ließ es sich endlich leichter komponieren und die Musik überliefern und bewahren. Nun konnte Musik geschrieben und gelesen werden wie die Sprache, erst jetzt vermochten sich die Komponisten von den traditionellen Pfaden zu lösen und neue Wege zu gehen, vor allem, da man nun polyphon komponieren konnte, mit zwei oder noch mehr Stimmen und verschiedenen Melodien.«

»Das ist tatsächlich fast so entscheidend wie die Erfindung der Schrift«, meinte Roman. »Wie gern würde ich noch ein bisschen hier bleiben und der Musik zuhören.«

»Leider müssen wir weiter. Behaltet das Bild der singenden Knaben in euren Herzen und ihre Melodien in eurem Klanggedächtnis, über das wir ja, neben dem Bild- und dem Gedankengedächtnis, auch verfügen.«

Sie verließen die Kirche, vom nachhallenden Gesang begleitet.

Als sie den Weg durch die Sümpfe zurückritten, sagte Senex: »Habt ihr übrigens die vielen Insekten bemerkt? Sie sind der Grund, warum man die Abtei von Pomposa bald aufgeben wird: wegen der von ihnen übertragenen Malaria. Nur wusste man damals noch nicht, dass die Krankheit von den Insekten übertragen wurde, wie man ja auch keine Gegenmittel hatte. Das blieb unserer Zeit vorbehalten.«

Techniken und Kathedralen

Eine Form des Frühkapitalismus

Die Landschaft veränderte sich schnell. Gebirge, Wälder, Weinhügel und Felder ließen sie hinter sich. Oft grüßten Stadtmauern oder Burgen aus der Ferne. Es war eine liebliche Gegend, milder als das eher raue italienische Land, aus dem sie kamen, alles war weicher, freundlicher, man könnte fast sagen: süßer.

»La douce France, das süße Frankreich«, sagte Senex halb singend. »Wir haben nicht nur Burgund hinter uns gelassen, wir sind auch wieder dreihundert Jahre vorausgeeilt, in das dreizehnte Jahrhundert. Wir befinden uns also immer noch im Mittelalter.«

Vor ihnen, auf einem Hügel, bewegten sich die vier breiten Flügel einer Windmühle, die, wiederum selbst drehbar, auf einem Gerüst stand. Und dicht darunter, an einem Fluss, der zwar nicht breit war, aber kräftig strömte und dabei zahllose Wirbel bildete, bewegte sich ein Mühlrad, im Durchmesser dreimal so groß wie ein Mensch.

»Hier macht der Wassermüller dem Windmüller Konkurrenz, könnte man meinen«, erklärte Senex. »Aber beide Mühlen gehören demselben Grundherrn. Und die Wassermühlen erweisen sich in der Folge als zuverlässiger, denn sie sind nicht abhängig von den Launen der Witterung.«

Über den Fluss spannte sich eine gebogene Steinbrücke. Darüber trieb ein Bauer seinen Esel, der hoch mit Kornsäcken beladen war.

»Man kann sagen, dies ist der Beginn der Mechanisierung.«

»Gab es derartige Mühlen nicht schon viel früher?«

»Ja, Stefan, sogar schon bei den Griechen. Und Vitruvius, ein römischer Ingenieur, beschrieb eine Wassermühle bereits technisch-sachlich mit Schaufelrad, Zahnrädern und Wellen. Aber durchzusetzen begann sich diese großartige Erfindung erst jetzt, und endlich wurden durch diese Wind- und Wassermühlen die Menschen – damals vorwiegend Sklaven und Frauen –, aber auch die Tiere von der schweren, eintönigen Arbeit des Mahlens befreit.«

»Vielleicht beginnt jede Mechanisierung damit, dass eine Arbeit von den Menschen als zu schwer empfunden wird.«

»Ja, Stefan, und dass ein Mangel an Arbeits- und Muskelkraft entsteht, durch den die Versorgung gefährdet wird. So war es in den frühen Ackerbaukulturen. Damals musste das Korn, das zur Ernährung notwendig war, Tag für Tag mit der Hand zerrieben werden. Erst erfand man den Kurbelgriff, später trieb man die Mühlen mit Tieren oder Menschen an. Nun also die Wassermühlen. Damit lernte man die Wasserkraft als Antriebskraft zu nutzen. Ein neuer Abschnitt der technischen Entwicklung und eine große Erleichterung. Der Müllerknecht brauchte nur noch das Getreide aus den Säcken in den oben angebrachten Trichter zu schütten.«

»Aber warum zeigen Sie uns die Mühlen erst jetzt, wenn es sie doch schon lange gab?«

»Ich zeige sie euch jetzt aus zwei Gründen, Berenike. Der erste ist, dass die Mühlen das Bild des Mittelalters prägen, sie schießen wie Pilze aus dem Boden. Man hat ausgerechnet, dass auf je zweihundertfünfzig Bürger mindestens eine Mühle kam, man spricht sogar von zehn Mühlen auf vierhundert Bürger.«

»Und die Müller wurden reich?«

»Die Müller nicht, Roman, aber die Herren, denen die Mühlen gehörten und die sie als Mittel zur Mehrung ihres Reichtums und zur Unterdrückung ihrer Untergebenen benutzten. Von den Mühlen waren alle abhängig, die Hörigen, die nur auf dem Herrengut arbeiteten und keine eigenen Felder besaßen, die ›halben Zinsbauern‹, denen ein kleinerer Anteil an den Feldern gehörte als den ›ganzen Zinsbauern‹. Sie alle mussten ihr gesamtes Getreide in den Mühlen ihres Herrn mahlen, und zwar gegen Abgaben, die der Herr selbst bestimmte. Die Mühlen zeigen die Herrschaft des Adels über das Land und die Bauern mindestens ebenso wie seine Burgen.«

»Also eine Form des Frühkapitalismus!«

»Jedenfalls der Abhängigkeit und Knechtschaft, Stefan. Doch nun weiter.«

Näher, mein Gott, zu dir

Ihr unermüdlicher Führer trabte an, rasch wurde die Landschaft noch heller, fruchtbarer. Immer zahlreicher wurden die Weinfelder.

Senex rief: »Nun haltet an, nur für einen kurzen ersten Blick. Da seht ihr es vor euch, das Wunder der Gotik: die Kathedrale von Chartres!«

Pappeln und Weiden rauschten im Wind. Bauern arbeiteten auf den Feldern. Sie mähten das Heu und schwangen die Sensen, deren Sicheln aufblitzten. Im Hintergrund zeichnete sich dunkel gegen die Sonne, die sich nach Westen senkte, der steile Bau des Gotteshauses ab, mit den zwei Türmen, die in den Himmel ragten. Die Kathedrale war umgeben vom Kranz der Stadtmauer, über der ein unregelmäßig zackiges Gewirr von Dachgiebeln emporstieg. Sie erhob sich darüber hinaus, gleich einem steilen Felsen, um den die Stadt sich drängte.

»Euer Erstaunen wird wachsen, je näher wir kommen.«

Als sie das Stadttor passiert hatten, kamen sie durch enge Gassen zu dem kleinen Hügel, auf dem das Gotteshaus stand. Hier hielten sie an. Über ihnen wuchs die Kathedrale in den Himmel, überreich geschmückt mit Heiligenfiguren im Spiel von Licht und Schatten.

»Es war die Sehnsucht der Menschen, Gott näher zu kommen, die sie dazu beflügelte, so übermächtige Kirchen zu errichten. Sie wollten den Himmel erreichen. Deshalb bauten sie immer höher und lichter.«

»Aber die Wasserspeier oben unter dem Dach, sie fahren ja wie Dämonen aus den Wänden! Was für eine Phantasie dahinter steckt!«

Während Roman nach oben schaute und seinen Blick wandern ließ, begann er aufzuzählen: »Wölfe … Kröten … Schweine … Fledermäuse …«

»Gut gesehen, Roman, die wilden Tiere haben ihre Wurzeln noch im heidnischen Abwehrzauber. Das ändert nichts an der Frömmigkeit der Menschen. Es ist überhaupt schwer, vielleicht sogar unmöglich, eine Grenze zwischen Glaube und Aberglaube zu ziehen – wir wollen es heute jedenfalls nicht versuchen. Dem mittelalterlichen Menschen fehlte es an jeglicher Kritikfähigkeit. Die Köpfe, die etwas in Zweifel zogen, muss man mit der Lupe suchen – und findet sie kaum. Alles, was glaubhaft erschien, wurde auch für wahr gehalten, vor allem dann, wenn es den eigenen Wünschen entsprach oder die eigenen Ängste nährte. Anders wäre das Aufkommen des Hexenglaubens gar nicht zu verstehen. Der Aberglaube mischte sich mit den Hoffnungen, die das Christentum vermittelte. Damals lebte man in der Furcht vor Geistern und Dämonen, alles Böse wurde auf unbekannte Kräfte zurückgeführt. Man glaubte an den Einfluss der Sterne, an Saturn und Mars, die Astrologie blühte nicht nur, sie wucherte. Es gab Weissagungen jeder Art, die Nachrichten über Wunder und Missgeburten verbreiteten sich in Windeseile und wurden schaudernd und staunend als Wahrheit genommen. Das Mittelalter verdankt das Attribut ›finster‹ im Wesentlichen diesem Glaubensgemisch des frühen Christentums, das noch geschwängert war von Judenangst, Angst vor Sünde, Tod und Teufel und der Hölle.«

»Ist es denn heute so viel anders? In den allermeisten von uns ist doch ein Stück Mittelalter lebendig geblieben.«

Senex wiegte nachdenklich den Kopf. »Ich weiß nicht, Stefan«, antwortete er. »Jedenfalls – damals wohnten in den engen und dunklen Häusern, in Nischen und Schränken Zwerge, Wichtel, Elfen und Kobolde. Man fütterte sie mit Essensresten, um sie günstig zu stimmen. Es gab kaum eine Tätigkeit, bei der nicht Unholde ihre Hand im Spiel hatten. Die Feldgottheiten besänftigte man mit Ährenbündeln. Als besonders zauberreich galt die Johannisnacht vom dreiundzwanzigsten auf den vierundzwanzigsten Juni. Allerdings erreichten der Aberglaube und mit ihm das Hexenunwesen erst später, nämlich im sechzehnten und siebzehnten Jahrhundert, ihre schauerlichen Höhepunkte. Danach, mit der Aufklärung, flaute der schlimmste Wahnsinn allmählich wieder ab.«

Senex schaute ebenfalls zu den Wasserspeiern hinauf. Dann sagte er: »Doch lasst jetzt wieder die Kirche auf euch wirken, ich wollte lediglich diese wilden Darstellungen erklären.«

Hohe Glasfenster lassen die Mauern verschwinden

»Ich bin sehr beeinduckt«, sagte Berenike. »Ich hatte keine Ahnung, dass die Kirchen so bunt gewesen sind!«

Gold und Weiß, vor allem aber Blau, Gelb und Rot ließen die Fassade, ihre Spitzen und Figuren funkeln und leuchten. Die Kathedrale blühte.

»Die Farbe war das entscheidende Mittel, um dem Stein seine Härte zu nehmen, um ihn gleichsam von der Sünde der Nacktheit zu erlösen, Berenike.«

Rings um das Gotteshaus standen Häuser, Wirtschaften, Holzbauten, Bauhütten. Sie fanden eine Mauer, an der sie ihre Pferde festmachen konnten, gingen ein Stück die Anhöhe hinauf und traten durch das Königsportal ein.

Zahllose Kerzen erhellten die Dämmerung, ihr Licht flutete zu den hohen Glasfenstern, zwischen denen die Mauern fast verschwanden.

Sie blieben stehen. Vorn war eben eine Messe zelebriert worden. Gerade erklang noch der Schlusschor der Mönche, die sich hinter dem Chor versammelt hatten, während sich die Gemeinde in der Vierung und im Querschiff drängte. Der Gesang der frommen Brüder stieg ins Gewölbe empor. Es mochten an die dreißig Mönche sein, in dunklen Mänteln über dem weißen Habit. Nachdem sie gesungen hatten, erteilte der Geistliche allen Gläubigen seinen Segen. Die Menschen bekreuzigten sich, die Brüder zogen ihre Kapuzen über und verließen den Raum durch den Mittelgang des Langschiffs.

Senex erklärte: »Ihr müsst wissen, die Kathedrale ist nicht nur Stätte des Gebets! In ihr versammeln sich die Menschen, hierher wallfahren sie. Sie ist ebenso ein Ort der Belehrung, der leidenschaftlichen Predigten, mit denen die Ritter zu den Kreuzzügen aufgerufen wurden. Und schließlich bot die Kathedrale auch den Rahmen für die größte Prachtentfaltung, sie ist der Ort, in dem zwischen bestickten Wandbehängen und im Duft von Weihrauch die Prozessionen beginnen und enden. Außerdem waren die mittelalterlichen Kathedralen auch weltliche Treffpunkte. Hier schwatzten die Leute miteinander, hier spielten die Jugendlichen und machten einander den Hof, hier stellte man sich bei Regen unter, kaufte Wein und Lebensmittel bei Händlern, die ihre Stände im Kirchenschiff aufgebaut hatten.«

Der Mensch soll sich durch seine Sinne zur Anschauung des Göttlichen erheben

Ihr Blick wurde durch den Wald der Pfeiler nach oben gezogen. Unwillkürlich fasste Berenike Romans Hand. Stefan spürte ein Frösteln. Er fühlte sich allein.

»Dass diese dünnen Mauern das Dach überhaupt tragen können.«

»Dabei helfen die Pfeiler, Berenike«, erklärte Senex. »Sie scheinen biegsam zu sein, streben nach oben und wachsen in die Decke hinein. Das Geheimnis dieses Baus ist, dass die Stützwände weitgehend durch die Glasfenster ersetzt wurden. Dadurch wird der Stein selbst fast zu einem Edelstein. Einer der Erbauer der Kathedrale, der Abt, Staatsmann und Geschichtsschreiber Suger, stellte fest, dass Glasflächen ideal dafür waren, die Gläubigen zu beeindrucken und zu belehren, viel mehr als Wandmalereien, da sie eine ungleich stärkere Wirkung auf die Sinne ausübten, als es die eher stumpfen Wandgemälde jemals tun können. Der Mensch sollte sich durch seine Sinne zur Anschauung des Göttlichen erheben. Vergesst nicht, dass nur ein verschwindend kleiner Teil der Bevölkerung schreiben und lesen konnte. Und dieser Tatsache verdanken wir die Farben und die Leuchtkraft der Fenster! Größer als die Bäume des Waldes und eine Herausforderung für die Sterne des Himmels, das sollten diese Gotteshäuser sein. Diese Architektur des Lichts führte auf einem neuen Weg zu Gott.«

»Ich glaube, dass wir das Mittelalter nicht verstehen können, wenn wir uns nicht in den Glauben dieser Zeit hineinversetzen.«

»Das stimmt, Roman«, fuhr Senex fort. »Diese Kirchen sollten nicht von dieser Welt sein. Und den mittelalterlichen Pilgern erschienen sie wirklich wie ein Einblick ins Paradies. Sie nahmen lange Wallfahrten auf sich, nur um sie zu sehen.«

»Ich denke mir, dass die Pilger damals die Kathedralen mit ihren Glasfenstern, ihrem Bilderschmuck und ihren Statuen ...«, begann Berenike.

»... viel besser verstanden als die Haarspaltereien der Theologen«, endete Roman.

Obwohl das Licht nur gedämpft einfiel, kam die Farbigkeit des Raumes stark zur Geltung. Ein Akkord aus Saphir und Rubin bemalte den Steinboden, das blaue Gewölbe war von Sternen übersät, grüne Ranken sprossen auf den Wänden, rot standen die Pfeiler, und die Rippen leuchteten golden. Der Verputzfarbe waren sogar Glas- und Spiegelsplitter beigemengt worden, um ein unwirkliches Leuchten zu erzielen. Langsam gingen sie durch das Mittelschiff Richtung Chor.

»Wann wurde die Kathedrale von Chartres erbaut?«

»Im zwölften und dreizehnten Jahrhundert, Berenike«, antwortete Senex. »Damals wurden für den Bau von Kathedralen allein in Frankreich mehr Steine aus Steinbrüchen gebrochen als im alten Ägypten für Tempel und Pyramiden. Achtzig Kathedralen und fünfhundert Klosterkirchen entstanden. Dieser Bauboom brachte so viel technischen Fortschritt, dass man diese Epoche auch die ›industrielle Revolution des dreizehnten Jahrhunderts‹ nennt.«

Senex überließ die drei ihren Empfindungen und sagte erst nach einer kleinen Pause: »Dreht euch nach Westen und schaut durch das Langschiff zum Hauptportal, beziehungsweise darüber. Dort könnt ihr erleben, wie die Glaswände des Chores allmählich matter werden und die mächtige Rosette aufleuchtet.«

Die Rosette, die fast die ganze Wand über dem Portal einnahm, füllte sich mit blauem Licht. Die Lanzettenfassungen der Gläser und die kunstreichen Verzierungen machten sie beinahe zur Blüte einer Rose mit den Zeichnungen ihrer Blattlinien.

»Die Rose, das Symbol der Jungfräulichkeit, Symbol auch der Gottesmutter, aber ebenso das Rad des Gerichts, das Weltall und letztlich überhaupt das Licht«, flüsterte Senex.

Trotz der vielen Menschen schien die Kathedrale von Stille erfüllt zu sein, denn die Geräusche verloren sich im unendlichen Raum.

Wie winzig ist mein kleines bisschen Leben!, dachte Berenike ehrfurchtsvoll.

Die Tunika der Jungfrau

»Ich möchte euch noch etwas zur Gotik sagen«, begann Senex wieder. »Noch niemals zuvor hat der Mensch seine Glaubensinbrunst mit so viel konstruktiver Kühnheit zu vereinen gewusst. Alles, was zum Bau notwendig war, machte er zur Kunst. Die Kathedrale von Chartres hat darüber hinaus noch eine besondere Bedeutung, denn sie soll der Jungfrau Maria als bevorzugte irdische Wohnstätte dienen. Chartres beherbergt die berühmteste Reliquie, die Tunika, die Maria bei der Verkündigung getragen haben soll. Man sagt, dass die Tunika von Anfang an Wunder gewirkt habe, aber erst im zwölften Jahrhundert setzte sich die Verehrung Mariens im Volk durch. Daran waren die Schönheit und Pracht der Kathedralen sicher stark beteiligt. Allein ihre Errichtung war eine Art Wunder. Einmal wurde die Kathedrale von Chartres durch ein Feuer zerstört, und die Einwohner fürchteten, dass die kostbare Reliquie vernichtet worden sei. Aber man fand sie unversehrt in der Krypta. Also brauchte man für sie und die Mutter Gottes eine neue, prächtigere

Kirche, die der schönste Bau der ganzen Christenheit werden sollte. Während der fünfundzwanzigjährigen Bauzeit strömten aus ganz Frankreich Menschen zusammen. Oft machte sich die ganze Bevölkerung eines Dorfes auf, um die Handwerker mit Nahrung zu versorgen. Die Türme wuchsen, Gläubige zogen die hoch beladenen Wagen, schleppten Steine, karrten Sand heran, mischten Mörtel, trugen Wasser in Eimern. Sogar Adlige und ihre Damen halfen.«

»Ein bisschen erinnert mich das an den Bau der Pyramiden und an die Menschenmenge, die damals mitgewirkt hat.«

»Nur dass beim Bau der Pyramiden ausschließlich Männer beteiligt waren, Berenike, und die meisten davon gezwungenermaßen, während beim Bau der Kathedrale sich das ganze Volk, Männer und Frauen, freiwillig zusammenfand.«

»Aber trotz aller Hilfe muss der Bau nicht nur der Kathedrale von Chartres doch unendlich viel gekostet haben. Woher kamen die Mittel?«

»Das Geld stammte vor allem aus dem Besitz der Bistümer, Stefan«, antwortete Senex. »Dazu mussten der König, die Edlen, die Gemeinden, die Zünfte, die Pfarreien und jeder Einzelne beitragen. Die Gemeinden trugen einen regelrechten Wettstreit aus, bei dem ihre Kirchen und Kathedralen zum Symbol ihrer Bedeutung wurden. Allen Spendern winkten Ablässe, Reliquien wurden umhergetragen, um die Gebefreudigkeit anzuregen, und gelegentliche, hochwillkommene Wunder spornten die Freigebigkeit an. Außerdem gaben die Leute gern. Dafür erhielten sie eine Heimstatt für ihren Gottesdienst, einen Raum für Zusammenkünfte, eine Schule für ihre Kinder, für die Kunst und das Handwerk, und dazu eine steinerne Bibel, in der sie die Geschichte ihres Glaubens an Statuen und Bildern ablesen konnten. Wieder sehen wir, zu welchen Leistungen der Mensch fähig ist, wenn eine große Idee ihn beflügelt. In Europa lebte damals kaum ein Fünftel der heutigen Bevölkerung, und dennoch baute man diese Gotteshäuser so gewaltig, dass sie heute selbst zu den feierlichsten Anlässen kaum gefüllt werden können. Das Geheimnis war der absolute, unverrückbare Glaube, den wir in dieser Unbedingtheit kaum noch nachvollziehen können. So arm die Leute auch sein mochten, für die Kirche spendeten sie trotzdem. Damals waren die

Gotteshäuser so voll, dass jener Abt Suger, den ich bereits erwähnt habe, stolz behaupten konnte, die Frauen seien gezwungen, die Köpfe der Männer als Fußboden zu benutzen, um zum Altar vordringen zu können. Mag das auch übertrieben sein – an Feiertagen oder bei Wallfahrten muss ein unbeschreibliches Gedränge geherrscht haben.«

Stefan, Berenike und Roman ließen den gewaltigen Raum auf sich wirken, während sie zuhörten und sich gleichzeitig vorzustellen versuchten, wie er damals ausgesehen haben mochte, als die Kathedrale erbaut wurde – die Kräne, die angefangenen Mauern, das Arbeiten auf schmalen Brettern in der Schwindel erregenden Höhe der Türme, die Gerüste, die unvermeidlichen Stürze, tödlichen Unfälle – das ganze Chaos, das sich schließlich doch dem großen Werk unterordnete und zu seiner Form fand.

Das christliche Mittelalter besann sich auf die griechischen Philosophen

In das Schweigen hinein sagte Senex: »Lasst uns noch einmal vor das Hauptportal treten. Ich möchte euch noch etwas zeigen, ehe wir Chartres wieder verlassen.«

Sie gingen unter dem hoch gewölbten Bogen hinaus. Draußen mussten sie kurz die Augen schließen, so sehr blendete das Tageslicht. Senex wies auf einige der Skulpturen im Bogen des rechten Portals hin. »Da seht ihr etwas Besonderes, nämlich keine Engel, keine Heiligen, keine Könige, sondern griechische Philosophen. Diese strenge Figur dort ist Aristoteles, hier Pythagoras mit der Glocken läutenden Frau Musica. Ihr erinnert euch doch: Er entdeckte, dass die musikalischen Intervalle mathematischen Gesetzen folgen. Musik bedeutete den Menschen damals vielleicht noch mehr als uns heute, denn die Musik sprach jeden an, auch den Analphabeten. Beachtet die Instrumente, jedes ist so genau ausgeführt, dass man es immer noch nachbauen könnte. Aber das ist es eigentlich nicht, was ich euch sagen wollte, sondern, dass in der Geschichte der kulturellen Entwicklung alles miteinander verzahnt ist. Das eine baut auf dem anderen auf. Hier ist es nun sehr erstaunlich zu sehen, wie man sich im christlichsten Mittelalter wieder auf die griechischen Philosophen besann und sie darstellte, nicht etwa nur las und studierte. Im zwölften Jahrhundert war in Chartres eine der berühmtesten Schulen Europas, an der Philosophie mit Literatur verbunden wurde. Platon, der versucht hatte, die Philosophie verständlich zu machen, wurde besonders geschätzt. Ich sagte euch ja schon, dass damals immer mehr Übersetzungen aus dem Arabischen und Griechischen erschienen. Ja, man kann geradezu von Übersetzungswellen sprechen, die im zwölften und dreizehnten Jahrhundert rasch aufeinander folgten. Sie machten Europa mit einer Philosophie bekannt, die sich grundlegend von den christlichen Lehren unterschied. Der Ire Johannes Scotus Eriugena, der bereits im neunten Jahrhundert lebte und lehrte, gab mit seinen Übersetzungen aus dem Altgriechischen wesentliche Erkenntnisse der Neuplatoniker an das Mittelalter weiter …«

»Was sind die Neuplatoniker?«

»Unter Neuplatonismus versteht man das letzte, ungefähr zweihundert nach Christus entstandene griechische philosophische System, das sich auf Platon bezog und Gedanken des Aristoteles, der Stoiker und der spätantiken Mystik aufnahm, Berenike. Nach neuplatonischer Meinung ist Gott der Urquell, ihm, dem Mittelpunkt der Natur, steht die Vernunft am nächsten.«

»Es ist schade«, rief Stefan, »dass nicht längst an allen Schulen Philosophie unterrichtet wird.«

Senex nickte, sprach aber gleich weiter: »Ich nenne euch als große Gelehrte des dreizehnten Jahrhunderts den Dominikaner Albertus Magnus, der die menschliche Vernunft in Zweifel zog und einige Lehren der Offenbarung, nämlich die Dreieinigkeit Gottes, die Menschwerdung Gottes und die Erbsünde, als ›übernatürliche‹ Wahrheiten bezeichnete. Über einen seiner Schüler möchte ich jetzt etwas sagen.«

Der bedeutendste Theologe des Mittelalters

»Der Mann den ich meine, dessen Namen ich schon einige Male erwähnt habe, wurde zwölfhundertfünfundzwanzig als Sohn eines Grafen und treuen Lehnsmannes Kaiser Friedrichs des Zweiten geboren.«

»Also schlagen Sie den Bogen dahin zurück?«

»Nur bedingt. Aber seine Wurzeln reichen in diese Zeit. Er kam fast hundertfünfzig Jahre später als Pierre Abélard zur Welt und etwa vierzig Jahre später als der heilige Franz von Assisi. Er gilt einerseits als der bedeutendste Theologe und Philosoph des Mittelalters, andererseits hat man ihn auch den Vater der Aufklärung und den Urvater rationaler Philosophie genannt, dessen Weg direkt zu Descartes und sogar zu Kant und seinem Motto für die Aufklärung führt: ›Wage zu denken, Mensch, wage dich aller Kräfte deines Verstandes zu bedienen.‹ Könnt ihr euch denken, wen ich meine?«

»Meinen Sie Thomas von Aquin? Aber was hat er mit der Aufklärung zu tun?«

»Du hast schon Recht, Roman. Ich meine den heiligen Thomas. Von Aufklärung kann man bei ihm insofern sprechen, als er den in alten Traditionen verhafteten Theologen vorwarf, nicht weit und frei genug zu denken. Sein Verdienst ist es, dass er den christlichen Glauben mit der rationalen aristotelischen Philosophie zu versöhnen versuchte.«

»Schon wieder Aristoteles!«

»Richtig, Berenike. Aristoteles beschäftigte die führenden Köpfe des christlichen Mittelalters ganz besonders, Aristoteles und seine beiden arabischen Kommentatoren Avicenna und Averroes. Ihnen sowie anderen jüdischen, arabischen und antiken Philosophen wollte Thomas von Aquin in den Universitäten, der Theologie und der Kirche eine Heimat geben. Er hat all ihre Schriften schon früh gelesen. Doch zunächst erinnere ich noch einmal an den heiligen Franz. Mit diesem verbindet ihn dreierlei. Erstens waren beide Italiener. Thomas von Aquin wurde südlich von Neapel geboren. Beide stammten aus gutem Hause, Franziskus als Sohn eines wohlhabenden Tuchhändlers, Thomas als der eines Grafen. Schließlich und drittens, beide verließen ihr Elternhaus, um dem Ruf der Armut, wie sie ihn aus dem Evangelium herausgelesen hatten, zu folgen. Von Franziskus brauche ich nicht mehr zu sprechen. Thomas von Aquin wurde Predigermönch, Dominikaner.«

»Hatten die Dominikaner nicht Ähnlichkeit mit den Franziskanern?«

»Ein wenig schon. Ähnlich wie die Minderbrüder übte dieser neue Orden eine große Anziehungskraft auf junge Männer aus. Ein spanischer Wanderprediger leitete ihn, Dominikus von Cosman. Auch Thomas wandte sich gegen den Reichtum, vor allem gegen den der Kleriker, da er glaubte, dass dieser die Ketzerei nur noch attraktiver mache. Er entsagte daher den weltlichen Gütern und führte ein Leben in Armut. Damit enden freilich auch schon alle Gemeinsamkeiten. Denn die Dominikaner wollten Theologie studieren und predigen, während Franziskus ganz in seinem der Armut und der Nachfolge Jesu geweihten Leben, in der nichts Intellektuelles Platz hatte, aufging. Im Sinne seines Ordens wandte sich dagegen der Dominikaner Thomas gerade einem geistigen Leben zu und wurde der bedeutendste scholastische Theologe. Franziskus bekämpfte eine herzlose, rein rationalistische Wissenschaft, Thomas dagegen versuchte, wenn auch nicht herzlos, das rationale Element in die Theologie einzuführen. Er studierte zuerst in Neapel, danach in Paris und Köln bei Albertus Magnus und lehrte später selbst in Paris, Orvieto, Viterbo und Rom. Er starb zwölfhundertvierundsiebzig, noch nicht fünfzig Jahre alt, auf einer Reise, die er gemäß seinem Gelübde zu Fuß machen musste.«

»Aber worin bestand nun seine große Bedeutung?«

»Seine Zeit, Roman, war von Glaubensauseinandersetzungen und Diskussionen um Auslegungen der Heiligen Schrift erschüttert wie kaum eine andere. Meinung und Gegenmeinung prallten aufeinander, und Paris, wo Thomas vor allem lehrte, war der Brennpunkt aller Geisteskämpfe. Wir haben ja schon bei Abélard einen Begriff davon bekommen. Das alles hatte an Schärfe noch zugenommen. Viele der führenden Köpfe der Zeit sahen Gott, Natur, Materie und Geist als eine Einheit an. Ja, sie glaubten nicht einmal mehr an die Unsterblichkeit.«

»Das muss ja fast als Ketzerei gegolten haben!«

»Richtig! Einige wurden auch als Ketzer hingerichtet oder starben als Gefangene. Sie wollten, dass Glauben und Wissen streng getrennt werden sollten, sie ließen sogar die Theologie nicht als Wissenschaft gelten. Deshalb wurde für Kleriker das Studium der Naturwissenschaft zeitweise verboten, genauso wie Aristoteles und seine Kommentatoren – aber sie haben sich trotzdem an den Universitäten durchgesetzt. Thomas seinerseits erkannte die Berechtigung des Wissens neben dem Glauben und die Bedeutung einer eigenständigen Philosophie an. Er lehrte, dass der Intellekt des Menschen über allem stehe und dass Gott das vollkommenste Geisteswesen sei. So leitete er eben doch einen europäischen Rationalismus ein, auch indem er forderte, die geschaffene Welt, die Natur, den Menschen, die Gesellschaft und alle Dinge rational und wissenschaftlich zu erforschen. Sein Hauptwerk ›Summa theologica‹ gilt als der Höhepunkt der Scholastik. Für Thomas ist die Theologie ein streng rational aufgebautes Wissen im aristotelischen Sinne, obwohl er andererseits meinte, dass das Wissen zu seiner Vollendung des Glaubens bedürfe.«

»Er scheint mir voller Widersprüche zu stecken.«

»Die Widersprüche eines denkenden, suchenden Menschen, Stefan. Für ihn ist der biblische Schöpfergott identisch mit dem Sein selbst und er definiert den Menschen als Einheit von Leib und Seele, der in seinem Erkenntnisstreben auf das selige Schauen ausgerichtet ist. Er meinte – für einen Menschen seiner Zeit fast revolutionär –, dass auch der Mensch eine Sache – also Teil – der Natur sei. Er glaubte, dass sich Gottes Dasein beweisen lasse und daher auch bewiesen werden müsse. Gott, sagte er, ist reine Form, sein Wesen ist ›Denken‹, und indem er sich selber denkt, denkt er auch alle Dinge, die seine Schöpfung sind.«

Stefan sog die Unterlippe ein, sagte aber nichts.

»Thomas starb zu einer Zeit, als die Städte aufzublühen begannen, und er war wie Aristoteles der Ansicht, dass das Gemeinwohl dem des Einzelnen übergeordnet ist. Daher akzeptierte er auch die gegebene Gesellschaftsordnung mit der herausgehobenen Stellung des Adligen – ebenso wie Sklaverei und Kriege. Während er selbst Ruhe und Gelassenheit ausstrahlte, während Selbstbeherrschung, Nüchternheit und Geduld sein Wesen auszeichneten, war er doch unnachgiebig in seinem Glauben und forderte kompromisslos die Todesstrafe für alle Ketzer. Wir werden von diesen, uns dunkel erscheinenden Seiten seines Charakters später noch mehr hören. Jetzt möchte ich nur noch sagen, dass er auch in der Nachfolge Abélards stand, denn er kultivierte eine Art des Streitgesprächs, in dem man sich möglichst knapp und klar ausdrücken sollte. Dabei sollte es nicht um den Sieg eines der beiden Disputierenden gehen, sondern nur um die Wahrheit, wobei auch dem Irrenden Dank gebühre, weil auch der Irrtum zur Wahrheit führe.«

»Das gefällt mir nun wieder sehr.«

»Beim Diskutieren war er unschlagbar, Stefan. Was unmöglich zu sein schien, nämlich eine freimütige Auseinandersetzung mit dem schärfsten Gegner, das erreichte er in Vollkommenheit.«

Niemals war die Kirche in größerer Gefahr

»Sie haben von Ketzern gesprochen, für die Thomas die Todesstrafe forderte. Das Wort ist schon so oft gefallen. Warum hat denn die Kirche so drakonische Maßnahmen ergriffen, wie zum Beispiel Scheiterhaufen?«

»Vielleicht war die Kirche nie in größerer Gefahr als damals. Überall wurde sie angegriffen und von den Anzeichen des eigenen Verfalls aufgeschreckt. Wenn sie die radikalen Kritiker nicht in den Griff bekam, wie im Fall des heiligen Franz, war sie ernsthaft bedroht. Manchmal schien es so, als ob alles auseinander brechen wollte. Fast überall bildeten sich neue Bewegungen. Da das Reisen viel leichter geworden war, verbreiteten sich neue Lehren und Botschaften bis in die abgelegensten Ortschaften und lockten die Menschen an. In den Augen der Kirche breiteten sich die Sekten aus wie ansteckende Krankheiten. Vor allem zwei Bewegungen waren es, die dem Papst Sorgen machten, die Waldenser und die Katharer. Beide entstanden in Südfrankreich.«

»Was hatten sie für Ziele?«

»Die Waldenser kamen aus Lyon. Ähnlich wie Franziskus hatte der Tuchhändler Peter Waldens seinen ganzen Besitz an die Armen verschenkt und eine Laienpredigerbewegung gegründet. Ihre Anhänger hielten sich für die wahren Katholiken und ihre einfache, sittliche Lebensführung fand beim Volk viele Anhänger.«

»Warum wurden sie dann als Ketzer angesehen?«

»Die Armen von Lyon traten energisch für eine Reform der Kirche ein, ihre Prediger verkündeten es landauf, landab. Sie verwarfen die Lehrautorität der Kirche, ihre Hierarchie, ihre Traditionen und Sakramente. Sie lehnten jede Heiligen- und Reliquienverehrung ebenso ab wie den Ablass, den Eid, den Zehnten, den Kriegsdienst und die Todesstrafe. Sie glaubten auch nicht an das Fegefeuer. In Deutschland, Böhmen, Ungarn, der Schweiz und Oberitalien siedelten sie sich an, trotz der Verfolgung durch die Inquisition, und in einigen Alpentälern konnten sie sich bis heute halten. Die Katharer dagegen wurden ausgelöscht. Ich nenne die Waldenser eigentlich auch nur mit ihnen zusammen, weil sie durch einen päpstlichen Bannfluch in einen Topf geworfen wurden. Das tragischste Ketzerkapitel des Mittelalters muss mit den Katharern überschrieben werden, von denen sich übrigens im Deutschen der Begriff ›Ketzer‹ ableitet. Die Bezeichnung ›Katharer‹ bedeutet ›die Reinen‹.«

»Und was machte sie so gefährlich?«, fragte Roman.

»Sie glaubten an zwei verschiedene Götter, einmal an den Vater des Geistes und des Lichts, der gut und ein Erlöser war, und zum anderen an den Fürsten der Finsternis, der die materielle Welt geschaffen hat. Sie weihten ihr Leben dem Vater des Lichts und stellten es unter den Leitstern der Neuen Testaments. Sie wandten sich gegen alle weltlichen Freuden und aßen kein Fleisch. Die Härte ihrer Lebensführung stand im Gegensatz zu der reichen Kirche mit all den im Luxus lebenden Klerikern.«

»Aber hätten nicht beide Überzeugungen nebeneinander existieren können?«

»Kaum, Berenike, denn die Katharer nahmen ja für sich in Anspruch, die besseren Christen zu sein. Alle Katharer waren sich einig im Kampf gegen die Messe, die Sakramente, die kirchlichen Rituale, sie stellten also die Autorität und Existenz der römisch-katholischen Kirche insgesamt in Frage. Sogar das Symbol des Kreuzes lehnten sie ab. In den Augen der römischen Kirche waren die Katharer Ketzer, deren Speerspitze sich gegen den Klerus richtete. Papst Innozenz der Dritte, derselbe, der sich mit Franziskus geeinigt hatte, befürchtete, dass ihm der ganze Süden Frankreichs entgleiten würde. Als einer seiner Legaten ermordet wurde, rief er zu einem Kreuzzug auf. Eigentlich war der Aufruf zum heiligen Krieg, zum Kreuzzug gegen die Ketzer, mit dem Geist des Christentums nicht zu vereinbaren. Der französische König widersetzte sich auch und nur ein Teil seiner Vasallen folgte dem Ruf. Aber mehr als fünfundzwanzigtausend Soldaten, Barone, Bischöfe und Offiziere, nicht zu vergessen Söldner aus dem Ausland, traten gemeinsam an gegen die Katharer, angelockt durch Versprechungen, ihnen würden alle Sünden vergeben, sie bekämen Land geschenkt oder einen Schuldenaufschub gewährt. Es folgte ein furchtbares Blutbad. Damit hatte Innozenz der Dritte einen für das christliche Weltverständnis mehr als gefährlichen Weg beschritten. Ich will den Verlauf dieses zwei Jahrzehnte währenden Abschlachtens nicht schildern. Nur so viel: Die Kreuzfahrer wollten alle Spuren der Katharer auslöschen, ganze Städte wurden dem Erdboden gleichgemacht. Die letzten Katharer, die Widerstand leisteten, wurden auf dem Montsegur, dem ›sicheren Berg‹, eingekesselt. Nur einige Frauen und Kinder, die nicht für ihren Glauben sterben wollten, ließ man frei. Unter dem Fels wurden Reisigbündel angezündet und die letzten Standhaften den Berg hinuntergedrängt, einige stürzten sich freiwillig ins Feuer. Es gab keine Gnade, nur brutale Gewalt. Man nannte diesen Ort später ›das Feld des Feuers‹. Und damit endet die Geschichte der Katharer.«

Man sah Senex an, dass er erleichtert war, dieses Thema abschließen zu können. Er murmelte: »Fast hätte ich darüber vergessen, dass wir uns immer noch in Chartres befinden.«

Die Renaissance des zwölften Jahrhunderts

Wie um ihn auf andere Gedanken zu bringen, vielleicht auch sich selber, fragte Berenike: »Wie haben denn die Menschen damals gelebt? Gab es viele Arme und nur wenige Reiche?«

Senex antwortete: »Gut, dass du danach fragst, Berenike, denn hier in Chartres begann das große Erwachen der europäischen Zivilisation, ein neues Zeitalter. Gewiss wurden auch in den folgenden drei Jahrhunderten große Leistungen vollbracht, aber alle haben an diesem Ort und in dieser Zeit ihre Wurzel. Natürlich wurde die Entwicklung von Wissenschaft, Philosophie und Kunst auch durch einen wachsenden Wohlstand begünstigt. Handel und Gewerbe nahmen zu, das Finanzwesen entwickelte sich stürmisch, die Städte ertrotzten sich mehr und mehr Freiheiten …«

»Stadtluft macht frei!«

»Ja, so hieß es, Roman. Die Universitäten wuchsen, man interessierte sich für die lateinische Literatur. An den Fürstenhöfen blühte die Liebesdichtung der Troubadours, vor allem an den ›Liebeshöfen‹ der Provence. Man nennt diese Epoche daher die ›Renaissance des zwölften Jahrhunderts‹. Eine neue intellektuelle Kraft regte sich und suchte die Verbindung zu den großen Geistern der Antike. Auch dafür ist diese christliche Kathedrale ein Symbol.«

»Sie ist wirklich ein Wunder«, sagte Roman voller Überzeugung. »Überhaupt, die Gotik …«

»Leider müssen wir weiter«, unterbrach Senex und führte die drei zu den Pferden zurück. »Jetzt machen wir einen Abstecher zum Rhein. Dort zeige ich euch ein beklemmendes Beispiel dafür, wie innerlich zerrissen jene Zeit war.«

Sie saßen auf. Bald trabten sie wieder durch die helle Landschaft, in der Weinfelder, Äcker und Viehweiden miteinander abwechselten, akzentuiert überall durch Wind- und Wassermühlen.

Zeit des Glaubens, Zeit des Grauens

Diese Bewegung erschüttert die Zeit

Auf einer Anhöhe über dem breiten Fluss, der in behäbigen Windungen nach Norden strömte, hielten sie an. Auf Felsen und Hügeln erhoben sich wehrhafte Burgen, eifersüchtig über das umgebende Gebiet wachend. Der Rhein spiegelte die Helligkeit des Himmels und so war die ganze Senke in fahles Licht getaucht. Aber das war es nicht, was ihre Aufmerksamkeit auf sich zog, auch nicht die Lastkähne und Flöße, die stromab trieben – das ganze Tal war von einem Lärmen erfüllt, das aus einer flirrenden Wolke von Dunst und Staub hervordrang. Grauer Qualm zog sich wie ein zweiter Strom am Fluss entlang und ließ ihn fast doppelt so breit erscheinen. Das Getöse setzte sich aus vielen Geräuschen zusammen: Singen, Beten, Schreien, Lachen, Weinen – dazu trabende Pferde und schlurfende Tritte. Schwärme von Krähen kreisten darüber, wirbelten auf, zerteilten sich, fanden wieder zusammen und erfüllten die Luft mit ihrem durchdringenden Krächzen.

»Sind das etwa Kinder?«

»Ja, Berenike, es sind tausende und abertausende von Kindern, zwischen zehn und fünfzehn Jahre alt.«

»Woher kommen sie?«

»Von überall aus dem Rheinland. Die meisten stammen aus Köln.«

»Und wohin wollen sie?«

»Sie sind aufgebrochen, um das Heilige Land zu erobern. Hier am Rhein verkündete ihnen ein junger Fanatiker mit Namen Nikolaus, er habe von Gott den Auftrag erhalten, einen Kinderkreuzzug in das Heilige Land zu führen. Ihm gelang es, die Kinder so aufzustacheln, dass sie ihm folgten und sich auf den langen Weg machten.«

»Was um alles in der Welt haben sie sich davon versprochen? Hatte es nicht schon genug Kreuzzüge von schwer bewaffneten Rittern gegeben?«

»Gewiss, aber diese waren ja letztlich alle erfolglos geblieben. Nun wollten die Kinder das vollbringen, was den Erwachsenen nicht gelungen war. Sie wollten die Heiden vertreiben und das Heilige Land befreien.«

»Aber wie sollte das geschehen?«

»Nur durch Gottes Hilfe, Berenike, nicht mit Gewalt, allein aus der Überzeugung heraus, dass sie noch Kinder und daher frei von Sünde waren! Warum, dachten sie, sollte ihnen nicht gelingen, was den Mächtigen der Welt missglückt war, allein durch die Kraft ihrer gewaltlosen Liebe?«

»Schuld daran waren wieder einmal die Erwachsenen. Von ihnen hatten die Kinder ja ihren Glauben und ihren Fanatismus. Und sie müssen es schließlich doch zugelassen haben!«

»Nicht alle, Stefan. Es gab genug warnende Stimmen, aber sie waren machtlos«, sagte Senex. »Sogar Priester sprachen sich dagegen aus, aber dann gab es auch wieder Zweifel, ob nicht vielleicht Gott selbst das alles wollte. Freilich bemühten sich viele Eltern, ihre Kinder zurückzuhalten, aber vergeblich. Es war wohl so, wie es zu allen Zeiten ist: Manche Sprösslinge wollten auch einfach von zu Hause fort, sie versprachen sich Abenteuer und ein freies Leben auf der Landstraße.«

»Tausende – aber wie viele nun wirklich?«

»Wer weiß das genau, Roman? Vielleicht zwanzig-, vielleicht dreißigtausend.«

»Und was wird aus ihnen?«

»Viele werden elend verhungern. Viele werden von Wölfen zerfleischt, viele werden erschlagen. Den Mädchen, die sich, teilweise in Knabenkleidern, dem Zug angeschlossen haben, droht vielleicht ein anderes, nicht weniger schlimmes Schicksal. Alles, wessen wir Menschen fähig sind, wird ihnen angetan werden, Schändung, Vergewaltigung,

Mord. Wer es dennoch über die Alpen schafft, hat noch Glück, wenn ihn die Italiener nur auslachen. Viele Mädchen fängt man für Bordelle ein, andere werden als Mägde verdingt. In Genua werden sie kein Schiff finden, das sie nach Palästina bringt. Der Papst entbindet die Mädchen vom Kreuzzugsgelübde, die Jungen sollen als Erwachsene ihr Versprechen einlösen. Wer heimkehrt, hat wohl den besten Teil gewählt, falls der Rückweg gelingt. Mancher kann sich in Oberitalien durchschlagen, einige lassen sich in Genua nieder. Andere wandern weiter. Der Bischof von Brindisi sucht sie von der Überfahrt nach Palästina abzuhalten. Wer tatsächlich bis in den Orient gelangt, wird dort als Sklave verkauft. Das Schicksal der Kinder ließ niemanden unberührt. Sogar Papst Innozenz der Dritte, den man als einen der klügsten Politiker dieser Epoche bezeichnen kann, soll gesagt haben: ›Diese Kinder beschämen uns alle. Während wir schlafen, ziehen sie fröhlich aus.‹«

»Umso erstaunlicher ist«, sagte Stefan, »dass der Mensch nichts, aber auch gar nichts daraus lernt. Wie eh und je folgt er Wunderpredigern, Sektenführern und Gurus jeder Art, immer noch mit der gleichen seligen Ahnungslosigkeit wie diese Kinder.«

In allen Stadtstaaten gibt es Sklavenmärkte

»Ich möchte das Thema der Kinderkreuzzüge nun abschließen«, sagte Senex, »aber noch ergänzen, dass der Einfluss der Kreuzzüge auf die Kultur des Abendlandes gar nicht hoch genug eingeschätzt werden kann, trotz allen Unheils. Kunst und Kultur sind dadurch nachhaltig beeinflusst worden. Wirtschaftlich profitierten besonders die drei Hafenstädte Venedig, Genua und Pisa. Der Transport der Heere, der Nachschub, der Handel, alles lief über sie. Sie gewannen Macht über einen Teil der reichen syrischen Städte, sie ließen ihre muslimischen Untertanen für sich arbeiten, Seiden- und Glasindustrie blühten auf. Noch heute benennen wir Stoffe nach Damaskus, Mossul und Gaza, nämlich

Damast, Musselin und Gaze. Für diese italienischen Hafenstädte war das ein goldenes Zeitalter – aber mehr ein Zeitalter des Handels als des Glaubens. Und freilich darf man nicht verschweigen, dass keineswegs nur mit Edelsteinen, Seide, Glas und Gewürzen gehandelt wurde. Mindestens genauso wichtig war der Handel mit Sklaven.«

»Wirklich kein Ruhmesblatt des Christentums!«

»In allen großen Stadtstaaten Italiens gab es Sklavenmärkte, sei es nun in Venedig, in Florenz oder im päpstlichen Rom. Jeder angesehene Bürger hatte ganz selbstverständlich seine Sklaven. Dabei wurden auch die französischen und deutschen Kinder der Kinderkreuzzüge an islamische Handelsfreunde verschachert. Man kannte keine Skrupel. Aus heutiger Sicht müsste man einwenden: Kinder sind Kinder und vor Gott sind alle Menschen gleich, aber so dachte der mittelalterliche Mensch nicht, weder im christlichen Abendland noch im Orient. Vielmehr wollte er es nicht, denn dann hätte er auf Annehmlichkeiten verzichten müssen. Und das tut kein Mensch freiwillig.«

Hoffnung auf Hilfe von oben

»Sprechen wir noch einmal von Gott, man kommt in jener Zeit davon nicht los. Doch diesmal meine ich die Gott zugeschriebenen Wunder«, begann Senex wieder. »Im Mittelalter glaubte jeder an Wunder. Damals, als dauernd Seuchen, Hunger, Krieg und Not die Welt heimsuchten, hoffte man auf nichts so sehr wie auf die Hilfe von Märtyrern, Reliquien oder Heiligen. Man begab sich auf Wallfahrten, es war wie heute der Massentourismus, zumal man sich für diese Zeit auch von der Last des Alltags befreite. Da gab es keine Fron, dafür Hoffnung auf Gnade und Ablass. Oft ging es lustig, sogar sehr freizügig zu. Die Menschen legten riesige Entfernungen zu Fuß zurück. Sie waren Wochen, Monate, manchmal sogar Jahre von zu Hause fort und fühlten sich als winzige Wesen dem Unbekannten, dem Unerforschlichen ausgeliefert. Sie sahen den Himmel über sich, den sie sich goldglänzend vorstellten, bevölkert von Seligen, Engeln und Heiligen, bunt wie Kirchenfenster und erfüllt von Lobpreisungen und Gesängen. Darüber thronte die Heilige Familie, Jesus Christus, Maria, Gottvater – eine unabänderliche Ordnung, auf die sie mit kindlicher Seele vertrauten.«

»Ich kenne nur die Kälte und die Unendlichkeit des Kosmos, nicht weniger verehrungwürdig mit seinen Milliarden flammender Sonnen, aber sicher nicht trostreich«, sagte Stefan.

»Vielleicht waren nur jene Zeiten lebenswert, in denen ein unerschütterlicher Glaube herrschte.«

»Eine heile Welt? Aber das war doch nur eine Fiktion, Romi. Wie konnte die Welt ›heil‹ sein, wenn Glaube untrennbar mit Angst verbunden war?«

»Du nennst den Glauben eine Fiktion, Stef. Aber die Bedeutung des Menschen liegt doch auch darin, dass er Ideen entwickeln, also Fiktionen erschaffen kann. Bedrohung und Angst entstehen doch nur, wenn er die Grenze zum Fanatismus überschreitet.«

»Und die überschreitet er immer dann, wenn er sich absolut sicher ist, im Besitz der Wahrheit zu sein. Denn dann ist es nur noch ein winziger Schritt zur Verfolgung Andersgläubiger. Immer wenn man keine Zweifel mehr hat, muss eigentlich sofort die Alarmglocke schrillen.«

»Der tiefe Glaube des Mittelalters hatte seine Wurzeln natürlich auch in der Unwissenheit«, sagte Senex. »Analphabetismus war weit verbreitet, in den ärmeren Schichten war er die Regel. Das muss man berücksichtigen, wenn man den Aberglauben des Mittelalters verstehen will.«

»Einverstanden. Aber heute gilt diese Entschuldigung nicht mehr!«

»Richtig, Stefan. Aber bleiben wir im Mittelalter. Auf der einen Seite Aberglaube und Analphabetismus, auf der anderen ein überreiches Panorama geistiger Kultur, vor allem in Frankreich und Flandern, aber auch in den Städten Italiens und in Burgund. Und alles entwickelte sich in einer Welt von Krieg, Hunger, Teuerung und Not, Seuchen und Tod – und obwohl sich die Menschen machtlos dem göttlichen Strafgericht ausgeliefert fühlten. Sie fürchteten sich vor dem Weltende, und das steigerte sich noch, als die Wende des halben Jahrtausends nahte, am Ende des Mittelalters, an der Schwelle zum sechzehnten Jahrhundert. Viele Künstler, sogar die vorurteilslosesten, hatten düstere Visionen. Leonardo da Vinci sah aus der Erde von Finsternis bedeckte Tiere hervorkommen und Blut vergießen, der große niederländische Maler Hieronymus Bosch stellte alle Sünden der Menschen und ihre Höllenstrafen dar.«

»Aber warum diese Angst?«

»Weil die Lebensverhältnisse oft geradezu höllisch waren, Berenike. Der nackte Hunger und die oft schon chronische Unterernährung führten zu Bewusstseinsveränderungen und Trancezuständen, bis hin zu Ausbrüchen von Tanzwut.«

»Wie? Tanzwut?«

Eine Feier des Diesseits und ein Ausdruck der Not

»Es war ein unbegreifliches Aufflackern. Gegen Ende des vierzehnten Jahrhunderts tanzten tausende von Menschen stundenlang, tagelang, in Häusern, auf Plätzen und in Kirchen, am Rhein, in Brabant, in Flandern. Während die Welt für die Tänzer versank, hatten sie Visionen, tat sich ihnen der Himmel auf. Ihr kennt diese Erscheinung unter der Bezeichnung ›Veitstanz‹, abgeleitet vom Namen des Tages, auf den dreizehnhundertvierundsiebzig die Sommersonnenwende fiel.«

»Gespenstisch«, sagte Berenike. »Und trotzdem – so weit weg ist das auch wieder nicht. So etwas Ähnliches gibt es immer noch.«

»Tanzen ist und war zu allen Zeiten Ausdruck der Freude, eine Feier des Diesseits. Das schrieb man damals freilich der Macht des Teufels zu, nannte es dämonische Pest und Ketzerei. Aber für das ungebildete Volk, die Bauern, Tagelöhner, die Armen, den Pöbel war der Tanz ein Ausdruck lange unterdrückter Lebenslust, bei dem sie das Leid ihres Lebens vergessen konnten. Oft war das Brot, ihr Grundnahrungsmittel, mit

Mohn, Mutterkorn und anderen Rauschmitteln versetzt, sodass die ausgehungerten Menschen in die wirrsten Traumzustände und Ekstasen versetzt wurden. Man spricht daher auch vom ›Brot der Träume‹. Daneben gab es auch hirnzersetzende Kräuter, von deren Wirkung man noch keine Ahnung hatte. Wir sehen Besessene vor uns, auf der Flucht vor ihren Ängsten, vor der Kürze des Lebens. Tod und Verwesung waren allgegenwärtig. Kaum ein Mysterienspiel handelte nicht vom Sterben. Über die Kunst des Sterbens, die ›ars moriendi‹, wurde ständig geschrieben. Man stellte Leichen und Sieche, Krüppel, Skelette und immer wieder den grinsenden Gevatter Tod dar. Epidemien rafften hunderte, ja tausende auf einmal dahin. Dagegen gab es keine wirksame Hilfe, nur die Hoffnung auf Gott, die Heiligen und auf überirdische Kräfte.«

»Und deshalb hat man auch getanzt?«

»Vielleicht, Berenike. Den genauen Grund der Tanzwut kennt niemand. Aber welchen Ursprung sie auch hatte – genauso plötzlich, wie sie aufgetreten war, verschwand sie wieder. Sie erlosch wie ein Flächenbrand.«

»Für mich ist das ein weiterer Beweis dafür, dass der Mensch vor allem ein irrationales Wesen ist.«

»Irrational und grausam, Stefan, jedenfalls trägt er die Veranlagung dazu in sich«, murmelte Senex.

»Auch für die Grausamkeit bietet das Mittelalter schließlich zahllose Beispiele.«

»Dass alle Zeiten, eingeschlossen die unsere, grausam waren und sind, davon haben wir wohl schon gesprochen, Berenike. Freilich, Folterungen waren an der Tagesordnung und galten noch dazu als Jahrmarktsvergnügen. Da wurden die Delinquenten an den Pranger gestellt, mit Eisen angekettet, bespuckt, der johlenden Menge ausgesetzt. Die Todesstrafe war etwas Selbstverständliches, das Enthaupten noch die schmerzloseste ›Gnade‹. Ach, ich möchte am liebsten den Mantel des Schweigens über all die Scheußlichkeiten breiten, die der Mensch dem Menschen antut.«

»Irgendwo habe ich den Satz gelesen: ›Der Mensch ist des Menschen Wolf‹«, warf Stefan ein. »Dem ist nichts hinzuzufügen.«

»Ein Mittel, die Macht über andere noch schrankenloser ausüben zu können, noch mehr Zerstörung und Schrecken, Tod und Verwüstung in die Welt zu bringen – freilich auch manchen Nutzen zu stiften –, ein Mittel, das wir noch heute anwenden, wurde ebenfalls in diesen Jahren erfunden. Könnt ihr euch vorstellen, was ich meine?«

Sie sahen sich an und schüttelten den Kopf.

»Wir wollen einen Augenblick rasten«, schlug Senex vor. »Sitzt ab. Die Pferde können grasen.«

Chemie wird Kraft

Feuer zum Verbrennen der Feinde

Sie gingen zu einem Hügel, auf dem, umgeben von einer Hecke, eine Bank stand.

»Ihr seht mich fragend an«, begann Senex. »Es handelt sich um eine Erfindung, durch die die Welt stärker verändert wurde als durch viele andere davor. Die Erfindung verdankt sich eigentlich mehr einem Zufall. Das, worauf ich anspiele, kannte man übrigens in China schon viel länger, wenn man es dort zunächst auch nur benutzt hatte, um durch die lauten Geräusche Feinde abzuschrecken.«

»Jetzt weiß ich, was Sie meinen! Das Schießpulver!«

»Ja, Roman. Wir im Evo-Park hätten euch nun gern eine Alchimistenwerkstätte gezeigt, mit schwarzem Gewölbe, Tigeln und Töpfen, Phiolen und Reagenzgläsern. Aber leider – wir müssen bei der historischen Wahrheit bleiben. Man weiß nämlich fast gar nichts darüber, wo, wann und vom wem das Schießpulver entdeckt wurde.«

»Ich denke, es war Berthold Schwarz?«

»Das nimmt man an, Stefan, aber es gab bereits vor Berthold Schwarz ein Rezept für Schwarzpulver von dem englischen Franziskaner Roger Bacon, der zwölfhundertvierzehn geboren wurde. Auch findet sich ein Hinweis auf ein Explosionsmittel in einem ›Buch über verschiedene Feuerarten zum Verbrennen der Feinde‹. Darin wurde beschrieben, dass man ein Pfund reinen Schwefel, zwei Pfund Holzkohle von Linden- oder Weidenholz und sechs Pfund Salpeter pulverisieren und gründlich mischen solle. Trotzdem nennen unsere Lexika Berthold Schwarz als Erfinder. Aber wer war dieser Mann – eigentlich

Bertoldus niger oder Bertoldus der Schwarze? Schon darüber gehen die Ansichten auseinander. Die einen machen ihn zu einem Zisterziensermönch aus Freiburg im Breisgau, der dreizehnhundertachtundachtzig wegen eben dieser Erfindung zum Tode verurteilt worden sein soll, also hundert Jahre nach Roger Bacon, andere erweisen ihm eine höhere Ehre. Danach soll er aus Konstanz stammen und in dieser Diözese Domherr gewesen sein. Er soll als magister artium an der Universität Paris gelehrt und dem dortigen Kolleg von Saint Victor angehört haben. Man nimmt an, dass er bei Versuchen mit einem Pulvergemisch aus Salpeter und Schwefel die Sprengwirkung entdeckt hat. Von einem Todesurteil berichten diese Quellen nichts. Angesichts so magerer und unsicherer Angaben hat die Verwaltung des Evo-Parks beschlossen, auf eine Darstellung zu verzichten, und mich gebeten, diese Erfindung nur zu erwähnen.

War der Ausgang einer Schlacht bisher wesentlich von körperlicher Kraft und Geschicklichkeit abhängig gewesen, so leitet die Erfindung des Schießpulvers einen langsamen, aber grundlegenden Wandel ein. Die Burgmauern – wie auch die Stadtmauern – verloren ihre Unüberwindlichkeit und damit büßten auch Adel und Ritterschaft ihre Übermacht ein. Das Schießpulver machte alle gleich. Dieser Wandel bedeutete auch das Ende des Rittertums, nicht nur als Stand, sondern auch im Sinne einer gewissen Kampfmoral, die wir als Ritterlichkeit kennen. Turniere kamen aus der Mode, man stach nicht mehr mit der Lanze, man focht nicht mehr mit dem Schwert. Nur der leichtere Degen überlebte noch einige Jahrhunderte, mehr oder weniger aus modischen Gründen.

Auf der anderen Seite wuchsen den Menschen ungeheure neue Kräfte zu. Sprengungen für Straßen und Tunnel, überhaupt für jede Art von Bauvorhaben, wurden möglich. Wunderbare Feuerwerke verzauberten den nachtschwarzen Himmel und spiegelten sich in den Wassern. Mit der Aufzählung der Auswirkungen von Pulver und – später – Dynamit…«

»Noch später der Kernspaltung, der Atombombe…«

»… könnte man Bände füllen. Mit den Feuerwaffen begann auch die

Ausrottung nützlicher, schöner oder gefährlicher Tiere. Viele kennen wir nicht mehr. Wenn der Erfinder des Schießpulvers das geahnt hätte …«

»Erfinder sind oft so naiv wie Kinder, die nicht wissen, was sie anrichten«, murmelte Stefan. Berenike und Roman nickten.

Der vierte Abend

Gesellschaft

Wie in einem Zeitraffer

Es war Abend geworden. Keiner hatte dem Sonnenuntergang über der Rheinebene Aufmerksamkeit geschenkt, keiner hatte beachtetet, wie die Schatten länger wurden und allmählich in Grau übergingen. Im noch fahlen, aber schon dämmernden Himmel leuchteten Mond und Abendstern. Als Senex hinaufblickte, erschrak er fast.

»Es wird Nacht«, sagte er. »Wir sollten heim in unser Quartier. Auf die Pferde, Freunde!«

»Da bin ich neugierig, wo wir jetzt hinkommen!« Berenike nahm die Zügel und saß auf.

Senex gab die Richtung an. Sie ritten nach Norden, über einen ausgefahrenen Feldweg in ein Wäldchen, wo sie kaum noch etwas erkennen konnten. Umso erfreuter waren sie, als die Lichter ihres Gästehauses durch die Bäume strahlten. So fanden sie den Eingang leicht.

Ihre Schlüssel lagen bereit.

Eine halbe Stunde später erschienen sie im Speiseraum. Sofort fiel ihnen auf, dass das Essen deftiger war als an den beiden vorangegangenen Abenden, wo sie im Süden gewesen waren. Die Küche passte sich wohl der Landschaft an. Statt mit Olivenöl war mit Butter gekocht worden, an Stelle leichter Salate und frischen Gemüses gab es Kohl und mehr Fleisch. Als Getränke wurden – außer Mineralwasser – Rhein- und Moselweine geboten.

»Wir haben große Strecken zurückgelegt und auch große Zeiträume durchmessen«, begann Senex das abendliche Gespräch. »Hinter uns liegt wieder ein ganzes Zeitalter. Es geht alles recht schnell, aber das hat seinen Sinn. Das Wachstum eines Baumes würde man nicht bemerken, wenn man ihn stündlich beobachtet, man erkennt es erst, wenn man es im Zeitraffer sieht. So soll es auch hier sein. Morgen werde ich euch zeigen, dass eigentlich nicht die Entdeckung des Schießpulvers, sondern eine ganz andere Erfindung die Welt gründlich veränderte, vielleicht nachhaltiger und rascher als je zuvor. Auch deswegen halten wir uns jetzt noch auf dem linken Rheinufer auf.«

»Ich kann mir denken, was Sie meinen«, sagte Roman.

Frauen im Mittelalter

Ehe er weitersprechen konnte, schnitt ihm Berenike das Wort ab: »Halt, Romi, nicht so schnell! Männer, Männer, Männer … Ein Kaiser, Heilige, Theologen, Dombaumeister, Müller, Feudalherren – nun ja, ein paar Frauen immerhin, eine Geliebte, eine Schriftstellerin, dann sind da noch die Frauen, die Steine zum Kirchenbau herankarren, und die Mädchen, die am Kinderkreuzzug teilgenommen haben – aber was ist mit der Frau allgemein in dieser Zeit? Können Sie mir etwas mehr sagen, Senex?«

»Ach, das ist fast unmöglich. Wenn ich ausführlich darüber sprechen sollte, würde ich die ganze Nacht dazu brauchen.«

»Geben Sie mir wenigstens ein paar Anhaltspunkte! Stimmt es, dass die Stellung der Frau im Mittelalter relativ gut war?«

»Das kann ich so eindeutig leider nicht sagen, Berenike. Gerade im Mittelalter wird die Geschichte von Männern bestimmt. Frauen treten darin fast nur als Begleiterinnen der Fürsten und Ritter – gut, auch als Äbtissinnen – auf. Gerade das Mittelalter war beherrscht von den kirchlichen Lehrmeinungen – ihr wisst ja, dass Eva in der Schöpfungsgeschichte aus Adams Rippe geschaffen wurde. Damit galt sie nicht als eigenständiger Mensch, nicht einmal als Abbild Gottes, sondern als Ableger des Mannes. Beim Sündenfall war es wieder Eva, die ihre

Schwäche bewies, indem sie sich von der Schlange verführen ließ, sodass ihr die Vertreibung aus dem Paradies angelastet wurde. Später galt sie als Hexe schlechthin. Verächtlich hatte sich ja schon der Apostel Paulus über sie geäußert, als er sagte: ›Die Frauen seien untertan ihren Männern als den Herren. Denn der Mann ist des Weibes Haupt.‹ Und weiter: ›Eine Frau lerne in der Stille mit aller Unterordnung. Einer Frau gestatte ich nicht, dass sie lehre, auch nicht, dass sie sich über den Mann erhebe, sondern sie sei stille.‹ Oder: ›Und Adam ward nicht verführt, das Weib aber ward verführt und ist der Übertretung verfallen.‹ Schließlich – und jetzt hört genau hin: ›Sie wird aber selig werden dadurch, dass sie Kinder zur Welt bringt …‹«

»Dachte ich mir's doch. Die Frau ist nur zum Kinderkriegen auf der Welt und zu sonst nichts!«

»Die Liste ließe sich beliebig fortsetzen. Augustinus sagte über die Frau, er liebe an ihr, dass sie ein Mensch ist, und hasse, dass sie Frau ist. Ein Abt des Klosters Cluny in Burgund ging in seinem Ekel vor der Frau noch weiter, wenn er sie mit Schleim und Kot verglich, den man nicht einmal mit den Fingerspitzen anrühren möchte, geschweige denn, zu umarmen begehre. Und ein Bischof verglich sie mit einem Rebstock des Unheils, einem Steckling aller Laster, und er sagte, dass Schönheit und Tugend unvereinbar seien. Er meinte weiter, indem die Frau den Mann umarmt und mit Küssen bedeckt, spritzt sie Gift in die Stille seines Herzens.«

»So musste ja ein negatives Frauenbild entstehen. Überwunden ist es immer noch nicht, wenn man bedenkt, dass katholische Geistliche nicht heiraten dürfen und Frauen keine Priester werden können.«

»Die Frau im Mittelalter hatte demütig und dienend zu sein. Das war die Rolle, in der man sie damals sehen wollte. Sie durfte helfen, heilen, trösten, gute Werke tun. Jedenfalls in der Theorie, denn die Realität sah oft anders aus. Vor allem kam es auf den Stand an, in den eine Frau hineingeboren wurde. Die Bäuerin konnte und musste mithelfen, sie hatte ihren eigenen Wirkungskreis, sie wurde geachtet, weil sie gebraucht wurde. Auf dem Bauernhof war die Frau für das Kleinvieh verantwortlich, für den Garten, das Haus und natürlich für die Kinder. Sie half bei der Flachsernte, spann, webte, färbte und stellte die Kleidung her. Sie ging mit der Hucke oder Kiepe auf die Märkte, verkaufte Butter, Eier, Käse, Hühner, Gänse und Gemüse. Nur wenige konnten Knechte, Mägde und Tagelöhner halten. Dass ihr Leben mehr als hart war, steht außer Frage. Andererseits idealisierten Adel und Geistlichkeit schon damals das bäuerliche Leben. Ihre Andachtsbücher zeigen bäuerliche Feste, Saat und Ernte. Sie erzählten Geschichten, an denen man sich erbaute.«

Der Bauer war nur eine Art Vieh

»Aber waren denn die Bauern in den Augen des Adels nicht nur eine Art Vieh?«

»Gewiss, in der Regel war es so, Stefan. Etwas besser als die Bäuerinnen hatten es die bürgerlich-städtischen Frauen, vor allem, wenn sie vermögend waren. Sie konnten fast alle einen Beruf erlernen, selbst Meisterinnen waren nicht ungewöhnlich. An den Universitäten freilich durften nur Männer studieren. Adlige Frauen hatten dagegen, so seltsam das klingt, recht wenig Freiheit. Sie waren Heiratsobjekte – wenn sie nicht ins Kloster gesteckt wurden. Aus der Vormundschaft ihrer Väter gerieten sie in die Vormundschaft ihrer Männer. Mit zwölf Jahren galten sie als heiratsfähig. Dann mussten sie ihr Zuhause verlassen und wurden an den Hof ihres zukünftigen Gatten geschickt. Manch eine heiratete mit vierzehn, brachte viele Kinder zur Welt und starb, noch nicht einmal dreißig Jahre alt. Allerdings lag die durchschnittliche Lebenserwartung der Männer kaum höher. Die Ehen waren in der Regel sehr kurz. Der Überlebende heiratete meist ein zweites oder drittes Mal. Von Liebe war dabei nicht die Rede. Ganz allgemein kann man sagen, dass eine Frau nur dann Glück hatte, wenn sie sehr reich geboren wurde oder sehr schön war. Trotzdem war sie wie eine Spielfigur, andere bestimmten über ihr Leben. Nur wirtschaftlich war sie gesichert. Ihr zukünftiger Ehemann überschrieb ihr ein Heiratsgut, meist einen Grundbesitz, der auch die dort lebenden Menschen umfasste. Im Falle ihrer Verwitwung war sie dadurch – und durch ihre Mitgift – versorgt. Arbeiten durfte sie nicht. Vielleicht konnte sie Kranke pflegen, in der Regel aber nur Ritter oder Adlige.«

»Viele Frauen gingen doch auch ins Kloster?«

»Ja, Berenike, aber dafür war oft nicht der Wunsch nach einem einfachen christlichen Leben maßgebend, manch eine wollte einfach der Sklaverei des Elternhauses, der Ehe unter der Gewalt eines ungeliebten Mannes und – auch das spielte eine große Rolle – dem frühen Tod im Kindbett entgehen. Zur Sexualität hatte man damals sowieso ein zwiespältiges Verhältnis. Man war sinnenfroh, aber die Lust wurde auch verteufelt, die Frau als ihr Gefäß missachtet, obwohl man die Notwendigkeit des Geschlechtsverkehrs einsah, wenn man Kinder haben wollte. Aber Sehnsucht nach der Ehe wurde in den jungen Mädchen nicht geweckt.«

Meisterinnen im Schreiben von Büchern

»War denn das Klosterleben besser?«, fragte Berenike. »Die strengen Regeln… alles, was wir davon wissen, klingt nicht sehr einladend.«

»Das ist richtig. Aber im Kloster waren die Frauen doch in gewissem Sinne geborgen, sie lebten im Rhythmus der Gottesdienste, Gebete und Meditationen, sie sangen, lasen und schrieben, übernahmen Krankenpflege, verrichteten Gartenarbeiten und machten Handarbeiten. Von den Sorgen des alltäglichen Lebens erfuhren sie wenig. Auch künstlerisch konnten sie sich betätigen, oft wurden Klosterfrauen Meisterinnen im Schreiben und Illuminieren von Büchern, also in der Kunst der Buchmalerei, die damals in hoher Blüte stand. Ihnen verdanken wir viele der wunderbar-reichen Stundenbücher, Kalender, Gebetsbücher und Prachthandschriften, die wir heute in Bibliotheken und Museen bestaunen. Hoch gestellten Frauen war es auch möglich, offiziell den Schleier zu nehmen, aber außerhalb des Klosters zu leben, zu reisen und politisch zu wirken, ehe sie, in vorgerücktem Alter, endgültig hinter die Klostermauern zogen und angesehene Äbtissinnen wurden. Aber das waren doch Ausnahmen. Trotzdem setzte im dreizehnten Jahrhundert geradezu ein Ansturm auf die Klöster ein, sodass vielfach die Aufnahme erschwert und die Zahl der Nonnen beschränkt wurde.«

»Ein Numerus clausus für Nonnen?«

»So kann man es nennen, Berenike. Dazu kam ein kirchliches Verbot, neue Orden zu gründen. Eine Ausnahme bildeten die Gemeinschaften der Beginen, Frauen, die gelobten, freiwillig arm zu bleiben und keusch zu leben, wenn nicht in einem Orden, so doch in einer klosterähnlichen Gemeinschaft unter geistlicher Leitung. Aber die Regel sah anders aus.«

»Das heißt also: Ehe. Aber was haben die Menschen davon erwartet, wenn sie schon nicht aus Liebe geheiratet haben?«

»Vor allem natürlich Kinder, denn Kinder wollten alle haben, da diese sie ernähren mussten, wenn sie zu alt oder krank geworden waren, um selbst zu arbeiten. Das ist ja heute noch in allen sozial wenig entwickelten Ländern so. Gefühle spielten dabei keine große Rolle. Deswegen waren die Ehen aber nicht unbedingt unglücklich. Denn man erwartete ja nicht viel und blieb mit seinen Wünschen in realistischen Grenzen.«

»Vielleicht waren die Menschen sogar zufriedener als heute.«

»Ein interessanter Gedanke, über den jeder für sich ein wenig nachdenken kann. Es ist wieder spät geworden. Gehen wir zu Bett, damit wir morgen ausgeruht sind.«

Senex erhob sich. Alle suchten ihre Zimmer auf.

Der fünfte Tag

Umbruch

Der Rhein bringt Menschen vieler Länder nach Mainz

Als sie am Morgen vor die Tür traten, standen sie unvermittelt am Ufer eines breiten Flusses. Seine Wellen schimmerten im Morgenlicht. Flößer lenkten ihre Fracht flussabwärts. Weiden berührten mit den Spitzen ihrer Äste das Wasser und auf dem Strom lagerte eine dünne Nebelschicht, die langsam aufstieg. Senex empfahl, die Pferde im Gästehaus zu lassen: »In der Stadt sind sie uns nur hinderlich.«

»In welcher?«

»In Mainz. Die Straßen zwischen den Häusern sind eng, und in der Werkstatt, die ich euch zeigen will, können wir die Tiere erst recht nicht brauchen.«

Nun bemerkten sie auch, dass sich in dieser Nacht die Lage ihres Refugiums nicht so stark verändert hatte, wie sie es bereits gewohnt waren. Deutlich hörten sie das Klappern der Mühlen, die am Wasser standen, während sich auf einer Anhöhe, wo der Wind frei wehte, Windmühlenflügel drehten.

»Heute noch gibt es den Windmühlenberg«, erklärte Senex. »Der Rhein ist die Hauptstraße zwischen den Alpen und dem Meer, er bringt Menschen vieler Länder nach Mainz. In wenigen anderen Städten gibt es so viele Kirchen, in den Klöstern wird gelehrt und studiert. Mainz ist eine der alten Römergründungen, in der etwa zehntausend Leute gelebt haben dürften. Von Rom nach Mainz führt eine gerade Linie.«

»Sie wollen doch damit nicht sagen, dass die Buchdruckerkunst eine Erfindung der Römer ist?«

»Ach, Roman, wenn du schon weißt, wo ich mit euch hingehen will, kann ich auch gleich davon sprechen. Ja, wir sind jetzt in der Mitte des fünfzehnten Jahrhunderts, ein für die kulturelle Entwicklung des Abendlandes umwälzendes Datum. Es war die Zeit, in der die Städte wuchsen und ihr Gesicht erhielten. Die Handwerker schlossen sich zu Zünften zusammen, die Städter machten aus ihren Rathäusern Symbole von Freiheit und Reichtum. Dazu lag der ungebrochene Glaube schützend über allen Menschen.«

»Aber doch auch lastend und beengend!«

»Nun gut, Stefan, wenn das Leben durch feste Ordnungen geregelt wird, ist es auch beengt. Jeder war abhängig von einer Innung, einer Zunft, einer Bruderschaft oder von einer anderen Gemeinschaft, die ihm allerdings auch Schutz bot und in der er sich geborgen fühlte. Die eigentlichen Herren der Stadt aber waren die Kaufleute, die von ihren Reisen fremdartige und kostbare Waren mitbrachten. Der Kaufmann wurde geschätzt und der Adel schämte sich nicht mehr, sich mit den früher verachteten ›Pfeffersäcken‹ einzulassen. Es war eine Zeit des wirtschaftlichen Aufschwungs – auch wenn es viele Rückschläge gab. Seuchen und Epidemien wüteten – die Pest löschte ganze Städte und Landstriche aus –, dazu kamen Missernten und Bauernaufstände.«

»Also auch eine sehr bedrückende Zeit!«, stellte Roman fest.

»Scharen von Bauern, die keine Arbeit mehr hatten, zogen als Tagelöhner in die Städte, die ihnen wie eine Verheißung erschienen, wo sie dann freilich meist ein kümmerliches Dasein am Rand des Hungers führten.«

Druckverfahren mit beweglichen Lettern

»So«, sagte Senex. »Und nun komme ich zum eigentlichen Thema von heute. Hier in Mainz erfand der Goldschmied Johannes Gutenberg das Druckverfahren mit beweglichen Lettern. Früher brauchte ein geübter

Kopist einen oder zwei Monate, um ein einziges Buch abzuschreiben. Von jetzt an konnten viele, sehr viele Bücher in sehr kurzer Zeit hergestellt werden. Und obwohl sie immer noch verhältnismäßig teuer waren, erschien ihr Preis gegenüber dem eines handgeschriebenen Buches doch unglaublich niedrig.«

»Aber war Gutenberg denn wirklich der einzige Erfinder? Man kennt doch auch andere Namen.«

»Richtig, Roman, Gutenberg war nicht der Erste, der die Notwendigkeit einer raschen und billigeren Herstellung von literarischen Erzeugnissen erkannte. Seine Erfindung war eine Antwort auf ein allgemeines Bedürfnis. Zwar gab es viele Berufsschreiber, die ein einträgliches Gewerbe ausübten, sie versorgten nicht nur reiche Sammler mit klassischen Werken, sondern auch Studenten mit juristischen oder theologischen Handbüchern. Auch war das Drucken selbst keine neue Erfindung. Die Chinesen beherrschten es schon seit etwa tausend Jahren, und ihre Kenntnisse wanderten entlang der Karawanenwege, vor allem der Seidenstraße, nach Westen. Auch das Papier haben die Chinesen erfunden, das sich als ideales Druckmaterial erwies. Gelegentlich wurde zwar auch Pergament für Luxusdrucke benutzt, aber Papier war viel leichter in großen Mengen herzustellen.«

»Worauf beruht denn dann Gutenbergs besondere Leistung?«

»Auf zweierlei, Berenike. Auf dem Guss der beweglichen Lettern, also der Druckbuchstaben, und auf der Druckerschwärze. Sie machte das Drucken überhaupt erst möglich, da nur sie an den Metalltypen haftete. Gutenberg verwendete dazu eine Mischung aus Ruß und Firnis, nachdem er die flämische Malerei studiert hatte. Doch wir wollen uns das alles an Ort und Stelle ansehen!«

Sie wanderten durch eine liebliche Landschaft, die von Weinbergen durchsetzt war. Die Stadt war umgeben von einer festen Mauer, die mit ihren vielen Tortürmen nicht nur ein Schutz, sondern auch Ausdruck der Wohlhabenheit und des Bürgerstolzes war. Über den Mauerkranz ragten die Spitzen zahlreicher Türme, die verrieten, dass Mainz besonders viele Kirchen besaß. Senex deutete darauf: »Der Klang der Glocken regelt die Zeiten der Arbeit und der Muße.«

Entlang des Stroms gab es Gärten voller Grün und Blumen und vor der Stadtmauer breitete sich eine Wiese aus, ein mit Obstbäumen bestandener Erholungsort, auf dem Kinder und Jugendliche Reigen tanzten und einander jagten.

Als sie das Stadttor passiert hatten, glaubten sie zunächst, in einem Dorf zu sein, denn die Häuser standen weit auseinander, alle hatten einen Hof mit viel Vieh, da gackerten Hühner, da grunzten Schweine, da schrien Esel. Erst als sie sich dem Stadtkern näherten, wurde die Bebauung dichter.

Die Gassen waren nun mit Platten aus hartem Stein gepflastert, damit die Wagenräder nicht einsinken konnten. Die bemalten, mal zwei-, mal dreistöckigen Fachwerkhäuser schienen sich mit ihren vorspringenden Geschossen, Erkern und Giebeln beinahe zu berühren, ihre Fenster mit Butzenscheiben machten sie noch bunter. Jedes Haus hatte einen Namen, über die Türen waren Zeichen gemalt oder in Stein gehauen, sodass der Besitzer leicht zu finden war. Hier hatten auch Handwerker ihre Verkaufsstände, da diente eine Tischplatte nebst Klappdach vor dem Werkstattfenster als Laden. Über den Türen hingen Schilder in vielen Formen. Manche Holzläden waren hoch gezogen, sodass man in die Gewürzstuben hineinschauen konnte oder auch in die Werkstätten, wo Waren zur Schau gestellt wurden, Tonkrüge oder Sitzschemel, gewebte Tücher und Messingschalen, Kupferkessel und gedrechselte Stäbe.

»Wenn man das mit den Straßen Roms oder mit denen in Ägypten und natürlich im frühen Jericho vergleicht, merkt man doch, dass sich vieles verändert hat«, meinte Berenike.

Da der Mensch nackt geboren wird, erfindet er die Mode

Durch die Gasse kamen sie zum Flachsmarkt. Dort tummelten sich viele Menschen, darunter auch fahrendes Volk, Vaganten, Gaukler, Sänger und Musikanten. Sehr bunt wirkte alles.

»Wie phantasievoll und luxuriös die Kleider sind!«

»Ja, Berenike, die Läden um den Markt herum ziehen viele Leute an, man sieht hier die Kleidermoden aller deutschen Gaue. Es ist immer ein Ereignis, wenn ein Kaufmann mit seinen Planwagen neue, oft kostbare Waren und Gewürze in die Stadt bringt. Für Stoffe und Zierrat wird mehr Geld ausgegeben als für die Wohnung. Natürlich gibt es nicht das, was wir unter einer einheitlichen Mode verstehen, geschweige denn ein Modediktat. Man kennt ja noch keine Zeitungen. Aber abends geht es in den vielen Trinkstuben meist lebhaft zu und hier erfährt man alle Neuigkeiten, auch modische.«

»Abends? Gehen die Leute abends noch aus dem Haus?«

»Ja, Roman, aber es gibt immer noch keine Straßenbeleuchtung, man muss seine eigene Laterne tragen. Das späte Läuten der Ratsglocke verkündet allen, dass niemand mehr draußen angetroffen werden darf. Dann ruft nur noch der Nachtwächter mit seiner Hellebarde die Stunden aus. Nun, aber was die Mode angeht, erlässt der Rat immer wieder Kleiderordnungen gegen zu großen Luxus und verdammt die unchristliche Eitelkeit, meist jedoch vergeblich, denn jeder will sich durch seine Kleidung über den eigenen Stand erheben.«

Auf dem Markt herrschte ein großes Gewimmel. Man drängte sich vor den Verkaufsständen, vor dem Geflügel, den Eiern, den Butterfässern und Milchkrügen, betrachtete, feilschte, kaufte oder wanderte weiter, zwängte sich aneinander vorbei. Hier leuchteten alle Farben, Blau, Rot und Grün, sogar Gelb, obwohl – wie Senex sagte – Gelb eigentlich für die Jüdinnen, Pfarrerkonkubinen und Prostituierten gedacht war. Aber kaum einer kümmerte sich darum.

»Die Färber verdienen sicher viel Geld«, murmelte Roman. Man trug bodenlange Leibröcke, die sich von der Taille ab weiteten, wobei sie bei den Frauen stoffreicher und länger wurden, sodass sie die Überlänge mit der Hand emporhalten mussten, die Finger abspreizend, was ihnen ein modisch-geziertes Aussehen gab, das bei den jungen und schlanken Dingern aber auch reizend-elegant wirken konnte.

Auf diese Weise zeigten die Frauen, dass sie es nicht nötig hatten, etwas zu arbeiten oder zu tragen, denn dazu hätten sie ja ihre Hände gebraucht.

»Da der Mensch nackt geboren wird, erfindet er sich die Mode«, meinte Senex lachend. »Nun, darin waren ja schon die Ägypter groß!«

Die Handpressen Gutenbergs

Jetzt erreichten sie eine andere Gasse, die nicht weniger belebt war. Senex öffnete ein massives Eichentor. In dem dunklen Gang hörten sie Stimmen und viele Geräusche. Durch eine weitere Tür kamen sie in einen großen Raum mit Holzbalkendecke. Zunächst sahen sie kaum etwas, denn durch die Fenster fiel nur gedämpftes Licht. Aber bald gewöhnten sie sich an die mäßige Beleuchtung. Ringsum standen große Regale, Männer in braunen Kitteln waren an Tischen beschäftigt, andere an hohen Gestellen, die mit ihren großen hölzernen Gewinden und Hebelarmen Weinpressen ähnelten.

»Das sind die sechs ersten Handpressen Gutenbergs«, sagte Senex. »Sie haben so mächtige Ausmaße, weil sie nur aus Holz gebaut werden konnten und einen gewaltigen Druck aushalten mussten. Wie ihr seht, arbeiten an jeder ein oder zwei Männer. Sie stellen gerade die erste gedruckte Bibel der Welt her. Fünfzehn, manchmal zwanzig Personen sind damit beschäftigt.«

»Aber doch nicht bloß Drucker?«

»Nein, Berenike, die Kunst besteht vor allem im Zurichten der Schrift, der Buchstaben oder Lettern. Sie müssen im richtigen Abstand zueinander und genau auf einer Linie stehen, damit sie einwandfrei eingefärbt werden können.« Senex wies auf einen gedrungenen Mann in einem braunen Kittel, der bis zu seinen schwarzen Schuhen reichte. Seine dunklen Haare zeigten die ersten grauen Strähnen. Sie fielen ihm bis auf die Schultern, wo sie sich ein wenig aufrollten. Er trug eine schwarze Mütze. Da er ihnen den Rücken zuwandte, konnten sie sein Gesicht nicht erkennen.

»Johannes Gutenberg«, flüsterte Senex. »Eigentlich heißt er Johannes Gensfleisch, aber er nahm den Namen seines Geburtshauses an. Er kontrolliert gerade einen Schriftsetzer. Sehr genau hat er die Handschriften studiert und sich bemüht, das, was dabei in langer Tradition entstanden war, mit metallenen Buchstaben nachzuahmen. Seine Drucke sollten so edel wirken wie die geschriebenen Stundenbücher, Breviere und Bibeln, sie durften nicht wie billiger Ersatz aussehen. Vollkommenheit war sein Ziel, sie war die Voraussetzung für seinen Erfolg. Aus diesem Grunde ähneln seine ersten Drucke den Handschriften so sehr.«

Senex zeigte auf einen Stapel bedruckter Blätter, nahm eines und gab es Berenike.

»Schwer zu lesen«, meinte sie.

»Das liegt an den ›deutschen‹ gotischen Buchstaben, die Gutenberg verwendete. In anderen Ländern griff man bald zur Antiquaschrift, die klarer und leserlicher ist.«

Berenike gab das Blatt Roman, der kurz daraufschaute und es danach Stefan zuschob.

»Ich glaube auch«, sagte dieser, »dass nur ein geübtes Auge erkennen kann, dass es sich um einen Druck handelt.«

Senex legte das Blatt auf den Stapel zurück. »Seine große Sorgfalt lernte Gutenberg in der Goldschmiedekunst, in der er ausgebildet wurde. Schon als kleiner Junge war er davon begeistert. Aber mit dem Handwerk allein war es nicht getan. Gutenberg brauchte Geld, um eine Werkstatt einzurichten, und das musste er sich leihen. Von dem reichen Mainzer Bürger Johann Fust bekam er ein kleines Vermögen. Dieses Kapital benutzte Gutenberg dazu, Blei, Papier und Pergament zu kaufen,

Pressen und Lettern in Auftrag zu geben und alle anderen Werkzeuge sowie die ganze Einrichtung herstellen zu lassen. Er musste die Löhne für seine Gehilfen bezahlen. Jeder, der bei ihm arbeitete, wurde in seinem Haus verköstigt.«

»Aber er hatte Erfolg!«

»Ja, Roman, obgleich er arm und verschuldet starb. Doch das soll uns heute nicht belasten, denn es beeinträchtigt seine große Leistung nicht.«

Künftig soll jeder die Bibel lesen können

Sie schauten wieder zu den Setzern hinüber. Sechs Männer saßen an Tischen vor Regalen und suchten aus großen Mengen von Buchstaben, die in hölzernen Kästen geordnet waren, die jeweils benötigten heraus, wobei sie sich peinlich genau nach einem Muster in ausdrucksvoller gotischer Schrift richteten.

»Die Setzer müssen die Typen entsprechend der Vorlage aneinander reihen und die Wortzwischenräume so gestalten, dass die Zeilen eine einheitliche Länge bekommen«, erklärte Senex weiter. »Jede gesetzte Zeile wird auf einem Brett abgestellt, bis eine Kolumne fertig ist. Aus zwei Kolumnen nebeneinander wird eine Seite der Bibel.

Nun kommt. Durch diese schmale Tür an der Hinterwand geht es in die Räume, in denen das Papier und das Pergament lagern und die ausgedruckten Bögen gestapelt werden. Der Bedarf an Papier, Pergament, Blei und Farben ist enorm. Da Gutenberg einen Teil der Bibelauflage auf Pergament druckt, braucht er allein dazu die Haut von etwa achttausend Kälbern.«

»Wie gut, dass man das Papier schon erfunden hatte«, meinte Berenike.

»Gutenberg verwendete nur die allerbeste Qualität. Er bezog es aus Oberitalien, in Planwagen wurde es über den Brennerpass gefahren, ein langer, mühevoller und nicht ungefährlicher Weg. Dieses Papier war handgeschöpft und trug als Wasserzeichen einen Ochsenkopf oder eine Weintraube. Es wurde nur aus Haderlumpen, also aus Textilabfällen, gemacht, ohne jegliche Beimischung von Holz, daher hat es bis heute nichts von seiner Schönheit verloren. Im Jahre Vierzehnhundertzweiundfünfzig begann Gutenberg mit dem Druck der ersten lateinischen Bibel.«

»Aber das war doch so ein umfangreiches Werk, warum nicht ein Büchlein mit wenigen Seiten?«

»Diese Wahl entsprach der Frömmigkeit der Zeit. Gutenberg war ein gotischer Mensch, er wollte vor allem Gottes Wort verbreiten. Künftig sollte jeder Mensch die Bibel lesen können. Er dachte nicht an Werke der Wissenschaft und schon gar nicht an politische Bücher.«

»Also hat er die Auswirkungen seiner Kunst nicht vorausgesehen?«

»Gewiss nicht, Stefan.«

Die größte aller Erfindungen

»Der große Gelehrte Erasmus von Rotterdam bezeichnete den Buchdruck voller Begeisterung als die größte aller Erfindungen«, fuhr Senex fort.

»Aber da hat er wohl nicht an die Sprache, das Feuer, den Ackerbau, das Rad und die Schrift gedacht.«

»Es ist die Frage, Stefan, ob Erasmus überhaupt so weit in die Vergangenheit und die Geschichte der Evolution zurückdenken konnte. Ihm fehlten ja unsere heutigen Kenntnisse. Der Gedanke einer Entwicklung war ihm gewiss fremd, das Wort Fortschritt in unserem Sinne unbekannt. Ihm – wie den Menschen seiner Zeit – war es selbstverständlich, dass alles von Gott geschaffen und von Anfang an in Vollendung vorhanden war. Man konnte sich keinen Fortschritt, auch keine Weiterentwicklung denken. In Bezug auf die Buchdruckerkunst hatte Erasmus freilich Recht, zumal sie die erste Erfindung war, die ganz bewusst als solche zur Kenntnis genommen wurde. Und war es denn nicht großartig, dass man keine teuren und zeitraubend herzustellenden Handschriften mehr brauchte, dass alles Geschriebene nun so leicht vervielfältigt werden konnte und die Abschriften sogar an Genauigkeit und Lesbarkeit übertraf? Jetzt war es für die Gelehrten aller Länder plötzlich leicht, sich über einen Text zu verständigen, weil sie sich auf eine bestimmte Ausgabe und Seite beziehen konnten.«

»Aber gab es denn nicht auch Gegner der neuen Kunst?«

»Sogar viele und einflussreiche, Stefan. Zunächst bangten die Kopisten um ihren Lebensunterhalt.«

»Und das wohl mit Recht.«

»Ja, aber ganz so schnell wurden sie doch nicht arbeitslos. Trotzdem ist das vielleicht der erste Fall in der Geschichte, wo ein Handwerksberuf wegen einer mechanischen Entwicklung Einbußen hinnehmen musste und später sogar ausstarb. Der Buchdruck untergrub auch die Grundlagen der mittelalterlichen Klosterkultur. Bisher hatten vor allem die Mönche mit unendlichem Fleiß geistliche und weltliche Werke kopiert. Seit Gutenbergs Erfindung war deren Kunst nicht mehr gefragt. Für die Fürsten, die vornehmen Bürger und reichen Buchliebhaber blieb der Druck von Büchern noch lange verdächtig, denn er bedeutete auch eine Wertminderung ihres Besitzes an handgeschriebenen Manuskripten. Die Regierenden und der Klerus schließlich befürchteten die Verbreitung revolutionärer Gedanken.«

»Und lagen damit wohl richtig.«

»Wie sehr, werden wir später erfahren. Gutenbergs Druckerpresse nämlich setzte sich trotz aller Widerstände durch. Und das sogar, obwohl sie als Teufelswerk verdächtigt wurde, worauf auch der doppeldeutige Name ›schwarze Kunst‹ hinweist. Damit war nämlich nicht nur die Druckerschwärze gemeint. In einer so vom Aberglauben durchsetzten Zeit – wir haben ja schon davon gesprochen – war es sehr gefährlich, wenn man in den Verdacht geriet, mit dem Teufel im Bunde zu sein. Denunzianten gab es an jeder Ecke und die Inquisition war erbarmungslos! In dieser Atmosphäre musste Gutenbergs geheimnisvolles Handwerk verdächtig erscheinen. Bei einer solchen Schnelligkeit der

Buchherstellung konnte es nicht mit rechten Dingen zugehen. Wir können uns die Schwierigkeiten, ja die Gefahren für Gutenberg kaum vorstellen.«

»Dass schon Sapphos Werke in Rom und Konstantinopel verbrannt wurden, haben wir ja gehört. Jetzt hatte die Kirche also noch mehr Grund, Front gegen das Buch zu machen.«

»Sie wehrte sich wie immer mit Bücherverbrennungen und Verboten, Stefan. Da hast du Recht. Papst Paul der Vierte gab die Anordnung, den ersten Index verbotener Bücher zu veröffentlichen, mit dem jeder weitere Druck von Werken wie Boccaccios ›Decamerone‹, alle Bücher von Erasmus von Rotterdam, Machiavelli, Rabelais, Pierre Abélard – wie wir schon wissen – und zwei Ausgaben des Koran verboten wurden. In ganz Italien loderten Bücherstöße. Das größte Autodafé war wohl die Verbrennung von zwölftausend Bänden der hebräischen Schule in Cremona.«

»Und warum gerade das?«

»Die Inquisition wollte den Talmud, das nachbiblische Hauptwerk des Judentums, auslöschen. Aber bis dahin haben wir – gerechnet von Gutenbergs erstem Druck – noch etwa hundert Jahre Zeit. Gutenberg hatte bereits mit tausend Widerständen zu kämpfen. Schließlich machte er Schulden und musste seine Werkstatt verkaufen. Dass er so viele gänzlich gleiche Bücher herstellte, bei denen die Buchstaben auf den gleichen Seiten immer an der genau gleichen Stelle standen, empfand man als Zauberei, denn bisher hatte es kaum jemals zwei vollkommen gleiche Dinge gegeben, kein Gesicht, keine Blume, kein Tier – nichts glich völlig einem anderen. Denn gleiche Dinge erzeugt nur die Industrie, die Natur verschmäht es. Aber trotz aller Schwierigkeiten dauerte es nicht mehr lange, bis sich die neue Kunst verbreitet hatte. Nur etwa zwanzig Jahre später druckte man in Italien, Frankreich, in der Schweiz und in mindestens einem Dutzend deutscher Städte Bücher. Und bis zum Ende des fünfzehnten Jahrhunderts – also nicht einmal fünfzig Jahre nach der Erfindung des Buchdrucks – lagen schon über sechsunddreißigtausend verschiedene Titel gedruckt vor. Allein im vornehmen und reichen Venedig gab es im letzten Jahrzehnt des Jahrhunderts schon einhundertfünfzig Druckereien. Hatten die ersten gedruckten Bücher noch einen ausnahmslos religiösen Inhalt gehabt, so gab es bald auch historische oder literarische Werke, vor allem Ausgaben antiker Autoren.«

Eine übermächtige Sehnsucht nach Erkenntnis

Senex fuhr fort: »Auf die Entwicklung des Wissens hatte die Buchdruckerkunst einen geradezu revolutionären Einfluss. Plötzlich waren die griechischen und lateinischen Schriften nicht mehr nur den Gelehrten und Klerikern, sondern jedermann zugänglich. Die Sehnsucht nach Erkenntnis war groß, ja übermächtig. Zahlreiche neue Universitäten wurden gegründet, in denen tausende von Studenten lernten – und gegen die herrschende Ordnung aufbegehrten.«

»Aber nur Männer!«

»Das ist wahr, Berenike. Für Frauen gab es höchstens Kloster- oder Kirchenschulen. Für junge Männer aber gab es schon vor dem Jahr dreizehnhundert Universitäten, beispielsweise in Bologna, Neapel, Oxford oder Salamanca in Spanien. Als erste deutsche Universität folgte Prag im Jahr dreizehnhundertachtundvierzig. Neben den Klosterschulen richtete man in den Städten jetzt auch weltliche Schulen ein, in denen außer Lesen und Schreiben Latein gelehrt wurde. Ich meine, dass hier und heute, in dieser Werkstatt, die Geistesgeschichte neue Impulse erhielt. Zum ersten Mal konnten sich alle Leute Bücher über alle Wissensgebiete kaufen, über Religion, Literatur und Geschichte. Also lernte man lesen. Der Analphabetismus ging zurück, langsam natürlich. Nach und nach verbreitete sich das Wissen, zunächst bei den Adligen und der Bürgerschicht, viel später auch beim einfachen Volk. Bald las man überall in Europa. Ohne Buchdruckerkunst keine Bibelübersetzung Luthers und keine Reformation. Die neue Herstellungsmethode legte die Bibel in alle Hände und erzeugte bei vielen den Wunsch, die Heilige Schrift selbst zu lesen, statt allein dem Papst und den Geistlichen zu vertrauen. Der Buchdruck beendete das Bildungsmonopol der Kirche, er beendete ebenso, wenn auch sehr zögernd, die geistliche Bevormundung der Erziehung, der Schulen und Universitäten. Und während überall ein Schrifttum in den Sprachen der verschiedenen Völker aufblühte, begannen die Wissenschaftler ihre Gedanken über die Grenzen hinweg auszutauschen.«

Von jetzt an wurde auch jeder Unsinn publiziert

»Damit begann sich wohl auch der Charakter der Literatur zu verändern«, meinte Roman. »Ich denke, sie wurde weniger elitär, vielleicht sogar vulgär, denn nun haben sich die Autoren dem Geschmack der Leser angepasst und nicht mehr nur für die Vornehmen und den Klerus geschrieben.«

»Man kann es auch anders ausdrücken«, sagte Stefan lachend. »Von jetzt an wurde auch jeder Unsinn publiziert.« Er überlegte: »Außer den Werken der Kirche wird es wahrscheinlich auch eine Flut von Büchern und Traktaten von den neuen religiösen Gemeinschaften gegeben haben. Schriften von selbst ernannten Heilslehrern, Gurus und Esoterikern. So ist es ja auch heute noch: Je unbeweisbarer etwas ist, desto bereitwilliger wird es geglaubt. Auch das ist eine Folge des Buchdrucks! Ich werde nie begreifen, warum die Menschen so unvernünftig sind.«

»Und doch erlischt das Licht der Vernunft nie ganz. Immer wieder beginnt es zu leuchten«, tröstete ihn Senex. »Aber folgt mir nun, folgt mir vom deutschen Mainz wieder nach Italien, und zwar nach Florenz. Dabei haben wir kaum einen Zeitsprung zu überwinden. Denn Gutenberg, den wir verlassen, druckte die ersten Bibeln um die Mitte des fünfzehnten Jahrhunderts, und der Mann, den ich ausgesucht habe, nämlich Lorenzo de' Medici, auch ›Il Magnifico‹ genannt, zu Deutsch Lorenzo der Prächtige, wurde nur siebzehn Jahre später geboren, nämlich vierzehnhundertneunundsechzig. Kommt. Unsere Pferde warten, sie wurden in die Fuhrhalterei an der Stadtmauer gebracht. Es sind nur wenige Schritte. Und wenn wir aufgesessen sind, werdet ihr erleben, dass der Rückweg über den Brenner und durch die Poebene bis in die Toskana genauso kurz sein wird wie unser gestriger Ritt von Assisi nach Chartres und von dort aus über den Rhein nach Mainz.«

Renaissance in Italien

Auf der Brücke über den Arno

Senex ließ die Tiere eine raschere Gangart einschlagen. Der Ritt durch die Rheinebene, flussaufwärts, dauerte nur kurz, ebenso rasch überquerten sie die Alpen auf schmalen, wenn auch ausgefahrenen Straßen, die teilweise noch von den Römern gepflastert worden waren. Sie ritten am Ufer des Gardasees entlang weiter nach Süden, bis die Toskana vor ihnen lag, eine unüberschaubare Kette zypressenbestandener Hügel.

Auf einer Anhöhe über Florenz hielten sie an.

Unter ihnen lag der Ring der Mauer mit ihren Zinnen und Toren, der bernsteingelbe Arno, vom Wind mit wellenden Mustern überzogen, überspannt vom Ponte Vecchio, einer mit Läden überbauten Brücke. Sie schauten hinab wie auf einen Teppich, der geknüpft war aus gelben, braunen und grauen Farben. Die Muster wurden von meist kleinen Häusern und ihren Ziegeldächern gebildet, auf denen sich Moos festgesetzt hatte. Dazwischen die dunklen Linien der Gassen, die Plätze, Palazzi, Türme – und die zahlreichen Kirchen. Das kräftigste Ornament bildete der lang gestreckte, helle Dom, der von der steilen, ziegelroten Kuppel überragt und vom weißen Glockenturm bewacht wurde.

»Und dort…«, Senex deutete mit ausgestrecktem Arm zur Mitte der Stadt, »dieses große, festungsartig-abweisende Gebäude…«

»Das dreistöckige braune?«

»Ja, das ist unser Ziel, der Palazzo Medici. Wir lassen die Pferde dort vorn an der Mauer zurück und gehen die wenigen Schritte zu Fuß.«

Bald kamen sie auf die Brücke über den Arno, wo die Schmuckverkäufer neben den Goldschmieden ihre kleinen Läden betrieben, dazu die Händler mit Seidentüchern, Glasketten und Bändern. Die Leute feilschten, kauften oder zogen lachend weiter. Ein Mädchen mit einer Perlenhaube im schwarzen Haar stand vor einer Auslage und suchte nach einem passenden Seidentuch.

Wie schön, im Florenz der Renaissance zu sein

Senex' Augen leuchteten. »Wie schön, im Florenz der Renaissance zu sein! Hier und heute weht ein frischerer Wind, wir schreiben immer noch das fünfzehnte Jahrhundert, oder, auf Italienisch, das Quattrocento.«

»Und wieso beginnt etwas Neues?«

»Weil der Mensch erwacht, Stefan, und die Welt um sich herum mit anderen Augen ansieht. Er bemerkt, dass er selber zu denken vermag und dass ihn das von vielen Zwängen befreit. Vielleicht ist das der eigentliche Sinn des Wortes Renaissance, Wiedergeburt. Der Verstand wendet sich nicht mehr nur dem Himmel zu, sondern auch der Erde, der Natur und ihrer Schönheit, auch der Schönheit des Menschen und seines Körpers. Das veränderte auch, langsam zwar, sein Verständnis von Gott und dem Jenseits. Die Menschen wollten selbst Schöpfer sein.«

»Das klingt ziemlich abstrakt. Was wurde denn tatsächlich wieder geboren?«

»Der Mensch, ich kann es nicht anders sagen, Stefan. Antikes Denken und Fühlen wurden wieder entdeckt. Das ist sehr erstaunlich, nach den langen Jahrhunderten christlicher Glaubensinbrunst. Die Menschen erkannten bewusst, nicht mehr nur abergläubisch und mit mystisch-verdunkeltem Blick, die Natur und schufen eine neue Kunst. Wir sind auf unserer Wanderung zwar immer wieder den griechischen Philosophen begegnet, aber das darf euch nicht zu dem Trugschluss verleiten, diese seien ins allgemeine Bewusstsein eingedrungen. Nein, nein, im Grunde kannte man sie nicht! Es waren doch nur ganz wenige Gelehrte und vielleicht einmal der eine oder andere Künstler, die ihre Werke lesen konnten. Jetzt aber erinnerte man sich ihrer überall. Es war wie ein Fieber und damit verflogen viele mittelalterliche Ängste. Das Licht wurde heller und durchdrang den Dunst bedrückender Vorstellungen. Der Mensch erfasste alles neu und unvoreingenommen, die Politik, die bildenden Künste, die Literatur, ach, das ganze Leben. Man wendete sich dem Dasein zu, dieser Welt, dem menschlichen Körper, der Natur, ihrer Schönheit, den Sinnen, der Freude – welch ein Aufbruch!«

»Sie sind ja richtig begeistert!«

»Und sollte ich es nicht sein, Roman? Bisher hatten sich die Menschen in andächtiger Gebundenheit Gott, der Ewigkeit und ihrer Seele zugewendet, nun schauen sie nicht mehr in den Himmel, nicht mehr in die Hölle, sie sehen, dass die Erde ihnen gehört – und sie gefällt ihnen. Zum ersten Mal seit den Tagen der Griechen und Römer wirft ein neuer, stolzer Adam den mittelalterlichen, demütigen und gequälten Hiob hinter sich und geht zusammen mit seiner Eva – Eva, nicht Maria! – erhobenen Hauptes in die Welt, um sie sich zu erobern.

Schaut euch um! Beachtet die Läden, es sind hunderte, in denen Tongefäße geformt und bemalt und zerbrechliche Glaswaren geblasen werden. Hier entstehen Münzen aus wertvollen Metallen und Edelsteinen, Siegel und Schmuckstücke, mit denen die kostbaren Gewänder der Frauen geschmückt werden und mit denen man die Fassaden der Häuser und Kirchen verziert. Berühmt sind die Kunsttischler für ihre Einlegearbeiten und Schnitzereien, die Graveure, die Färber, die Lederarbeiter, die Weber. Vor allem aber stellt euch Menschen vor, die wirklich empfinden konnten, was Schönheit ist.«

»Wir haben uns wohl schon sehr weit von dieser Zeit entfernt?«

»Das ist wahr! Und doch – wir wären nichts ohne die Renaissance, nichts ohne dieses Italien, nichts ohne Florenz! Das Leben in der Stadt richtete sich im Übrigen nach der Sonne. Wenn bei ihrem Untergang die Tore geschlossen worden waren, bestand ein Ausgangsverbot. Dann durfte niemand, der nicht ausdrücklich dazu befugt war, auf die Straße.

Daher gab es kaum Verbrechen in der Nacht, zumal Verstöße in dieser Zeit mit doppelter Strenge bestraft wurden. Aber vielleicht wirkten die geschlossenen Tore noch abschreckender, da sie eine Flucht im Schutz der Dunkelheit unmöglich machten. Auch die Türen der Geschäfte und Häuser wurden verschlossen. Allerdings, wenn bei Tagesanbruch die Glocken läuteten und die Tore geöffnet wurden, setzte schlagartig Leben ein. Die Bauern kamen mit ihren hoch beladenen Eselskarren zum Markt. Händler aus Pisa und Bologna brachten Gewürze, Wolle, Garn, Färbemittel. Die Arbeiter eilten in die Tuchmanufakturen. Die Geschäfte öffneten. Nach der Morgenmesse, die sowohl ein religiöses wie ein gesellschaftliches Ereignis war, füllten sich Werkstätten und Läden. Den ganzen Tag waren die engen Straßen übervoll.«

Ein viel zu großes Haus für eine so kleine Familie

»Nun aber zu Lorenzo de' Medici, dem Prächtigen, ›Il Magnifico‹. Wir stehen vor dem Palast, den sein Großvater, Cosimo der Erste, auch ›Vater des Vaterlands‹ genannt, errichten ließ. ›Ein viel zu großes Haus für eine so kleine Familie‹, nannte es sein Sohn Piero der Gichtige, Lorenzos Vater. Er ahnte damals noch nichts von der Bedeutung, welche die Medici in den folgenden Jahrhunderten erlangen sollten. Mit ihrem Reichtum, ihrem Geld haben sie die Politik Europas bestimmt und ihre Töchter mit Königen und Herrschern vermählt.«

»Katharina von Medici, die Königin von Frankreich.«

»Das war wohl die Schillerndste von allen, Roman.«

»Hatten die Augsburger Fugger nicht eine ähnliche Macht?«

»Einerseits ja, Berenike, aber Jakob Fugger wurde nun einmal vor allem durch seine Finanzierung von Kriegen Kaiser Karls des Fünften reich und hatte keinen Einfluss auf die Kunst und die geistige Entwicklung seiner Zeit. Eines war freilich beiden Geschlechtern, den Fuggern und den Medici, gemeinsam: Sie kamen durch ein Aufblühen des Handels, des Geld- und Bankwesens, zu Macht und Reichtum. Damals gab es allein achtzig große Bankhäuser in Florenz. Ein Viertel der etwa hunderttausend Einwohner arbeitete in zweihundert Herstellungsbetrieben. Aus dem Osten hatte jemand das Geheimnis des Färbens mit einem violetten Farbstoff mitgebracht, durch das einige Wollfabrikanten zu enormem Wohlstand gelangten. Die Textilindustrie war bereits kapitalistisch organisiert, die Quelle des Reichtums war der Woll- und Seidenmarkt – neben dem Geldmarkt. Die Bankiers waren schon damals in allen Geschäften tätig: Sie lösten Schecks ein, gaben Kredite und finanzierten nicht nur Fabrikanten und Händler, sondern auch Fürstenhäuser und Regierungen. Maschinen und Material wurden in großem Stil beschafft. Die Kaufleute von Florenz trieben Handel mit allen Hafenstädten des Mittelmeers und der Nordsee, bis hinauf nach Brügge. Florenz unterhielt Konsulate in ganz Italien, in Flandern, auch in Ägypten, Persien, Indien und sogar in China.«

»China – da denke ich an Marco Polo.«

»Gewiss, Roman, diesen Namen kennt jeder. Auch er steht für seine Zeit, obwohl er kein Florentiner, sondern Venezianer war. Aber wie auch immer, die Konsulate waren dazu da, den Handel zu fördern. Um eine bessere Verbindung zum Meer zu haben, eroberten die Florentiner die Hafenstadt Pisa. Florenz wurde die Finanzhauptstadt der Welt und Cosimo der Erste, der Großvater Lorenzos des Prächtigen, führte als ›Vater des Vaterlandes‹ die Regierungsgeschäfte. Alle Macht lag in seinen Händen und blieb in denen der Medici, trotz blutiger Versuche, sie ihnen zu entreißen.«

»Ich weiß nur, dass Lorenzo ermordet werden sollte, aber gerettet wurde, während sein Bruder starb.«

»Der Anschlag der Familie Pazzi, die mit den Medici rivalisierte, ist in die Geschichtsbücher eingegangen, Roman. Wie wir wissen, schlug er fehl. Lorenzo nahm blutige Rache. Ganz Florenz jubelte Lorenzo zu und feierte ihn als Retter des Vaterlandes. Nun war seine Macht ungebrochen. Sein Vater Piero und sein Großvater, beide Bankiers, hatten ihm den Weg bereitet. Sie besaßen Niederlassungen in Brügge, Venedig, London, Genf und Avignon und in der Levante. Piero wurde nach Cosimo dem Ersten der Herr Italiens, während sein Sohn Lorenzo üppige Feste feierte. Dennoch – er war voller Wissbegier, genoss eine hervorragende Erziehung, schloss sich dem Kreis gelehrter Männer und bedeutender Künstler an und widmete sich dem Studium von Philosophie und Mathematik. Schon Cosimo hatte eine Akademie für das Studium Platons gegründet. Als Piero starb, fiel das gewaltige Erbe an den zwanzigjährigen Lorenzo. Der jedoch besaß wenig Talent für Geldgeschäfte – er verlor sogar einen Teil des großen Vermögens. Viele seiner Niederlassungen musste er schließen. Nur ein zinsloses Darlehen der Gemeinde Florenz rettete die Medicibank vor dem Zusammenbruch. Aber er war ein genialer Politiker. Schon im Alter von fünfzehn Jahren widmete er sich den Staatsgeschäften und vertrat den Vater hervorragend an fremden Fürstenhöfen. Er machte sich frühere Feinde zu Freunden und man begann ihn den ›Prächtigen‹ zu nennen. Seine Leistungen als Staatsmann werden nur durch seine Verdienste als Kunstfreund und Mäzen übertroffen. Er ließ Florenz mit den schönsten Bauwerken schmücken, darunter dem Dom mit der Kuppel, die als ein Wunder ihrer Zeit galt. Der Leiter der Platon-Akademie konnte vom ›goldenen Zeitalter‹ schreiben, das seinen Glanz über die von der Kirche so lange verdunkelten freien Künste ausstrahle, über Grammatik, Dichtkunst und Beredsamkeit, Malerei, Baukunst und Bildhauerei, Musik und Gesang. Lorenzo änderte auch die Verfassung zu seinen Gunsten und wurde, nicht zuletzt wegen seines Reichtums, unter den Mächtigen in Florenz der mächtigste, wobei er sich nicht scheute, die Stimmen im Rat der Signoria, dem Parlament von Florenz, zu kaufen.«

Verschwenderische Freigebigkeit

Sie betraten den Palast durch den von Arkaden gesäumten Innenhof. Höflinge, Schreiber, Bürger und Edelleute kamen und gingen, überall bewegten sich Menschen in bunten Trachten.

Senex blieb stehen. »Noch ein Wort zu Lorenzo, er war ein Kenner der Antike und ihrer Wissenschaft, aber dass ihn seine Landleute ›Il Magnifico‹ nannten, verdankt er seiner verschwenderischen Freigebigkeit. Er finanzierte ein dutzend religiöse Stiftungen, unterstützte zahllose Künstler, Gelehrte und Dichter und gewährte der Staatskasse riesige Darlehen.«

»Aber war Florenz dann noch eine Republik?«

»Nur dem Namen nach, Stefan. In Wirklichkeit herrschte Lorenzo allein und selbstherrlich. Offiziell blieb er Privatmann und einfacher Bürger. Aber seine politischen Entscheidungen traf er im ›Rat der Siebzig‹, in dem seine Partei über die Mehrheit verfügte. Eine Opposition war praktisch nicht möglich. Lorenzo ließ jeden bespitzeln und ruinierte alle, die ihm hätten gefährlich werden können. Wir beurteilen das heute negativ. Aber auf der anderen Seite herrschten Ordnung und Wohlstand in der Stadt. Ein Zeitgenosse sagte, Lorenzo sei zwar ein Tyrann, aber es sei unmöglich, sich einen besseren und angenehmeren Tyrannen vorzustellen. Jeden Tag erfreute sich das Volk an Schauspielen, Festen und spektakulären Neuigkeiten. Das Handwerk stand in Blüte, die Männer von Geist und Talent fanden Aufnahme in der Stadt und bekamen die Möglichkeit, alle Wissenschaften, alle Künste, alle Begabungen zu pflegen. Die Aristokratie unterhielt sich mit Turnieren, die Bürger mit Pferderennen. Gleich werdet ihr Lorenzo sehen, wie er einem Maler Modell sitzt und sich mit ihm über Kunst und Malerei unterhält. Er war selbst ein großer Dichter, er verfasste Tanzlieder und Sonette und schrieb in Volgare, der Umgangssprache der Toskana. Er komponierte sogar – aber all das verblasst neben seinem Mäzenatentum für Dichter, Gelehrte und Philosophen. Hierin übertraf er alle. Freilich mit einer Einschränkung, denn er erkannte Leonardo da Vincis einsame Größe nicht und schickte ihn nach Mailand, als ihn der dortige Herzog um einen Bildhauer und Architekten bat. Alle wichtigen Künstler seiner Zeit nutzten sein Mäzenatentum. Ich will euch nicht mit berühmten Namen langweilen, nur eines muss ich noch erwähnen: Lorenzo ließ in den mediceischen Gärten des Klosters San Marco in Florenz nicht nur Bilder und Skulpturen sammeln, sondern auch junge Künstler auf seine Kosten ausbilden – und darunter befand sich der junge Michelangelo Buonarotti, in meinen Augen das größte bildhauerische Genie, das die Menschheit hervorgebracht hat. Lorenzo nahm ihn wie einen Freund auf und gab ihm den Schlüssel zu seinem Garten.«

Die umstürzendste Entdeckung in der Geschichte der Kunst

Der Weg führte sie eine Treppe empor und durch einen langen Gang, der von einer geschnitzten Eichentür abgeschlossen wurde. Senex öffnete, sie drehte sich lautlos in den Angeln, und dann standen sie auf der Schwelle eines größeren Raums, dessen Wände mit indigoblauen Seidentapeten bespannt waren.

Senex und seine Begleiter blieben seitlich stehen, wo sie halb von einem Paravent verborgen waren.

»Alles ist mit dem feinsten Farbstoff gefärbt, dem Florenz nicht zuletzt seinen Reichtum verdankt.«

Durch die geöffneten Fenster strich frische Luft herein. Ein Mann saß auf einem Sessel mit hoher Rückenlehne und breiten Armlehnen. »Lorenzo de' Medici«, flüsterte Senex. Der Herr über Florenz trug ein braunes, weit über seine Knie reichendes Gewand, das am Hals eng mit einem schmalen weißen Stehkrägelchen abschloss. Ein karminrotes Tuch, das über die dunkelbraunen Haare herabfiel und über der Brust drapiert war, bildete sowohl Mütze wie Schal. Seine Hautfarbe war dunkel, er hatte ein kantiges Kinn und eine breite, flache Nase, die Augenbrauen wirkten finster.

»Schön ist er eigentlich nicht«, murmelte Berenike, »aber markant!«

Nicht weit entfernt von Lorenzo dem Prächtigen hatte ein Maler seine Staffelei aufgebaut.

»Lorenzo de' Medici nutzt die Stunden, in denen er dem Meister Modell sitzt, um sich von seinen Geschäften zu entspannen und über Kunst zu plaudern«, sagte Senex.

Sie hörten Lorenzo zu dem Maler, der seinen Pinsel nicht ruhen ließ, sagen: »Erzählt mir von Euren Studien der Perspektive, Maestro!«

»Nichts beschäftigt mich derzeit mehr«, erwiderte dieser.

»Da wollt Ihr es der Natur gleichtun!«

»Ja, sie ist unsere große Lehrmeisterin, aber der Mensch ist in ihr das Maß aller Dinge. Die vollkommene Genauigkeit ist zugleich die vollkommene Richtigkeit – und nur was richtig ist, ist auch vollkommen und schön. Ich möchte malen, wie noch keine Zeit zuvor gemalt hat! Seit der Entdeckung der Perspektive versuche ich mit meiner Zeichnung Raum und Tiefe darzustellen und den Menschen in wirklichkeitsgetreuer Umgebung zu zeigen, seine Position in der Ordnung aller Dinge.«

Maler sprechen mit Worten, die das Volk versteht

Der Maler nahm noch ein wenig Schwarz, um die buschigen Augenbrauen Lorenzo de' Medicis nachzudunkeln. Dieser versank in Nachdenken. Schließlich fragte er: »Sagt mir, warum arbeitet Ihr nicht auch als Bildhauer, wie so viele Eurer Freunde?«

»Es drängt mich mehr zur Malerei! Bedenkt zunächst einmal die Leuchtkraft der Farben, die durch nichts zu übertreffen ist…«

»Zugegeben, aber ist ihnen nicht die Schönheit der Körperformen, das Schwellen des Fleisches, die Plastik der Muskeln, der Schwung des Halses, der Adel der Gesichtszüge an die Seite zu stellen?«

»Auch dafür bin ich nicht unempfindlich! Und ich versuche dem ja auch meinen Tribut zu zollen. Doch warum ich nicht in Stein haue, das hat noch einen anderen Grund. Die Kunst, die jetzt jede Möglichkeit hat – dank so großer und freigebiger Förderung! –, bemächtigt sich heute jedes Gebietes, wo sie darstellen, wo sie schmücken kann. Mit den Mitteln der Bildhauerei aber würde sie sehr viel Geld, Zeit und Mühe brauchen. Dazu ist die Malerei besser und schneller im Stande …«

»Das seht Ihr richtig, Maestro.«

»Aber Ihr geht uns allen auf dem Weg der Kunst voran, Messer Lorenzo«, sagte der Maler. »Es gibt keinen vergleichbaren Förderer, wir wären nichts ohne Euch!«

»Ach.« Jetzt seufzte Lorenzo de' Medici und sein Gesicht bekam einen sorgenvollen Ausdruck. »Gewiss ist mir große Macht gegeben, doch ich muss auch Rücksichten nehmen. Ich will nicht nur, ich muss auch bauen, immer größer und schöner, das erwartet man von mir. Wer die Herrschaft innehat, darf niemals Privatperson sein. Unter seinem Müßiggang litte das ganze Volk. Doch nun verzeiht, ich bin müde geworden, wir wollen die Sitzung unterbrechen.«

Grausam sind alle Zeiten

Das war auch für Senex das Zeichen zum Aufbruch. Sie setzten sich auf eine niedrige Truhe, um ein wenig auszuruhen.

»Als Lorenzo der Prächtige vierzehnhundertzweiundneunzig mit nur vierundvierzig Jahren starb«, begann Senex wieder, »ging eine der glänzendsten Gestalten dieser an glänzenden Gestalten so reichen Epoche zu Ende.«

»War es nicht auch eine ungeheuer grausame Zeit?«

»Ja, dieses Bild haben wir, Berenike. Ob die Menschen der Renaissance wirklich grausamer waren, können wir nicht wissen, sicher ist nur, dass uns aus dieser Zeit viel mehr Zeugnisse überliefert sind als aus früheren Tagen. Von Lorenzo kann man sagen, dass der Geist der italienischen Renaissance in keiner anderen Person eindrucksvoller zum Ausdruck kommt, mit allem Reichtum an Bildern und Kontrasten. Er erscheint als ihr Mittelpunkt, er regiert einen Staat, verschwendet ein Vermögen, philosophiert, fördert Künstler und Dichter, nennt Gelehrte, Bauern und Narren seine Freunde, liebt Maskenzüge, hält sich Mätressen, singt lästerliche Lieder, dichtet fromme Hymnen und wird damals in ganz Europa als der größte und edelste Italiener seiner Zeit geehrt. Einer seiner Söhne saß später auf dem Stuhl Petri. Von Leo dem Zehnten sagt man, dass er einer der kunstsinnigsten und gebildetsten Päpste war.«

Die Emanzipation der Frau war niemals fortgeschrittener als in der italienischen Renaissance

Eine Pause entstand. Dann sagte Berenike: »Das ist ja alles gut und schön – aber auch in der italienischen Renaissance geht es wieder einmal nur um Männer. Bisher sind die Frauen nur als Mätressen erwähnt worden. Wie sah es denn in Wirklichkeit aus?«

»Ich glaube, ich übertreibe nicht, wenn ich antworte, die Emanzipation der Frau war in Europa niemals weiter fortgeschritten als in der italienischen Renaissance. Das war nicht zuletzt auch eine Folge des gestiegenen Wohlstandes, aber natürlich auch des freieren, liberaleren Denkens, das die einengenden kirchlichen Vorstellungen abgestreift hatte. Damals gewannen die Frauen Einfluss auf vielen Gebieten, auch in der Politik und als Förderinnen der Künste. Und sie bezauberten durch ihre Schönheit, was durch hunderte von Bildern bezeugt ist. Ich meine nicht nur die zahllosen Madonnen, sondern auch so berühmte Porträts wie das der Mona Lisa. Oder in der Literatur: Ihr kennt ja vielleicht Boccaccios Novellen ...«

»Das klingt mir zu ideal! Die Wirklichkeit sah bestimmt nicht so glänzend aus!«

»In der Tat, Berenike, ich werde gleich mehr darüber sagen. Aber es bleibt eine Tatsache, dass die italienische Renaissance eine Reihe herausragender Frauengestalten hervorgebracht hat, die durch Klugheit und Talent zu großem Ansehen kamen. Sie regierten mit Geschick Fürstentümer, wie Isabella d'Este in Mantua oder die kraftvolle Caterina Sforza, die von ihren Zeitgenossen als Mannweib bezeichnet, aber auch wegen ihrer Klugheit bewundert wurde.«

»Gehört Lucrezia Borgia auch in diese Reihe?«

»Ob sie tatsächlich so skrupellos war, wie ihr immer nachgesagt wird, Roman, ist umstritten. Sie war das hilflose Werkzeug ihres Vaters, der als Papst Alexander der Sechste von Rom aus Machtpolitik betrieb, und ihres verbrecherischen Bruders Cesare. Nachdem diese beiden Männer ihren Einfluss verloren hatten, führte Lucrezia als Gattin Alfonso d'Estes und Mutter von vier Kindern in Ferrara ein vorbildliches Leben. Auch sie war übrigens eine eifrige Förderin der Künste. Ganz allgemein könnte man sagen, dass die gebildete Frau der Renaissance sich ihre einflussreiche Stellung durch Klugheit, Bildung und Charme eroberte.«

»Aber das sind alles herausgehobene Beispiele. Was ist mit der Durchschnittsfrau?«

»Die bürgerliche Frau trug die Last von Haushalt und Familie. Wenn sie aus reichem Elternhaus kam und eine sorgfältige Erziehung genossen hatte, so galt sie als gute Partie. Bis zu ihrer Heirat lebte sie meist abgeschlossen von der Welt im Elternhaus oder in einem Kloster, sie lernte etwas Latein, ein wenig griechische und römische Geschichte, Literatur und Philosophie. Manchmal musizierte sie, spielte ein Instrument, selten erhielt sie eine umfassende humanistische Bildung.

Öffentlich wirken konnten die Frauen in der Regel nicht. Eigentlich blieb ihnen nur der Weg in die Ehe oder – das betrifft vor allem Frauen niederen Standes – in die Prostitution. Mag sein, dass es niemals zuvor so viele käufliche Frauen gab, vor allem in Rom, der Hauptstadt der Christenheit. Nirgends waren die Chancen, als Dirne zu Ansehen zu kommen, so groß. Damals war die Einstellung zur Sexualität allgemein sehr freizügig, sogar die Kirche begegnete ihr unverkrampft und ihre satt gewordenen Diener genossen ihre Freuden. Natürlich war die Zahl derjenigen, die sich aus der gewöhnlichen Prostitution zu gesellschaftlich einflussreichen, gebildeten und reichen Kurtisanen erheben konnten, nur gering.«

Das berühmteste Porträt der Welt

»Kann man Mona Lisa als eine typische Frau der Renaissance betrachten?«

»Ich denke schon, Roman. Ganz sicher war sie keine Kurtisane. Trotzdem ist es gut, dass du die Rede auf sie bringst. Ihr Porträt dürfte, berechtigt oder nicht, das berühmteste Gemälde der Welt sein. Jedenfalls gibt es keinen Zweifel daran, dass sein Maler…«

»Leonardo da Vinci!«

»… eines der größten Genies der Menschheit ist.«

»Ein Universalgenie?«

»Er verfügte über die Summe des Wissens und über alles Können seiner Epoche. In der Renaissance betritt zum ersten Mal das Genie, das die Welt durchdringen, sie nach seinen Inspirationen und seinem Willen formen will, die Bühne der Menschheitsgeschichte.«

»Meinen Sie, dass die Zeit des Universalgenies vorbei ist?«

»An seine Stelle trat das Fachgenie, Roman.«

»Oder der Fachidiot.«

»Warum bist du immer so negativ, Stef? Wir brauchen doch Fachgenies, die eng zusammenarbeiten. Ich glaube, dass die Zukunft der Menschheit im vernetzten Denken liegt.«

»Das glaube ich auch.« Senex legte den Kopf schief. »Aber bleiben wir noch bei Leonardo da Vinci. Er war Künstler, Maler, Bildhauer, Ingenieur, Festungsbaumeister, Architekt – was ihr wollt. Jeder weiß, dass er sich intensiv damit beschäftigte, eine Flugmaschine zu konstruieren, auch wenn diese noch nicht fliegen konnte. Er schuf einen unverwechelbaren Stil der Malerei, legte einen Hauch über seine Bilder, den man ›sfumato‹ nennt.«

»Und was versteht man darunter?«

»Man kann es mit ›verraucht‹ übersetzen, Berenike. Dieser Stil entstand, indem Leonardo die Farben durch weiche Abstufungen miteinander verschmolz, sodass die Übergänge kaum noch bemerkbar sind. Er erreichte damit unübertroffen weiche Konturen, eine Kunst, die sich nach ihm auch andere Maler aneigneten, zum Beispiel Raffael. Schon in seiner Jugend schrieb Leonardo: ›Ich möchte Wunderdinge vollbringen‹, und er tat es. Aus einem kleinen Dorf in der Toskana stammend, wo er als unehelicher Sohn eines Notars und eines Bauernmädchens geboren wurde, eroberte er die Paläste der Fürsten, Könige und Päpste. Generationen von Künstlern wies er den Weg zu einem neuen Sehen. Er lehrte sie, die innere Wahrheit der Dinge zu erkennen. So sehr beschäftigte er sich mit den verschiedensten Wissensgebieten, dass man heute nicht sagen kann, ob er als Maler, Ingenieur oder Naturwissenschaftler die größten Leistungen vollbracht hat. Ich möchte euch nur mit einer seiner vielfältigen Tätigkeiten bekannt machen, die ich für bezeichnend halte – vor allem aber für einen wesentlichen Fortschritt, nicht nur in der Kunst, sondern auch in der Medizin, in der Kenntnis des Menschen überhaupt.«

»Ich kann mir vorstellen, worauf Sie hinauswollen. Sie meinen seine Studien zur Anatomie!«

»Richtig, Roman. Wieder sind einige Jahrzehnte vergangen. Wir schreiben das Jahr fünfzehnhundertdrei. Die Florentiner hatten die Medici verjagt – später kamen sie wieder –, der eifernde Mönch Savonarola hatte versucht, den freiheitlichen Geist der Renaissance zu unterdrücken und die Menschen in die Glaubensenge und Jenseitsfurcht des Mittelalters zurückzustoßen …«

»Noch so ein religiöser Fundamentalist«, warf Stefan ein.

»Es gab und gibt sie zu allen Zeiten. Schließlich endete Savonarola aber am Galgen und im Feuer. In ganz Italien herrschten Wirren und Fehden, in die sich der deutsche Kaiser und die französischen Könige einmischten – aber das soll zur Klärung der Situation genügen. Leonardo war unermüdlich, in allem, was er tat. Er streifte durch die Toskaner Berge und beschäftigte sich mit Fossilien, Versteinerungen, Muscheln, Tintenfischen, Schneckengehäusen, die in dem Gestein eingeschlossen waren, das sich in Jahrmillionen aus dem Meeresschlamm gebildet hatte. Das führte ihn dazu, sich auch mit der Entwicklung der Arten zu beschäftigen. Vor allem aber betrieb er anatomische Studien. Er sezierte Leichen und zeichnete sie mit erstaunlicher Genauigkeit.«

»Aber gab es denn nicht ein kirchliches Verbot?«

»Das gab es, Stefan. Doch überall setzte man sich darüber hinweg und es wurde auch stillschweigend geduldet. Die Künstler konnten den Körperbau des Menschen in so genannten Sezierräumen studieren!«

Senex erhob sich, wie wenn er fortgehen wollte.

»Ich hoffe doch, Sie werden uns nicht zumuten, dabei zuzusehen!«

»Nein, Berenike«, antwortete er. »Wir verlassen jetzt den Medici-Palast und gehen einige Straßen weiter in das Atelier Leonardos.«

Machiavelli – ein glühender Patriot

Senex führte sie durch die quirlig-lebendige Stadt bis zu einem größeren Haus, in das sie ohne weiteres eintreten konnten, denn die Tür war nur angelehnt. Sie kamen in einen Raum, der wie ein Atelier aussah, mit Staffeleien, Leinwänden, Tischen, auf denen sich Farbtöpfe und Papiere befanden, dazu Kohlestifte, Kerzen, ausgebrannte Talglichte und Weinkrüge. Auf dem Boden stapelten sich Handwerkszeug, Blasebälge und Gerümpel. An einem der hinteren Tische standen zwei Männer, die Zeichenblätter in den Händen hielten und sie prüfend betrachteten. An die weiß gekalkten Wände des Raumes waren große Papier- und Kartonblätter mit großzügig hingeworfenen Skizzen geheftet.

»Leonardo hat von der Signoria den Auftrag erhalten, ein Schlachtengemälde für den großen Ratssaal zu malen. Das ist eine Aufgabe, die er nicht mag, zumal Michelangelo, den er als seinen Konkurrenten betrachtet und nicht leiden kann, an der gegenüberliegenden Wand ein Thema darstellen soll, das ihm, Leonardo, viel mehr entsprochen hätte. Er hat sich zu diesem Auftrag von Niccolò Machiavelli überreden lassen...«

»Meinen Sie den Machiavelli, der die Fürstengewalt verherrlicht hat?«

»Ja, Roman, wenn man seinen Namen nennt, denkt man an eine zynische Diplomatie, der alles erlaubt ist, wenn es nur Erfolg bringt.«

»Oder: ›Der Zweck heiligt die Mittel‹«, zitierte Stefan.

»Es ist wahr, sein Buch ›Der Fürst‹ liest sich stellenweise wie ein Handbuch für einen modernen Mafiaboss. Man muss Machiavelli jedoch etwas differenzierter sehen. Er war Diplomat, Historiker, Staatstheoretiker und Dramatiker. In späteren Jahren vertrat er sogar republikanische Ansichten. Dieser Mann, der so zynische Gedanken äußerte, war im Grunde ein glühender Patriot, der alle Moralvorstellungen dem Gedanken der Einigung Italiens unterordnete, da er die Zerrissenheit des Landes in dutzende von Staaten und Stadtstaaten als Unheil ansah. Er lehnte das Christentum ab, für ihn gab es keinen Zweifel daran, dass die kirchlichen Dogmen auf Unwahrheit beruhen. Aber er vertrat auch die Ansicht, dass jede Gesellschaftsordnung übernatürliche Glaubensvorstellungen braucht. Er war ein Freigeist, der die christliche Ethik verwarf. Besonders heftig kritisierte er, dass im Christentum Güte mit Sanftmut, Demut, Nachgiebigkeit und Friedensliebe gleichgesetzt wird. Er strebte nach der Ethik der alten Römer, bei denen das Wohl des Volkes – oder auch des Staates – das höchste Gesetz war.«

»Also eigentlich doch das Wohl der Menschen! Dann war er ja schon ein Aufklärer!«

»Die Ideen der Aufklärung kündigten sich in der Renaissance bereits vielfach an, Stefan. Man stand damals bereits am Vorabend der Reformation.«

»Und die Reformation war eine notwendige Vorstufe der Aufklärung!«

»Gewiss, Stefan, die Aufklärung ging dann weit über die Reformation hinaus. Die Reformation bewegte sich noch im kirchlichen Rahmen und im christlichen Glauben, die Aufklärung stellte den Glauben selbst in Frage.«

Senex deutete auf den einen der beiden Männer am Tisch unter dem Fenster. Er wirkte schlank, geradezu hager in seiner schwarzen Kleidung. Sein blasses Gesicht mit den eingefallenen Wangen wurde beherrscht von scharfen dunklen Augen. Mit den schmalen Lippen wirkte es wie eine Maske: »Das ist Niccolò Machiavelli«, sagte er. »Er ist ein Mann des Gedankens, nicht des Gemüts.«

Die Kunst muss zu einer neuen Wahrheit der Darstellung kommen

Der andere Mann wirkte kräftiger, stämmiger, er hatte eine rosige Gesichtsfarbe, wie man sie bekommt, wenn man sich viel an der frischen Luft aufhält. Er mochte knapp fünfzig Jahre alt sein, trug einen langen, sorgfältig gelockten Bart, hatte ein breites, gütiges Gesicht und forschende Augen. Seine Haare fielen bis auf die Schultern.

»Seht Ihr, Machiavelli«, erklärte Leonardo, »ich musste unbedingt sezieren, die Kunst muss einen Schritt vorwärts tun, zu einer neuen Wahrheit der Darstellung. Ich habe mich lange darauf vorbereitet, ich ließ mir besondere Messer schleifen, ich brauchte feine Zangen und Sägen. Viele Geräte fertigte ich selbst, um die Leichenteile spannen und zerlegen zu können, andere, um die Elastizität der Muskeln und der Haut zu prüfen.«

»Und warum das alles?«, fragte Machiavelli.

»Weil wir uns entfernen müssen von der schematischen Darstellung der Körper, die wie Puppen unter dem Faltenwurf wirken, aber nicht wie atmende, durchblutete Menschen – so entstehen nur Tafeln und Tafelbilder.«

»Und dazu musstet Ihr Leichen sezieren, Messer Leonardo? Es ist noch nicht lange her, dass eine päpstliche Bulle das Sezieren als Todsünde verurteilte.«

»Ach, diese Zeit ist Gott sei Dank vorbei!«

»Das ist wahr. Aber trotzdem: Wozu ist es gut, mit dem Messer die Körper Verstorbener aufzuschneiden und ihre Gedärme bloßzulegen?«

»Weil der menschliche Körper das erhabenste aller Kunstwerke ist. Aber er lebt von innen heraus. Was wir sehen und lieben, sind nur die äußeren Formen, aber, Messer Niccolò, es sind Ausdrucksformen, das heißt, dass sich in ihnen das Innere ausdrückt. Ich habe die Menschen auf dem Land und in der Stadt studiert, die Bauern, die Tagelöhner, die Tuchfärber, die Steinhauer – wen Ihr wollt. Ich zeichnete sie beim Pflügen, beim Dreschen, beim Keltern, beim Saufen, beim Geldzählen, beim Schlafen. Aber man kann keine Gestalt wirklich darstellen, wenn man nicht weiß, was in ihr lebt, wovon sie durchpulst wird, wie sie atmet und sich bewegt. Der Künstler muss wissen, wie das Knochengerüst aussieht, die Muskeln, die Sehnen. Alles ist Teil eines Wechselspiels: Die Haut ist die Schale der Frucht und die Frucht besteht aus Fleisch und Blut.«

»Wenn Ihr einen Blick in das menschliche Innere tut, dann erkennt Ihr das, was Gott erschaffen hat, damit wir leben können. Habt Ihr dabei mehr erfahren über den Menschen, über euch selbst und über Gott?«

Wir Menschen sind Lebewesen der gleichen Art wie Affen

Leonardo antwortete nicht direkt. Er sagte: »Ich hatte mir selbst einen Auftrag gegeben. Ich wollte alle Stadien der Entwicklung der menschlichen Glieder zeichnen – von der Zeugung bis zum Tode. Deshalb beschrieb ich den Mann in allen seinen Einzelheiten und die Frau mit all ihren Formen. Ich stellte fest, dass das Kind sich im Fruchtwasser entwickelt. Es gleicht darin einem Stück Land, das langsam aus dem Wasser emportaucht.«

»Aber trinkt es das Wasser? Ist das Wasser seine Nahrung?«

»Nein«, antwortete Leonardo. »Das Kind wird durch die Nabelschnur ernährt. Ich erkannte, wie der Mensch aus Adern, Nerven, Muskeln und Knochen zusammengesetzt ist. Ich untersuchte die Lage aller Organe und hielt sie in diesen Federzeichnungen fest.«

»Es gibt wohl nichts, dem Ihr nicht auf die Spur kommen wollt?«

»Nein, nichts. Und ich bin froh darüber, denn ich sehe nun, dass wir Menschen Lebewesen der gleichen Art sind wie Affen.«

»Wie? Der gleichen Art wie Affen? Oder nur ähnlich?«

»Das ist eine Sache der Einstellung. Sehr ähnlich ist der Mensch jedenfalls allen Tieren: Löwen, Pantern, Tigern, Leoparden, Jaguaren und Wölfen, sogar den Fischen und Vögeln.«

Leonardo hob ein Blatt hoch und reichte es Machiavelli. »Vergleicht die Finger einer menschlichen Hand mit einer Bärentatze oder auch mit den Flossen des Fisches, mit dem Skelett der Flügel von Vögeln und Fledermäusen. Und ich sage Euch, sogar die Lunge eines Schweines unterscheidet sich kaum von der eines Mannes.«

»Das klingt fast umstürzlerisch!«

»Nun ja, ich frage mich wahrhaftig, ob Gott die Menschen wirklich erschaffen hat, oder ob wir nicht vierbeinige Tiere waren, die es gelernt haben, sich aufzurichten.«

»Und warum kann Gott nicht zuerst die Tiere erschaffen haben, damit sich die Menschen daraus entwickeln sollten?«

Leonardo nickte: »Das wäre in der Tat denkbar.«

Mein Interesse an der Anatomie hängt eng zusammen mit meiner Freude an der Mechanik

Machiavelli versank wieder im Anblick der verschiedenen Zeichnungen. Schließlich sagte er: »Euch hat die Natur wirklich mit wunderbaren Fähigkeiten beschenkt! Diese Blätter werden bleiben, sie sind wahre Meisterwerke. Ich sehe ein Flecht- und Rankenwerk, das Gottes Plan enthüllt, ich vergesse dabei die erschreckende Wirklichkeit der Adern, Därme und Organe. Alles wirkt so klar, wie befreit von allem Irdischen, als sei die Vergänglichkeit aufgehoben, besiegt durch das Werk Eurer Hand. Ist es nicht sonderbar? Eure Hand ist selbst vergänglich und doch ist sie in der Lage, das Unvergängliche zu schaffen! Ach, was sage ich, es ist ja viel eher ein Wunder des schöpferischen Geistes, denn er war es doch, der Eure Hand führte. Kommt man so Gott nahe? Tritt vielleicht sogar sein Antlitz hinter diesen Linien, hinter diesem Gitterwerk hervor?«

»Die Antwort darauf werden weit über hundert Bücher von mir geben«, erklärte Leonardo.

»Weit über hundert Bücher ... So viel habt Ihr geschrieben?«

»Vielleicht sind es noch mehr. Sie zu schaffen war ich weder zu geizig – denn sie kosteten ein Vermögen – noch zu nachlässig, denn sie erforderten all meine Kraft. Es gab nur ein Hindernis!«

»Was denn?«, spottete Machiavelli. »Gibt es wirklich ein Hindernis für Leonardo da Vinci?«

»Das einzige Hindernis, das überhaupt zählt!«

»Ich wüsste keines!«

»Das einzig wirklich unüberwindliche Hindernis gilt für uns alle, auch für mich, auch für Euch!«

»Was könnte das sein?«

»Die Zeit, dieses größte Rätsel, Messer Niccolò. Der Quell aller Philosophie, der Ursprung aller Gedanken.«

»Ich verstehe – Ihr meint die Vergänglichkeit. Ihr nennt euch einen Ingenieur, Meister Leonardo, aber seid Ihr nicht viel eher ein Philosoph?« Machiavelli lächelte mit schmalen Lippen. »Und gleichzeitig fühlt Ihr Euch so zum menschlichen Körper hingezogen, zu seiner Anatomie!«

»Mein Interesse an der Anatomie hängt immer auch eng zusammen mit meiner Freude an der Mechanik.«

»Was hat denn der Körper mit der Mechanik zu tun?«

»Das Funktionieren der Teile beschäftigt mich, entzückt mich sogar. Es liegt darin eine göttliche Harmonie. Die Vereinigung der Teile muss man sehen, muss man erkennen! Aus dem Zusammenspiel der bewegten Teile entsteht das Ganze. Das Krabbeln der Ameise setzt sich fort im Universum – und daraus wird Gottes Schöpfung. Das Krümmen der Arme, der Schritt der Beine und das Greifen der Hände: Sie alle sind nur zu verstehen im Blick auf den ganzen Körper.«

»Das Krabbeln der Ameise ist nur zu verstehen im Hinblick auf Gott?« Machiavelli zog die Augenbrauen zusammen.

»So dürfte es sein. Mich führte die Lehre von der Mechanik dazu, auch die Bewegungen des menschlichen Körpers besser zu verstehen, genauer, seine physikalischen Bedingungen.«

»Aber dabei fehlt doch die Seele!«

Die Seele ist der Körper
und der Körper ist dic Seele

»Seele – Körper? Wo ist da der Unterschied?« Leonardo richtete sich ein wenig auf. »Ich behaupte: Die Seele ist der Körper und der Körper ist die Seele.«

»Lasst das unsere Geistlichen nicht hören!«

»Ich sage es ja nur Euch, nicht dem Heiligen Vater! Und im Übrigen: Dem Heiligen Vater kann man alles sagen, sogar eine Gotteslästerung, nur der niedere Klerus ist kleinlich. Euch aber erkläre ich noch, dass die

Prinzipien der Mechanik nicht nur im Anorganischen gelten. Dasselbe Prinzip, nach dem sich Hebel bewegen, Gestänge, Flaschenzüge – dasselbe Prinzip findet Ihr auch in der Anatomie.«

»Dann ist die tote Maschine ein Schattenbild des Lebendigen?«

»Ja, die Maschine ist der Schatten des Organismus.«

»Aber noch einmal: Wo bleibt unsere unsterbliche Seele, wenn sie in unserem Körper, in unseren Gliedmaßen und in der Kraft, die diese Gliedmaßen bewegt, enthalten ist?«

»Ich weiß es nicht, wenngleich ich mir diese Frage oft gestellt habe. Nun finde ich mich damit ab, Gott selbst die Antwort zu überlassen.«

Senex beugte sich zu seinen Begleitern und flüsterte ihnen zu: »Damit ist wohl alles gesagt. Ich habe ein anderes, ein neues Ziel für uns. Kommt…«

Stefan warf noch einen letzten Blick zurück auf die beiden Männer. Er ertappte sich dabei, dass er für den vorurteilsfreien, vielleicht sogar zynischen Staatsmann eine heimliche Sympathie empfand. Vielleicht erkannte dieser die menschliche Natur besser als mancher Idealist.

Sie traten in die Sonne, die schon fast im Zenit stand. »Wir gehen wieder den Hügel hinauf zu unseren Pferden«, erklärte Senex, »wir haben noch einmal einen kurzen Ritt vor uns.«

»Wohin?«

»Erneut nach Rom, Berenike. Ihr werdet es freilich kaum wieder erkennen. Die klassische Stadt ist zerfallen, das Zentrum des Weltreichs, das Forum Romanum, ist nur noch eine Ruine, die als Steinbruch benutzt wird, ebenso wie die Thermen des Caracalla, die wir besucht haben. Wir reiten heute in das Rom der Renaissancepäpste, unter denen die Stadt, trotz ihres Verfalls, noch einmal – wenn auch auf ganz andere Weise – eine Glanzzeit erlebt.«

»Wobei Glanz und Laster sich wohl die Waage halten.«

»Das kann man so sehen, Stefan. Aber noch einmal zurück zu Leonardo. Ich möchte nicht, dass ihr glaubt, Leonardo sei der einzige Mann seiner Zeit gewesen, der sezierte und die Anatomie studierte. Damals gewann die Medizin neue Erkenntnisse und die Anatomie schuf die Grundlage dafür. Schon hundertfünfzig Jahre vor Leonardo war in

Bologna eine ›Anatomia‹ verfasst worden, die für dreihundert Jahre als unumstößliches Handbuch galt. An vielen Universitäten wurde jetzt bereits seziert, nicht nur in Bologna, auch in Pisa, und sogar an der päpstlichen medizinischen Fakultät in Rom hatte Papst Sixtus der Vierte die Genehmigung dazu erteilt. Noch den Griechen hatte das Herz als Wärmeerzeuger gegolten, in den Schlagadern sahen sie Röhren, durch die Luft im Körper verteilt würde, das Gehirn war für sie eine Art Kühlschlange. Von nun an kam der Buchdruck auch in der Medizin zum Tragen, denn er beschleunigte den Fortschritt, indem er den Austausch von Erkenntnissen erleichterte.«

»Was also ist Leonardos besonderes Verdienst?«

»Sein unermüdlicher Forscherdrang, seine Neugier, seine unglaubliche Genauigkeit, mit der er alles festhielt, die Geschicklichkeit, mit der er den menschlichen Körper und Schädel öffnete. Er legte die Hirnschale frei und zeichnete den ganzen Knochenbau nach. Niemand hat genauere und zugleich künstlerisch schönere, ästhetischere Anatomieskizzen angefertigt als Leonardo, hunderte von Zeichnungen von Muskeln, Blutgefäßen, Knochen und Organen. Sie sind so genau, dass man sie selbst heute noch benutzen kann. Dazu schrieb er ausführliche erklärende Texte. Ein ganzes Buch mit Notizen widmete er allein der Beobachtung des Wachsens und der Entwicklung des menschlichen Körpers. Nicht zu Unrecht nannte ihn zweihundert Jahre später Englands größter Lehrer der Anatomie, William Hunter, den besten Anatom seiner Zeit.«

»Ich kann nur staunen über den Weg, den die Menschheit von ihren Anfängen über die alten Kulturen bis zu Leonardo zurückgelegt hat«, stellte Roman fest. »Und das macht mich irgendwie hoffnungsvoll. Denn wenn solche Möglichkeiten im Menschen stecken, dann kann die Zivilisation nicht untergehen.«

»Aber es werden so wenige Leonardos geboren«, murmelte Stefan.

Sie hatten den Hügel erklommen. Die Pferde standen so ruhig, so gelassen da wie vorher, als seien nur Minuten vergangen. Und vielleicht war es ja auch so, denn die Zeit hatte im Evo-Park ihr eigenes Gesetz.

Das Rom der Päpste

Die große Stadt bietet ein jämmerliches Bild

Ähnlich war es auch jetzt, als sie aufsaßen und nach Süden ritten. Gleich umfing sie die toskanische Hügellandschaft. Ihre Blicke glitten über Berge und Täler, über ein friedliches Wellenmeer grüner Hügel, die wie von einem der großen alten Meister gemalt wirkten, wo die Zypressen dunkel aufragten, wo selbst befestigte Schlösser Spielzeuge zu sein schienen. Unmerklich verwandelte sich die liebliche Toskana in das rauere Umbrien mit seinen geometrisch abgegrenzten Feldern, auf denen Gerste und Hafer wogten. Zu beiden Seiten des Weges standen schwer mit Trauben behangene Weinstöcke, die zwischen den schwarzen Zweigen der Olivenbäume zu Spalieren gezogen waren.

»Es ist wie ein einziger Garten«, rief Berenike, die sich nicht satt sehen konnte.

Sie trabten am Ufer des trasimenischen Sees entlang, als sei es nur ein Katzensprung, sie sahen Assisi auf der Anhöhe liegen, dachten an ihren dortigen Aufenthalt und empfanden, dass sie eine innigere Beziehung zu der kleinen Stadt gewonnen hatten.

So erreichten sie Rom. Die große Stadt, die sie in so glänzender Erinnerung gehabt hatten, sah schlimm aus. Die berühmten öffentlichen Gebäude, aber auch viele private waren halb zerfallen, manche wirkten nackt und verlassen. Aus ihrem zerbröckelnden Mauerwerk wucherten Unkraut und Weinranken. Das Zentrum der Christenheit wirkte wüst, teilweise wie ein Müllhaufen. Sie trabten über tote Tiere, vorbei an einem geborstenen antiken Bogen, der aus dem Schmutz der Straße ragte. Zwischen den Säulen eines noch halbwegs erhaltenen griechischen Tempels wühlten Schweine im Dreck.

»Ein Zeitgenosse nannte Rom damals einen verwesenden Leichnam. Aber es ist nicht überall so. Papst Sixtus der Vierte hat sich energisch bemüht, die Straßen zu verbreitern und einige Gebäude wiederherzustellen, doch unter den Borgias gerät die Stadt in einen noch schlimmeren Verfall. Am schlimmsten trifft es die Pilger, die aus ganz Europa herbeiströmen. Sie werden ausgeplündert, herumgestoßen, bei den feierlichen Prozessionen niedergeritten, in den Gasthäusern vom Ungeziefer halb zu Tode gebissen und in den Kirchen um ihren letzten Denar erleichtert.« Senex besann sich und sagte dann wie zur Entschuldigung: »Und dennoch … dennoch …«

Sie ritten an einem römischen Amphitheater vorbei, in dessen klaffendem Rund sich viele Familien in Holzhütten angesiedelt hatten, dann in eine dunkle, gewundene Gasse. Endlich öffnete sich vor ihnen ein Platz.

Ein neuer Petersdom ist geplant

»Der Campo dé Fiori«, erklärte Senex, sichtlich erleichtert. Auch Berenike atmete auf, denn hier regte sich wieder zivilisiertes Leben, es gab Gemüse, Blumen, Fisch und Fleisch an vielen sauberen bunten Verkaufsständen, um die sich zahllose Menschen drängten.

»Hier kaufen die Köchinnen und Hausfrauen Roms ihren täglichen Bedarf«, erklärte Senex.

Die Gassen und Straßen ringsum boten ein lebendiges Bild. Die Häuser wurden wohnlicher und sahen nicht mehr so heruntergekommen aus. »Wir nähern uns jetzt dem Vatikan«, erklärte Senex. Bald kamen sie durch eine hohe Mauer, hinter der sie ihre Pferde anbanden. Dann schritten sie zu Fuß weiter, auf die Basilika Alt-Sankt-Peter zu, einem Ziegelbau, der sich stark zur Seite neigte und mehrfach abgestützt werden musste.

»Mein Gott, die Kirche verfällt ja!«, rief Berenike.

»Sie ist ja auch tausend Jahre alt. Kaiser Konstantin der Große ließ sie erbauen. Nun ist ein neuer Petersdom geplant, der als Hauptkirche des Papstes der Christenheit würdig sein soll und dem unablässigen Strom der nach Rom pilgernden Gläubigen Raum für ihre Andacht bieten kann. Es wird aber noch Jahrzehnte dauern, bis er nach den Entwürfen des Baumeisters Bramante errichtet werden wird.«

Senex und seine drei Begleiter betraten den Innenraum der alten Basilika. Hunderte von Säulen aus Marmor und Granit unterteilten ihn in fünf Schiffe und trugen das Deckengebälk.

»Man hatte die Säulen aus ganz Rom herbeigeschafft«, sagte Senex. »Dafür wurden bedenkenlos antike Tempel geplündert. Aber wir halten uns hier nicht auf.«

Er führte sie weiter durch die Kirche, durch eine Seitentür und durch einige Räume. Auch hier wimmelte es von Menschen, zumeist waren es Geistliche in Soutanen, Schreiber oder Beamte. Die Wände waren mit kostbaren flämischen Wandteppichen bedeckt – wenn nicht Platz für Gemälde gelassen worden war –, zwischen denen antike Skulpturen standen. Eine breite Treppe führte zu einem weiteren Gang und dann zu einer kleinen Tür.

Eine Gestalt, rücklings auf das Gerüst gestreckt

Überrascht blieben sie stehen. Vor ihnen öffnete sich ein weiter, hoher Raum, der sein Licht durch runde Fensteröffnungen im oberen Mauerkranz erhielt. Ein Wald von Gerüsten reichte bis unter das Gewölbe. Auf dem Fußboden rührten Arbeiter Mörtel in Bottichen an, andere stampften Farben. Danach schleppten Knechte sie in Eimern die Leitern empor. An anderer Stelle befestigten Zimmerleute ein neues Malergerüst an der Decke. Ein Gewirr von Hohlstäben war bereits durch das Zementgewölbe getrieben und durch Seile verbunden worden. Es roch nach nassem Mörtel und den beißenden Ausdünstungen der frischen Farben.

»Beachtet den kleinen Mann ganz oben.« Senex deutete hinauf zu einer Gestalt, die rücklings auf dem Gerüst lag.

»Michelangelo!«, sagte Senex, aber mit leiser Stimme, die einen ehrfürchtigen Klang angenommen hatte. »Das Malen in dieser Haltung, mal im Liegen, mal kauernd, mit weit nach hinten gebogenem Nacken und senkrecht nach oben gerichteten Augen zehrt an seinen letzten Kräften. Die Arme schmerzen, ebenso der Körper vom anstrengenden Hochrecken. Ständig wird sein Blick durch die herabtropfende Farbe getrübt, obwohl er seine Augen zu kleinen Schlitzen zusammenzieht und sie bei jedem Pinselstrich zukneift.«

»Mir würde da oben schwindlig«, sagte Berenike voll Bewunderung.

»Auch er leidet darunter. Die Sixtinische Kapelle hat eine ungeheure Höhe. Er befindet sich auf der höchsten Plattform, mindestens zwanzig Meter über dem Boden, während er mühsam und fieberhaft die Umrisse seiner Gestalten ausmalt. Es werden etwa dreihundert Männer, Frauen und Kinder, alle plastisch und voller Lebenskraft.«

Sie sahen, wie der Meister einen Pinsel aufnahm und ihn zwischen Daumen und Zeigefinger der linken Hand ausdrückte, sodass die Farbe nach unten tropfte. Jetzt legte er sich ganz flach auf den Rücken und zog die Knie hoch an die Brust, um den malenden Arm ein wenig zu stützen.

»Es ist ganz gleich, welche Stellung er einnimmt, auf welche Weise er sich lehnt, legt, bückt, stützt oder kniet, es ist eine Marter.«

Die Besucher reckten ihre Gesichter empor und betrachteten das Werk, soweit es nicht von den Gerüsten verdeckt wurde. Sie sahen, wie Gottvater in einem der Mittelfelder Eva aus der Rippe des schlafenden Adam ans Licht brachte. Die Hälfte des Gewölbes leuchtete in sattem Gelb, Grün, Rosa und Blau – und dazu kam eine Fülle sonnenbeglänzter Fleischfarben.

Der Mensch stellt den Weltenschöpfer dar und seine Geschöpfe

»Warum zeigen Sie uns Michelangelo als Maler? Ich habe gedacht, er war der größte Bildhauer? Ich denke an seinen David in Florenz, an die Figuren der Medici-Gräber, an seinen Moses – und natürlich auch an seine Pietà!«

»Du kennst dich aus, Roman. Indem ich euch Michelangelo beim Ausmalen der Fresken in der Sixtinischen Kapelle zeige, will ich ein Versprechen einlösen …«

»Ach?« Berenike ließ Romans Hand los. »Ich erinnere mich! Sie haben in der Höhle der Tiermaler davon gesprochen, dass man sie auch die Sixtinische Kapelle der Steinzeit nennt.«

»In der Tat, das ist der Grund, warum wir hier sind. Indem der altsteinzeitliche Mensch seine Jagdtiere in die Wände ritzte und die Umrisse mit Farben ausfüllte, beschwor er Stiere, Wildpferde und Hirschrudel.«

»Sie meinen, dass er vielleicht sogar seine Götter malte?«

»Oder seinen Göttern dankte, Berenike. Jetzt, fast zwanzigtausend Jahre später, malt der Mensch einen neuen Gott, den Einzigen, auf diese Wölbung, die doch einer Höhle ähnelt. Er stellt den Weltenschöpfer dar und seine Geschöpfe.«

»Beides ist eine Art der Beschwörung!«

»Du kannst es auch Gebet nennen, Roman. Springt die Übereinstimmung nicht ins Auge? Wo – außer im gewachsenen Können – liegt der grundsätzliche Unterschied? Drängt sich einem da nicht die Frage auf, ob sich der Mensch in seinem Wesen und seinen religiösen Bedürfnissen wirklich gewandelt hat?«

»Wenn ich Sie recht verstehe, wollen Sie andeuten, dass wir Menschen eigentlich steinzeitliche Wesen geblieben sind.«

»Ja, Romi, und ich meine, dass dies das Dilemma des modernen Menschen ist«, warf Stefan ein. »Er hat die außerordentlichsten Fähigkeiten und hat sich die unglaublichsten Hilfsmittel geschaffen, mit denen ihm fast alles möglich ist, sogar die Zerstörung unserer Erde, aber sein Charakter hat mit der rasanten Entwicklung nicht Schritt gehalten. Kein anderes Lebewesen hat bisher die Möglichkeit gehabt, die Umwelt global zu zerstören. Wir sollten uns deshalb schleunigst bewusst machen, dass wir nur ein Teil der Natur sind.« Berenike und Roman gaben ihm schweigend Recht.

»Ehe wir gehen, möchte ich euch noch etwas zeigen«, sagte Senex schließlich. »Schaut hier ...«

Ein Abbild des Himmels

In einer Ecke der Kapelle, versteckt unter Gerüsten und zwischen Farbbottichen, stand ein Holzmodell auf Böcken. Es zeigte eine Kuppel auf einem mächtigen Unterbau.

»Das wird Michelangelos letzte große Arbeit werden, deren Vollendung er aber nicht mehr erlebt. Wir eilen der Zeit wieder ein wenig voraus. Michelangelo wird bereits über achtzig Jahre alt sein, wenn er den Auftrag zum Bau der Peterskirche erhält. Er ist der Vorletzte in der Reihe großer Baumeister und verzichtet auf jedes Honorar. Dieses Modell zeigt die Kuppel in maßstabgerechter Verkleinerung. Sie ist ein wenig runder, kugelförmiger, als sie später gebaut werden wird. Der auf Michelangelo folgende Architekt della Porta zog sie ein wenig in die Höhe, ohne ihr dadurch zu schaden.«

»Sie erinnert an das Pantheon in Rom.«

»Das war natürlich das Vorbild, Berenike. Aber Michelangelo ging doch darüber hinaus.«

»Aber wie konnte man das Baumaterial in diese Höhe bringen?«

»Auf acht Rampen, über die man es auf Eseln zu den Kuppelwänden hinaufbeförderte. Allein diese Planung wird für Michelangelo Monate des Zeichnens bedeuten. Aber was sind diese Monate, verglichen mit den elf Jahren des Nachdenkens, Hoffens und Verzweifelns, die ihm das gewaltige Werk abverlangt? Er hat nach vollkommener Harmonie gesucht, nach Reinheit der Linienführung, verbunden mit fast leichten, zierlichen Formen, von denen die gewaltige Kuppel aufgefangen werden soll. Er will der Nachwelt ein Kunstwerk hinterlassen, das einzig in seiner Epoche ist. Dabei wird seine Arbeit immer mehr ein Wettlauf mit der Zeit. Wenn er die Planung beendet haben wird, ist er fast fünfundachtzig Jahre alt. Nicht nur für damals ein biblisches Alter.«

»Tizian wurde neunzig!«

»Richtig, Roman, aber das sind absolute Ausnahmen. Damals, zu Michelangelos Lebzeiten, konnte noch niemand abschätzen, wie lange der Bau der Kuppel mit den Fenstern, Säulen und dem dekorativen Fries dauern würde«, fuhr Senex fort. »Das konnten zehn oder mehr Jahre sein. Dann hätte Michelangelo hundert Jahre alt werden müssen. Dass er so lange nicht leben würde, geplagt von Nierenkoliken, Schmerzen, Schwindel- und Schwächeanfällen, die ihn immer wieder für Tage ans Bett fesselten, war ihm klar. Und doch spürte er noch kein wirkliches Nachlassen der Kräfte. Er wollte eine Domkuppel schaffen, die nicht bloß eine dekorative Überdachung der Kirche war, sondern ein Kunstwerk an sich, die Verschmelzung von Plastik und Baukunst, ein Abbild des Himmels, eine Nachbildung des unendlichen Gewölbes, unter dem die Menschheit lebt.«

»Sie hat mir immer sehr gefallen. Schon auf meiner ersten Reise nach Rom – wir kamen damals im Bus aus Assisi – habe ich sie in silbrigem Glanz über die Stadt hinausragen sehen.«

Sie warfen noch einen Blick auf den alten Mann, der auf dem Gerüst, in qualvoller Haltung, eines der größten Kunstwerke der Menschheitsgeschichte malte.

»Und wir nehmen alles so selbstverständlich hin«, sagte Roman. »Dabei müssten uns die Leistungen der Vergangenheit doch sehr bescheiden machen.«

Oh Jahrhundert, oh Wissenschaften

Sie gingen auf den Vorplatz der Basilika Sankt Peter zurück. Hier herrschte der Lärm des Lebens. Maurer hämmerten auf große Travertinblöcke. Arbeiter riefen sich Mitteilungen zu, einige sangen, Mörtel wurde gemischt, Sand herangekarrt, Esel und Maultiere stapften und wieherten, Peitschen knallten.

»Wir haben uns jetzt besonders intensiv mit Künstlern beschäftigt«, begann Roman, als sie sich in der Sonne zu einem Picknick niedergelassen hatten. »Aber die Renaissance war doch auch eine Zeit wichtiger Entdeckungen!«

»Ja«, antwortete Senex. »Oder, wie es der Humanist Ulrich von Hutten ausdrückte: ›Oh Jahrhundert, oh Wissenschaften, es ist eine Lust zu leben. Die Hände in den Schoß zu legen habe ich keine Lust.‹ So ging es vielen Menschen. Aber man machte nicht nur wissenschaftliche Entdeckungen, sondern man eroberte auch räumlich neue Dimensionen.«

»Was meinen Sie damit?« Berenike warf ihr langes Haar zurück und wandte ihr Gesicht der Sonne zu.

»Eigentlich hätte ich jetzt mit euch zur Ostsee reiten sollen, quer durch Italien und Deutschland, bis ins nebelverhangene ostpreußische Polen. Aber da wir heute noch über das Mittelmeer segeln werden, schlage ich vor darauf zu verzichten, zumal wir nicht viel zu sehen bekommen würden. Der Mann, den ich meine – der ein ganzes Weltbild, das seit der Antike feststand, umstürzen sollte –, hatte nur astronomische Hilfsmittel zur Verfügung, die aus dem Hochmittelalter datierten, nämlich Erd- und Himmelsgloben, Jakobsstab, Astrolabien, Quadranten, Zylinder, Uhren, Kompasse und andere, noch recht primitive Vorrichtungen. Fernrohre gab es ja noch nicht. Und dennoch bewegte er mit diesen armseligen, sogar ungenauen Hilfsmitteln die Erde. Ihr wisst sicher, wen ich meine.«

Die kopernikanische Wende

Die Sonne bewegt sich nicht

Nikolaus Kopernikus wurde vierzehnhundertdreiundsiebzig in Thorn an der Weichsel vermutlich als Sohn eines deutschen Kaufmanns geboren und wurde vierzehnhundertfünfundneunzig Domherr im ostpreußischen Frauenburg. Wir dürfen aber ruhig auch in Italien, wo wir uns befinden, über ihn sprechen, denn er studierte in Bologna Mathematik, Physik und Astronomie.«

»Von Ostpreußen, das damals bestimmt noch ein fast wildes Land war, zu Fuß bis nach Italien zu kommen, war das sicher keine Kleinigkeit!«

»Nein, Stefan, es erforderte viel Kraft und Unternehmungslust, sogar Abenteuergeist. Aber die italienischen Universitäten hatten nun einmal den besten Ruf. Hier machte einer seiner Lehrer den noch sehr jungen Kopernikus mit den Lehren griechischer Astronomen bekannt, die die Erde weder für den Mittelpunkt des Universums noch für unbeweglich hielten, und kritisierte das bis dahin herrschende ptolemäische System, nach dem die Erde der Mittelpunkt des Universums ist, um den sich die Sonne und alle Sterne drehen. Vielleicht hätte die heliozentrische Theorie, die Helios, also die Sonne, als Mittelpunkt annimmt, schon viel früher triumphiert, wenn nicht Claudius Ptolemaios von Alexandrien im zweiten nachchristlichen Jahrhundert die geozentrische Theorie – so genannt nach Geo, der Erde – so überzeugend vertreten hätte, dass es nach ihm kaum jemand wagte, sie anzuzweifeln. Trotzdem, ganz vergessen war die Hypothese nie, verschiedene Gelehrte des Mittelalters erwogen den Gedanken einer Bewegung der Erde um die still stehende Sonne, sogar Leonardo da Vinci schrieb: ›Die Sonne bewegt sich nicht … Wie die Erde weder inmitten des Sonnenkreises noch inmitten des Weltalls ist.‹ Auch der deutsche Philosoph und Theologe Nikolaus von Kues hatte bereits vierzehnhundertvierzig erklärt, dass das Weltganze eine unendliche Einheit sei und dass die Erde schon darum nicht im Mittelpunkt stehen könne, weil ein unendlicher Raum keinen Mittelpunkt habe. Das war ein revolutionärer Gedanke, den die Kirche aber duldete. Sein Namensvetter Nikolaus Kopernikus ging schon um fünfzehnhundert mit der Überzeugung nach Rom, dass das heliozentrische Weltbild das richtigere sei, und wies in Rom in ersten Vorlesungen vorsichtig auf diese Möglichkeit hin.«

»Aber dagegen hat sich die Kirche doch vehement gewehrt?«

»Zunächst nicht, Roman. Noch nahm niemand von Kopernikus Notiz und auch später zeigte sich der Klerus erstaunlich aufgeschlossen. Doch bleiben wir noch bei dem jungen Nikolaus. Er promovierte in Ferrara zum Doktor des Kirchenrechts und wahrscheinlich auch zum Doktor der Medizin, jedenfalls arbeitete er eine Weile als Arzt, nachdem er in seine Heimat zurückgekehrt war. Dort setzte er seine astronomischen Studien fort, die in der umwälzenden Erkenntnis gipfelten, dass alle Himmelskörper um die Sonne kreisen und dass alle Bewegungen, die am Firmament sichtbar sind, nicht von einer Bewegung des Firmaments stammen, sondern von der Bewegung der Erde – die täglich eine vollständige Umdrehung um sich selbst vollführt. Das Firmament und der höchste Himmel bleiben ganz unbewegt. Das also, was uns als Bewegung der Sonne vorkommt, stammt nicht von ihrer Bewegung, sondern von der Bewegung der Erde und unserer Sphäre, mit der wir uns um die Sonne bewegen, gleich jedem anderen Planeten. Damit hat er die Erde aus dem Mittelpunkt des Weltalls katapultiert. Er selbst fand für seine Entdeckung poetische Worte: ›In der Mitte von allem aber steht die Sonne. Wer wollte diese Leuchte in diesem wunderschönen Tempel an einen anderen oder besseren Ort setzen als dorthin, von wo sie das Ganze zugleich beleuchten kann, zumal einige sie nicht unpassend das Licht, andere die Seele, noch andere den Lenker der Welt nennen … So lenkt denn der Pfad die Sonne, auf dem königlichen Thron sitzend, die sie umkreisende Familie der Gestirne.‹«

»Es wundert mich, dass er dafür nicht auf dem Scheiterhaufen gelandet ist.«

Der Narr will die ganze Kunst Astronomi umkehren

»Man erkannte die Tragweite dieser Erkenntnis wohl nicht sofort, Stefan. Kopernikus war klug genug, sie nur als Hypothese, also als Möglichkeit, zu bezeichnen, außerdem wartete er bis kurz vor seinem Tod mit ihrer Veröffentlichung, die er vielleicht selbst gar nicht in die Wege geleitet hätte, wenn er nicht als fast Siebzigjähriger von einem begeisterten Schüler dazu überredet worden wäre. Papst Leo der Zehnte zeigte zunächst, als er von Kopernikus' Theorie hörte, ein gewisses Interesse und ließ ihn um eine Demonstration seiner Theorie ersuchen. Kurze Zeit fand seine Erkenntnis an dem fortschrittlichen päpstlichen Hof sogar Befürworter. Es gab auch gelehrte Kirchenfürsten, die Kopernikus rieten, seine Forschungsergebnisse zu veröffentlichen. Das geschah also zunächst durchaus nicht gegen den Willen der Kirche. Ohne sie wäre Kopernikus' Theorie vielleicht für immer unbekannt geblieben. Dagegen schrieb Luther: ›Es ward gedacht eines neuen Astrologi, der wollte beweisen, daß die Erde bewegt würde und umginge, nicht der Himmel oder das Firmament, Sonne und Monde. Der Narr will die ganze Kunst Astronomi umkehren. Aber wie die Heilige Schrift anzeiget, so hieß Josua die Sonne still stehen und nicht das Erdreich.‹ Der Schweizer Reformator Calvin schloss sich Luthers Ablehnung an. Natürlich dürfen wir uns nicht darüber wundern, dass man einige Zeit brauchte, um das kopernikanische System anzuerkennen.«

»Man kann Luthers Reaktion verstehen«, meinte Stefan. »Es wurde von den Menschen ja nicht nur verlangt zu glauben, dass sich die Erde um sich selbst dreht, sondern sie sollten auch noch akzeptieren, dass sie in rasendem Flug durch den Weltraum kreist.«

»Deshalb konnte man es ja auch erst als Wahrheit akzeptieren, nachdem Galilei, Kepler und Newton die neue Theorie, die eigentlich so neu gar nicht war, genauer zu erklären vermochten und nachdem es mit Fernrohren möglich wurde, tiefere Einblicke ins Himmelsgeschehen zu nehmen. Zunächst verhielt sich die katholische Kirche noch abwartend, da alles nur als Hypothese galt. Erst nachdem Giordano Bruno, der für seine als ketzerisch verdammten Lehren auf dem Scheiterhaufen endete, sie zur Wahrheit erklärte und zeigte, welche Konsequenzen sie für die Religion hatte, griff die Inquisition hart durch. Sechzehnhundertsechzehn wurde Kopernikus' Buch verboten. Etwas später erlaubte man die Lektüre einer zensierten und um wesentliche Aussagen gekürzten Ausgabe, aber erst Anfang des neunzehnten Jahrhunderts hob die Kirche das Leseverbot, an das sich sowieso kein denkender Kopf mehr gehalten hatte, vollständig auf.«

»Und die Konsequenzen für die Kirche? Können Sie darüber mehr sagen?«

»Gern, Berenike«, antwortete Senex.

Unbedeutende Objekte auf einem beliebigen Planeten

»Das geozentrische Weltbild, nach dem die Erde der Mittelpunkt des Universums ist, entsprach vollkommen den Lehren der Kirche und war mit den Worten der Bibel gut vereinbar. Jetzt plötzlich wurde der Mensch aus diesem behaglichen Ort hinausgeschleudert in ein unbekanntes, unermessliches Universum, in dem er keinen Platz mehr für sich sah. Wo war denn noch oben, wo unten? Wo war Himmel und wo war Hölle?«

»Hat Kopernikus den Begriff ›Unendlichkeit‹ schon gebraucht?«

»Nein, Stefan, aber in den denkenden Köpfen der Zeit formte er sich bereits. Die Menschen fühlten sich plötzlich als winzige, unbedeutende Objekte auf einem beliebigen Planeten.«

»Das heißt also, sie müssen sich gefragt haben, ob der Schöpfer eines so ungeheueren Weltalls wirklich seinen Sohn auf einen so unbedeutenden Stern geschickt haben könnte, damit er für sie stirbt?«

»Das war eine logische Konsequenz. Die neue Theorie, nach der die Sonne im Mittelpunkt stand, musste die Menschen unendlich verunsichern. War Gott wirklich ihr menschenähnlicher Vater, der sie nach seinem Bilde geformt hatte, und waren sie seine geliebten Kinder? Goethe schrieb später: ›Kaum war die Welt als rund anerkannt und in sich selbst abgeschlossen, so sollte sie auf das ungeheure Vorrecht Verzicht tun, der Mittelpunkt des Weltalls zu sein. Vielleicht ist noch nie eine größere Forderung an die Menschheit geschehen: Denn was ging nicht alles durch diese Anerkennung in Dunst und Rauch auf: ein zweites Paradies, eine Welt der Unschuld, Dichtkunst und Frömmigkeit, das Zeugnis der Sinne, die Überzeugung eines poetisch-religiösen Glaubens; kein Wunder, daß man dies alles nicht wollte fahren lassen, daß man sich auf alle Weise einer solchen Lehre entgegensetzte, die denjenigen, der sie annahm, zu einer bisher unbekannten, ja ungeahnten Denkfreiheit und Größe der Gesinnungen berechtigte und aufforderte.‹ Im Grunde hatten die kopernikanischen Erkenntnisse eine viel tiefere Wirkung als die fast gleichzeitig einsetzende Reformation, denn die Reformation löste die Gläubigen nur von Rom, nicht aber von Gott, während die kopernikanische Theorie Gott selbst in Frage stellte.«

»Sie meinen, dass der Streit um katholische oder protestantische Dogmen zur Nebensache wurde?«

»Sicher, Roman. Andererseits erhob sich, als Kopernikus die kosmische Bedeutung der Erde und ihrer Bewohner auf bescheidenere Dimensionen zurückstutzte, der menschliche Geist zu neuen Höhen. Das kopernikanische Modell führte über die Reformation direkt zur Aufklärung.«

»Aber es war und ist doch immer nur eine Minderheit, die aus den neuen Erkenntnissen ihre Schlüsse zieht. Die Masse glaubt weiter und bleibt den alten Traditionen verhaftet.«

»Das Volk braucht eben die Religion, Stef«, erklärte Roman.

» Jeder von uns hat doch das Bedürfnis nach innerem Frieden und Geborgenheit«, ergänzte Berenike seine Worte.

»Kopernikus, der vielleicht originellste Kopf seines Jahrhunderts, der zu seinen folgenschweren Schlüssen durch eine Mischung von Beweis und Eingebung kam, hat sicher genau gewusst, warum er keinen Versuch unternahm, seine Hypothesen durch entsprechende Beobachtungen zu überprüfen«, sagte Senex.

»Die Wissenschaftler mussten also immer noch eine Anklage wegen Ketzerei befürchten?«

»Ja, Stefan, und um dieser Gefahr zu entgehen, gaben sie, wenn sie klug waren, ihre Schlussfolgerungen, auch wenn sie sie für erwiesen hielten, meist als Vermutungen aus. Aber andererseits war es auch so, dass die Gelehrten im Mittelalter und in der Renaissance noch selten daran dachten, wissenschaftliche Erkenntnisse in die Praxis umzusetzen.«

»Vielleicht müssen wir heute wieder dahin kommen«, meinte Roman. »Wir dürfen nicht mehr alles machen, was wir können. Das ist neu für uns Menschen. Wissenschaftliche Forschung und Erkenntnis ja, aber nicht mehr ihre Anwendung um jeden Preis.«

»Diese auf die Praxis bezogene Einstellung zur Wissenschaft, die Bereitschaft, Theorien zu verwirklichen, ist eines der Hauptkennzeichen, durch die sich die abendländische Zivilisation von allen anderen unterscheidet. Sie führte zu einem beispiellosen technischen Fortschritt. Nur dadurch wurde aus der Welt von gestern die von heute.«

»Man fragt sich immer wieder, ob das ein Segen war«, sagte Berenike nachdenklich.

Große Entdeckungen auf der Erde und am Himmel

Ein Segelschiff mit drei Masten

Senex erhob sich. »Ich habe euch noch einen anderen Aufbruch in neue Welten versprochen. Dazu reiten wir nur ein kurzes Stück, nach Anzio. Eigentlich wäre Genua richtiger gewesen, denn es ist der Geburtsort des Mannes, dessen größten Triumph wir heute miterleben wollen. Aber wir nehmen den allerkürzesten Weg, auch wenn Anzio eigentlich keine Hafenstadt ist. Doch für das relativ kleine Schiff, das dort auf uns wartet, reicht die Mole aus.«

»Was für ein Schiff?«

»Eine Karavelle, Berenike. Sie bringt uns über das Mittelmeer nach Spanien.«

Mit wenigen Schritten waren sie bei ihren Pferden und trabten durch die Mauer des Vatikans und die südlichen Viertel Roms aus der Stadt.

Es war wirklich nur ein Katzensprung. Der kleine Ort verdiente keine besondere Aufmerksamkeit, gleich waren sie durch die schmale Straße geritten und ans Meer gekommen, wo ein braunes Segelschiff mit drei Masten am Kai lag.

»Die ›Santa Maria‹«, erklärte Senex nicht ohne Stolz. »Vielleicht das berühmteste Schiff der Welt.«

Knechte, die auf einem Fass gewürfelt hatten, sprangen auf und hielten ihnen die Pferde. Über ein schmales Brett gingen sie an Bord, sofort wurden die geteerten Hanftaue eingeholt, der Anker mit der kleinen Winde gelichtet und die drei quadratischen Segel aufgezogen. Sie füllten sich mit Wind und demonstrativ spreizten sich die großen, roten

Kreuze auf der hellen Leinwand. Der Steuermann drehte den Bug nach Westen, der Sonne zu, die bereits sinken wollte. Das Schiff schwankte leicht.

»Der Kompass …« Senex deutete auf das kleine Instrument. »Er kam, wie viele nützliche Erfindungen, aus China ans Mittelmeer, wurde hier seit dem zwölften Jahrhundert verwendet und meist in Amalfi hergestellt. Vorher orientierten sich die Seeleute nur nach den Küsten, nach dem Vogelflug und den Sternen. Auch Kolumbus benutzte nur einige sehr einfache Instrumente, wie eben diesen Kompass.«

»Ist das daneben eine Lampe?«

»Ja, Berenike, um ihn nachts beleuchten zu können. Die Zeit maß man mit Sanduhren, die in Venedig geblasen wurden, und die Wassertiefe mit dem Lot. Außerdem verwendete Kolumbus einen Quadranten. Damit beobachtete er die Höhe des Polarsterns, um den Längengrad zu bestimmen.«

»Und das war alles?«

»Im Grunde ja, denn in der Praxis kannten die Seeleute nur Seekarten und Segelanweisungen. Diese reichten aus für die ihnen bekannten Handelsrouten des Mittelmeers, des Schwarzen Meers und der Küsten Westeuropas. Außerdem hatten sie einige einfache Instrumente, Lineal und Handzirkel, und eben Kompass und Lotleine, mit denen sie genau genug arbeiten konnten, um ihre Kurse abzustecken und auf den Seekarten zu verfolgen. Aber lasst mich euch die ›Santa Maria‹ ein wenig erklären. Man nennt sie im Allgemeinen eine Karavelle, obwohl sie eher ein Vollschiff ist. Sie ist das größte der drei Segelschiffe, mit denen Kolumbus auf seine erste und wichtigste Fahrt ging, ihre Wände sind hoch und schwarz, nur dort, wo die Beplankung aufliegt, sind sie rot. Das Schiff hat nur dieses eine mit Holzteer getränkte Oberdeck …«

»Es ist wirklich nicht breit, ich finde es fast winzig, wie ein Fischkutter!«

»Ja, Roman, aber für die damalige Zeit war es ein beachtliches Schiff.«

»Und was ist eine Karavelle?«

Eine Zeit der großen Seereisenden

»Nun, Karavellen sind schnelle und bewegliche Schiffe, eigentlich mehr für Fahrten in Küstennähe als für Reisen über den Ozean geeignet. Sie sind leicht und schlank, haben nur ein Deck und achtern kleine Kajütenaufbauten mit einem einzigen Raum. Sie sind voll gestopft mit Tauen, Segeln, Rollenzügen, Wasserpumpen und kleinen Ballastfässern. Noch fast tausend Jahre nach dem Zerfall des römischen Reiches baute man die großen Schiffe, zumindest ihren Rumpf, fast unverändert so, wie die Römer sie entworfen hatten. Normalerweise hatten die Schiffe vorne keinen Oberbau, aber das Heck war hoch und trug ein Kastell. Hier befand sich auch die Kajüte für Kolumbus.«

Senex öffnete die kleine Tür, sie blickten in einen sehr niedrigen Raum, fast wie ein Käfig, der sein Licht durch drei kleine Fensteröffnungen empfing. Die Kajüte war sehr einfach eingerichtet. Es gab ein Bett hinter Vorhängen, die zu einem Baldachin zusammengerafft waren, eine Truhe, einen Tisch und einen Tresor. »Hierin liegen die Karten und die Navigationspapiere«, erklärte Senex. »Unterhalb dieser Kajüte gibt es einen Raum, der so eng ist, dass sich nur ein oder höchstens zwei Offiziere darin aufhalten können.«

»Wohin fahren wir jetzt?«

»Wir segeln nach Barcelona, Berenike. Dort wird Kolumbus dem spanischen Königspaar Ferdinand und Isabella seinen ersten Bericht erstatten. Das werdet ihr miterleben. Aber noch liegt die Seereise von Italien nach Spanien vor uns. Für diese Fahrt hätte man im Mittelalter einige Wochen, sogar bis zu zwei Monaten gebraucht. Uns bleibt gerade so viel Zeit, dass ich euch in aller Kürze einiges erzählen kann. Wenn es euch recht ist, setzen wir uns unter den Hauptmast, dort bei der Strickleiter auf die Truhe mit Werkzeug.«

Berenike warf noch einen Blick zurück. Rasch wurde die Küste Italiens kleiner. Hinter dem Schiff tanzte das plumpe Beiboot am Tau. Dann folgte sie Senex, und alle ließen sich nieder, hörten den Wind, die

Wellen, das leise Rauschen und spürten das rhythmische Wiegen der ›Santa Maria‹.

»Vor Kolumbus gab es doch auch andere Entdecker?«

»Richtig, Roman, da gäbe es einige wichtige Namen, aber ich erwähne nur Heinrich den Seefahrer und Vasco da Gama. Die Zeit des Kolumbus ist eine Epoche der großen Seereisenden, von Diaz bis Magalhäes und Caboto. Wir beschäftigen uns aber mit Christoph Kolumbus, weil seine Fahrten, insgesamt vier, die wichtigsten waren. Er war der erste Europäer …«

»Ich denke, vor ihm waren die Wikinger?«

»Sicher, Stefan, die Wikinger waren die Ersten, die den Atlantik überquerten, und zwar schon einige Jahrhunderte zuvor. Sie brachen von Grönland aus auf. Aber das hatte keinerlei Folgen für die Menschheit, während die erste Fahrt von Kolumbus über den Atlantischen Ozean die Weltkarte gründlich verändert hat. Denn Kolumbus entdeckte in Nord- und Südamerika eine bisher unbekannte Welt mit unerforschten Ländern und leitete eine beispiellose Entwicklung ein. Neben den politischen und ökonomischen Auswirkungen waren die geistigen nicht weniger wichtig. Zwei gewaltige Kontinente wurden für das Christentum erobert, sodass vor allem die römisch-katholische Kirche dort mehr Anhänger gewann, als sie durch die Reformation in Europa verlor. In Südamerika entwickelten sich Spanisch und Portugiesisch zu Landessprachen und dort entstanden neue, eigenständige Kulturen.«

»Dazu hätte ich viel zu sagen«, murmelte Stefan. »Aber ich lasse es lieber.«

Berichte aus fremden und märchenhaften Ländern

»Bevor wir von den Auswirkungen und Folgen sprechen, würde ich erst gerne etwas von den Voraussetzungen und der Fahrt selbst erfahren.« Berenike zog ein Bein an die Brust, faltete die Hände um das Knie und legte ihren Kopf darauf. Ihre Haare fielen nach vorn. Schräg schaute sie durch diesen Schleier zu Senex auf.

Senex antwortete: »Ich muss mich leider auf das Notwendigste beschränken. Schon lange trieben die Mittelmeerländer mit Indien und sogar mit China Handel. Auch von der Existenz Japans wusste man bereits. Diesen Geschäften verdankten viele Städte ihren Reichtum. So waren zum Beispiel die Händler aus Genua durch russische Pelze, chinesische Seide, persische Gemmen und Gewürze aus Indien oder von den Inseln des Südchinesischen Meeres reich geworden. All diese Waren wurden von Pferden oder Kamelen durch unberührte und unwegsame Gebiete transportiert und kamen zu den Handelsumschlagplätzen am Schwarzen Meer oder nach Konstantinopel. Dort wurden sie verladen und auf Schiffen nach Italien gebracht. Selten wurde der Seeweg nach Indien benutzt, meist führte der Weg über Land, über die Karawanenwege wie die Seidenstraße. Die Tatarenherrscher, beginnend mit Dschingis Khan, hatten dies nicht nur geduldet, sondern sogar gefördert. Aber vierzehnhundertdreiundfünfzig, als Kolumbus gerade zwei Jahre alt war, wurde Konstantinopel von den Türken erobert. Nun beherrschten die Türken nicht nur alle Handelsstationen am Schwarzen Meer, sondern auch alle Landwege in den Fernen Osten. Sie blockierten das östliche Mittelmeer für jedes christliche Handelsschiff. Auch Genua, die Geburtsstadt von Kolumbus, stand vor dem Ruin.«

»Also suchte man neue Wege nach Indien und nach China, das man ja aus den Berichten von Marco Polo schon gut zu kennen glaubte.«

»Er war nicht der Einzige, Roman, der aus diesen fernen, fremden und märchenhaften Ländern berichtete. Aber er war der meistgelesene, der vollständigste und aufschlussreichste aller Berichterstatter. Seine Bücher wurden immer wieder kopiert. Schon vierzehnhundertvierundneunzig schrieb ein Gelehrter: ›Wenn es sich um dieses Land handelt, muß man von einer neuen Welt sprechen, so fern ist es und so bar aller Zivilisation und Religion.‹«

»Wieder diese Arroganz, die nur die christliche Religion anerkennen will«, murrte Stefan.

»Als man nun ernsthaft einen Weg über See nach Indien suchen musste, erkannte man in Marco Polo einen verlässlichen Informanten, obwohl es heute als unwahrscheinlich gilt, dass er wirklich selbst in China war. Auch Kolumbus hatte Marco Polos glühende Schilderungen vom Reichtum Chinas und die Angabe, dass Japan fünfzehnhundert Meilen östlich davon liege, gelesen. Auch andere Reisebeschreibungen versah er mit zahllosen Anmerkungen. Er rechnete, dass die Entfernung von der Westküste Europas bis zu den ostasiatischen Inseln rund fünftausend Seemeilen betragen müsse.«

Ein riesengroßer unbekannter Erdteil

»Aber ich habe oft gehört, dass man Kolumbus ausgelacht hat, als er behauptete, die Erde sei rund!«

»Das stimmt so nicht, Berenike. Dass die Erde eine Kugel ist, wurde kaum noch bestritten, vor allem für die Gebildeten gab es darüber keinen Zweifel mehr. Aber man kannte noch nicht genug von der Erde. Für die damalige Zeit lag das Mittelmeer, daher sein Name, in der Mitte dieser Welt. Und jeder griechische Seemann konnte erfahren, dass der Ozean sich ins Endlose dehnte, wenn er über die letzten bekannten Küsten hinaussegelte. Das war es, was schon den Griechen Furcht eingeflößt hatte: diese Vorstellung der Leere, die tödliche Öde des Meeres, das gefährliche Nichts. Aber dennoch, es war für Kolumbus keineswegs absurd zu behaupten, dass ein Schiff von Europa die Ostküste Asiens erreichen könne, wenn es nur den Mut aufbrächte, stur nach Westen zu segeln, so paradox das zunächst auch geklungen haben mochte. Wenn er nicht sofort Unterstützung fand, so lag das teils an politischen, teils an finanziellen Gründen. Vor allem die spanischen Könige setzten all ihr Geld ein, um die Mauren aus Andalusien zu vertreiben. Erst nachdem sie Granada in ihre Gewalt gebracht hatten, wendeten sie sich anderen Unternehmungen zu.«

»Und alle wollten nach Indien?«

»Daher der Name Indianer, Roman. Kolumbus nahm an, dass er zu den sagenhaften Völkern Chinas und Japans gelangen könne, indem er nach Westen segelte. Niemals wäre er auf den Gedanken gekommen, dass zwischen Europa und seinem Ziel ein riesengroßer unbekannter Kontinent lag.«

»Das heutige Amerika.«

»Ja, Berenike, denn die Berichte der Wikinger waren lange vergessen. Nun, Kolumbus war durch Zufall nach Portugal gekommen. Das Schiff, mit dem er von Genua nach England reisen wollte, wurde angegriffen und versenkt. Er konnte sich nach Lissabon retten, heiratete eine junge Portugiesin und verdiente seinen Lebensunterhalt als Landkartenhersteller und Buchhändler. Dass er unter diesen Voraussetzungen mit seinem Plan, nach Indien zu segeln – aber eben nicht um Afrika herum und durch den Indischen Ozean, sondern ausschließlich westwärts – vor dem königlichen Seefahrtsausschuss keinen Erfolg hatte, ist nur zu verständlich, denn wie sollten Fachleute einem so unerfahrenen Seemann, der noch nie zuvor gezeigt hatte, was er konnte, eine so gewagte Unternehmung und mehrere Schiffe mit Mannschaften anvertrauen! Kolumbus aber war so besessen von seiner Idee, dass er nach Spanien reiste – und dort fand er, nach vielen Enttäuschungen, einflussreiche Förderer und hatte endlich Glück. Das Königspaar bewilligte eine beachtliche Summe für die erste Fahrt. Gleichzeitig ernannten sie Kolumbus auf sein Drängen hin zum Admiral, zum Vizekönig und Gouverneur all der Länder, die er noch gar nicht entdeckt hatte.«

»Ich glaube, darin drückt sich auch die unbändige Phantasie aus, von der die Menschen damals erfüllt waren«, meinte Stefan. »Weil sie so wenig wussten, mussten sie so viel glauben.«

»Kolumbus also ahnte nicht, dass ihm ein riesengroßer unbekannter Erdteil den Weg nach Asien verstellen würde. Niemand wusste das. Die Menschen stocherten damals, was die Geografie der Erde betrifft, im Nebel herum. Kolumbus vermutete zwar, dass er auf einige Inseln stoßen würde, aber mehr nicht. Im Westen suchte er die Küste Asiens, etwas anderes vermochte sich niemand vorzustellen.«

»Und wie ging es dann weiter?«, fragte Berenike.

»Drei Monate später waren die Mannschaften angeworben und die Schiffe ausgerüstet, die fünfzig Tonnen schwere ›Pinta‹, die um zehn Tonnen kleinere ›Niña‹ und die etwas plumpere, hundert Tonnen schwere ›Santa Maria‹, auf der wir gerade fahren.«

»Es war sicher nicht leicht, für eine so abenteuerliche Fahrt ins Unbekannte Leute zu finden?«

»Erstaunlicherweise hatte Kolumbus keine Mühe, einen sehr erfahrenen Seemann als stellvertretenden Kommandanten zu gewinnen. Wesentlich schwieriger war es, Matrosen anzuheuern, da hast du Recht, Berenike, denn für die gewöhnlichen Seeleute galt der Atlantische Ozean als unbezwingbar, man musste verrückt sein, wenn man das wagen wollte. Schließlich aber fanden sich doch Männer, die den Ehrgeiz hatten, die Ersten zu sein.«

»Man brauchte doch auch reichlich Proviant, Lebensmittel, Ausrüstungsgegenstände! Es konnte ja niemand wissen, wie lange man unterwegs sein würde – falls man überhaupt zurückkehren konnte. Also ich muss sagen, ich bewundere den Mut dieser Leute. Da wussten die amerikanischen Astronauten, als sie zum Mond flogen, ja viel besser Bescheid über das, was sie erwartete.«

»Das stimmt, Roman, sie hatten nicht nur eine viel größere Kenntnis, sondern auch eine überlegene Technik, die Kolumbus und seinen Männern völlig fehlte. Natürlich sorgte man für die normale Seemannskost, gesalzenes Fleisch und gesalzene Fische, eine andere Art der Konservierung gab es nicht. Bei ruhiger See konnte man frische Fische fangen. Als Ersatz für Brot gab es Schiffszwieback. In den Unterdecks standen Fässer mit Mehl, Käse, Zwiebeln, Knoblauch, Bohnen und getrockneten Erbsen.«

»Und Getränke?«

»Man nahm Wasser in Fässern mit, das freilich rasch sumpfig wurde, deshalb lud man große Mengen von einfachem Wein, der bei den Seeleuten sehr beliebt war. Natürlich gehörten zur Ausrüstung der Schiffe auch Kochgelegenheiten, kräftige eiserne Tröge oder muldenförmige Kästen, die mit Sand gefüllt waren, in denen ein offenes Holzfeuer loderte. Abends musste es gelöscht werden. Mit Kolumbus reisten ungefähr neunzig Mann und zwei Schreiber, vierzig auf der Santa Maria, die übrigen fünfzig verteilt auf den beiden anderen Karavellen. Die Schiffe hatten eigene Schiffsärzte, Offiziere und Schiffsköche.«

»Waren nicht vor allem gewöhnliche Seeleute an Bord?«

»Natürlich, Berenike, und außerdem viele Schiffsjungen. Darüber hinaus brauchte man Handwerker, Zimmerleute, einen Kalfaterer zum Abdichten der Schiffe mit Pech und einen Küfer.«

»Wovon haben sie wohl geträumt?«

»Von Gold und Reichtum, Berenike, von unsagbaren Schätzen und von großen Wundern. Doch genauso oft hatten sie Angst, nackte Angst in der Einsamkeit des Ozeans, umgeben von einer endlosen, grauen Wasserfläche, die abends im Westen, dort, wo sie hinwollten, rot glühte.«

»Und wie verlief die Reiseroute?«, fragte Stefan.

»Ihr versteht sicher, dass ich euch nicht die ganze Reise in allen Einzelheiten schildern kann, so spannend sie auch ist. Sie führte über die Kanarischen Inseln... halt, ich mache euch einen besseren Vorschlag, Kolumbus hat alles in einem Bordbuch beschrieben, das, wenn auch vielleicht nicht ganz original, erhalten blieb und das so anschaulich und teilweise so poetisch ist, dass ich euch einige wenige Seiten daraus vorlesen möchte. Wir haben noch etwas Zeit, bis wir in Barcelona ankommen.«

Am 12. Tage des Monats Mai des Jahres 1492

Senex zog ein kleines graues Buch aus seiner Jackentasche und sagte, bevor er daraus vorlas: »Kolumbus beginnt mit einer dieser üblichen Huldigungen an seine Fürsten. Ich werde mir erlauben, ein wenig abzukürzen.« Nun fing er an zu lesen: »›An die allerchristlichsten, allerhöchsten, erlauchtesten und mächtigsten Fürsten, den König und die Königin der spanischen Länder und der Inseln des Meeres, unsere Herren. Im gegenwärtigen Jahre 1492, nachdem Eure Hoheiten dem Krieg gegen die Mauren, die noch in Europa herrschten, in der gewaltigen Stadt Granada ein Ende bereitet hatten, also in jener Stadt, wo ich am Zweiten des Monats Januar ... mit eigenen Augen sah, wie ... die königlichen Standarten Eurer Hoheiten auf den Türmen der Alhambra ... hochgezogen wurden und wie der maurische König seinen Palast verließ, um die Hände Eurer Hoheiten und des Fürsten, meines Herrn, zu küssen; auf Grund der Berichte, die ich Euren Hoheiten über die Länder Indiens ... zu geben in der Lage war ... erwogen Eure Hoheiten, in Ihrer Eigenschaft als katholische Christen, als Freunde und Verbreiter des heiligen christlichen Glaubens und als Feinde der Sekte Mahomeds und jedes andern Götzendienstes, ... ernstlich den Gedanken, mich, Christoph Kolumbus, nach den vorgenannten Gegenden Indiens zu entsenden, um jene Fürsten, Völker und Orte aufzusuchen und die Möglichkeiten zu erwägen, wie man sie zu unserem heiligen Glauben bekehren könnte. So wurde mir der Auftrag zuteil, mich nicht auf dem Landweg, wie es bisher üblich gewesen, nach dem Fernen Osten aufzumachen, sondern in westlicher Richtung aufzubrechen, also auf einem Wege, den nach unserem Wissen bis auf den heutigen Tag noch niemand befahren hatte.‹«

»Immer dieser Missionarseifer«, murmelte Stefan. »Hätte man den so genannten ›Wilden‹ doch ihren Glauben gelassen!«

»Wir kommen noch darauf zu sprechen«, antwortete Senex. »Warte bitte, Stefan. Ich beginne nun mit dem eigentlichen Bericht: ›So fuhr ich am 12. Tage des Monats Mai desselben Jahres 1492, an einem Samstag, von Granada ab und begab mich nach dem Orte Palos, der ein Seehafen ist, allwo ich drei für dieses Unternehmen sehr geeignete Schiffe ausrüstete. Am 3. August dieses Jahres, an einem Freitag, verließ ich diesen Hafen, wohl versehen mit Lebensmitteln und Mannschaften, eine halbe Stunde vor Sonnenaufgang und nahm Kurs auf die Kanarischen Inseln.‹«

Nackte Angst in der Einsamkeit des Ozeans

Senex unterbrach und hob den Kopf: »Auf der Insel Gomera tauschte Kolumbus nicht nur ein Segel aus, er wurde auch mit neuem Proviant versorgt. Er selbst beschreibt die erste Fahrt in die Weite des Atlantischen Ozeans nicht, wohl aber verdanken wir seinem Sohn Fernando, der ihn auf dieser Reise begleitete, einen Bericht, und diesem – sowie einer anderen Beschreibung – entnehmen wir, dass sie, nachdem sie Hierro, die westlichste der Kanarischen Inseln, verlassen hatten, zum ersten Mal das Land ganz aus den Augen verloren: ›Viele hatten Angst. Einigen der Jüngeren – sie waren noch Kinder – wich die Farbe aus dem Gesicht. Nunmehr befanden sie sich in der weiten Leere des Ozeans. Es schien, als ob nichts mehr hinter ihnen läge, und vor sich konnten sie nichts erkennen außer dem purpurnen Teppich des Sonnenuntergangs. – Sonst war alles Wasser, Meer, Ozean. Und ein paar leichte Wolken am Himmel, die ihnen noch unbekannten Vorboten der Passatwinde.‹ Doch nun weiter mit Kolumbus selber: ›*Sonntag, den 16. September.* – Stets auf der Fahrt nach Westen begriffen, kamen wir um weitere 156 Seemeilen vorwärts …‹«

Senex sah seine Begleiter an und bemerkte: »Kolumbus nannte seiner Mannschaft absichtlich eine kürzere als die wirklich zurückgelegte Entfernung, um sie nicht zu beunruhigen, dass sie zu weit ins Unbekannte vorgestoßen waren und womöglich nicht zurückkehren konnten. Da er seine Geschwindigkeit aber andererseits überschätzte, waren die Angaben im Grunde doch richtig.«

Dann fuhr er zu lesen fort: »›Der Himmel umwölkte sich, und es ging etwas Regen nieder. Von diesem Tage an werden wir immer ein mildes Klima antreffen. Mit wahrem Genuß erlebte ich die Schönheit eines jeden Morgens, denen fast nichts anderes zu ihrem vollen Zauber fehlte, als der Sang der Nachtigallen.‹«

»Das klingt ja richtig poetisch«, sagte Roman.

»›Es war wie ein heiteres Aprilwetter in Andalusien. Und hier war es auch, wo wir zum ersten Mal große Mengen grünen frischen Grases sichteten, das sich erst vor kurzem von der Erde losgerissen zu haben schien, weshalb alle der Meinung waren, daß man sich in der Nähe irgendeiner Insel, nicht aber des Festlandes befinden müsse; denn ich bin der Ansicht, daß das Festland noch weiter vor uns liegt. – *Montag, den 17. September.* – An jenem Montag stießen wir im Morgengrauen auf immer größere Mengen Grases, das von einem Flusse zu kommen schien, und fanden darin einen lebenden Krebs, den ich untersuchte und für ein sicheres Anzeichen ansah, daß Land in der Nähe sei, da man Krebse nie über eine Entfernung von 120 Seemeilen vom Ufer anzutreffen pflegt. Wir stellten auch fest, daß ... die Luft immer milder wurde. So waren wir alle recht froh gestimmt, und die Schiffe liefen um die Wette, wer wohl als erster das Land sichten werde. Wir sahen viele Thunfische, die Mannschaft der ›Niña‹ erlegte auch einen von ihnen. – *Mittwoch, den 19. September.* – Da zumeist Windstille herrschte, durchmaßen wir in Tag- und Nachtfahrt bloß 100 Seemeilen... Gegen zehn Uhr morgens ließ sich ein Pelikan an Bord der ›Santa Maria‹ nieder; des Nachts tauchte noch ein zweiter auf. Diese Vögel pflegen sich nie mehr als 80 Seemeilen vom Lande zu entfernen. Einige Regenschauer ohne jeden Wind gingen nieder, was auf Landnähe hindeutet. – *Freitag, den 21. September.* – Im frühen Morgengrauen erblickten wir so große Mengen Grases, das, aus Westen kommend, das Meer so dicht bedeckte, daß es den Anschein erweckte, als wäre das Meer eine einzige, ins Stocken geratene grüne Masse. Ein Pelikan wurde gesichtet. Das Meer war spiegelglatt, wie ein ruhiger Strom und die Luft weich und mild. Wir erspähten einen Walfisch, was wieder auf Landnähe hindeutete ... *Mittwoch, den 10. Oktober.* – ... Zu diesem Zeitpunkte beklagten sich meine Leute über die lange Reisedauer, die ihnen unerträglich zu sein schien. Ich wußte sie jedoch aufzumuntern, so gut ich eben konnte, und stellte ihnen den Verdienst, den sie sich auf diese Weise verschaffen konnten, in nahe Aussicht. Dem fügte ich hinzu, daß es zwecklos wäre, darüber in Streit zu geraten, da ich nun einmal entschlossen sei, nach Indien zu gelangen und die Reise so lange fortzusetzen, bis ich mit Gottes

Hilfe dahin gelangt sein werde. – *Donnerstag und Freitag, den 11. und 12. Oktober.* – ... Wir kamen mit einer Stundengeschwindigkeit von 12 Seemeilen vorwärts und bis 2 Uhr morgens hatten wir 90 Seemeilen durchlaufen. Da die Karavelle ›Pinta‹ schneller war als die anderen beiden Schiffe und mir vorgefahren war, so entdeckte man an Bord der ›Pinta‹ zuerst das Land und gab auch die angeordneten Signale.

Leute, die man weit besser durch Liebe als mit dem Schwert retten könnte

Als Erster erspähte dieses Land ein Matrose, der Rodrigo da Triana hieß, wiewohl ich um zehn Uhr nachts vom Aufbau des Hinterschiffs aus ein Licht bemerkt hatte. Obzwar das schimmernde Licht so undeutlich war, daß ich es nicht wagte, es als Land zu bezeichnen, so rief ich dennoch Pietro Gutierrez, den Truchseß des Königs, um ihm zu sagen, daß ich ein Licht zu sehen glaubte, und bat ihn, es sich anzusehen, was jener auch tat und es tatsächlich auch sah. Als dann die ganze Mannschaft das ›Salve Regina‹ betete, das alle Seeleute auf ihre Art und Weise zu singen pflegen, und dann schweigend verharrte, gab ich meinen Leuten den guten Rat, auf dem Vorschiff gute Wache zu halten und auf das Insichtkommen des Landes wohl acht zu geben. Derjenige unter ihnen, der als Erster melden würde, Land zu sehen, bekäme sofort eine seidene Jacke zum Geschenk, außer all den Belohnungen, die das Herrscherpaar versprochen hatte, nämlich die Auszahlung eines lebenslänglichen Ruhegehaltes von 10 000 Maravedis. Um zwei Uhr morgens kam das Land in Sicht, von dem wir etwa acht Seemeilen entfernt waren. Wir holten alle Segel ein und fuhren nur mit einem Großsegel, ohne Nebensegel. Dann lagen wir bei und warteten bis zum Anbruch des Tages, der ein Freitag war, an welchem wir zu einer Insel gelangten, die in der Indianersprache ›Guanahani‹ hieß. Dort erblickten wir allsogleich nackte Eingeborene. Ich begab mich, begleitet von Martin Alonso Pinzón und dessen Bruder Vicente Yánez, dem Kapitän der ›Niña‹, an Bord eines mit Waffen versehenen Bootes an Land. Dort entfaltete ich die königliche Flagge, während die beiden Schiffskapitäne zwei Fahnen mit einem grünen Kreuz im Felde schwangen, das an Bord aller Schiffe geführt wurde und welches rechts und links von den je mit einer Krone verzierten Buchstaben F und Y umgeben war.‹«

»Das sollte Ferdinand und Isabella heißen?«

»Richtig, Berenike. Und nun folgt eine hübsche und durchaus menschenfreundliche Schilderung der ersten Bewohner des fremden Kontinents, die dieser Europäer erblickte. Kolumbus schreibt nämlich: ›Unseren Blicken bot sich eine Landschaft dar, die mit grün leuchtenden Bäumen bepflanzt und reich an Gewässer und allerhand Früchten war. Sofort sammelten sich an jener Stelle zahlreiche Eingeborene der Insel an. In der Erkenntnis, daß es sich um Leute handle, die man weit besser durch Liebe als mit dem Schwerte retten und zu unserem Heiligen Glauben bekehren könne, gedachte ich sie mir zu Freunden zu machen und schenkte also einigen unter ihnen rote Kappen und Halsketten aus Glas und noch andere Kleinigkeiten von geringem Werte, worüber sie sich ungemein erfreut zeigten.‹«

»Wenn die Nachfolger von Kolumbus nur auch so gedacht und gehandelt hätten!«, sagte Roman, ganz in Stefans Sinn.

Senex las weiter: »›Sie wurden so gute Freunde, daß es eine helle Freude war. Sie erreichten schwimmend unsere Schiffe und brachten uns Papageien, Knäuel von Baumwollfäden, lange Wurfspieße und viele andere Dinge noch, die sie mit dem eintauschten, was wir ihnen gaben, wie Glasperlen und Glöckchen.

Sie gaben und nahmen alles von Herzen gern – allein mir schien es, als litten sie Mangel an allen Dingen.

Sie gehen nackend umher, so wie Gott sie erschaffen, Männer wie Frauen, von denen eine noch sehr jung war.‹«

»Ein Wunder, dass die frommen Seeleute nicht blind wurden bei diesem Anblick«, murmelte Stefan.

»›Alle jene, die ich erblickte, waren jung an Jahren‹«, las Senex, »›denn ich sah niemanden, der mehr als 30 Jahre alt war.‹ Wahrscheinlich wurde die Mär vom ›echten Wilden‹, in den sich später der Franzose Jean-Jacques Rousseau und viele andere Idealisten verliebten, durch diese Beschreibung in die Welt gesetzt, denn Kolumbus war wirklich entzückt. Hört nur: ›Dabei sind sie alle sehr gut gewachsen, haben einen schön geformten Körper und gewinnende Gesichtszüge. Sie haben dichtes, struppiges Haar, das fast Pferdeschweifen gleicht, das über der Stirne kurz geschnitten ist bis auf einige Haarsträhnen, die sie nach hinten werfen und in voller Länge tragen, ohne sie jemals zu kürzen. Im allgemeinen haben sie einen schönen Wuchs und anmutige Bewegungen. Wenn es dem Allmächtigen gefällt, werde ich bei meiner Rückfahrt sechs dieser Männer mit mir nehmen, um sie Euren Hoheiten vorzuführen.‹

Damit«, sagte Senex, indem er das graue Buch zuklappte und in seine Jackentasche zurücksteckte, »mache ich Schluss. Einerseits ist der wichtigste Teil des Bordbuches beendet, andererseits sehe ich die Häuser und den Hafen Barcelonetas bereits vor uns, sodass wir uns aufs Aussteigen vorbereiten müssen. Nur das möchte ich noch anfügen: Kolumbus taufte die Insel San Salvador, ›Erlöserinsel‹, und nahm sie im Namen Ferdinands, Isabellas und Christi in Besitz. Er hat auf dieser ersten Reise sehr großes Glück gehabt. Kolumbus konnte von ausgesprochen günstigen Passatwinden profitieren und er geriet nie in einen Sturm. Außerdem blieben er und alle seine Männer von Skorbut verschont. Seine Reise hatte – die Fahrt zu den Kanarischen Inseln mitgerechnet – knapp zweieinhalb Monate gedauert, nämlich von Anfang August bis etwa Mitte Oktober. Aber heute schreiben wir April vierzehnhundertdreiundneunzig. Ihr spürt den Frühling an der Frische der Luft. Und nun legen wir an. Kommt aufs Vordeck.«

Senex hatte es eilig. Sie konnten kaum einen Blick auf die gepflegten Häuser des Vorstadthafens Barceloneta und auf die umliegenden Schiffe werfen. Vielleicht waren die Menschen auch interessanter. Die Besucher spürten sofort die gehobene Stimmung. An vielen Stellen wurde gesungen oder getanzt. Alle trugen festliche Kleidung, die Frauen weite Spitzenschleier über dem Haar, die Männer schwarze Hüte mit breiter Krempe, von denen lange Bänder baumelten. Senex bat seine Begleiter, sich an den Händen zu fassen, damit sie nicht voneinander getrennt wurden. Gern nahmen Roman und Stefan das Mädchen in ihre Mitte, und Berenike lachte beiden zu.

Der berühmteste Königshof Europas

Sie legten eine kurze Wegstrecke zurück und kamen durch die Umwallung in die eigentliche Stadt. »Barcelona ist der Mittelpunkt des Katalanisch sprechenden Spaniens«, rief ihnen Senex durchs Menschengewimmel zu. »Hier residiert ein Erzbischof, die erste Universität wurde vor etwa vierzig Jahren, nämlich vierzehnhundertfünfzig, gegründet. Es ist eine lebendige, aufgeschlossene und reiche Stadt.«

Schon befanden sie sich im Barrio Gótico, in der Nähe der Kathedrale, umgeben von alten Häusern und Palästen, die alle geschmückt waren. Aus den Fenstern hingen Teppiche und bunte Stoffe, auch Gobelins. Sie kamen am Rathaus vorbei, sahen die Residenz des Bischofs neben Klostermauern. Das Gedränge wurde immer größer. Vogelverkäufer hatten Stände aufgeschlagen, in denen sie Käfige mit Singvögeln anboten.

So gelangten sie zur Esplanade des Hofes, vor den Königspalast, der sich in der alten Residenz des Grafen von Barcelona befand, im Herzen der Altstadt. Er war aus grauem Stein erbaut, schmucklos, bis auf einfache, aber zierliche Bögen vor den niedrigen Mauern. Hier waren Fürsten, Magnaten, Edelleute und Würdenträger mit ihren Schildknappen, Frauen und Kindern, dazu ihre Diener, in aller Pracht und Herrlichkeit versammelt.

»Dies ist«, erklärte Senex, »einer der berühmtesten, vielleicht sogar der prächtigste Königshof Europas und zu der Zeit wohl auch der mächtigste!«

Sie kamen in einen rechteckigen, gepflasterten Hof. Auf einer Seite, zwischen der Palastmauer und einer Kapelle, hatte man eine Tribüne errichtet. Davor saßen die Majestäten, Isabella von Aragon und Ferdinand von Kastilien, auf Thronsesseln, neben ihnen der jugendliche Infant Don Juan, dahinter der Hofstaat und der gesamte Adel. Die Rüstungen und die Brokatstoffe glänzten in der Aprilsonne.

Senex, Berenike, Roman und Stefan setzten sich seitlich auf die Tribüne. Senex sagte: »Gleich wird Kolumbus kommen. Er ist nach seiner ersten Ausfahrt glücklich heimgekehrt und war aus Sevilla über Cordoba unterwegs, begleitet von seinen Offizieren, Dienern und sieben Indianern. Er hat viele Dinge von den Inseln mitgebracht, die ihr gleich sehen werdet. Überall an den Straßen von Sevilla nach Barcelona, also quer durch ganz Spanien, standen die Menschen Spalier, alle wollten das Schauspiel sehen. Nun – hier ist er!«

Jubel brandete auf. Die Leute wendeten ihre Köpfe dem Eingangstor zu. An der Spitze eines bunten Zuges schritt ein großer, prächtig gekleideter Mann durch eine Reihe von Bewaffneten mit aufgerichteten Hellebarden. Sein noch junges Gesicht war ausdrucksvoll, seine Hautfarbe auffallend hell und sommersprossig, darüber glänzten grau-silberne Haare. Sogar aus der Entfernung bemerkte man das durchdringende Leuchten seiner auf die Majestäten gerichteten, blauen Augen.

Senex flüsterte: »Kolumbus wird bald fünfzig Jahre alt!«

Als der Seefahrer eingetreten war, hatten sich alle bis auf das Königspaar von ihren Plätzen erhoben, eine Ehre, die man sonst nur den Granden von Spanien erwies. Rufe und Applaus ertönten und Fahnen wurden geschwenkt.

Schöne Gestalten mit dunkler Haut

Kolumbus schritt auf die Königin und den König zu. Sein Gesicht drückte Stolz aus, er ging gemessen, mit feierlichem Schritt, verhehlte nicht seine Freude, seinen Triumph. Ferdinand und Isabella erhoben sich nun auch.

Kolumbus trat vor sie, beugte ein Knie und küsste dem Königspaar die Hand. Er sagte: »Meine gnädigen Gebieter, ich bin gekommen, um euch ausführlich Bericht über meine Reise zu erstatten, die mich unser Herr hat unternehmen lassen und zu der er mich beflügelt hat.«

Danach wurde ein Stuhl hereingetragen und zwischen die Thronsessel geschoben, was während der Audienzen nur sehr selten geschah. Man bedeutete Kolumbus, zwischen dem Königspaar und dem Infanten Platz zu nehmen, eine beispiellose Ehre für den Mann niederer Herkunft aus Genua.

Kaum war das geschehen, erhob sich noch größerer Lärm, Trommeln wurden geschlagen, Fanfaren ertönten abermals. Durch das Tor wurden die Trophäen getragen, auf großen Silbertabletts, auf denen alles gut zur Geltung kam, vor allem Gold, Gold in unvorstellbaren Mengen, in Klumpen, unbearbeitet, faustgroß. Aber auch winzige Masken und Figürchen, Goldplättchen, Kugeln, Körner, dazu Bernstein, Perlen, Baumwolle, Kräuter, tropische Früchte, Korallen – so viele Dinge, dass man sie gar nicht alle erfassen konnte, dabei auch aus Weidenruten geflochtene Käfige mit exotischen grün und gelb gefiederten Papageien und anderen Vögeln, die hier noch niemand kannte.

Und dann folgten die sechs Eingeborenen, die man ›Indianer‹ nannte, von allen bestaunt und mit Zurufen begrüßt, schöne Gestalten mit dunkler Haut, nur zur Hälfte nackt, da man ihre Blöße mit buntem Stoff bedeckt hatte. Trotzdem war es ein beschämender Anblick, denn sie trugen Ketten, wenn auch silberne, und sogar Maulkörbe. Sie knieten sich vor den Majestäten nieder, es schien, als flehten sie, dass man sie befreien und heimkehren lassen möge.

Man versuchte sie zu beruhigen. Danach begann Kolumbus zu sprechen, er redete lange, da die Herrscher jede Einzelheit von ihm wissen wollten. Sie bedrängten ihn mit Fragen, ließen sich alle unbekannten Gegenstände zeigen. Pagen hielten die Tabletts hoch. Die Herrscher hörten mit sichtlicher Bewegung zu, sie waren sich der Bedeutung dieser Stunde wohl bewusst, und Kolumbus genoss seinen Triumph, sprach frei wie ein gleichberechtigter Fürst, mit überzeugender Stimme. Manchmal schaute er die Königin an, die vor Freude zu glühen schien.

»Wir entfernen uns jetzt«, flüsterte Senex seinen drei Freunden zu. »Der große Augenblick nähert sich seinem Ende. Und wir wissen besser als all diese Leute, was sich daraus entwickelt. Kommt, wir haben heute noch etwas vor, was mindestens so bedeutend ist wie das hier…«

Die Ankunft der Entdecker ist das Ende des Paradieses

Und die Dämmerung kündigte sich an, das Licht war wärmer und sanfter geworden.

Im alten Hafen von Barceloneta wartete die ›Santa Maria‹. Kaum waren sie an Bord, wurde der Anker gelichtet. Ein gleichmäßiger Wind füllte die viereckigen Segel, deren rote Kreuze jetzt fast mit der Dämmerung verschmolzen.

»Hier findet ihr Liegestühle«, sagte Senex. »Diese Art Stühle gab es zur Zeit des Kolumbus natürlich noch nicht, obwohl man bereits Klappstühle mit Stoffsitzen benutzte. Aber sei's drum, es ist nun einmal bequemer. Wir befinden uns ja immer noch im Evo-Park und nicht in der Realität. Nun werden wir auch gleich zu Abend essen, es ist alles vorbereitet, auch der Wein, übrigens original katalanischer Vino tinto.«

Senex führte sie aufs Hinterdeck. Unter dem Kastell waren vier Liegestühle im Kreis aufgestellt, in der Mitte ein runder Tisch mit einfachen Gerichten, ein Windlicht, dazu Rotwein, der besonders herb, aber auch würzig schmeckte.

Sie segelten mit gleichmäßig sanftem Wiegen. Dazu sang leise der Wind.

»Um die Zeit bis zu unserer Ankunft in Italien zu nutzen, will ich mit euch über die Folgen von Kolumbus' Entdeckung sprechen«, begann Senex wieder. »Doch zunächst noch dies: Kolumbus reiste insgesamt viermal. Auf seiner dritten Reise berichtete er – immer noch dachte er, er sei in Indien gewesen –, als er am einundreißigsten Juli vierzehnhundertachtundneunzig vor einer Insel ankerte, die er Trinidad nannte, er habe ›eines der lieblichsten Gebiete der Welt‹ gefunden und sei sicher, dass hier das irdische Paradies liege. Nun ist es sehr wohl möglich, dass es damals wirklich paradiesisch war, doch die Goldsucher, die Kolumbus rasch folgten, zerstörten den Garten Eden.«

»Also war die Ankunft der Entdecker das Ende des Paradieses!«

»Ja, Romi. Schon Kolumbus war begierig gewesen, Gold zu finden. Und auch er dachte daran, die Eingeborenen als Sklaven nach Europa zu verkaufen.«

Diesmal war es Berenike, die sich empörte. »Der Mensch geht im wahrsten Sinne des Wortes über Leichen und daran hat sich nichts geändert.« Niemand widersprach. Das Mädchen schwieg nur kurz und sagte dann: »Das darf doch nicht verschwiegen werden, sonst werden wir ja noch ganz blind von all den geistigen Leistungen und Kunstwerken, die uns im Evo-Park gezeigt werden.«

»Das ist wahr«, stimmte ihr Stefan zu. »Der Mensch ist Gott und Teufel in einem.«

»Man sollte immer berücksichtigen, dass der Mensch ein janusköpfiges Wesen ist, und zwar gleich zweimal. Einmal, weil gut und böse in gleichem Maße in ihm stecken, und dann, weil er genau so irrational wie rational zu denken und zu handeln vermag«, sagte Senex.

Die Geschichte der Menschen ist immer auch eine der Grausamkeiten

»Die Folgen der großen Entdeckungen können niemanden hoffnungsfroh machen«, fuhr Senex fort, »obwohl mit ihnen die Geschichte anderer Kontinente und neuer Kulturen beginnt. Es wurden ja nicht nur große und bewundernswerte menschliche Kulturen, von denen wir im Grunde recht wenig wissen, zerstört, sondern auch neue zum Blühen gebracht.«

»Durch unendliche Brutalität sind ganze Völker vom Erdboben verschwunden. Und das alles unter diesem Zeichen.« Stefan deutete nach oben, wo das Kreuz auf dem gebauschten Segel verdämmerte.

»Ich muss dir Recht geben, Stefan, obwohl das nur die eine Seite der Medaille ist. Fast immer ist die Geschichte eben auch eine Geschichte der menschlichen Grausamkeit. Aber es ist nicht meine Aufgabe, die moralischen Aspekte zu beurteilen, geschweige denn, die Menschen der damaligen Zeit zu verdammen. Das mögt ihr tun, wenn ihr glaubt, dazu berechtigt zu sein. Jedenfalls stimmt es, dass die Eingeborenen nicht nur versklavt wurden. Kurz nach der Entdeckung der Westindischen Inseln setzte bereits der Massenmord an den Indianern ein, wobei sich inquisitorische Verachtung und Verfolgung der Andersgläubigen mit hemmungsloser Goldgier verbanden. Es wurde sogar argumentiert: Dass diese eingeborenen Völker in der Bibel nicht erwähnt werden, sei ein Beweis dafür, dass es sie nicht geben dürfe.«

»Aber es gab doch sicher auch kluge Leute, die das Unrecht erkannten!«

»Viel zu wenige, Roman. Immerhin erhoben einige ihre Stimme, darunter Bartolomé de las Casas, Sohn eines Adligen, vierzehnhundertvierundsiebzig in Sevilla geboren. In Santo Domingo zum Priester geweiht, erkannte er, welch furchtbare Verbrechen an den Indianern begangen wurden und er kämpfte seit fünfzehnhundertvierzehn leidenschaftlich dagegen. Doch er ist leider ein Ausnahmefall, und das ist auch nicht unser Thema, denn es weist bereits über Europa hinaus. Dort hatten neue, verbesserte Schiffbaumethoden regelmäßige Verbindungen mit den neuen Ländern ermöglicht. Dazu kam die Weiterentwicklung der Feuerwaffen und des Geschützbaus, sie gaben den Europäern vor allem durch die neuartige Schiffsartillerie ...«

»Wenn das Berthold Schwarz gewusst hätte!«

»... ihre große Überlegenheit. Den Europäern bereitete der bald ›Amerika‹ genannte Kontinent ...«

»Woher kommt überhaupt dieser Name?«

»Von einem Florentiner Kaufmann, Amerigo Vespucci, dessen Vorname zur offiziellen Bezeichnung beider ›Amerika‹ wurde. Er war im

Auftrag der Medici nach Spanien gereist, wo er selbst vom Entdeckungsfieber angesteckt wurde. Er unternahm im spanischen und portugiesischen Dienst Reisen an die Küste Südamerikas und war überzeugt davon, dass es sich nicht um Asien, sondern um einen neuen Kontinent handeln müsse. Durch Kartografen, die seinen Namen als Entdecker einzeichneten, wurde der Name festgeschrieben. Was ich aber sagen wollte: Die Entdecker erlebten eine ganze Reihe von Überraschungen, die nicht ohne Folgen für das alte Europa blieben. Sie fanden eine Welt mit unbekannten Pflanzen und Tieren und – noch viel wichtiger – sie fanden seltsame, faszinierende Völker. Leider, leider hatte ja bereits Kolumbus die neuen Gebiete als Quelle zur Bereicherung für sich und Spanien betrachtet.«

»Das ist wie in der Sciencefiction«, sagte Stefan. »Man denkt doch schon daran, die Rohstoffe, die auf der Erde zu Ende gehen, auf anderen Planeten zu suchen.«

»Aber mit der Gewinnung von Rohstoffen von fremden Himmelskörpern wäre keine Vernichtung von Leben, keine Ausrottung von Arten und andersartigen Kulturen verbunden.«

»Das gebe ich zu, Romi, das wäre ein Unterschied.«

Eine neue Epoche beginnt

»Damals«, nahm Senex den Faden wieder auf, »leitete die auf Kolumbus folgende Serie von Entdeckungen eine Wirtschaftsrevolution größten Ausmaßes ein. Die Vormachtstellung des Mittelmeerraumes ging zu Ende. Der Atlantik rückte ins Blickfeld. In dieser Zeit begann der abendländische Mensch, sich die Welt als eine zusammenhängende Einheit vorzustellen. Manche lernten das durch eigene Erfahrung, andere durch Berichte. Jetzt erreichten europäische Seefahrer die meisten bewohnten Gegenden der Erde und erkundeten riesige, bisher unbekannte Gebiete. Damals wurden die Umrisse der Welt, wie wir sie heute kennen, festgelegt. Und je mehr Gold aus Amerika kam, desto rascher verloren die Mittelmeerländer an wirtschaftlicher Bedeutung. Sogar süddeutsche Städte wie Augsburg und Nürnberg, die mit Italien besonders intensive Wirtschaftsbeziehungen gepflegt hatten, wurden davon betroffen. Dafür fanden die am Atlantik liegenden Nationen für ihre wachsende Bevölkerung, nicht zuletzt für ihre Abenteurer und Verbrecher, ein Ventil. Es entstand ein unersättlicher Markt für die expandierende Industrie, mochte sie auch noch handwerklich organisiert sein. Wie nie zuvor blühte nun das westliche Europa auf, das Schwergewicht verlagerte sich von den Küsten des Mittelmeeres an die des Atlantik. Die Seefahrernationen Portugal, Holland und England profitierten besonders davon. Auch die Küchen wurden bereichert, die Kartoffel, die Tomate, die Artischocke, der Melonenkürbis, der Kakao und der Mais kamen aus Amerika. Freilich konnten sich der Tabak, die Bohne, die Ananas, Sonnenblumen, Kürbis und Gurken erst langsam in der europäischen Landwirtschaft oder in den Gärten durchsetzen – und nicht vergessen sei der Truthahn, eine bis dahin unbekannte Geflügelrasse.«

»Das klingt mir alles zu positiv.«

»Immer hast du Einwände, Stef«, rief ihm Berenike spontan zu, jedoch ohne Bosheit. »Du machst dir nur das Leben schwer!«

Senex wendete sich Stefan zu: »Um auf deinen Einwand einzugehen, so können die Folgen für Europa – und damit für die Welt – wahrscheinlich gar nicht groß genug eingeschätzt werden. Man hat Kolumbus viel vorgeworfen, Eitelkeit, Einbildung, Titelsucht und natürlich Gier auf seinen Anteil am Gold der Neuen Welt, um den er unablässig feilschte. Das alles mag zutreffen, aber was immer man sagen will, er hat viel weniger verlangt – und natürlich auch bekommen –, als ihm gerechterweise zugestanden hätte. Die Entdeckung Amerikas ist seiner Imagination zu verdanken und nicht den Fortschritten einer seelenlosen Technik. Deshalb ist Kolumbus eine große Persönlichkeit der Geschichte.« Senex schwieg, dachte kurz nach und fuhr dann fort: »Eines aber muss man auch erwähnen: Die Sitten verwilderten in Europa durch die Entdeckungen, das Faustrecht der Siedler wurde überall nachgeahmt, Gewalttaten und sexuelle Freizügigkeit nahmen rapide zu. Andererseits hatte der Kontakt mit den fremden, bisher unbekannten Kulturen einen nachhaltigen Einfluss auf das europäische Denken, man begann mehr und mehr, die Lehren der großen Religionen in Frage zu stellen. Da die ganze Welt offen lag, konnte alles möglich sein. Mit einem kühnen, hoffnungsvollen Aufschwung begann die neue Zeit. Während sich Katholiken und Protestanten noch in verheerenden Kriegen gegenseitig schwächten, wurden die Zweifel an ihren Botschaften immer bohrender.«

»So wurde der Boden für die Aufklärung bereitet.«

»Du sagst es, Stefan!«

»Wenigstens etwas, was ich positiv bewerte«, antwortete er. »Ich denke, dass alle Entdeckungen und Gedanken in einem Zusammenhang stehen. Was wären die Seefahrer ohne die Hilfe der Astronomen und Mathematiker, vielleicht sogar der Philosophen?«

Senex lehnte sich zurück und nahm einen tiefen Schluck aus seinem Glas, wie wenn er sich entspannen wollte.

Oh, wie wird mich nach der Sonne frieren

Nach einer Weile meinte Senex dann: »Nach all der Politik und Wirtschaft möchte ich wieder einen Ausflug in die Kunst machen. Lasst mich diese Segelfahrt, diese geruhsame Stunde, dazu benutzen, euch von einer ganz anderen Reise zu erzählen, die ein deutscher Künstler etwa um die gleiche Zeit antrat.«

»Wen meinen Sie?«

»Ich meine Albrecht Dürer. Eben gerade zweiundzwanzig Jahre alt geworden, wanderte er vom nördlichen Nürnberg, seiner Heimatstadt, ins südliche Venedig, um die Kunst der venezianischen Maler kennen zu lernen.«

»Das war doch nichts Außergewöhnliches, oder?«

»Und dennoch, Stefan, diese Reise nimmt einen besonderen Rang in der Kunstgeschichte ein. Auf ihr wurden die frühesten europäischen Landschaftsaquarelle geschaffen, sozusagen für die europäische Kunst erfunden. Zwar hatte Dürer schon vorher in der Umgebung von Nürnberg aquarelliert, aber seine Blätter ähnelten noch den Hintergrundlandschaften der altfränkischen Malerei, wenn sie auch eine große Liebe zum Detail dokumentieren und heute zu den kostbarsten Zeugnissen seiner Zeit gehören. Es war das erste Mal, dass ein Künstler als getreuer Schilderer die Natur malte, seinen Augen vertrauend und begeistert von dem, was er sah. Dürer malte nicht als Erfinder, sondern als Chronist. Voller Freude betrachtete er die Welt und hielt fest, was er sah. Für ihn waren die hohen Berge der Alpen etwa so fremd wie für Kolumbus der neue Kontinent. Er malte zum Beispiel Innsbruck und es gelang ihm eine neuartige atmosphärische Ansicht, eine vom Licht durchleuchtete Stadtlandschaft, die auf dem Wasser des Inn zu schwimmen scheint. Und je weiter er über den Brenner kam, desto freier wurde sein Blick. Er wählte Motive, die ihn als Maler anregten, nicht nur herausragende Gebäude, wie Burgen oder Städte, sondern ebenso Dinge, die für seine Zeitgenossen ganz nebensächlich waren, Motive, die vor ihm noch niemand gezeigt hatte, wie zum Beispiel Meerestiere auf einem Markt – mit der gleichen Leichtigkeit der Pinselführung wie eine verfallene Berghütte am Straßenrand. Er lässt uns an seinem Schaffen teilnehmen, wenn er auf einem Blatt einen Zeichner im Gebirge festhält, der versunken neben einer Wassermühle arbeitet. Erstmals versteht sich ein Künstler nur als Landschaftsmaler, ohne kirchlichen, aristokratischen oder mäzenatischen Auftrag, ganz aus eigenem schöpferischem Impuls. Das war umso beachtlicher, als damals die Alpen noch als Wildnis betrachtet wurden, die mühevoll und unter Gefahren auf dem Weg nach Italien überwunden werden mussten. Seine Wanderung zu Fuß und völlig allein war daher fast ebenso mutig wie sein Entschluss, gerade diese Berglandschaft zu malen, nicht etwa nur skizzenhaft, als Vorlage für spätere Bilder, sondern als eigenständiges Werk. Er hat vielleicht geahnt, dass er dabei Erfahrungen machen konnte, die ihm in Deutschland nicht möglich waren. Seine Aquarelle zeigen den Augenblick so zart und durchsichtig, wie es die Malerei erst Jahrhunderte später wieder vermag. Als er nach einer zweiten Reise wieder daheim war, seufzt er: ›Oh, wie wird mich nach der Sonne frieren.‹ Dürer führte einen nicht mehr abreißenden Strom von Künstlern aus dem Norden in den Süden an, zu denen auch Goethe gehören wird. Über seine Landschaftsaquarelle hinaus, die wir so lieben, vermittelte er seinen Zeitgenossen auch etwas von der Pracht und der Neuartigkeit der venezianischen Renaissancekunst.«

Senex schwieg.

Umwälzende Gedanken und Erfindungen

Der Mensch kann bis an die Grenze seiner Leidensfähigkeit gehen

Nach einer Pause fuhr er fort: »Ehe wir unser heutiges Ziel erreichen, möchte ich noch kurz auf einen ganz anderen Mann zu sprechen kommen, der es verdient, nicht vergessen zu werden. Außerdem steht er in einem gewissen geistigen Zusammenhang mit der Persönlichkeit, zu der wir unterwegs sind. Ich meine den abtrünnigen Dominikanermönch Giordano Bruno, der am siebzehnten Februar sechzehnhundert öffentlich und bei lebendigem Leibe, geschwächt von langer Haft und qualvoller Folter, auf dem Campo de' Fiori in Rom, nahe der Engelsburg, verbrannt wurde.«

»War er nun ein Philosoph, ein Naturwissenschaftler oder ein Ketzer im Sinne der Kirche?«

»Ich denke, Roman, er war alles in einer Person. Und jedenfalls ist auch er ein Beispiel dafür, dass der Mensch bis an die Grenze seiner Leidensfähigkeit gehen und bereit sein kann, sogar den schlimmsten Tod zu erleiden, um seiner Überzeugung treu zu bleiben.«

»Aber was waren seine Verdienste? Er war Mönch, sagen Sie, und er war abtrünnig?«

»Ich möchte es kurz machen, Berenike. Es liegt noch so viel anderes vor uns. Mit siebzehn Jahren trat er in den Orden ein und das hat man als den verhängnisvollsten Schritt seines Lebens bezeichnet. Mit achtundzwanzig korrigiert er ihn und legt das Ordenskleid ab. Fortan führt er ein unstetes Wanderleben, das ihn durch halb Europa führt, bis er fünfzehnhundertzweiundneunzig in Venedig verhaftet und an die römische Inquisition ausgeliefert wird.«

»Aber warum?«

»Sehr früh schon entwickelte er sich zu einem bissigen und schonungslosen Kritiker aller kirchlichen Missstände, vor allem der Klöster. Er war vom Geist der Renaissance beseelt. Sicher hatte er schon als Mönch die Schriften des Kopernikus gelesen, die ihn tief beeindruckten. Manche nennen ihn den bedeutendsten Naturphilosophen seiner Zeit und neben Galilei den berühmtesten Ketzer. Zu seinen uns heute sehr modern anmutenden Erkenntnissen gehört es, dass unsere Sinne keine kosmischen Erkenntniswerkzeuge sind, sondern der Erde verhaftet, also außer Stande, Wahrheit oder Wirklichkeit zu registrieren. Zwar sehen wir mit unseren Augen Licht, Farbe und Bewegung, das Wahre aber können wir nicht erkennen.«

»Das ist auch kein Wunder, denn dass sie über ihren Horizont hinausdenken konnten, war für das Überleben unserer Urahnen ja überhaupt nicht wichtig, und deshalb wurden diese Sinne auch nicht entwickelt«, sagte Roman

»Zurück zu Giordano Bruno. Nach seiner Meinung bildet der Mensch alle Dinge ähnlich wie ein Spiegel ab, das heißt: Er sieht alles auf sich selbst bezogen. Der Mensch ist der Spiegel der Dinge – wie die Dinge Spiegel des Menschen sind. Giordano Bruno machte beachtliche naturwissenschaftliche Aussagen, die zum Teil über Kopernikus hinausgingen und Galilei zuvorkamen – über die polare Abplattung der Erde, über einige Planeten und über die Achsendrehung der Sonne. Er erkannte zum Beispiel die elliptische Form der Planetenbahnen und die Abhängigkeit ihrer Bahngeschwindigkeit von der Sonnenentfernung.«

»Und warum wurde er verbrannt?«

»Er hatte den Mut, Berenike, die Hypothesen von Kopernikus mit einer neuen religiösen Schau des Universums zu verbinden. Er sah im Universum ein beseeltes, organisches Ganzes, das in einer nach Zeit und Raum unendlichen Entwicklung begriffen ist, einen Kosmos also, der aus unendlich vielen Sonnen und unendlich vielen Welten besteht und der unendliche Spiegel eines unendlichen Gottes ist!«

»Das könnte auch heute so gesagt worden sein!«

»Ja, Roman. Giordano Bruno sah in der Welt – als Universum gemeint – einen unendlichen Kreislauf und eine dauernde Schöpfung, ohne Anfang und ohne Ende in Raum und Zeit. Doch das mag genügen. Verurteilt wurde er von der römischen Kirche vor allem als Ketzer. Denn er bestritt, dass ein radikaler Unterschied zwischen Gott und der Welt bestehe, und er behauptete, dass Gott und der Kosmos ein und dasselbe seien. Doch Bruno ging noch weiter. Er glaubte nicht mehr an einen Gott als Person. Daher glaubte er auch nicht an Jesus als Gottes Sohn, der durch seinen Kreuzestod die Welt erlöst habe.«

»Das traf die Kirche ins Mark!«

»So ist es, Stefan. Schon früh lehnte er den Marienkult und jegliche Verehrung von Heiligenbildern ab. Er hielt das Christentum für Götzendienst! Dass ein Mensch zum Gott oder zum eingeborenen Gottessohn erklärt wird, erschien ihm als Gotteslästerung. Ein Zeitgenosse bezeugte, dass Giordano Bruno es als einen großen Unsinn der Katholiken bezeichnet habe, zu behaupten, das Brot verwandle sich in Fleisch. Auch sei er ein Feind der Messe. Bruno meine, Christus sei ein Betrüger gewesen und habe, da er betrügerische Werke ausübte, leicht voraussagen können, dass man ihn hängen werde … und vieles andere mehr.«

»Kein Wunder, dass man ihn verurteilt hat!«

»Dazu muss man wissen, dass die Gegenreformation das geistige Klima in Italien völlig verändert hatte. Der Klerus glaubte sich keine Großzügigkeit mehr leisten zu können. Schon die kleinsten Abweichungen von den Dogmen der Kirche reichten deshalb zur Denunziation. Die Spitzel der Inquisition waren überall. So wurde auch Giordano Bruno, für den erschwerend hinzukam, dass er einmal Dominikanermönch gewesen war, ans römische Inquisitionstribunal ausgeliefert. Sieben Jahre dauerte der Prozess. Der Unglückliche wurde gefoltert, brach zusammen – und sagte dennoch die denkwürdigen Worte: ›Mit größerer Furcht wohl sprecht Ihr mir das Urteil, als ich es empfange.‹«

»Und er wurde verbrannt«, flüsterte Berenike.

»Bei lebendigem Leib und vor den Augen zahlloser Schaulustiger. Er selbst sprach die erschütternden Worte: ›In einem so schönen Feuer, in einer so edlen Schlinge macht mich Schönheit brennen und verstrickt mich Anmut, daß ich Flamme und Knechtschaft nur genießen kann, die

Freiheit fliehen und das Eis fürchten. Es ist ein Brand von solcher Art, daß ich brenne, aber nicht verbrenne.‹ Wir wissen ja, dass hunderttausende seit dem späten Mittelalter von der Inquisition erfasst und auf ihr Betreiben hingerichtet wurden. Niemand kennt die genaue Zahl. Nicht selten wurde den Ketzern vor ihrer Verbrennung die Zunge herausgerissen. Bei Giordano Bruno begnügte man sich mit einer Knebelung. Ein Augenzeuge berichtet, dass er bleich und blass aussah, geschwächt von dem Blutverlust, den er durch die vorangegangenen Marterungen erlitten hatte. Seine Arme hingen wie leblos herunter. Man hatte sie aus den Gelenken gerissen, als man ihn auf das Rad geflochten hatte. Nicht genug damit – die furchtbaren Marterwerkzeuge hatten an vielen Stellen das Fleisch bis auf die Knochen abgeschabt.«

Roman schüttelte den Kopf.

»Nur ein Wort noch als späte, zu späte Wiedergutmachung: Der spanische Philosoph José Ortega y Gasset nennt ihn einen Riesen, einen heroischen und gewaltigen Mönch, einen Herkules des Geistes, in dem die Theorie des Kopernikus von einer Einzelentdeckung zur Weltveränderung geworden ist.«

Gedankenverloren blickten sie hinauf zu den Sternen. Das Wasser rauschte und der Wind sang ein Lied, das schon tausende von Seefahrern gehört und auf jeweils andere Weise verstanden hatten. Der Himmel wurde blasser, und die Venus, der Abendstern, schimmerte auf, während sich im Westen, wo die Sonne unterging, die See rot färbte und nach und nach schwärzer wurde. Sie gerieten in eine träumerische Stimmung, in der sie fast nicht mehr wussten, in welcher Zeit sie sich befanden. Waren sie nun in der ausgehenden Renaissance oder im zwanzigsten Jahrhundert?

Die Unwirklichkeit des mittelalterlichen Ortes

Endlich begann Senex wieder zu sprechen, zunächst mit leiser Stimme. »Vorhin habe ich auch von den großen Veränderungen erzählt, die durch die Entdeckungen der neuen Kontinente und die dadurch angeregten Forschungen ausgelöst wurden. Beide, die Entdecker und die Forscher, befruchteten auch die Philosophen und Dichter.«

»Das muss gewesen sein wie bei einer Reihe nebeneinander hängender Pendel, die sich gegenseitig anstoßen.«

»Pendel, Roman...«, rief Senex. »Das führt uns geradewegs zu unserem nächsten Thema.«

Stefan nahm einen Schluck aus seinem Glas und fragte dann: »Sagen Sie uns jetzt, wo wir hinfahren? Sie haben zwar angedeutet, dass wir nach Italien zurückkehren, aber Italien ist groß.«

»Wir sind an der Küste Spaniens aufgebrochen, in Barcelona. Und zwar Anfang April vierzehnhundertdreiundneunzig, an der Küste Italiens werden wir anlegen, und zwar in Pisa, aber nun schreiben wir Ostern sechzehnhundertelf, wir überbrücken also auch einen Zeitraum von einhundertachtzehn Jahren – von dem wir übrigens später noch einmal sprechen werden. Diese leichte Unordnung lässt sich nicht vermeiden. Sonst müssten wir die geschichtlichen Ereignisse und ihre Helden in zahllose Fetzen zerreißen. Dennoch bemühe ich mich um eine innere Ordnung. Manchmal irre ich mich dabei vielleicht, das müsst ihr verzeihen und korrigieren. Seht, wir sind schon da.«

Seeleute holten die Segel ein, die Bewegung des Schiffes verlangsamte sich, es drehte bei und wurde am Kai vertäut. Es war schon recht dunkel an Land, die Häuser am Hafen waren kaum noch zu erkennen, Feuer glühten in Drahtkörben und Knechte standen mit brennenden Fackeln bereit. Ihr Licht beleuchtete vier Sänften, schmale, hohe Kästen mit Fensterausschnitten, bei denen je zwei Träger warteten.

Kaum waren sie über den schmalen Steg auf die Mole gekommen, forderte Senex sie auf einzusteigen, jeder in den für ihn bestimmten Tragstuhl. »Es geht ohne Aufenthalt in den Palast des Großherzogs der Toskana, Cosimo des Zweiten, der über Ostern in Pisa Hof hält.«

Im Laufschritt ging es durch die Stadt, geführt jeweils von Fackelträgern. Aber die drei Besucher sahen nichts von den Sehenswürdigkeiten, dem marmorweißen Dom, dem Baptisterium oder dem säulenumringten schiefen Campanile. Manchmal hörten sie Geräusche der Stadt, Schritte, die vorübereilten, Kinderlachen, Geschrei, Gesang von Mägden. Und einmal läutete entfernt eine Glocke. Da und dort waren an den Fassaden Pechfackeln in Drahtkörben angebracht worden, die ein Licht erzeugten, das mit seinem schattenhaften Flackern die romantische Unwirklichkeit des mittelalterlichen Ortes unterstrich.

Schon bald trabten die Sänftenträger durch ein großes schmiedeeisernes Tor, zu dessen Seiten livrierte Lakeien standen und Fackeln über den Weg hielten. Dahinter breiteten sich Wiesen aus, dunkel wie die Nacht. Vor dem Portal einer schlossartigen Villa, deren Fassade, das ahnte man sogar bei dem spärlichen Licht, reich verziert war, hielten die Träger an und setzten die Sänften ab. Alle kletterten hinaus und Senex fasste Roman auf der einen und Berenike auf der anderen Seite unter und hakte sich bei ihnen ein, sodass Stefan allein gehen musste, einen halben Schritt hinter ihnen. Ihr Weg führte sie durch eine Flucht prachtvoller Säle, in denen festlich gekleidete Gäste des Großherzogs umherflanierten. Weite Damenröcke rauschten, schleiften faltenreich auf dem Marmorboden, aus einfarbiger Seide oder aus gewebtem Samt mit Blumenmustern und Gold- und Silberbrokat.

Im größten Saal blieb Senex kurz stehen und wies auf das Porträt eines besonders kostbar gekleideten Mannes. »Cosimo der Zweite de' Medici, Großherzog von Toskana. Er stammt aus einer Nebenlinie der berühmten Familie, ist nur entfernt mit Lorenzo il Magnifico verwandt. Er ist, ihr werdet es gleich sehen, nun knapp über zwanzig Jahre alt, jung verheiratet, beherrscht mehrere Sprachen und interessiert sich für Philosophie, Physik und die Naturwissenschaften. Lernbegierig war er schon als Knabe, als Galileo Galilei für einige Zeit sein Lehrer war. So viel dazu – jetzt gehen wir auf die Terrasse.«

Eine Fülle von neuen Sternen

Sie traten durch die offen stehenden Glastüren ins Freie. Nur wenig Licht fiel aus dem Palast nach draußen.

»Man braucht die Dunkelheit, kein Licht soll die Beobachtungen stören«, erklärte Senex.

Lakaien hielten die Neugierigen zurück. Nur Senex und seine Freunde wurden anstandslos durchgelassen, wie wenn sie nicht existierten.

Vorn, an der Terrassenbrüstung aus weißem Marmor, hatte sich eine kleine Gruppe um ein Gerät versammelt, das auf einem hölzernen Stativ befestigt war. Ein junger Mann, dem Porträt nach der Großherzog, schaute gebückt durch ein Rohr, das etwa armlang war und einen Durchmesser von vier Zentimetern haben mochte.

Jetzt richtete er sich auf und sagte zu einem älteren, etwa fünfzigjährigen Mann, der unmittelbar neben ihm stand: »Das ist unglaublich, das ist wunderbar, Messer Galilei. Früher sprachen wir miteinander über die archimedischen Theorien, über das Schwimmen, Schweben und das Sinken der schweren Körper im Wasser. Nun seid Ihr hoch- und weltberühmt geworden und zeigt mir ganz neue Sternwunder. Um wie viel, sagtet Ihr, vergrößert dieses Instrument?«

Im Licht einer Fackel leuchtete der Kopf eines Genies auf. Die Stirn war hoch, der Mund stolz und entschlossen, die Augen blickten klar und durchdringend.

»Eines der edelsten Gesichter der Geschichte«, murmelte Senex.

Galilei antwortete dem Großherzog: »Mein Fernrohr lässt die betrachteten Gegenstände etwa dreißigmal näher erscheinen, Durchlaucht, es vergrößert ungefähr tausendfach. Es ist das beste Teleskop, das ich bisher in meiner venezianischen Werkstatt herstellen konnte. Ich habe noch kein Stück davon verkauft, dies ist das erste, das Ihr bekommen könnt, obwohl ich mit Aufträgen überhäuft werde.«

»Das glaube ich gern und ich danke Euch. Wie kamt Ihr auf die Idee zu dieser Erfindung?«

»Das Verdienst gebührt eigentlich nicht mir. Ich hörte das Gerücht, dass ein Niederländer ein Rohr hergestellt habe, mit dem man selbst entfernte Gegenstände scharf wie in unmittelbarer Nähe zu erkennen vermöge. Man sprach bereits von gewissen Erfolgen dieser wunderbaren Erfindung, was mich veranlasste, ein ähnliches Werkzeug zu schaffen. Indem ich von der Lehre über die Strahlenbrechung ausging, kam ich der Sache auf die Spur. Ich verbesserte unablässig – das letzte Ergebnis meiner Bemühungen habt Ihr hier, Hoheit.«

»Die Vorteile bei Beobachtungen zu Lande wie zur See liegen auf der Hand!«

»Ja, als ich das Fernrohr venezianischen Patriziern auf dem Campanile von San Marco vorführte, war das Erstaunen groß. Niemand hatte bislang Ähnliches gesehen. Inseln und Schiffe so nahe, als ob man sie mit der ausgestreckten Hand greifen könnte. Ich schenkte das Rohr der Signoria und schon am nächsten Tag ernannte man mich zum Professor für Mathematik.«

»Was euch von Seiten der Universität von Padua viel Neid und Missgunst einbrachte.«

»Das ist wahr. Aber ich ließ mich nicht entmutigen. Ich wandte mich dem Himmel zu. Wir sehen – oder besser – wir sahen bis heute mit freiem Auge nur das schwarze Firmament mit winzigen Sternen. Das ist jetzt anders! Nun erblicken wir eine Fülle von neuen Gestirnen.«

»Und nach dieser Beobachtung habt Ihr Eure ›Sternenbotschaft‹ geschrieben, die Ihr mir nach Florenz geschickt habt?«

»Das erste Exemplar und noch druckfeucht«, rief Galilei nicht ohne Stolz.

»Und nun zeigt Ihr mir selbst, was Ihr am Himmel entdeckt habt. Ich sehe und staune. Aber ich möchte alles erklärt bekommen.«

»In meinem Buch beschreibe ich als Erstes das Antlitz des Mondes, zweitens die Beobachtungen an der Milchstraße und den Nebensternen, drittens an den Fixsternen sowie an vier Planeten, die ich – Euch zu Ehren – die Mediceischen Gestirne genannt habe, die bisher noch kein Mensch gesehen hat!«

»Ich danke euch«, rief der Herzog.

Monde um den Jupiter

Galileo Galilei fuhr fort: »Ich habe eine neue Welt von Sternen entdeckt, wohl zehnmal so viele, wie wir bisher kannten.«

»Welch verwirrende Fülle!«

»Eine Welt der Wunder tat sich vor mir auf«, rief Galilei. »Sternbilder, die für das bloße Auge auf ewig unsichtbar geblieben wären. In den Plejaden zum Beispiel habe ich sechsunddreißig Sterne anstatt wie bisher nur sechs gesehen. Die Dichter, die dieses Siebengestirn besungen haben, haben sich alle geirrt.«

Jetzt meldete sich eine ältere Dame zu Wort, die dicht neben dem Herzog stand. »Die Poeten wussten es eben damals noch nicht besser«, sagte sie hochmütig.

»Die Großherzogin, Cosimos Mutter«, erklärte Senex flüsternd, »Christine von Lothringen. Sie interessiert sich besonders für Galileis astrologische Kenntnisse und hat sich einmal ein Horoskop von ihm erstellen lassen, dessen Voraussagen freilich nicht eintrafen.«

Galilei fuhr fort: »Aber es kommt noch viel besser! In Gürtel und Schwert des Orion, wo man bisher neun Sterne gezählt hatte, sah ich nun achtzig. Dann fand ich vier Monde, die um den Jupiter kreisen wie die Planeten um die Sonne …«

»Monde um den Jupiter?«, raunten die Zuhörer erstaunt. »Bei der Venus entdeckte ich Phasen – den Mondphasen ähnlich –, die bezeugen, dass dieser Planet nicht selbst leuchtet, sondern sein Licht von der Sonne erhält! Der Saturn ist von einem gewaltigen Ring umgeben! Und erst die Milchstraße! Sehen wir sie nicht als nebelhafte Masse? Aber das ist sie nicht! Nein, nein! Sie entschleierte sich mir als eine unvorstellbare Menge von Sternen und Sternenhaufen, ein gewaltiges Band aus tausenden, vielleicht Millionen Sternen!«

»Ich kann es nicht glauben«, murmelte der Herzog.

»Auch ich war außer mir vor Staunen«, erklärte Galilei. »Gleichzeitig bin ich Gott unendlich dankbar, dass ich so große Wunder entdecken durfte. Seht nur den Mond, unseren Nachbarn – er ist jetzt so nahe, als ob er kaum einen Erddurchmesser entfernt wäre.«

Der Herzog bückte sich und schaute wieder durch das Fernrohr. »Er scheint nicht glatt zu sein! Das ist etwas ganz Neues, denn bisher glaubte man doch, alle Himmelskörper hätten die ideale und vollkommene Kugelgestalt. Der Mond aber ist voller Falten, Täler und Berge, genau wie unsere Erde.«

»Könnten denn auf ihm auch Pflanzen wachsen?«, fragte eine noch beinahe kindlich wirkende Dame, die bisher geschwiegen hatte.

»Die Gemahlin des Herzogs, Maria Magdalene, eine Tochter des Habsburger Erzherzogs Karl«, raunte Senex.

»Warum nicht?«, rief Galilei. »Ich sehe Mandarinenpflanzungen auf dem Mond entstehen. Vielleicht gibt es dort oben sogar von Mauerringen umgebene Städte.«

»Wie, wir sollten nicht die einzigen Menschen im Kosmos sein?«, murmelte der Herzog. »Messer Galilei, lasst einen solchen Gedanken nicht die Kirche wissen!«

»Er ist ja nur eine Hypothese, eher ein Scherz«, antwortete dieser.

»Mir dreht sich sowieso bereits alles vor den Augen«, sagte der Herzog. »Tausende, vielleicht Millionen Sterne in der Milchstraße!«

»Vielleicht sind es in Wahrheit sogar noch viel mehr. Wer kann es wissen?«

»Ja, wer – außer Gott. Wie viele könnten es sein?«

»Zahllose, unendliche, die wir nur nicht sehen können, weil mein Fernrohr noch zu schwach dafür ist? Aber ich ahne ein Gewölbe ewiger Sphären in vollkommener Harmonie. Vielleicht entwerfen spätere Astronomen einmal das Bild eines Kosmos von einer grenzenlosen, überwältigenden Fülle, entdecken Milliarden von Sternen, tief versunken in der Zeit und weiter entfernt, als jede menschliche Vorstellung reicht, Sterne, die existieren wie die Sonne oder wie die Sonne in gigantischen Explosionen verglühen und ihre Asche durch die Sphären verstreuen.«

»Galilei, haltet ein!«

Wir sollen dieses großartige Universum verstehen

»Wer weiß denn, ob das Bild, das wir uns heute machen, wirklich das wahre ist?«, fragte Galilei, mehr an sich selbst gerichtet. »Das wahre Bild ist vielleicht noch viel, viel größer, umfassender…«

Der Herzog sagte leise: »Das wäre ein Gedanke, der zittern machen könnte und den ich lieber in meine Träume verbanne. Auch Ihr solltet schweigen, Messer Galilei!«

»Aber schon der Grieche Ptolemäus, von dem wir alles Wissen haben, hat gemeint, dass der Mensch von seinem Schöpfer dazu geschaffen wurde, zu sehen und zu hören. Wir sollen dieses großartige Universum verstehen und begreifen, vor allem seinen erhabensten Teil, den Himmel mit seinen bewunderungswürdigen Bewegungen.«

»Aber das ist gefährlich«, meinte ein älterer Herr, den Senex als den Majordomus bezeichnete.

»Messer Giovanni«, redete ihn Galilei an. »Vergesst nicht, dass ich nicht der Einzige bin, der den Himmel beobachtet und seine Geheimnisse erforscht.«

»Ihr spielt auf die Schrift des Kopernikus an?«

»Nicht nur auf ihn, Hoheit. Es ist gewiss, dass ich seiner Lehre anhänge. Von jetzt an bietet uns der Jupiter mit seinen Monden ein kleines Modell des ganzen Sonnensystems. Die Venusphasen sind nur durch die Erkenntnisse des Kopernikus zu erklären. Das werden mehr und mehr Menschen verstehen. Es ist doch so, dass sich früher bei uns höchstens Mönche und Geistliche mit den Sternen beschäftigten, vielleicht einmal ein paar Adlige. Aber heute! Heute richten auch die wohlhabenden Bürger ihre Augen gen den Himmel…«

»Und Ihr liefert ihnen die Werkzeuge dazu!«, rief die Großherzogin Christine.

»Ja, alle lassen sich Instrumente anfertigen. In vielen Häusern findet man bereits Astrolabien, Sonnenquadranten, Kreise, Halbkreise, Sextanten, Oktanten, Sektoren und Himmelsgloben. Die Zahl der Handwerker, die solche Kunstwerke herstellen können, ist rasch gewachsen, und es werden immer mehr, Goldschmiede, Juweliere und Metallhandwerker, nicht zu vergessen die Künstler, von denen die Gläser für die Augen geschliffen werden. Bald, das sage ich voraus, gibt es Brillenmacherzünfte.«

»Unsere Vorfahren hatten noch kein Interesse an der Erforschung des Himmels«, erwiderte Großherzog Cosimo.

»Bei den Völkern des Islam war das anders«, erklärte Galilei. »Über sie kamen auch viele Werkzeuge zur Himmelsbeobachtung zu uns.«

»Durch die Kreuzfahrer?«, fragte die junge Herzogin Maria Magdalene.

»Gewiss, Hoheit«, bestätigte Galilei. »Durch die Kreuzfahrer und Pilger und ebenso über das sarazenische Spanien oder auch durch die Türken. Und neben den Werkzeugen erreichte uns viel Wissen.«

»Wenigstens eine segensreiche Auswirkung dieser schlimmen Zeiten«, meinte Großherzog Cosimo. »Aber sagt mir, Messer Galilei, wie seid Ihr überhaupt dazu gekommen, zu forschen und zu fragen, Euch Gedanken zu machen, nicht mehr einfach alles zu glauben, was unsere Augen sehen?«

»Das lag in meiner Natur, Hoheit. Schon als Kind gab ich mich nicht leicht mit einer Antwort zufrieden. Aber dann hatte ich noch ein Erlebnis. Es war in meiner Jugend. Ich wanderte auf einen hohen Berg. Immer hatte er kahl und bedrohlich ausgesehen, jedenfalls aus meiner heimatlichen Ferne, aber jetzt, auf seiner Höhe stehend, bemerkte ich dort Büsche, Bäume, Gräser und Blumen. Und im Gegensatz dazu war mein Zuhause nun klein geworden, winzig, dunkel und verschwommen.«

»Ich verstehe«, murmelte Herzog Cosimo. »Da habt Ihr erkannt, dass unsere Augen täuschen können.«

»Ja, ich begann, nichts mehr als gegeben hinzunehmen, sondern über die Dinge und Erscheinungen nachzudenken. Seht, der Grieche Ptolemäus war es, der die Erde in den Mittelpunkt der Welt rückte und die Sonne anwies, sich um sie zu drehen. Der große Aristoteles lehrte uns, dass die Planeten an festen Kristallspähren angebracht sind, die ineinander gleiten. Ich aber glaube, dass es am Himmel keine festen Sphären geben kann. Ich denke, dass sich über uns, bis hin zu den fernsten Sternen, ein freier und offener Raum dehnt, in dem sich alle Himmelskörper bewegen, die Erde und die Planeten. Für mich steht es fest: Die tägliche Bewegung der Himmelskörper ist nur ein Schein, sie ist eine Folge der Umdrehung der Erde um ihre eigene Achse. Und die Erde bewegt sich wie alle anderen Planeten, als einer ihrer Planeten um die Sonne.«

»Damit wird ein neues Bild der Welt an den Himmel geworfen«, sagte Herzog Cosimo. »Es ist für unseren Verstand unfassbar. In dieser unausdenkbar großen Schöpfung schrumpfen wir Menschen zu einem Nichts zusammen!«

»Aber zugleich wachsen wir«, rief Galilei. Seine Stimme vibrierte vor Begeisterung. »Wir wachsen als erkennende Menschen!«

»Aber ich warne Euch! Ihr werdet einen wahren Sturm des Widerspruchs entfesseln!«

»Das ist schon geschehen.«

Galileis Entdeckungen widerlegen Aristoteles

»Als ich die Satelliten des Jupiter den Professoren von Florenz zeigen wollte«, erzählte der Wissenschaftler, »mochten sie weder diese noch das Teleskop betrachten. Diese Leute glauben, es sei keine Wahrheit in der Natur zu finden, sondern nur im Vergleich von Texten. Sie haben Angst, etwas zu sehen, was im Widerspruch zu ihrer vorgefassten Meinung steht.«

»Bereits vor Eurem Kommen hatten mir Professoren auseinandergesetzt, dass es die mir von Euch gewidmeten Mediceischen Sterne schon aus Gründen der Logik nicht geben könne.«

»Und in Bologna hat man Vorlesungen angekündigt mit dem einzigen Ziel, mein Buch ›Sternenbotschaft‹ Punkt für Punkt zu widerlegen. Die

Professoren weigern sich, meinen Entdeckungen zu glauben. Man hat mich nicht nur beschimpft, sondern sogar bedroht, als sei ich meiner Sinne nicht mächtig. Man hält mir vor, ich sei ein Verderber des Glaubens. Ich musste sogar um mein Leben fürchten. Ich kann meinen Kritikern nur zu Gute halten, dass sie ja alle noch nicht mit eigenen Augen überprüft haben, was Eure Hoheit eben gesehen hat. Ich meine, dass die sinnliche Erfahrung schließlich meine schärfsten Opponenten überzeugen muss und selbst Dummheit, Neid und Bosheit bezwingen wird.«

»Deshalb habe ich Euch angeboten, nach Florenz zurückzukehren. Ich möchte meinen ehemaligen Lehrer ständig in meiner Nähe wissen«, sagte der Großherzog. »Ich ernenne Euch mit einem jährlichen Honorar von tausend Florin und ohne Verpflichtung zur Lehrtätigkeit zum ›Mathematicus primarius der Universität Pisa‹ und zum ›Mathematicus primarius und Philosophus des Großherzogs‹.«

»Ihr bietet mir Zuflucht! Ich bin euch zu tiefstem Dank verpflichtet!« Galilei beugte sich nieder, um Herzog Cosimo die Hand zu küssen.

Der Großherzog winkte seinem Majordomus und dieser überreichte Galilei eine schwere Schatulle. Er entnahm ihr eine schwere Goldkette, die im Fackellicht aufblitzte. An ihrem unteren Ende hing ein Medaillon. »Euer Bildnis, Hoheit!«, rief Galilei erfreut. »Ihr beschämt mich durch Eure Güte.«

Nun wandte sich Senex seinen jungen Begleitern zu und flüsterte: »Diese Kette hat einen Wert von vierhundert Dukaten. Im September wird Galilei, freilich ohne seine Geliebte und Mutter seiner Kinder, nach Florenz ziehen. Und damit wollen wir unseren Besuch hier abbrechen. Wir verlassen den Großherzoglichen Hof und lassen uns in unser Refugium zurücktragen, das, ihr werdet es schon geahnt haben, diesmal in Pisa steht. Dort werde ich euch noch einige Worte zu Galilei sagen, der gleichzeitig am Ende einer alten wie auch am Anfang einer neuen Zeit steht. Denn was er dem Großherzog offenbarte, revolutionierte das Bild des Kosmos in dramatischer Weise. Galileis Entdeckungen widerlegten Aristoteles' Unterscheidung zwischen einer veränderlichen und unvollkommenen Erde und einer vollkommenen, ewigen und unveränderlichen Himmelswelt. Auch die Erkenntnis, dass die Anzahl der Sterne um ein Vielfaches größer sein musste, als man bisher angenommen hatte, machte alle bisherigen Lehren hinfällig. Nicht zuletzt bewiesen sie, dass Kopernikus Recht haben musste. Ich sehe in Galilei einen der wichtigsten Väter jener neuen Disziplin, die wir Naturwissenschaft nennen. Sein Geniestreich war, dass er nicht mehr die Übereinstimmung mit der Erfahrung forderte, sondern die Übereinstimmung mit dem Experiment.«

Senex und seine drei Begleiter gingen durch den Saal und durch den Vorraum zurück und standen wieder am Eingang des Villenpalastes. Fackelträger waren ihnen zu Diensten, das flackernde Licht bildete unregelmäßige, ständig verfließende Kreise auf dem Kies, die Türen der Sänften wurden geöffnet, sie schlüpften auf die engen Sitze und im Laufschritt ging es durch den Park.

Wenig später hatten sie ihr Gästehaus erreicht, ohne etwas vom Weg gesehen zu haben. Und da sie in den Sänften direkt vor der Tür abgesetzt wurden, vermochten sie auch keinerlei Veränderung gegenüber dem Abend zuvor festzustellen. Sie konnten genauso gut in Ägypten, in Griechenland, bei Rom, vor Mainz – oder auch ganz woanders sein. Im Grunde war es ihnen aber auch gleichgültig. Mit einem Gefühl der Geborgenheit begrüßten sie den modernen Komfort, das strahlende elektrische Licht im Empfangsraum, wo ihre Zimmerschlüssel wie immer bereitlagen.

»Zwar ist es heute schon spät geworden«, sagte Senex. »Trotzdem wollen wir uns noch unterhalten. Ich schlage vor, dass wir uns nur kurz erfrischen und in einer Viertelstunde wieder treffen.«

Berenike, Roman und Stefan nickten, sie gingen in ihre Zimmer, wo sie all ihre Sachen fanden. Berenike hatte gerade noch Zeit, sich unter die Dusche zu stellen.

»Ach, tut das gut«, seufzte sie zufrieden.

Der fünfte Abend

Welt im Wandel

Galileis wichtigste Leistungen

»Galilei war doch aber nicht bloß Astronom und der Entdecker neuer Sterne!«, begann Stefan, als sie im Speiseraum beisammensaßen.

»Völlig richtig. Galilei war Astronom, Philosoph, Physiker und Mathematiker. Fünfzehnhundertvierundsechzig wurde er als Sohn eines verarmten Musikers aus Florenz in Pisa geboren. Er war der größte Wissenschaftler seiner Zeit und ein Vorläufer der wissenschaftlichen Revolution des siebzehnten Jahrhunderts. Sein größtes Verdienst ist es, die Physik zu einer exakten Wissenschaft gemacht zu haben. Kaum fünfundzwanzig Jahre alt, wurde er Professor für Mathematik in Pisa. Seine erste Entdeckung bezog sich auf die Geschwindigkeit, mit der Pendel schwingen, je nach Länge des Pendelarmes. Da er noch keine Uhr hatte, benutzte er seinen Puls als Maß. Auf diese Weise konnte er auch seinen Herzschlag genau messen.«

»Deshalb haben Sie das Pendel im Zusammenhang mit Galilei auf der Herfahrt erwähnt.«

»Nun ja, Berenike. Womit er aber seine Fakultät gegen sich aufbrachte, war die Feststellung, dass zwei verschieden schwere Kugeln zur gleichen Zeit am Boden aufschlagen, denn damit widerlegte er den großen Aristoteles.«

»Das soll er doch am schiefen Turm von Pisa demonstriert haben.«

»Möglich, Roman, obwohl das nur ein Freund Galileis behauptet, während er selbst und zwei Zeitgenossen es verschweigen. Diese hübsche Episode gehört wohl eher ins Reich der Fabel. Aber natürlich kann man es sich gut vorstellen! Ob schiefer Turm oder nicht – jedenfalls ging Galilei nach Padua, wo man liberaler eingestellt war als in Pisa. Hier lebte er achtzehn Jahre, vielleicht seine glücklichste Zeit. Er forschte und experimentierte unablässig, bewies, dass die Materie unzerstörbar ist, formulierte die Gesetze des Hebels und des Flaschenzuges, bewies, dass die Geschwindigkeit frei fallender Körper konstant zunimmt. Zahllose Versuche auf schiefen Ebenen führte er durch, um zu erforschen, wie sich die Geschwindigkeit eines Körpers, je nach Neigung der schiefen Ebene, verändert. Er erkannte aber auch, dass eine Kugel, die auf einer vollkommen waagerechten Ebene in Bewegung gesetzt wird, nur wegen der Reibung und wegen des Luftwiderstandes zur Ruhe kommt – und formulierte so, ohne es so zu nennen, das Trägheitsgesetz, für uns heute eine Selbstverständlichkeit und eine Voraussetzung dafür, dass wir Satelliten in den Weltraum schießen können.«

»Was habe ich im Physikunterricht geschwitzt!«, seufzte Roman. »Physik war nie meine Stärke!«

»Nun wollen wir uns noch einmal an Pythagoras erinnern«, bat Senex. »Pythagoras, ihr wisst es noch, erkannte, dass eine Saite eine Oktave tiefer klingt, wenn sie doppelt so lang ist wie eine andere. Ist sie anderthalbmal so lang, ertönt ein Quintakkord, ist sie um ein Drittel länger, ein Quartakkord. Also folgerte Pythagoras, dass man die Tonabstände Quart, Quint und Oktav durch die einfachen Zahlenverhältnisse drei zu vier, zwei zu drei und eins zu zwei ausdrücken könnte. Galilei führte die musikalischen Klänge auf Schwingungen der Luft zurück und erkannte, dass die Höhe eines Tons von der Zahl der Schwingungen einer Saite in einer gegebenen Zeit abhängt. Er lehrte, dass Töne als zusammenklingend und harmonisch empfunden werden, wenn ihre Schwingungen in regelmäßigen Rhythmen auf das Ohr treffen. Und er behauptete, dass nur solche Eigenschaften der Materie angehören, die mathematisch erfasst werden können, also Ausdehnung, Lage, Bewegung und Dichte, während alle anderen Eigentümlichkeiten, wie der Klang, der Geschmack, der Geruch, die Farbe – und Ähnliches –, nur im Bewusstsein des Menschen entstehen. Ist kein lebender Betrachter vorhanden, gibt es sie nicht. Er nahm an, dass später einmal auch diese sekundären Eigenschaften in primäre umgewandelt werden könnten, die mathematisch messbar sind.«

»Das ist doch wohl auch so gekommen«, sagte Stefan. »Zumindest Töne und ihre Färbungen lassen sich doch heute in Zahlen umwandeln, nämlich digitalisieren! Oder sehe ich das falsch?«

Nichts hat es so schwer, sich durchzusetzen wie die Wahrheit

Senex nickte. »Das siehst du völlig richtig, Stefan. Doch nun zum Wichtigsten, zur Astronomie. Zunächst hing auch Galilei dem geozentrischen Weltbild des Ptolemäus an, er war also auch der Ansicht, dass die Erde der Mittelpunkt des Kosmos ist und die Sonne sich um sie dreht. Als er aber die Schrift von Kopernikus gelesen hatte …«

»Die Hypothese!«

»Ja, Roman, aber er verstand sie doch gleich als wissenschaftlichen Beweis, zumindest als ernst gemeinte Behauptung. Jedenfalls überzeugte sie ihn sofort und er teilte das auch dem bedeutenden deutschen Astronomen Johannes Kepler in einem erhalten gebliebenen Brief mit. Darüber hinaus hielt er aber seine Meinung vorsichtig zurück. Er verbesserte den Kompass, interessierte sich überhaupt für den Magnetismus und für die Wärmemessung. Aber erst seine Schrift ›Sternenbotschaft‹ machte ihn ihn ganz Europa bekannt.«

»Das wäre bestimmt ohne Buchdruck nicht möglich gewesen.«

»Nein, Roman. Ihr erinnert euch sicher, dass bereits das revolutionäre Buch des Kopernikus in Nürnberg gedruckt worden war. Galilei wurde natürlich auch angefeindet.«

»Nichts hat es so schwer sich durchzusetzen wie die Wahrheit«, sagte Stefan. »Hätte er die Wiederauferstehung nach dem Tode behauptet, hätte er gleich tausende von Anhängern gehabt.«

»In Florenz wurde er durch ein Großherzogliches Dictum als Hofmathematiker und Philosoph der Universität Pisa verpflichtet. Der denkwürdigen Begegnung habt ihr gerade beigewohnt. Sechzehnhundertdreizehn schrieb er ein Buch über die Sonnenflecken und trat nun für das heliozentrische Weltbild ein.«

»Aber die Kirche war doch gegen ihn!«

»Ja, Stefan, er zog sich bereits in Florenz die Gegnerschaft religiöser Kreise zu. Dabei war er ja nicht einmal der Erste, der das behauptete. Zunächst stellten sich sogar viele kluge Kirchenmänner auf seine Seite. Einige Geistliche beteiligten sich sogar an der neuen astronomischen Forschung. Auch Papst Urban der Achte verfolgte Galileis Arbeiten mit Interesse. Aber allmählich konnten seine Gegner den höheren Klerus auf ihre Seite ziehen. Denn viele Theologen hatten die Unvereinbarkeit der kopernikanischen Astronomie mit den Worten der Bibel erkannt und fürchteten, dass die Bibel an Glaubwürdigkeit verlieren würde. Die Geschichte des Prozesses ist lang und wird widersprüchlich dargestellt. Es fehlt auch nicht an Rechtfertigungsversuchen für die Kirche. Wie auch immer, fest steht, dass Galilei vor die Inquisition geladen wurde.«

»Wusste er nicht, in welcher Gefahr er sich befand?«

»Ach, Berenike«, antwortete Senex. »Er war zunächst so fasziniert von seinen Beobachtungen und Berechnungen, dass es ihm gleichgültig gewesen sein mag oder dass er den Gedanken an ein Risiko verdrängte. Jedenfalls – die Inquisition entschied: ›Die Ansicht, die Sonne stehe regungslos im Zentrum des Alls, ist närrisch, philosophisch falsch und völlig ketzerisch, denn sie widerspricht der Heiligen Schrift. Die Ansicht, die Erde sei nicht das Zentrum des Alls und drehe sich sogar einmal im Tag um sich selbst, ist philosophisch falsch und zum Mindesten ein Irrglaube.‹ Galilei sollte dies nie mehr behaupten. Das war auch der Augenblick, in dem man die Werke des Kopernikus verbot.«

»Wurde Galilei eingekerkert?«

»So weit ging man noch nicht, Roman. Galilei kehrte nach Florenz zurück. Kritischer wurde seine Lage jedoch, als er noch eine weitere Schrift folgen ließ, die er sogar dem Papst widmete. Zunächst rührte sich zwar immer noch nichts. Es schien, als ob ihn der Papst gewähren lassen wollte. Aber als Galilei sieben Jahre später einen Disput veröffentlichte, in dem er seine Gegner, unter ihnen auch den Papst, lächerlich machte, hatte er das Maß überschritten.«

»Und nun sollte er als Ketzer verbrannt werden?«

»Nein! Galileis Buch war im Februar sechzehnhundertzweiunddreißig erschienen. Im Oktober, nachdem es geprüft worden war, wurde er nach Rom bestellt. Er war krank und entschuldigte sich. Erst im Februar des folgenden Jahres reiste er. In Rom nahm man ihn – zumindest vorübergehend – in Haft, aber nicht in einem Gefängnis, er wohnte in der Florentinischen Botschaft, in der Villa Medici, später im Vatikan. Trotzdem drohte man ihm Folter und harte Strafen an. Lasst es bei diesem kurzen Bericht bewenden. Die Geschichte dieses Prozesses ist für uns weniger wichtig. Galilei jedenfalls wollte leben, er widerrief im Bußgewand und gelobte für alle Zukunft, dass er die Lehren der Kirche anerkennen werde. Um seine ›Feigheit‹, wenn man es überhaupt so nennen will, recht zu verstehen, müsst ihr daran denken, dass Giordano Bruno erst dreiunddreißig Jahre zuvor den Weg zum Scheiterhaufen antreten musste, um für seine Überzeugungen verbrannt zu werden.«

»Wirklich, das muss eine grauenhafte Aussicht gewesen sein! Wem hätte es auch genützt, wenn Galilei das gleiche Schicksal getroffen hätte?«, rief Stefan.

»Und danach hat er seine berühmten Worte ›Und sie bewegt sich doch‹ gesagt?«

»Beweise gibt es dafür nicht, Roman. Wahrscheinlich hat die Überlieferung hier wie so oft die Situation nur knapp und treffend verdichtet. Dem Sinn nach hätte Galilei es natürlich ausgesprochen haben können. Galileis Dialog und auch die Schriften Johannes Keplers kamen auf den Index der verbotenen Bücher. Die damals kühne, gegen die herrschende Meinung gerichtete Theorie wurde zum Schweigen gebracht. Erst spätere Generationen sahen in Galilei den Märtyrer, der in finsteren Zeiten die Fackel der Vernunft hoch gehalten hatte.«

»Wenigstens hat die Kirche ihren Irrtum eingesehen und Galilei rehabilitiert.«

»Damit hat sie sich aber fast vierhundert Jahre lang Zeit gelassen, Romi«, rief Stefan.

»Großen Organisationen fällt es immer besonders schwer, sich zu bewegen«, sagte Senex. »Jedenfalls sind die Geschichte der Wissenschaft und die der christlichen Religion nicht voneinander zu trennen, sie sind unlösbar ineinander verwoben.«

»Was wurde aus Galilei?«, fragte Berenike.

»Während seiner letzten Jahre betreute ihn seine Tochter, die Nonne geworden war. Er lebte mit ihr auf einem Landgut bei Florenz, arbeitete noch wissenschaftlich, schrieb sein letztes großes Werk, mit dem er die Grundlagen der mechanischen Physik schuf, aber er war nun ein einsamer, unglücklicher Greis, der an Krankheiten litt und allmählich erblindete. Er starb sechzehnhundertzweiundvierzig, in dem gleichen Jahr, in dem der englische Physiker und Mathematiker Isaac Newton geboren wurde. Ein christliches Begräbnis blieb ihm bis siebzehnhundertsiebenunddreißig verwehrt, erst neunzehnhundertzweiundneunzig wurde er auch von der katholischen Kirche freigesprochen und rehabilitiert – aber das wisst ihr ja schon.«

Wir verlassen das Mittelalter

Nachdem sie gegessen hatten, machte Senex ihnen einen Vorschlag. »Selten sind die Osternächte in Italien so mild wie heute, vor allem, da wir uns in Pisa noch nicht im tiefsten Süden befinden. Habt ihr Lust, euch noch in den Garten zu setzen? Wir haben nicht nur einen inhaltsreichen Tag hinter uns, sondern auch eine überreiche Epoche. Der Übergang wird nicht krass sein, aber wieder beginnt eine neue Zeit.«

»Ich denke, ich weiß, worauf Sie hinauswollen«, sagte Stefan. »Wir verlassen die Epoche des unbedingten Glaubens und treten in das Zeitalter der Naturwissenschaft ein. Seitdem sind wir nicht mehr mit Haut und Haaren der Natur und ihren Gefahren ausgeliefert.«

Es wollte sich keiner ausschließen. Berenike meinte sogar, dass sie es schade fände, sich schon zu trennen.

Sie saßen um einen niedrigen, runden Tisch, ein Windlicht brannte, das einen kleinen Umkreis beleuchtete, aber nicht so hell war, dass es die Dunkelheit überstrahlte. So wölbte sich der Himmel in tief samtenem Schwarz über ihnen. Berenike hatte es sich in der Hollywoodschaukel an der Hauswand bequem gemacht, rechts und links hatten Stefan und Roman in weichen Sesseln Platz genommen, während Senex ihnen gegenübersaß, mit dem Rücken zum Garten, aus dem Gerüche aufstiegen, wie man sie in dieser Jahreszeit eigentlich noch nicht erwartete.

»Könnte es sein, dass die Glyzinien schon blühen?«, fragte Berenike verträumt.

»Aber natürlich, Berenike«, antwortete Senex. »Das liegt an der im Mittelmeer gespeicherten Wärme.«

»Senex, Sie haben doch sicher eine Absicht damit verbunden, als Sie uns vorgeschlagen haben, noch hier zu bleiben.«

»Ja, Stefan. Aber ich bin in einer gewissen Verlegenheit, denn ich weiß nicht recht, was ich euch noch zeigen, was ich noch mit euch besprechen soll. Wir stehen an einem Punkt, der für die Menschheit ganz entscheidend ist. Ihr naturwissenschaftliches Wissen wächst von jetzt an immer schneller, bis es geradezu explodiert. Über wen soll man sprechen, wen darf man übergehen?«

»Wir überlassen das ganz Ihnen, Senex.«

»Nun, da ich nicht alles erwähnen kann, was wichtig ist, hoffe ich zumindest, dass ich euch Appetit darauf machen kann, später weiterzuforschen. Der Stoff wird euch nie ausgehen, er reicht für tausend Leben!«

»Wir nehmen diese pädagogische Anregung zur Kenntnis.« Berenike lachte und lehnte sich zurück.

»Gut, einverstanden. Ich habe auch nichts gegen das Zufallsprinzip.«

»Schließlich verdanken wir ihm ja auch unser Leben, Romi«, warf Stefan ein.

»Was nun diesen Abend betrifft«, erklärte Senex, »so können wir ihn auch dazu benutzen, um noch einmal kurz in das Jahrhundert zurückzukehren, das wir so rasch übersprungen haben.«

»Sie meinen die Spanne zwischen Kolumbus und Galilei?«

»Im Grunde noch mehr. Wir sollten noch einiges zusammenfassend über das Mittelalter sagen, ehe wir es verlassen.«

Aber Senex machte seine Ankündigung noch nicht gleich wahr.

Wir sind nicht die Herren der Welt

»Bitte richtet euren Blick noch einmal nach oben«, bat er nach einer Weile. »Schaut zum Himmel!«

Über ihnen spannte sich das Firmament, eine dunkle, unermessliche Kuppel, die übersäht war mit tausenden und abertausenden von glitzernden Sternen – den großen Sternbildern, wie dem Orion oder dem Großen Wagen, dem Schwan oder der Kassiopeia. Um diese herum der Widder, der Stier, der Zwilling, der Krebs, die Jungfrau, Waage, Skorpion, Schütze, Steinbock, Wassermann und Fische.

»Ich sagte euch schon«, begann Senex, »dass die kopernikanischen Erkenntnisse das Weltbild der Menschen grundsätzlich veränderten. Natürlich ging das nicht so schnell, wie wir uns das heute vorstellen. Der Bruch mit den traditionellen Anschauungen war schmerzlich und wurde nirgends sofort und radikal vollzogen. Aber einige Wissenschaftler und in ihrem Gefolge Philosophen begannen doch das Universum mit neuen Augen zu sehen.«

»Ich glaube, dieser Prozess ist bis heute noch nicht abgeschlossen«, sagte Stefan. »Leider wollen wir Menschen die Botschaft des Universums immer noch nicht verstehen, sonst müssten wir ja zugeben, dass wir nicht der Mittelpunkt der Welt und nicht die Krone der Schöpfung sind.«

»Mit dem Ergebnis, dass wir alles zerstören«, ergänzte Roman.

Berenike stimmte ihnen zu. »So müssen wir wohl auch den Hinweis am Eingang des Evo-Parks verstehen: ›Lasst, die ihr eintretet, allen Hochmut fahren.‹« Sie hatte für einen Moment die Augen geschlossen, wie wenn sie in sich hineinschauen wollte. Das Licht der Kerze im Glaszylinder flackerte über ihr Gesicht mit den geschlossenen Lidern und den langen Wimpern, und plötzlich erschien es Roman, als sei es nicht von dieser Welt, sondern eine Maske aus fremder Zeit im Dunkel der südlichen Nacht.

»Ich habe davon gesprochen, dass in dieser Zeit die moderne Wissenschaft begann«, sprach Senex weiter. »Unter dem Eindruck der Entdeckungen am Himmel und auf der Erde verloren die scholastischen Fragen – ihr erinnert euch – allmählich ihre Bedeutung.«

»Wir haben ja immer wieder von Scholastik gehört, von Thomas von Aquin, und trotzdem verstehe ich noch nicht ganz, was man genau unter Scholastik versteht. Für mich ist es einfach nur irgendetwas Mittelalterliches.«

»Ich will es ganz kurz und einfach sagen, Berenike. Die Scholastik versuchte die christliche Offenbarung mit philosophischem Denken zu verbinden. Aber von nun an begann man tiefer in die wirkliche Natur der Dinge einzudringen, und zwar auf allen Gebieten, vor allem in der Mathematik und in der Physik. Dabei taten sich besonders die Niederlande hervor, denn dort wurden das Mikroskop, das Teleskop – wie wir eben gehört haben – das Thermometer, das Barometer und die Pendeluhr erfunden. Auch im protestantischen England setzte sich der Fortschritt rascher durch als anderswo. Dort bezeichnete zum Beispiel der Lordkanzler Francis Bacon die Philosophie, die hauptsächlich von den Griechen übernommen worden war, als kindisch. Diese geografischen Besonderheiten sind leicht zu erklären, denn in Spanien und Italien musste man die Inquisition fürchten, die mit Scheiterhaufen drohte. Der Eifer von Papst Paul dem Vierten war so groß, dass er sagte: ›Und wenn mein eigener Vater Ketzer wäre, ich würde das Holz sammeln, um ihn zu verbrennen.‹ Da war es noch milde, dass in Spanien auf Anordnung der Inquisition ab Mitte des sechzehnten Jahrhunderts nur noch Bücher in lateinischer Sprache geschrieben werden durften, um die Ausbreitung des Wissens zu verhindern. Auch in Frankreich atmeten die Wissenschaftler nicht frei, noch im Jahre sechzehnhundertzweiundsechzig verbrannte man einen Kollegen des Fabeldichters La Fontaine öffentlich, weil man in seinen Schriften antireligiöse Äußerungen entdeckt hatte.

Damals war Ludwig der Vierzehnte bereits neunzehn Jahre alt, und es dauerte nur noch dreißig Jahre, bis Voltaire geboren wurde.«

»Ist nicht auch bei uns Blasphemie noch strafbar? Und wie leicht fühlen sich Gläubige beleidigt und reagieren darauf wie auf das schlimmste Verbrechen!«

»Aber du wirst deswegen nicht mehr verbrannt, Stef«, widersprach ihm Roman.

»Morddrohungen gibt es schon, wenn auch meist anonym!«

In der Wissenschaft kommt man nicht ohne Mathematik aus

Senex nahm den Faden wieder auf: »In Deutschland vermochte sich die Wissenschaft kaum zu entfalten, da die Glaubenskämpfe des Dreißigjährigen Krieges alles überlagerten und zerstörten. In England dagegen konnte Francis Bacon fordern, dass die Körperwelt erforscht werden müsse und nichts als gegeben hingenommen werden dürfe. Er meinte, dass der Geist von jeder Voreingenommenheit rein gewaschen werden müsse. Das Ziel der Menschen solle nicht das Vermuten und Raten, sondern das Entdecken und Wissen sein.«

»Ein Mann nach deinem Geschmack, Stef«, rief Roman.

»Aber auch Bacon hatte sich noch nicht vollständig von überholten Beweismethoden gelöst«, sagte Senex. »Von wenigen Ausnahmen abgesehen, sträubte sich die Mehrzahl der europäischen Denker dagegen anzuerkennen, dass die Entdeckungen der Naturwissenschaft mit den Texten der Bibel kaum vereinbar waren, selbst wenn sie eigentlich mit der scholastischen Lehre brechen wollten.«

»Sie gerieten also in eine Zwickmühle?«

»Ja, Berenike. Deshalb versuchten sie das, was man glauben musste, und das, was man beweisen konnte, als ganz verschiedene Dinge darzustellen.«

»Auch damit hat man bis heute nicht aufgehört«, sagte Stefan.

»In der Wissenschaft, in der Welt des Beweisbaren, in jeder Forschung kommt man nicht ohne Mathematik aus. Man darf sogar sagen, dass der Fortschritt der Wissenschaft von der Mathematik völlig abhängig ist. Hier begegnen wir noch einmal Nikolaus von Kues, der gelehrt hatte, dass das All nicht planlos, sondern von Gott nach exakten mathematischen Prinzipien geschaffen worden sei und dass sich auch die Menschen, um seine Gesetzmäßigkeit zu erkennen, der mathematischen Denkweise bedienen müssten. Und damit möchte ich auf ein Kapitel zu sprechen kommen, das mir immer als besonders reizvoll erschienen ist, das aber meist nur gestreift wird.«

»Bitte bloß keine Formeln, Regeln und Gleichungen!«

Die Wirtschaft

Das Rechnen war von Anbeginn mühsam

Ich will auf etwas ganz anderes hinaus, Berenike. Ich spreche von den Zahlen – oder Ziffern. Das ganze Mittelalter hindurch benutzte man die römischen. Obwohl sie sich immer wieder als äußerst unpraktisch erwiesen, gab man sie nicht auf, weil man sie für einen Bestandteil der lateinischen Kultur hielt. Vor allem aber galten die arabischen Ziffern, die eigentlich indischer Herkunft sind, als religiös verdächtig und die mittelalterliche Kirche sperrte sich aus abergläubischer Furcht dagegen. In Europa hatte sie ein Mathematiker eingeführt, der am Hof Kaiser Friedrichs des Zweiten lebte, Leonardo von Pisa. Der Klerus setzte alles daran, das Rechnen mit ihnen zu verhindern. Sogar der französische Rechnungshof benutzte bis ins achtzehnte Jahrhundert die schwerfälligen römischen Buchstabenzeichen. Erst mit der französischen Revolution setzten sich die arabischen Zahlen endgültig durch.«

»Wie hat man sie denn kennen gelernt?«

»Zunächst, Berenike, erreichten sie die Küsten Europas wohl auf Gewürzsäcken. Die Kaufleute fanden das Rechnen mit diesen praktischen Ziffern viel leichter. Mit Stäbchen oder getrockneten Bällchen aus Tierkot hatten die Menschen ja schon früh addiert. Das Rechnen war von Anbeginn mühsam für sie. Nun aber zu unseren Zahlen. Welche ist wohl die allerwichtigste?«

»Die Eins«, rief Berenike aufs Geratewohl.

»Heute sind es zwei, die Eins und die Null«, sagte Stefan. »Die Computer rechnen nur damit. Mit eins und null wird auch digitalisiert.«

»Ja, aber die wichtigste Zahl ist die Null. Ohne Null keine Technik, kein Fortschritt und keine Wissenschaft. Die Entdeckung der Null und ihre Rolle als Multiplikator ist einfach genial. Wahrscheinlich verdanken wir auch sie den Indern.«

»Nach Nietzsche gehören die Zahlen und das Zählen zu unseren größten Erfindungen«, sagte Stefan.

»Da mag er Recht haben. Es besteht ein enger Zusammenhang zwischen Zählen und der Freude am Besitz. Die Zahl ist auch ein notwendiges Hilfsmittel für jede Art von Produktivität. Der Schneider braucht ein Maß genauso wie der Schreiner und der Architekt. Die Zahl ist aber gleichzeitig auch ein Ausdruck der Künstlichkeit dessen, was wir tun. Die Natur hat keine Zahl nötig, um Tiere und Pflanzen zu schaffen. Auch die Tiere können nicht zählen. Nur wir Menschen brauchen Zahlen, um die Dinge in der Welt handhaben zu können und für uns erfassbar zu machen, wobei die Zahl ihren größten Triumph errang, als sie sich vom Gegenstand löste und abstrakt wurde.«

Goldene Zeiger und Ziffern leuchten in der Sonne

Über ihnen wanderte jetzt der Mond hinter einer Zeder hervor, und sie hörten von fern eine Turmuhr, die zehnmal schlug.

Stefan fragte: »Seit wann gibt es mechanisch bewegte Turmuhren?«

»Die erste Erwähnung mechanischer Uhren kennen wir aus dem Jahr zwölfhunderteinundsiebzig. Man brachte sie so an, dass möglichst viele Menschen sie sehen konnten, also an Kirchen und Rathäusern.«

»Das muss einen Riesenauflauf gegeben haben.«

»Sicher, Berenike, da strömten alle zusammen und starrten hinauf, wo die goldenen Zeiger in der Sonne leuchteten.«

»Was wäre das moderne Leben ohne genaue Zeiteinteilung, nach

Sekunden, sogar Tausendstelsekunden, und nun auch noch atom- und funkgesteuert. Es gäbe keine Züge, keinen Flugverkehr und natürlich auch keine Mondlandung.«

»Einmal«, meinte Berenike nachdenklich, »habe ich in einer englischen Kathedrale gestanden und das Ticken einer besonders berühmten mittelalterlichen Uhr gehört. Ich habe mir ausgerechnet, dass sie mindestens fünfhundert Millionen Mal getickt haben musste, seit sie dort stand.«

»Und wie kurz ist unser bisschen Leben«, antwortete Stefan.

Arbeit als Wert – ein revolutionärer Gedanke

Senex schwieg und überlegte. Dann sagte er: »Vielleicht sollte ich doch noch ein Wort über den Kaufmann Jakob Fugger aus Augsburg verlieren, nur als Beispiel. Wie kein anderer verkörpert er eine ganz neue Macht, die sich auf Geld und nicht mehr auf fürstliche Privilegien oder Grundbesitz gründete. Die Kaufleute kannten keine Herrschaft über Land und Leute, sie erwarben und hatten Geld, das sie aus Industrie und Handel zogen. Nun galten neue Maßstäbe. Erstmals bestimmte nicht mehr die Geburt, sondern der Besitz die Stellung in der Gesellschaft, die sich nach Reich und Arm gliederte. Durch seine Arbeit – aber auch durch sein Glück – konnte jeder sein Los verbessern. Leistung, Erfolg, industrielles Denken, das alles wurde damals geboren.«

»Sie haben den Namen Fugger schon im Zusammenhang mit Lorenzo de' Medici erwähnt.«

»Das stimmt, Berenike. Die Fugger und die Medici waren zwei bedeutende Kaufmannsgeschlechter. Aber während Lorenzo il Magnifico groß war als Künstler und Mäzen, groß auch als Politiker, war er ein schlechter Kaufmann. Gerade das Letztere kann man von Jakob Fugger nicht sagen. Er verkörpert den erfolgreichen, zu Macht und Reichtum gelangten Kaufmann wie kein anderer. Es war ja so, dass man durch den christlichen Glauben eine andere Einstellung zur Arbeit gewonnen hatte und sie positiv bewertete. Im klassischen Altertum hatte man sie als minderwertig betrachtet und den Sklaven überlassen. Ihr wisst, dass nicht einmal das Handwerk anerkannt wurde. Während Aristoteles noch meinte, dass man keine Handwerker zu Bürgern machen solle, und Xenophon behauptete, die Handwerker seien zu Recht verrufen und verachtet, schrieb der Apostel Paulus die Worte: ›Wer nicht arbeitet, soll auch nicht essen!‹, und Augustinus meinte sogar, dass Arbeit für die Menschen keine Last sei, sondern Erbauung. Er sah in der Arbeit eine Fortsetzung des göttlichen Schöpfungswerkes.«

»Oder eine natürliche Fortsetzung der Evolution.«

»Nun ja, Stefan – indem der Mensch an der Schöpfung mitwirkt, gestaltet und verändert er sie auch. Die benediktinischen Ordensregeln, die Praxis ihres Mönchstums, also die Gewinnung von Neuland, die Rodung der Wälder, das Gebot ›Bete und arbeite‹ gehören ebenfalls hierher. Arbeit als Wert – das war ein revolutionärer Gedanke, der noch in unsere Zeit hineinwirkt. Und zu den Handwerkern und Arbeitern gesellten sich die Kaufleute. Sie veränderten das Gesicht Europas grundlegend und kamen zu politischer Macht. Dazu gehört die Hanse, die prachtvolle gotische Städte und Kirchen baute – Gent, Brügge, Antwerpen, Bremen, Lübeck, Stralsund, Greifswald oder Reval. Dazu gehört der Nord- und Ostseehandel, dazu gehört vor allem eine neue, bürgerliche Gesellschaft. Diese Städte, die sich selbst regierten und von sich sagen durften: ›Stadtluft macht frei‹, bildeten die Keimzellen unserer Demokratie. Sie waren nicht mehr der Herrschaft des Adels unterworfen, an ihren Mauern endete die Willkür der Fürsten. Dass es trotzdem das höchste Ziel der Kaufleute war, in den Adelsstand erhoben zu werden, steht auf einem anderen Blatt, es gehört zum Kapitel menschlicher Eitelkeit. Die Städte blühten jedenfalls auf und zum ersten Mal manifestierte sich in ihnen eine rein bürgerliche Kultur. Mit Geld konnte man sich Söldner kaufen, Armeen unterhalten. Mit Geld bestach man die Kurfürsten, beeinflusste man Wahlen von Kaisern oder kaufte und beherrschte Fürstentümer.«

»Und in diese Welt gehörte Jakob Fugger?«

»Ja, Roman. Sein Aufstieg war kometenhaft. Vierzehnhunderneunundfünfzig geboren, wollte er eigentlich Geistlicher werden und trat zuerst in den Orden der Minoritenbrüder ein, kam aber aus familiären Gründen in die Firma seiner Brüder und beherrschte sie bald ganz. Seine erste Großtat – für die er vielleicht nur Intelligenz benötigte – war, dass er in jungen Jahren aus Venedig die doppelte Buchführung in Augsburg einführte. Mit ihr wurde jeder Geschäftsvorgang doppelt schriftlich festgehalten, einmal als Warenausgang und als Geldeinnahme, wenn man etwas verkaufte, und als Wareneingang und als Geldausgabe, wenn man etwas einkaufte. So erkannte er bald, dass auch fixe Kosten einkalkuliert werden mussten. Schon damals zeigte sich sein kaufmännisches Genie, denn anders kann man es kaum nennen. Aus dem Tuchhandel hervorgegangen, erzielte er seine ersten großen Erfolge mit Kupfer- und Silbergruben, dann nahm er das Bankgeschäft dazu. Vieles, was uns heute selbstverständlich ist, hat er bereits praktiziert, ohne Skrupel übrigens. Wie zum Beispiel die regelmäßige Bestechung einflussreicher Männer, sei es am Hof, sei es in der Verwaltung. Damals nannte man das ›Handsalbe‹. Anders als üblich, ›salbte‹ er die Hände regelmäßig, in Form von Besoldungen. So verfügte er bald über ein Heer zuverlässiger, von ihm abhängiger Helfer. Er war kaum dreißig Jahre alt, da standen schon Fürsten und Grafen auf seiner Gehaltsliste – und Kleriker bis hinauf in den Vatikan. Er wurde zum Hausbankier Kaiser Maximilians des Ersten, ohne ihn gäbe es keinen Kaiser Karl den Fünften. Seine Niederlassungen reichten von Nowgorod in Russland bis Lissabon, von London bis Neapel, von Hamburg bis Budapest. Die Leiter seiner Faktoreien, vergleichbar mit Geschäftsführern, verdienten sehr gut, mussten aber auch viel leisten, mehrere Fremdsprachen beherrschen und vor allem über Takt und Diskretion verfügen. Aber sein bester Kunde war die Kirche. Offiziell durften die geistlichen Herren ihr Geld nicht gegen Zinsen verleihen, aber kaum einer hielt sich daran. Das ließen sie unter allergrößter Diskretion durch Jakob Fugger machen. Bald verfügte er über kirchliche Ämter und verkaufte sie Gewinn bringend. Wer ein Kanonikat oder eine Probstei haben wollte, überwies das Geld an Fugger, der einen Teil nach Rom weiterleitete. Sein dortiger Faktor ging im Vatikan ein und aus. Ab fünfzehnhundertdrei hatte Fugger auch das Monopol für das so genannte ›Gnadenwesen‹ in Deutschland, Ungarn und Polen. Mit dem Ablass ließen sich die allerbesten Geschäfte machen. Dass man sich mit Geld von den höllischen Strafen für seine Sünden loskaufen konnte, muss überwältigend gewirkt haben. Verkündete der Papst einen Ablass – zum Beispiel, um den Bau der Peterskirche zu finanzieren –, war für jedes Land ein Kollektor zuständig, meist ein Kardinal, und der Bankier für Deutschland war eben Jakob Fugger. Deshalb erwähnte Luther seinen Namen, als er gegen den Ablasshandel wetterte.«

»Das verschweigen die Augsburger heute aber, wenn sie ihren großen Sohn feiern«, meinte Stefan.

Wer die Süßigkeit dieses Lebens genießen kann und tut es nicht, ist ein Narr

»Wie auch immer«, fuhr Senex fort, »die Welt wandelte sich. All die neuen Erscheinungen nagten am Überkommenen, auch an der Religion, die fest in der Agrarwirtschaft verwurzelt gewesen war. Ich wage zu sagen: Je größer der Reichtum, desto geringer der Glaube. Der englische Satiriker John Gower schrieb schon im vierzehnten Jahrhundert, dass sich die englischen Kaufleute keinen Pfifferling um das Leben nach dem Tode kümmerten und sagten: ›Wer die Süßigkeit dieses Lebens genießen kann und tut es nicht, ist ein Narr; denn niemand weiß, welchen Weg und wohin wir nach dem Tode gehen.‹«

»Damit haben sie der Glaubensbotschaft der Kirche aber vehement widersprochen!«

»Das wollte ich damit erklären, Roman. Der schreckliche Misserfolg der Kreuzzüge hatte es ja schon früher unbegreiflich erscheinen lassen, dass Gott den Sieg des verfehmten Islam zuließ. Und als nun die Türken auch noch Konstantinopel eroberten, die christliche Stadt, und ihr christlicher Kaiser verjagt wurde und kläglich umkam, wurden diese Zweifel noch heftiger.«

»Und dazu kam das neue Weltbild der Wissenschaft.«

»So ist es, Berenike. Den geistreichen englischen Philosophen und Staatsmann Francis Bacon habe ich schon erwähnt, er schied die Philosophie von der Theologie. Eine große Tat! Er trat für den Empirismus ein, das heißt, er strebte ›die große Erneuerung der Wissenschaft‹ auf der Grundlage ›unverfälschter Erfahrung‹ an. In ihr sah er die einzig sichere Quelle des Wissens. Dadurch wurde er zu einem Wegbereiter der Naturwissenschaft. Auf die Morgendämmerung der modernen Astronomie und Anatomie, die wir teilweise miterlebten, folgten die raschen Fortschritte der Mathematik und Physik.«

Reform an Haupt und Gliedern

Die wichtigste Revolution in der Geschichte der Menschheit

Und dennoch – noch immer herrschte der Glaube«, sagte Senex weiter. »Und zu diesem großen Thema gehört die Reformation, also besonders der Zeitgenosse Jakob Fuggers, Martin Luther. Wollen wir kurz über ihn sprechen?«

Die drei stimmten sofort zu.

»Dann erlaubt mir, dass ich beginne. Die Reformation leitete wahrscheinlich die wichtigste Revolution in der Geschichte ein. Immer lauter war in der Bevölkerung der Wunsch nach Veränderung des sozialen Lebens geworden, der ja, zu Luthers Lebzeiten, auch in den Bauernkriegen seinen Ausdruck fand. Es war eine aufrührerische Zeit. Der Portugiese Magalhães umsegelte die Erde, damit bewies er endgültig, dass sie rund ist. Die bürgerliche Gesellschaft schuf sich eine eigene Kultur und verlangte nach politischer Macht. In der Wissenschaft setzten sich die Ideen der Humanisten durch, sie wollten die Erkenntnis in den Dienst der Menschen stellen und kämpften gegen die Unwissenheit, gegen den kirchlichen Allmachtsanspruch und die überholte mittelalterliche Scholastik. In den Künsten erlebten wir die Renaissance – und in der Religion entstand die Reformationsbewegung. Der Gedanke dazu war keineswegs neu, schon dreihundert nach Christus wurde der spanische Asket und Bischof von Avila, Priscillianus, wegen Ketzerei und weil er gegen die Verschwendung des Klerus gewettert hatte, verurteilt. Er wurde dem Arm des Staates übergeben und in Trier verbrannt. Damit begann die erste Christenverfolgung durch Christen. Priscillianus' Anhänger wurden auf die blutigste Weise ausgerottet. Auch später bediente sich die Kirche des

Staates, um ihre Rachegelüste zu befriedigen, was viele als einen weltgeschichtlichen Irrweg der christlichen Religion betrachten. Es ist aber eine Folge der Verbindung von Staat und Kirche seit der Herrschaft des umstrittenen Kaisers Konstantin, den die Christen den Großen nennen und den die Orthodoxie sogar heilig gesprochen hat. Wie auch immer – das Schicksal des Priscillianus zeigte schon damals, in welche Gefahr sich jeder Kirchenkritiker begab. Dennoch – auch der heilige Franz von Assisi hatte im Grunde eine Erneuerung der Kirche angestrebt, und im ausgehenden Mittelalter, also zu Luthers Zeit, versuchte der Mönch Savonarola in Florenz Ähnliches gegen den glänzenden, aber auch zwielichtigen Borgia-Papst Alexander den Sechsten. Dafür büßte er am Galgen, seine Leiche wurde verbrannt. Auch die heilige Katharina von Siena kämpfte, wenngleich auf mildere Weise, für eine Erneuerung der Kirche. In England schwärmte Thomas Morus von einem philosophischen Gottesstaat, der keinen Privatbesitz kennt. Der Oxforder Theologe John Wiclif, der im vierzehnten Jahrhundert lebte, nahm bereits die meisten Gedanken Luthers vorweg, er war stellenweise sogar noch radikaler. Er wollte Papst und Kirche gar nicht erst reformieren, sondern überhaupt abschaffen. Er kam ungeschoren davon, seine große Anhängerschar jedoch wurde ausgerottet. Von Prag aus reicherte Jan Hus die Ideen Wyclifs mit stark nationalistischen Gedanken an. Er starb vierzehnhundertfünfzehn auf dem Scheiterhaufen. Die Reformation lag also schon lange in der Luft, Luther wurde nur ihr Vollender. Bereits seit dem vierzehnten Jahrhundert stöhnte die Mehrheit der Menschen unter der drückenden Last der Ungerechtigkeit. Im Mittelalter war mindestens ein Drittel der erwerbsfähigen Bevölkerung ohne Arbeit und Brot. Genaue Zahlen fehlen natürlich, denn es gab noch keine Statistiken. Zudem geriet die Kirche immer mehr auf die Anklagebank, der viel besprochene Ablasshandel, der den Gläubigen das Geld aus der Tasche zog, war nur einer der Vorwürfe, dazu kamen die Krise des Papsttums, sein überspannter Herrschaftsanspruch, die Verweltlichung der Renaissancepäpste und die vielen Ungerechtigkeiten des niederen und höheren Klerus.«

»Luther also wollte der Religion einen neuen und ehrlicheren Inhalt geben?«

Rebellischer Bauernsohn und tief gläubiger Mönch

»Ja, Roman, Luther verkündete, dass öffentlicher Glaube Theater sei, nur der private Glaube sei Leben. Eine wahrhaft ketzerische Ansicht in einer Zeit, in der die Kirche mit Äußerlichkeiten prunkte. Luther hat nicht nur das geistige Europa, sondern auch die politische Landkarte unseres Kontinents weit stärker verändert als irgendeine andere Persönlichkeit, und zwar bis in unser Jahrhundert hinein. Dabei gehörte er in allem, was er dachte, eigentlich viel mehr dem Mittelalter an. Und doch hat er mit seinem Protest und seiner Standhaftigkeit und nicht zuletzt durch seine gewaltig zupackende Sprache die längst überholte Ordnung umgestoßen. Einerseits war er ein rebellischer Bauernsohn und andererseits ein tief gläubiger Mönch. Zeit seines Lebens glaubte er an Geister, Hexen und Teufel, für ihn war die Teufelsbuhlschaft von Hexen eine Tatsache. Er hielt, obwohl er selbst heiratete, das ganze weibliche Geschlecht für gefährdet und meinte, das Hexen sei den Frauen von der Mutter Eva angeboren. Er wetterte, dass man die Zauberinnen nicht leben lassen solle, dass es gerecht sei, sie zu foltern und zu töten. Und doch – vielleicht sogar wider Willen – bereitete er als Mittler der neuen Welt den Weg.«

»Nicht zu vergessen Luthers Einfluss auf die deutsche Sprache und Literatur, besonders durch seine Übersetzung der Bibel.«

»Richtig, Roman. Er meinte, dass nicht das Lateinische dafür maßgeblich sein dürfe, wie man Deutsch sprechen soll, sondern dass man die Mutter, die Kinder, den einfachen Mann fragen und ›ihnen auf das Maul sehen‹ müsse. Das war wohl der Grund dafür, dass seine Bibelübersetzung ein so großer Erfolg wurde. Kaum war das Neue Testament gedruckt, wurden schon die ersten fünftausend Exemplare verkauft. Und prompt empörte man sich darüber, dass nun auch jeder Schneider und Schuster und alle Weiber sie lesen konnten. Vielleicht ist Luther eine der mächtigsten Gestalten der deutschen Geschichte. Dieser schlichte, holzschnittartige Mann, dessen Intellekt sich gewiss nicht mit dem seines Mitstreiters Philipp Melanchthon messen konnte, und schon gar nicht mit dem seines Zeitgenossen Erasmus von Rotterdam, war dennoch, wenn auch bestimmt ungewollt, ein Wegbereiter der Aufklärung. Er ebnete Kant, Fichte, Schopenhauer und Hegel den Weg – und das, obwohl er selbst, wie überhaupt der ganze Protestantismus, von der Naturwissenschaft gar nichts hielt. Luther stützte sich allein auf die Bibel, er lehnte, wie wir wissen, zum Beispiel die kopernikanische Astronomie ab. Nur Philipp Melanchthon beschäftigte sich mit Physik, Astronomie – nicht mit Astrologie wohlgemerkt –, Mathematik und Medizin und lehrte die Geschichte der Mathematik des Altertums. Aber auch er wurde von der starken Persönlichkeit Luthers zurückgedrängt.«

»Damit wurde vielleicht eine Chance für ein freieres Denken verspielt!«

Das Licht Europas

»Freieres Denken...«, antwortete Senex und dachte kurz nach. »Das ist vielleicht das Stichwort, um noch an Erasmus von Rotterdam zu erinnern. Er wäre der richtige Mann dafür gewesen, der Reformation ein geistig-intellektuelles Fundament zu geben, aber er vermochte sich nie recht zwischen Katholizismus und Reformation zu entscheiden. Als Philosoph, Philologe und Dichter war er eine Zeit lang der am meisten bewunderte Geist seiner Epoche, ihr größter Humanist und Gelehrter. Kaiser, Könige und Minister suchten seinen Rat. Seine Weisheit und brillante Diktion brachten ihm den Titel ›Das Licht Europas‹ ein. In ihm können alle Essayisten ihren Vater verehren.«

»Er war Niederländer?«

»Ja, Berenike, wahrscheinlich kam er vierzehnhundertsechsundsechzig als uneheliches Kind eines Geistlichen in Rotterdam zur Welt, trat ins Kloster der Augustinerchorherren ein, lernte die Schönheit der lateinischen Sprache und Dichtung lieben und machte sich über die dürre Scholastik seiner Zeit lustig. Er reiste viel, war selten sesshaft, außer vielleicht in Basel, wo er fünfzehnhundertsechsunddreißig im Alter von siebzig Jahren starb.«

»Und das war alles?«

»Natürlich nicht! Er veröffentlichte viele, meist satirische Bücher, spottete immer wieder über die erstarrten kirchlichen Bräuche und Zeremonien und vertrat die Ansicht, dass jede menschliche Handlung aus einer Torheit resultiere. Erwähnen möchte ich auch, dass Erasmus eine der ersten Persönlichkeiten war, die sich gegen den Krieg ausgesprochen haben. Er bezeichnete das Soldatenhandwerk grundsätzlich als ›Mörderhandwerk‹ und sprach den Soldaten sogar das Recht ab, das Vaterunser zu beten. Wesentlich für die Reformation wurde seine Übersetzung des griechischen Neuen Testaments in ein Latein, das erheblich von der kirchenamtlichen Fassung, der Vulgata, abwich, was ihm heftige Angriffe des Vatikans eintrug. Wahrscheinlich wäre Luthers Bibelübersetzung ohne diese Vorarbeit gar nicht möglich gewesen.«

»Also verdankt Luther ihm viel?«

»Erasmus war Luther in vielem um Jahre voraus.«

»Und warum hatte dann er nicht den entsprechenden Erfolg?«

»Weil er ausschließlich in Latein schrieb und weil ihm eine innerkirchliche Reformation von oben vorschwebte, nach den Gesetzen von Vernunft und Logik und bei größtmöglicher Toleranz und Gewährung der Gewissensfreiheit.«

»Damit hatte er gleich verloren«, rief Stefan.

»Richtig ist, dass der einfache Mann damit nichts anfangen konnte, während er von dem zupackenden Luther mitgerissen wurde, der ›eine gute und satte Reformation‹ versprach. Das führte Luther zum Erfolg, obwohl er doch, wie es in einer zeitgenössischen Flugschrift hieß, lediglich ›die Eier ausbrütet, die Erasmus längst gelegt‹ hatte.«

»Also war Erasmus mit Luther doch einverstanden?«

»Nicht so ganz. Zwar billigte er Luthers Thesen gegen den Ablasshandel grundsätzlich, er glaubte aber, dass Vernunft und Einsicht, gepaart mit Güte, mehr erreichen könnten als fanatischer Eifer!

Er geriet immer mehr in Gegensatz zu Luther, wenn er auch zunächst dem Drängen der Kirche nicht nachgab, sich offen gegen ihn zu erklären. Als er es endlich doch tat, geschah es äußerst maßvoll. Aber der Streit der beiden Männer eskalierte. Luther ging auf den versöhnlichen Ton nicht ein, und da sich viele Freunde von Erasmus zur Reformation bekannten, mieden sie ihn und er geriet ins Abseits. Dieser große Geist suchte immer den Mittelweg, weshalb er sowohl von den Katholiken als auch von den Protestanten angegriffen wurde. Bei den einen kamen seine Werke auf den Index, die anderen verübelten es ihm, dass er sich nicht entschieden auf ihre Seite stellte, sondern unablässig für Frieden und Humanität eintrat.«

»Dann ist er einsam gestorben?«

»So ist es wohl gewesen, Berenike, wenn ihm auch kurz vor seinem Tod eine späte Ehrung zuteil wurde. Der Papst bot ihm die Kardinalswürde an – verbunden mit einem üppigen Einkommen. Aber er lehnte ab: ›Soll ich‹, sagte er, ›ein sterbender Mann, Bürden auf mich nehmen, die ich zeitlebens abgelehnt habe?‹ Er war immer ein Einzelgänger, der seine Freiheit liebte und nie einer Partei allein dienen wollte. Er arbeitete bis zu seinem letzten Atemzug. Und noch auf dem Sterbebett führte er geistreiche Dispute mit Freunden und Schülern – auf Lateinisch. Seine Seele hauchte er mit fast kindlichen Worten aus: ›Lieve god‹, flüsterte er, der zeitlebens nur Lateinisch oder Griechisch gesprochen hatte, in seiner Muttersprache.«

Eine stark emotionale Natur

»Und wie ging es nach Luthers Tod weiter?«

»Luthers Anhänger wurden sogar noch engherziger, Stefan. Die Schweizer Reformatoren Calvin und Zwingli hielten von der Naturwissenschaft überhaupt nichts. Auch die Kunst war davon betroffen. Schon zu Luthers Lebzeiten kam es zum so genannten Wittenberger Bildersturm, bei dem man alle bildlichen Darstellungen aus den Kirchen entfernte. Man wollte Bücher statt Bildern. Früher waren Bilder die Bücher der Laien gewesen, aber nun glaubte man, dass es keine Laien mehr gab. Heiligenstatuen wurden herausgebrochen, Reliquien zertreten, Gemälde verbrannt. Wie es schon Savonarola in Florenz so unselig begonnen hatte, machte man es nun auch in Holland und der Schweiz.«

»Und wie kam es dann doch noch zu der Zeitenwende?«

»Die Gründe sind vielfältig, Berenike. Es gab große soziale Umwälzungen. In Wittenberg wurde die Bettelei abgeschafft, Mönche sollten arbeiten, die Reichen die Armen ernähren. Wenn einer Buchdrucker, Goldschmied, Schneider, Schuster werden oder überhaupt ein Handwerk lernen wollte und ihm die Mittel dazu fehlten, sollte man ihn öffentlich unterstützen. Mönche wurden Bäcker, Schreiner und heirateten.«

»Also wandte sich Luther auch gegen die Verteufelung der Sexualität?«

»Ich möchte das anders ausdrücken, Berenike. Du weißt ja, dass Luther die Nonne Katharina von Bora zur Frau nahm. Und er sagte deutlich, dass es in der ganzen Natur geschlechtliche Beziehungen gibt. Er berief sich sogar auf die Schöpfungsgeschichte der Bibel, indem er schrieb, dass Gott den Menschen in zwei Teile geteilt habe, da er ein Männlein und ein Fräulein schuf, Mann und Weib, ein Er und eine Sie, und dass ihm das gut gefallen habe. Und er nannte die päpstlichen Gesetze verdammt und schändlich.«

»Das war ziemlich mutig!«

»Und dennoch hatte er auch seine dunklen Seiten! Von seiner unheilvollen Einstellung gegen die Juden werden wir noch sprechen. Ebenso schlimm, in unseren Augen, war seine Haltung gegenüber den aufbegehrenden Bauern und den Unterdrückten, wo er sich völlig auf die Seite der Fürsten stellte. Er rief dazu auf, die Bauern zu schlagen, zu würgen und zu stechen, als müsse man einen tollen Hund totschlagen, ob heimlich oder öffentlich, da nichts Giftigeres, Schändlicheres, Teuflischeres sein könne als ein aufrührerischer Mensch. Er geht noch viel weiter, aber ich will es dabei bewenden lassen.«

»Das rückt Luther in ein ganz anderes Licht«, meinte Roman.

Senex überlegte kurz. Dann meinte er: »Vielleicht sollte ich doch um Verständnis für Luther werben. Er war im Alter ein schwer kranker Mann, körperlich und seelisch ein Wrack. Er litt an nervösen Angstzuständen, Depressionen, Halluzinationen und Ohnmachten. Er wurde von Nierensteinen, Gicht und fieberhaftem Rheumatismus geplagt, litt an einem chronischen Mittelohrkatarr und an Unterschenkelgeschwüren arteriosklerotischen Charakters. Dazu kam noch eine latente Herzschwäche. Er fühlte, dass seine Tage gezählt waren. Denkt daran, wie wenig die Ärzte damals helfen konnten. Ist es da ein Wunder, dass er oft von Weinkrämpfen geschüttelt wurde? Manchmal konnte er seinen Gesprächspartnern kaum noch zuhören, unterbrach sie ständig, war cholerisch, unbeherrscht und jähzornig. Auch er war nur ein Mensch und, wie wir wissen, von stark emotionaler Natur. So weit zu Luthers Person.«

Zu den befreiten Geschöpfen gehörten auch die Frauen

»Bitte noch einmal zu den Frauen. Haben sie von der Reformation profitiert?«

»Ja, Berenike, das kann man so sagen. In der Reformation änderte sich ihre Stellung vollkommen. Die Reformatoren hatten die Ehelosigkeit, die ein Grundpfeiler des mittelalterlichen Katholizismus gewesen war, verworfen. Man begann die Ehe zu schätzen, Priester heirateten, und die Frauen wurden geradezu gedrängt, sich zu verehelichen. Wie schon erwähnt, heiratete Luther selbst, und er meinte sogar, dass die Frauen den Männern so viele gute Dinge brächten, dass sie einen Mann überwältigen konnten. Ganz ähnlich äußerten sich die anderen Reformatoren. Hatte der Katholizismus den Frauen zwei Güter bestimmt, von denen die Jungfräulichkeit als das wichtigere galt, Ehe und Kinder als das geringere, so schätzte der Protestant nur noch das Letztere. Der protestantische Mann sah in seiner Frau, wenn er sie liebte, das Fundament seiner Freude und Schaffenskraft.«

»Immerhin!«

»Doch täusch dich nicht, Berenike, auch in der Ehe bestimmte im Grunde immer noch der Mann. Außerhalb der Ehe bot der Protestantismus den Frauen freilich eine Unabhängigkeit, die sie im Katholizismus nur in Ausnahmen gehabt hatten. Deshalb traten manche Frauen sogar vor ihren Männern zum Protestantismus über. Allerdings mussten sie auch einen Nachteil in Kauf nehmen: Die Frauen, die nicht heiraten wollten, hatten nun keine Möglichkeit mehr, den Schleier zu nehmen und ins Kloster zu gehen.«

Eine Sphärenharmonie, die nur von der Seele der Sonne vernommen wird

Senex trank einen Schluck und fuhr fort: »Als letzte der bedeutenden Persönlichkeiten dieser Zeit, die entscheidenden Einfluss auf die Kultur und die Wissenschaft gehabt haben, möchte ich den deutschen Astronomen Johannes Kepler nennen. Seine große Leistung war die Erkenntnis, dass die Planeten nicht, wie man von Platon bis Kopernikus angenommen hatte, in einem Kreis um die Sonne wandern, sondern dass ihre Bahnen elliptisch verlaufen. Damit ging er noch über Kopernikus hinaus und befreite dessen System von den letzten Ungenauigkeiten. Durch Kepler gewann das Bild der Welt mit der Sonne als Mittelpunkt rasch Anerkennung.«

»War Kepler nicht ein Zeitgenosse von Galilei?«

»Ungefähr, Berenike, Johannes Kepler wurde fünfzehnhunderteinundsiebzig geboren und starb sechzehnhundertdreißig, während Galilei bis sechzehnhundertzweiundvierzig lebte.

Kepler verglich jede Umlaufgeschwindigkeit der Planeten um die

Sonne mit einem Klang der Tonleiter – ich erinnere an Pythagoras – und meinte, alle Bewegungen zusammen brächten eine ›Sphärenharmonie‹ hervor, die aber nur von der ›Seele der Sonne‹ vernommen werden könne. Vom kopernikanischen System sagte er: ›Ich habe es in meinem innersten Herzen als wahr erkannt und ich betrachte seine Schönheit mit unglaublicher und hingerissener Freude.‹«

»Was sagte denn die Kirche dazu, wo sie doch Galilei zum Widerruf gezwungen hatte?«, fragte Roman.

»Keplers Schrift wurde auf den Index gesetzt, weil sie die Richtigkeit des kopernikanischen Systems bewies. Johannes Kepler machte das glücklicherweise nichts aus, er war ein frommer Protestant, unabhängig von Rom, und genoss eine Zeit lang Wohlstand und Erfolg. Trotz seines klaren Verstandes war er voller Phantasie. Ob er den allgemeinen Glauben seiner Zeit an Hexerei teilte, von dem wir noch sprechen werden, ist umstritten, wahrscheinlich nicht, denn als seine Mutter als Hexe angeklagt, verhaftet und in einer Zelle angekettet wurde, kämpfte er leidenschaftlich für sie. Nach dreizehnmonatigem Kerker wurde sie freigelassen, starb aber bald darauf. Diese Tragödie, der Dreißigjährige Krieg und wirtschaftliche Schwierigkeiten verdüsterten Keplers letzte Jahre.

Sein Beitrag zur Erforschung der Himmelskörper ist nicht hoch genug einzuschätzen. Ihm offenbarte sich das All als ein gesetzmäßiges Gebäude, in dem die Planeten – die Erde eingeschlossen – von denselben Gesetzen regiert werden.

Übrigens war Kepler fast ein Prophet. Er hat wörtlich vorausgesagt: ›Es werden sich Menschen finden, die den Mut haben, in die entsetzliche Weite vorzustoßen.‹ Gemeint hat er damit die Weite des Weltraums.«

»Das ist wirklich erstaunlich«, sagte Stefan.

Explosion von Wahn und Glauben

Magische Lehren benebeln die Geister

Senex fuhr fort: »Ehe wir das Mittelalter verlassen, muss ich wohl über einen Komplex reden, der sehr vielschichtig ist.«

»Worum geht es?«

»Ich möchte vom Glauben im weitesten Sinne sprechen, also nicht nur von der Religion, sondern auch von Aberglauben und Hexenwahn, von der Reformation und der allmählichen Ablösung des Christentums von Rom. Themen, die uns leicht eine ganze Nacht beschäftigen können. Es geht also um das so genannte ›finstere Mittelalter‹.«

»Warum nennt man es eigentlich ›finster‹? Damals schien doch auch die Sonne. Das finde ich ja gerade so schön an unserer Wanderung, dass wir das richtig erleben. Wenn ich darüber nur lese, wird es mir nicht so klar.«

»Gut, dass du es so siehst, Berenike. Das habe ich gehofft«, sagte Senex. »Das Mittelalter verdankt die Bezeichnung ›finster‹ wohl vor allem dem Aberglauben, dem Hexenwahn, der Judenverfolgung, der Angst vor Sünde, Tod, Teufel und Hölle.«

»Das alles kommt mir vor wie eine Pubertät der Menschheit«, rief Stefan. »Vieles wirkt auf mich so unreif, so kindlich. Als ob die Menschen alle möglichen Spiele gespielt hätten, darunter auch sehr grausame.«

»Dabei war es ihnen aber bitter ernst«, erwiderte Senex. »Kehren wir noch einmal in die Vergangenheit zurück.

Ihr habt gesehen, wie der Mensch sich wandelte. Sein Wissensdurst wurde immer größer, er strebte leidenschaftlich nach Erkenntnis, er gab sich nicht mehr mit den Erklärungen, die ihm die Bibel anbot, zufrieden, sondern versuchte die Natur der Dinge zu ergründen. Er richtete seinen Blick auf einen Himmel, der nicht mehr der Himmel des Buches war, das er trotzdem immer noch die ›Heilige Schrift‹ nannte. Das heißt, er forschte nach Wahrheit. Aber – das kann ich nicht oft genug betonen – gleichzeitig verwirrten immer noch ein tief verwurzelter Aberglaube und eine Atmosphäre düsteren Okkultismus' nicht nur die Seelen der einfachen Leute, sondern manchmal sogar die der Gebildeten, der Naturwissenschaftler.«

»Das hat sich doch bis heute nicht geändert! Der Aberglaube wird nie ausgerottet werden. Der Verstand steht fast immer auf verlorenem Posten!«

»Doch damals war alles noch viel schlimmer als heute, Stefan. Magische Lehren benebelten die Geister. Sogar die Geschichtsschreibung war eine Mischung aus Bericht, Legende und Märchen. Reisende phantasierten das Blaue vom Himmel herunter. Alles wurde geglaubt, so verrückt es auch sein mochte, und überall hatten Gott oder der Satan samt allen bösen Geistern ihre Hand im Spiel. Wenn man diese Grundstimmung nicht berücksichtigt, versteht man die Schrecknisse der Zeit und die fürchterlichen Handlungen der Menschen nicht. Man glaubte an Feen, Elfen und Kobolde, an gierig lauernde Dämonen, auch weil sie Glück bringen oder vor Gebrechen schützen sollten. Jede Zahl, jedes Mineral, jede Pflanze und jedes Tier verfügte über magische Kräfte. Alles und jedes konnte auf Gottes Wohlgefallen oder seinen Zorn, genauso gut aber auch die Bosheit des Satans zurückgeführt werden.

Sogar der Einfluss der Kirche, der man doch nachsagt, dass sie Nordeuropa von heidnischem Aberglauben befreit hat, nützte nichts, denn selbst die Kleriker, vor allem die Pfarrer, die am engsten mit dem Volk in Berührung kamen, konnten ihre Köpfe nicht davon freihalten. Fast alle Menschen waren Anhänger der Astrologie, nur wenige Gebildete bezeichneten sie schon damals als Humbug. An der Universität von Bologna schaffte man sie fünfzehnhundertzweiundsiebzig als Lehrfach ab und zehn Jahre später wurde sie von der spanischen Inquisition verdammt…«

Das Bündnis zwischen Altar und Thron

»Sie erwähnen die Inquisition, Senex«, unterbrach ihn Berenike. »Seit wann gibt es sie, was wollte man mit ihr bezwecken?«

»Die ersten Ansätze der Inquisition gehen auf das elfte Jahrhundert zurück. Auf Grund eines geheimen Abkommens zwischen dem Papst und Kaiser Friedrich Barbarossa wurde sie elfhundertvierundachtzig konstituiert. In diesem Zusammenhang sind auch die Ketzergesetze Kaiser Friedrichs des Zweiten und die Erlasse des späteren Papstes Gregor des Neunten, der als eigentlicher Begründer der päpstlichen Inquisition angesehen wird, zu sehen. Der im Dienst des Heiligen Offiziums stehende weltliche Arm konnte danach gezielt gegen Ketzer und Schismatiker vorgehen…«

»Was versteht man unter Schismatikern?«

»Anhänger einer von der Amtskirche abgefallenen Glaubensgemeinschaft. Im fünfzehnten Jahrhundert wurde die Inquisition immer mächtiger. Sie nahm die Bibel, und zwar einen Vers aus dem Johannes-Evangelium, wörtlich, wo es heißt: ›Wer nicht in mir bleibt, der wird weggeworfen wie eine Rebe und verdorret und man sammelt sie und wirft sie ins Feuer…‹

Fünfzehnhundertzweiundvierzig wurde die Kongregation der römischen Inquisition – oder des Heiligen Offiziums – einberufen. Sie bestand anfangs aus sechs Kardinälen als Generalinquisitoren mit der Befugnis, jemanden auf Grund eines bloßen Verdachts zu verhaften. Die Macht der Begnadigung überließ man allein dem Papst. Am schlimmsten wütete die Inquisition mit Ketzergerichten und Ketzerverbrennungen, genannt Autodafés, im katholischen Spanien Philipps des Zweiten.«

»Autodafé, was heißt das genau?«

»Glaubensakt, Berenike!

»Unvorstellbar!«

»Vergiss nicht, Stefan, man glaubte wirklich daran! Aber darüber hinaus funktionierte das Bündnis zwischen Altar und Thron vor allem deshalb so gut, weil die Opfer auch ein wirtschaftlicher Faktor waren. Wir begegnen der Inquisition im ganzen Mittelalter. Das Gefährliche an ihr war auch, dass sie Ankläger und Richter in einem war. Es gab gegen sie keine Berufung – wie man es ja im antiken Rom gekannt hatte. Allerdings endeten die Verfahren keineswegs immer mit dem Feuertod, es gab Fasten und karitative Auflagen, Verpflichtungen zu Wallfahrten, Tragen des Ketzerkreuzes, Beschlagnahme von Besitz, Verbannung, Zerstörung von Häusern, Ächtung oder den Verlust der Bürgerrechte. Fühlte sich die Kirche nicht wirklich bedroht, konnte sie auch Milde zeigen und Duldung üben. Davon profitierten einige Philosophen und Professoren von Universitäten des zwölften und dreizehnten Jahrhunderts, die als kirchliche Gründungen vom Klerus überwacht wurden. Oft verlangte man weiter nichts, als dass abweichende Meinungen auf die Gelehrten beschränkt blieben und nicht in Aufrufe an das Volk, es solle seinen Glauben oder die Kirche aufgeben, mündeten.«

»Trotzdem – ich kann an der Inquisition nichts Positives entdecken.«

»Und das zu Recht, Roman. Wer aber die Inquisition und die Ketzerverfolgungen brandmarkt, muss eben auch bedenken, dass die römische Kirche damals in der Furcht lebte, ihren Einfluss zu verlieren, und glaubte, ohne einen entschlossen geführten Kampf zu zerfallen.«

»Einverstanden – und trotzdem! Die mittelalterliche Kirche war doch nur eine von vielen möglichen Ausprägungen des Christentums, vielleicht wäre an ihrer Stelle eine andere, nicht so sehr auf Besitz gegründete Institution ohne politische Macht entstanden, die dem Geist und der Botschaft Christi mehr entsprochen hätte.«

»Das führt wieder ins Gebiet der Spekulation, Stefan!«

»Wie dem auch sei, die Inquisition des Mittelalters ist mit christlicher Toleranz nicht zu vereinbaren. Bis heute geht man eher schweigend darüber hinweg und bewertet sie als Entgleisung längst vergangener Zeiten. Und bis heute ist dieses furchtbare Kapitel nicht aufgearbeitet worden.«

Generationen von Christen haben sich gefürchtet

Senex überlegte. Dann sagte er: »Der Satan! Wir müssen wohl oder oder übel etwas ausführlicher über den Teufel sprechen. Er gehört zu den drei großen Gestalten, auf denen die Kultur des Abendlandes beruht.«

»Drei?«

»Jesus, Maria und der Teufel. Über Jesus haben wir schon gesprochen, Maria kommt später noch. Ziehen wir jetzt einmal den Satan vor. Generationen von Christen haben sich vor ihm gefürchtet, denn jahrhundertelang wurde ihnen von dem Höllenfürsten gepredigt«

»Und Angst eingejagt!«

»Richtig, Stefan, wobei der Hass auf alles Andersartige und auf die Sexualität das eigentliche Gebiet des Satans war und ist.«

»Aber warum?«

»Schon Paulus sagte, dass es geschlechtliche Vereinigung nur in der Ehe geben dürfe...«

»Und sogar da nicht frei und ohne schlechtes Gewissen.«

»Ich glaube, es ist der Kirche immer um die Kontrolle der Sexualität gegangen, denn dadurch konnte sie Macht über die Menschen ausüben«, warf Stefan ein. »So ist es doch auch heute noch: Denkt nur an die Kampagnen gegen Selbstbefriedigung, Verhütungsmittel und Homosexualität. Immer ist der Teufel im Spiel.«

»Aber wie ist der Satansglaube entstanden? Die alten Kulturen haben offenbar keinen Teufel gekannt. Jedenfalls ist er uns weder bei den Ägyptern, noch bei den Griechen oder den Römern begegnet.«

»Entstanden ist der Satansglaube ursprünglich wohl im Iran, und zwar durch den Religionsstifter Zarathustra, etwa fünfhundert vor Christus. Er führte die Idee des Bösen in der Welt ein.«

»Aber wie kann es das Böse in Gottes Welt überhaupt geben? Er gilt doch als gut und allmächtig?«

»Der Legende nach wollte Satan – oder Luzifer – Gott gleichen, Berenike, deshalb stieß ihn der Erzengel Michael aus dem Himmel in die Finsternis. Satan ist demnach ein gefallener Engel. Aber die Erzählung vom Engelsturz vor der Erschaffung der Welt findet sich nicht etwa in der Bibel, sondern in jüdischen Legenden. Erst in den Evangelien tritt der Fürst der Hölle in seiner Verworfenheit auf. Das ganze Neue Testament ist angefüllt von der Bosheit des Teufels und seiner Dämonen.«

»Und wie ist er ins Neue Testament geraten?«

»Vermutlich über die jüdische Sekte der Essener, Berenike, deren Weltbild vom Kampf des Lichtes gegen die Kräfte der Finsternis geprägt war. Und Jesus war wahrscheinlich Essener. Eine Hölle gab es bei den Juden nicht, sondern nur ›ein Land des Schweigens und Vergessens‹, einen ›Ort der Leere‹, ein ›Land ohne Wiederkehr‹. Laut dem Buch Hiob ist es ›das Haus, wo alle Lebenden sich sammeln‹, die Guten wie die Schlechten, die Könige wie die Sklaven.«

»Also nicht nur die Sünder, sondern ausnahmslos alle Menschen, auch die Guten?«

»Ja, Berenike. Es gab keine Hölle und auch kein Fegefeuer. Aber das Christentum hat das Seelenheil verkündet, und zum Seelenheil oder zum ewigen Leben gehört die Verdammnis, gehören Teufel und Hölle. Im Mittelalter wurden beide allgegenwärtig. Man schnitzte Satan in die Portale der Kathedralen und in die Sockel der Kirchenstühle. Wir kämen nie zu einem Ende, wollte ich all die Märchen erzählen, in denen Dämonen ihr Satanswerk trieben.«

»Im Grunde war der Teufelsglaube ja auch Schuld am millionenfachen Tod so genannter ›Hexen‹.«

»Und doch, Stefan, wissen die klugen Kleriker heute, dass nicht der Teufel die Scheiterhaufen in Brand steckte, es sind Menschen, die anderen Menschen gegenüber zu Teufeln werden.«

»Und heute ist es nicht anders. Die Kirche macht sich die Furcht vor dem Teufel immer noch zu Nutze. ›Wer sich weigert, die Existenz des Teufels und der Dämonen anzuerkennen, verlässt den Bereich der biblischen und kirchlichen Lehre‹, hat die päpstliche Kongregation für die Glaubenslehre noch neunzehnhundertfünfundsiebzig gemahnt. Ich weiß es, denn ich habe mich eingehend damit beschäftigt.«

»Nun ja, Stefan, aber andererseits vertreten auch katholische Bibelwissenschaftler im Gegensatz dazu die Meinung, dass der Teufelsglaube etwas Heidnisches und zutiefst Unchristliches sei. Ihrer Auffassung nach bedarf das Evangelium keiner Ergänzung durch den Teufel.«

Das Kind einfacher Leute

Senex überlegte. Dann fuhr er fort: »Ich habe von den drei Gestalten gesprochen, auf denen die Kultur des Abendlandes beruht. Wir haben den Satan vorangestellt, weil er zum Thema passte. Sprechen wir nun von Maria. Sie verdient ihr eigenes Kapitel. Von der wirklichen, der historischen Mutter Gottes wissen wir sehr wenig. Sie dürfte das Kind einfacher Leute gewesen sein, dafür spricht ihre Verheiratung mit einem Handwerker. Wahrscheinlich wuchs sie bis dahin im Haus ihrer Eltern auf, schöpfte Wasser aus dem Brunnen, holte Korn aus dem Speicher, buk Fladenbrot, webte Stoffe für die Kleider.«

»War das alles? Hat sie keine Schule besucht?«

»Nein, Berenike. Eine geistige Erziehung erhielt sie als Mädchen nicht, sie musste nur täglich Gebete sprechen. Wegen ihrer angeblichen Unreinheit wurden auch bei den Juden die Frauen abgesondert. Sie lebten in eigens für sie bestimmten Räumen und durften mit den Männern weder gemeinsam essen noch von sich aus das Wort an sie richten.«

»Wie alt war sie, als Jesus geboren wurde?«

»Das weiß man nicht. Vielleicht war sie wirklich blutjung, denn damals wurden Mädchen schon mit dreizehn Jahren verheiratet. Es gibt Vermutungen, dass sie bereits im Alter von vierzehn Jahren Jesus zur Welt brachte. Möglicherweise war sie aber auch schon reifer, wie es die Bibel nahe legt, und hatte bereits Kinder, vielleicht sogar aus einer ersten Ehe.«

»Wie? Dann hätte Gott keine Jungfrau, sondern eine Frau auserwählt, die schon einmal verheiratet war?«

»Richtig, Nik«, sagte Stefan. »Wir haben ja schon in Rom davon gesprochen.«

»Warum weiß man es nicht?«

»Weil ihre Geschichte immer wieder verändert wurde.«

»Also verfälscht?«

»Nun, im Neuen Testament werden vier Geschwister Jesu erwähnt, daraus machte man nacheinander erst Stiefgeschwister, dann gar nur Vettern und Kusinen.«

»Warum überhaupt eine Jungfrau?«

»Gut, Berenike, sprechen wir gleich vom Phänomen der jungfräulichen Geburt. Man kennt es aus allen frühen Kulturen. Es gibt kaum einen Gott oder Halbgott ohne diese besondere Herkunft. Auch die Pharaonen benutzten dieses Märchen, das vielleicht aus den frühesten Zeiten der Menschheit stammt. Damals glaubte man noch, dass die Frau allein neues Leben hervorbringen kann. War dann sogar noch ein unsichtbarer Gott im Spiel, umso besser!«

»Ich verstehe. Also konnte Jesus erst recht keinen menschlichen Vater haben.«

»Richtig, Berenike. Der Apostel Paulus erzählt noch nichts von einer Jungfrauengeburt, das blieb dem späteren Lukas-Evangelium vorbehalten und das übernahm auch Matthäus.

Erst auf der Lateransynode von sechshundertneunundvierzig wird die ›immerwährende Jungfräulichkeit‹ Mariens postuliert, was bedeutet, dass ihr Hymen vor, während und nach der Geburt unverletzt geblieben sei. Sie wurde also Mutter, ohne sich zu ›beschmutzen‹.«

»Wenn ich das richtig sehe, dann hat die Kirche aus einem antiken Symbol eine biologische Tatsache gemacht.«

»Man brauchte eine weibliche Identifikationsfigur, Stefan. Mit Jesus allein, das meint heute jedenfalls eine bekannte Theologin, hätte das Christentum nie die Anziehungskraft ausgeübt, die es durch Maria bekam. Das mütterliche Element spielt in allen Religionen eine immens wichtige Rolle. Aus diesem Grund proklamierte man Maria vierhunderteinunddreißig auf dem Konzil von Ephesus zur ›Theotokos‹, das heißt zur ›Gottesgebärerin‹.«

»Aber der Jungfrauenkult ist doch auch die Ursache der Frauenfeindlichkeit.«

»Ja, Berenike. Das wird kaum noch geleugnet. Maria wurde zum Gegenbild der angeblich so sündhaften Eva aufgebaut, die man zum Werkzeug des Teufels machte. Dagegen ließ man Maria in mystischem Glanz strahlen. Eva galt als die Hexe schlechthin, von ihr aus soll sich die ›Erbsünde‹ auf alle Frauen übertragen haben. Und Maria, die Madonna, gewann einen immer größeren Zauber, verkörperte sie doch alles, was Eva angeblich fehlte: Keuschheit, Demut und Gehorsam. So erschallt das Mittelalter von den Lobpreisungen der Madonna und zugleich warnen die Marienverehrer vor der irdischen Frau.«

»Maria gilt doch auch als Inbegriff der Güte!«

»Im Volk sicher. Die einfache Frau und Mutter fand in Marias schwesterlicher Gestalt Trost und Hoffnung. Vor keiner anderen Gestalt konnten die Menschen eine ähnliche Ehrfurcht empfinden, keine andere als sie vermochten sie in gleicher Weise zu verehren. Für sie sangen die Mönche ihre schönsten Lieder. Dass die Marienverehrung die Kunst unendlich bereichert hat, wissen wir auch. Aber genauso wahr ist, dass die Männer der Kirche, die viele Jahrhunderte lang die Verkünder geltender Wertvorstellungen waren, sich in ein nicht existierendes Frauenideal verliebten. So unterdrückten sie die an sich schon bittere Lebenswirklichkeit der Frauen noch zusätzlich, maßen die armen Geschöpfe an weltfremden Tugenden und verlangten von ihnen, sich als die Ursache aller Sünden zu sehen.«

»Da muss ich wieder an das arme jüdische Mädchen denken, das beten und weben und mit dreizehn Jahren einen sicherlich ungeliebten Handwerker heiraten musste, aber nicht zur Schule gehen durfte«, murmelte Berenike. »Hat man es nicht betrogen um alles, was zum Beispiel mir heute ganz selbstverständlich ist… und dann diese Idealisierung!«

»Mir beweist das wieder einmal, dass der Mensch weder die Wahrheit wissen noch die Realität anerkennen will. Lieber glaubt man an Märchen, auch wenn sie noch so leicht zu widerlegen sind.«

Senex hob die Hände: »Stefan, es gibt tiefere Wahrheiten als die mit dem Verstand nachprüfbaren. Auf Maria richten sich, wie auf keine andere Gestalt, die Hoffnungen, die tiefsten Sehnsüchte der Menschen, vor allem der Leidenden. Daran rühren keine realistischen Zweifel.«

Frauen arbeiten in zweihundert verschiedenen Berufen

»Aber lasst uns nun wieder zu den ›normalen‹ irdischen Frauen zurückkehren«, bat Senex.

»Die, die nicht heirateten, waren gezwungen zu arbeiten, um Geld zu verdienen. Auf dem Land mussten die Frauen und Mädchen ganz selbstverständlich mithelfen, auch bei der schwersten Feldarbeit. Wenn sie Lohn bekamen, so immer weniger als der Mann. Sie bekamen sogar weniger zu essen. In den Städten gab es gewerbetreibende Frauen. Sie arbeiteten als Kerzenzieherinnen, Eisenwarenhändlerinnen, Netzmacherinnen, Pelzmacherinnen, Schuhmacherinnen und so weiter – sogar als Goldschmiedinnen. In Frankfurt arbeiteten im vierzehnten Jahrhundert Frauen in mehr als zweihundert verschiedenen Berufen. Es gab sogar weibliche Zünfte, Seidenspinnerinnen durften Lehrerinnen ausbilden. Oft wurden Mädchen schon ab ihrem zwölften Lebensjahr zu einem Meister in die Lehre gegeben.«

»Das klingt nach Selbstständigkeit.«

»In vielen Fällen war es das auch, Berenike. Es gab Städte, wo Frauen ein Monopol in einzelnen Berufen hatten. Und dennoch, wenn die Frauen auch selbstständig arbeiten und aufsteigen konnten und sich Achtung erwarben, so konnten sie doch niemals in Männerzünfte aufgenommen werden.«

»Und wie war es mit den Lehrerinnen?«

»Die Männer waren in der Regel dagegen, dass Frauen lehrten oder öffentlich debattierten. Und trotzdem, ganz allmählich setzten sich die Frauen auch hier durch. So gab es Lehrerinnen, die gleichzeitig Wäscherinnen oder Nonnen waren und in einem bunten Gemisch aus Klosterschulen, Nachbarschaftsschulen, privaten Schulen und städtischen Schulen unterrichteten.«

»Auch Mädchen?«

»Auch Mädchen. Allerdings lernten nur wenige Lesen, Schreiben und Rechnen, geschweige denn Latein. Sie kamen aus der Handwerkerschicht und dem Kleinbürgertum. Latein lernten in der Regel nun die Jungen, vor allem natürlich dann, wenn sie Geistliche oder Mönche werden sollten.«

Gemeinschaften in der Nachfolge Christi

»Mönche – wir haben immer wieder von Klöstern und Mönchen gesprochen. Sie haben doch eine große Rolle im Mittelalter gespielt. Die Mönche waren doch nicht nur Fanatiker, die meisten waren doch wirklich erfüllt von ihrem Glauben und vollbrachten großartige kulturelle Leistungen.«

»Ja, Roman, die Mönche überragten alle anderen Stände auf der sozialen Rangstufe. Die Ehe diente der Fortpflanzung, die Mönche dienten Gott. Sie haben das kulturelle Gesicht der Mittelalters nachhaltig geprägt. Ihr Tageslauf bestand aus Beten, Essen, Arbeiten, Beten, Predigen, Gottesdienst, Krankenpflege und Meditation. Viele Klöster waren geistige Zentren, in denen die Wissenschaften gepflegt wurden. Darüber hinaus kultivierten sie die Böden, bauten Brücken, Straßen, Klöster und Kirchen. Die Frauen ihrerseits fanden in Nonnenklöstern Geborgenheit. Dort haben sie Mädchen erzogen und die Ärmsten betreut.«

»Man gab ihnen ja auch keine anderen Aufgaben!«, rief Berenike. »Das war doch oft sogar eine Art Gefangenschaft.«

»Und trotzdem haben sich die meisten bei ihren Schwestern und in ihrem Glauben geborgen gefühlt. – Doch wir wollen dieses Thema beenden.«

Das düsterste Kapitel des Mittelalters

Senex machte eine Pause. Es war ihm anzumerken, dass er mit sich kämpfte und daher zögerte weiterzusprechen. Schließlich sagte er: »Es fällt mir schwer, aber wir dürfen das düsterste Kapitel, eines der fürchterlichsten der Menschheitsgeschichte, keinesfalls übergehen, indem wir es lediglich streifen. Es gehört ja sinngemäß zum Thema ›Frauen‹, über das wir eben gesprochen haben. Es umfasste mehrere Jahrhunderte, aber am Ende der Renaissance und in der Reformationszeit erreichte es seinen schauerlichen Höhepunkt, ja, man kann sagen, das Unwesen setzte so recht erst an der Wende zur Neuzeit ein. Im so genannten ›finsteren Mittelalter‹ kannte man es noch kaum. Ich nenne es das Kainsmal der Renaissance.«

»Sie meinen die Hexenprozesse!«

»Ich meine den Hexenwahn, Stefan, dessen Quelle natürlich der Aberglaube war...«

»Oder der Glaube, denn wo wollen Sie die Grenze ziehen, Senex? Es gibt doch nur einen graduellen, aber keinen grundsätzlichen Unterschied zwischen Glauben und Aberglauben.«

»Überlassen wir die Beantwortung dieser Frage den Psychologen und Theologen. Das Phänomen des Hexenwahns ist fast noch schwerer zu erklären als der Antisemitismus, der immerhin benennbare Wurzeln hat, nämlich die, dass man die Juden für den Kreuzestod Christi verantwortlich machte. Nun aber glaubte man unerschütterlich daran, dass Dämonen ihre übernatürlichen Kräfte auf Menschen übertragen konnten. Bereits Kindern wurde diese Furcht eingeimpft. Daher waren alle überzeugt, sie seien geradezu verpflichtet, Hexen und Zauberer zu verbrennen.«

»Zauberer auch? Ich denke, der Wahn richtete sich nur gegen Frauen!«

»Nicht ganz, Berenike. In manchen Gegenden waren sogar ausschließlich Männer Opfer des Hexenwahns. Aber das ist natürlich nichts im Vergleich zu den unzähligen Frauen, die qualvoll sterben mussten. Nicht etwa nur alte Frauen, sondern auch Mädchen und oft sogar Kinder. Außer Hebammen waren Köchinnen und heilkundige weise Frauen besonders gefährdet.«

»Wie konnte es nur so weit kommen?«

»Es gibt vielleicht auch für Seelenprozesse eine Art Mechanik, einen nicht aufzuhaltenden Ablauf, bei dem sich aus einer winzigen Bewegung eine unübersehbare Summe von Erschütterungen ergibt. Offenbar können sich derartige seelische Phänomene wie Seuchen ausbreiten, wobei Behauptungen und Gerüchte wie Bakterien wirken. Das ist mit dem Verstand nicht nachzuvollziehen. Eine solche Seelenseuche war der Hexenwahn.«

»Solche Seelenseuchen sind alle Ideologien!«

»Das ist leider wahr, Stefan. Sogar angesehene Institutionen, wie zum Beispiel die juristischen Fakultäten vieler Universitäten, beteiligten sich am Kampf gegen das so genannte Hexenunwesen. Zahllose Gelehrte, Gebildete, Literaten hingen dem Hexenwahn und Teufelsglauben an. Studierte Juristen, Universitätsprofessoren und Gelehrte untermauerten den Hexenwahn ›wissenschaftlich‹ und rechtfertigten Folter und Todesstrafe auf dem Scheiterhaufen nicht nur, sie forderten sie sogar. Man arbeitete einen speziellen juristischen Kodex aus – den so genannten ›Hexenhammer‹ –, der genaue Vorschriften für das Prozessverfahren enthielt. Es gab Verordnungen und offiziell legitimierte Spezialisten. Auch die Reformatoren Luther und Calvin waren in diesem Fall nicht nur mit den Gelehrten, sondern auch mit den Päpsten, eigentlich ihren größten Feinden, einer Meinung. Der Papst sagte, er habe mit den Hexen kein Mitleid, er würde sie alle verbrennen, und die Reformatoren fanden für die Schreckensfeuer genügend Begründungen in der nun ins Deutsche übersetzten Bibel. Es ist traurig, aber wahr, dass Katholiken und Protestanten darin wetteiferten, Hexen auf den Scheiterhaufen zu bringen.«

»Aber warum bloß?«

»Ach, Berenike, die unglücklichen Frauen wurden wegen allem und jedem denunziert, wegen Hagelmachen und Milchzauber, wegen Anhexen von Krankheiten – ich will gar nicht alles aufzählen. Und alle Details, von denen die Gequälten ja gar nichts wissen konnten, wurden ihnen von ihren Inquisitoren vorgesagt und auf der Folter aus ihnen herausgepresst.«

»Ich verstehe trotzdem nicht,warum vor allem die Frauen darunter zu leiden hatten.«

»Darüber gibt es viele Untersuchungen und Berge von Literatur. Die tiefste Wurzel liegt sicherlich im Sexualhass, mit dem die Kirche damals die Frauen verfolgte. Für sie waren sie Gefäße der Sünde, die Verführerinnen der Männer. Die Lehre sagte, es sei kein Zufall gewesen, dass die Schlange im Paradies Eva und nicht Adam angesprochen habe. Die Verfasser des ›Hexenhammers‹ schrieben: ›Jede Hexerei kommt aus der Fleischeslust, dieweil diese in den Weibern unersättlich ist.‹ Außerdem galten die Männer grundsätzlich als privilegiert, weil Jesus ein Mann war. Und man glaubte, dass der Mann unmittelbar von Gott erschaffen worden sei, die Frau aber nur aus einer seiner Rippen.«

Ganze Dörfer und Landstriche werden entvölkert

Senex fuhr fort: »Das besondere Ziel der Hexenverfolgung waren die Hebammen.«

»Warum? Hätte man ihnen nicht dankbar sein müssen für die Dienste, die sie leisteten?«

»Man hätte, Berenike, und man unterschied auch durchaus zwischen guten und schlechten Hebammen. Die Kirche meinte, dass sich die ›teufelsbuhlerische Hexensekte‹ deshalb so sehr vermehrte, weil die Hexenhebammen ihre Kinder von früh auf in das Hexenhandwerk einführten. Durch die immer weiter ausgreifenden Denunziationen schwoll der Hexenwahn so maßlos an, dass überall die Scheiterhaufen loderten und ganze Dörfer, sogar Landstriche entvölkert wurden. Die Folter wurde schon seit Anfang des fünfzehnten Jahrhunderts angewendet, zunächst unter stillschweigender Duldung der Gerichte. Aber fünfzehnhundertfünfunddreißig legalisierte Kaiser Karl der Fünfte auf dem Reichstag zu Regensburg die Folter und sah für Hexen den Feuertod vor. Zwar sollten mit der so genannten ›Peinlichen Halsgerichtsordnung‹ die Strafverfahren eigentlich vom Aberglauben gereinigt werden, indem die Schuld eines Angeklagten nur durch zwei Tatzeugen oder durch sein Geständnis bewiesen werden konnte, also nicht mehr mit Hilfe von Gottesurteilen, wie zum Beispiel Feuerproben. Insofern war diese ›Halsgerichtsordnung‹ sogar ein Sieg der Vernunft. Aber nun gestattete sie ›bei hinreichenden Verdachtsgründen‹ die Folter, denn: Wie sonst wäre ein Geständnis zu erreichen gewesen? Wir haben im Evo-Park lange überlegt, ob wir euch das realistische Schauspiel einer Hexenverbrennung zumuten sollen. Wir haben uns zwar dagegen entschieden, dachten aber, dass wir auf eine Demonstration nicht verzichten sollten, angesichts der Bedeutung dieses schrecklichen Themas und des grellen Schlaglichts, das es auf die Natur des Menschen wirft. Daher haben wir uns für eine abgemilderte Darstellung entschieden. Gewiss, eine Folter muten wir euch trotzdem nicht zu – aber seht selbst…«

Grauer Qualm verdüstert den Himmel

Senex machte eine Handbewegung, und vor ihnen tat sich eine gewölbte Leinwand auf wie in einem Autokino, sodass man das Gefühl haben konnte, sich auf dem Platz einer mittelalterlichen Stadt zu befinden, umgeben von braunen Fachwerkhäusern. Gegenüber erhob sich die Kathedrale, geschmückt von Fenstern mit Mittelsäulen, Strebepfeilern, Figuren und Wasserspeiern. Davor drängte sich eine Menschenmenge. Ganz vorn stand eine Gruppe von Mönchen im schwarzen Habit.

»Dominikaner«, erläuterte Senex. Sie sangen und psalmodierten, das ›Dies Irae‹ ertönte.

»Das war damals ein neuer Gesang, in dem sich die große Todesfurcht des Zeitalters ausgedrückt hat«, sagte Senex.

Es klang düster, ein Lied des Schreckens.

Ein Teil des Platzes war abgesperrt. Männer mit Spießen standen in dichter Reihe, es gelang ihnen kaum, das Volk im Zaum zu halten.

Vor dem Kirchenportal waren Holzscheite unter einem entrindeten, mannshohen Baumstamm aufgeschichtet, Reisig, Stroh, dürre Äste, schwarz von Pech.

Eine weibliche Stimme gellte: »Die Hexe! Die Hexe! Zeit ist's!«

»Was wirft man ihr vor?«, fragte Berenike mit leiser Stimme. Sie war wider Willen beeindruckt von dem Schauspiel. Längst hatte sie vergessen, dass sie nur einen Film sah.

»Sie soll mit dem Teufel Unzucht getrieben haben.«

»Und das hat sie gestanden?«

»Ja, um die unerträglichen Qualen der Folter zu beenden. Arme und Beine hat man ihr gebrochen, die Hände zerquetscht. Die Leute behaupteten, es sei ihr Hexenwerk gewesen, dass Kinder in der Wiege gestorben wären!«

Das Lärmen auf dem Platz schwoll an. Und da kam sie, auf den Platz getragen auf dem Rücken eines Knechtes, denn gehen konnte sie nicht mehr. Der Henker und seine Büttel folgten, auch Männer des weltlichen Gerichts, die das Urteil gesprochen hatten, nachdem ihnen die Sünderin von den Inquisitoren der Kirche übergeben worden war. Bewaffnete Schergen umringten sie.

Da legte sich plötzlich Lähmung über alle, eine Starre gespannter Erwartung. Von der Leinwand leuchteten die Augen des Mädchens im bleichen, leblosen Gesicht. Roman und Stefan spürten die Angst dieses Wesens am eigenen Körper. Berenike murmelte tonlos: »Sie muss wie betäubt sein vor Angst!«

»Sie ist entkräftet von den unsäglichen Qualen, die hinter ihr liegen, ihr Widerstand ist gebrochen«, murmelte Senex.

Ein zweiter Knecht nahm das Opfer seinem Träger ab. Gemeinsam schleppten sie das Mädchen zum Scheiterhaufen und hoben es auf das Podest, banden es so fest an den Stamm, dass es nicht herabrutschen konnte. Noch einmal bäumte es sich auf, dann sank ihr Kopf kraftlos wieder herab.

Da geschah etwas Unerwartetes: Das Mädchen rief Gott um Hilfe an.

»Sie lästert!«, schrie ein Zuschauer im Vordergrund.

Zwei Schergen erschienen mit lodernden Fackeln. Aus der Menge ertönten Rufe: »Sie soll brennen! Brennen!«

Die Flammen der Fackeln wurden an das Stroh gehalten. Sofort begann der Scheiterhaufen an drei Stellen zu lodern.

»Im Namen des Vaters, des Sohnes und des Heiligen Geistes«, sagte der Geistliche und bekreuzigte sich.

Das Holz prasselte. Eine Feuersäule stieg auf, grauer Qualm verdüsterte den Himmel.

Da sah man die Augen des Mädchens noch einmal, umweht von Rauch, in namenloser Angst. Dann schoss eine grellrote Flamme empor. Qualm verhüllte die Kirche und ihr Portal. Rauch stieg zum Himmel und formte sich dort zu einer Wolke. Der Scheiterhaufen stand lichterloh in Flammen.

Das Bild auf der Leinwand erlosch, die Projektionswand verschwand und die Besucher waren wieder von Dunkelheit umgeben.

Senex ließ ihnen Zeit, das Gesehene zu verarbeiten. Schließlich sagte er: »Damit sollte auch an die Jungfrau von Orléans erinnert werden, die im Mai vierzehnhunderteinunddreißig im französischen Rouen auf dem Scheiterhaufen starb, sicher das bekannteste aller Opfer des Hexenwahns.«

Ein Katalog blühenden Unsinns

»Liegt diese Zeit wirklich ganz hinter uns?«, fragte Stefan. »Der Wahn ist doch nicht besiegt, wenn er in unseren Gebieten auch nicht mehr diese Formen annimmt!« Er stockte, verbesserte sich gleich und murmelte: »Nein, nein, ich will jetzt gar nicht von Hitlers Judenvernichtung reden. Aber hat nicht auch sie die gleichen Wurzeln?«

»Ich werde nie verstehen, wie die Menschen derartig fanatisiert werden können«, murmelte Roman.

»Aber warum haben so viele Leute an die Zauberei geglaubt?«

»Wie sollten sie nicht daran glauben, Berenike, wenn die Kirche ihrer Zeit und so viele Gebildete es lehrten und mit ihren Prozessen vormachten. Wie sollten die Menschen nicht in Dämonenhysterie verfallen, wenn der Klerus selbst an die okkulten Praktiken glaubte und sie mit Folter und Feuer verfolgte?

Ja, man kann es schlecht beschönigen. Die Kirche – oder sagen wir, die Menschen, aus denen die Kirche bestand – schürten den Hexenglauben. Besonders im Mittelalter müssen wir zwischen Christentum und der Institution der Kirche unterscheiden. Ich gebe zu, das ist nicht immer ganz leicht. Jedenfalls, berüchtigt ist die Bulle von Papst Innozenz dem Achten, der von vierzehnhundertvierundachtzig bis vierzehnhundertzweiundneunzig regierte. Ich möchte ihre Scheußlichkeiten nicht im Einzelnen zitieren. Er schreibt von Menschen, die mit dämonischen Incubi und Succubi verkehren, die Saaten vernichten und Männer, Frauen, Schafe, Rinder zu Grunde richten.«

»Ein Katalog blühenden Unsinns!«

»Der die fatalsten Folgen hatte, Stefan. Ich meine damit wieder einmal das Buch ›Der Hexenhammer‹, das vierzehnhundertneunundachtzig in Straßburg erschien. Auf fast jeder Seite wird die sexualpathologische Besessenheit der Verfasser deutlich.«

»Das war also nur etwas mehr als drei Jahrzehnte nach Gutenbergs erstem Bibeldruck?«

»Ja, Roman. Der ›Hexenhammer‹ war gewiss eines der scheußlichsten, verhängnisvollsten Bücher der Geschichte und es war besonders katastrophal, dass die Päpstliche Bulle durch den Buchdruck so rasch verbreitet wurde – als maßgebendes Wort des Papstes. Denn von seinem Erscheinen bis sechzehnhundertneunundsechzig, also rund zweihundert Jahre lang, wurde der Text der Bulle in allen neunundzwanzig Auflagen des ›Hexenhammers‹ gedruckt.«

»Ja, waren denn auch die Päpste so sehr von Dämonenfurcht geplagt?«

»Auch Päpste und Kleriker waren Menschen ihrer Zeit.«

»Gab es denn keine Gegenstimmen?«, fragte Roman kleinlaut.

»Leider allzu wenige. Königin Christine von Schweden zum Beispiel machte der Hexenjagd ein Ende, wo immer sie konnte. Viel zu langsam dämmerte das Zeitalter der Vernunft herauf.«

Auch Luther nennt die Welt des Teufels Haus

»Ich will das noch erläutern«, sagte Senex. »Teufelsbücher, wie man mit hilfreichen Dämonen in Berührung kommen könne, waren im Mittelalter äußerst begehrt. Allein fünfzehnhundertachtundsechzig wurden auf zwei Jahrmärkten von einem einzigen Händler eintausendzweihundert Exemplare verkauft! Die Fabel von Doktor Faustus verdankt ihre große Beliebtheit während des ganzen Mittelalters ebenfalls der Tatsache, dass er einen Pakt mit dem Teufel schloss. Auch Luther nannte die Welt des Teufels Haus: ›Wo man hinkommt, findet man diesen Wirt daheim.‹ Aber ich kann auch einige Gegner des Hexenwahns aufführen, und zwar schon seit frühester Zeit. Als Ersten nenne ich den Zeitgenossen des Stauferkaisers Friedrich des Zweiten, den englischen Philosophen Roger Bacon, der mathematisch-naturwissenschaftliche Studien gegen die realitätsferne scholastische Dialektik setzen wollte. Leider muss ich aber zugeben, dass selbst Kaiser Friedrich der Zweite die Scheiterhaufen für sein ganzes Reichsgebiet als verbindlich erklärt hatte. Wir haben ja schon kurz darüber gesprochen.«

»Vielleicht auch ein Beweis dafür, dass man das ganze Unheil nicht der Kirche allein anlasten kann«, sagte Roman.

»Aber die Religion der Liebe hat es auch nicht verhindert, Romi.«

»Roger Bacon hatte einen Brief über die Nichtigkeit der Magie geschrieben und in einem kühnen Vorgriff die enge, kirchlich gebundene mittelalterliche Denkweise in Frage gestellt«, fuhr Senex fort.

»Also doch ein Vorfrühling der Vernunft?« Stefan begeisterte sich sofort für diesen Mann. »Und hat man auf ihn gehört?«

»Nein, Stefan. Bacons Werke wurden verboten, er selbst gefangen gesetzt. Trotzdem, um das Jahr tausend war die mittelalterliche Kirche noch moderat und vernünftig und lehnte ›das Herumfliegen von Frauen‹ als unsinnig ab. Aber das wollte sie später nicht mehr wahrhaben. Am meisten Schuld trug die Scholastik und nicht etwa nur die späte Hochscholastik, sondern sogar die des Thomas von Aquin. Er untersuchte – ich muss es zugeben – mit einer wirren Dialektik die Methode, wie die Dämonen mit ihrem angenommenen Scheinleib Frauen schwängern können. Als weibliche Sukkuben, das sind Buhldämonen, sollen sie schlafenden Männern ihren Samen abgezapft und ihn als männliche Inkuben blitzschnell in die Vagina der Frauen getragen haben. Ich sage das nicht, um diesen bedeutenden mittelalterlichen Geist zu diffamieren, sondern um zu zeigen, wie fest verankert der Unsinn selbst in den klügsten Köpfen war. Wie wollte man da das Volk verantwortlich machen? Dabei merkte der scharfsinnige Scholastiker auch noch an, dass so geborene Kinder keine Kinder des Teufels, sondern des ›angezapften Mannes‹ seien. Thomas von Aquin war bestimmt überzeugt von seiner Meinung und damit ein Miturheber von Dämonenfurcht und Aberglauben, die der Welt das Schau- und Schauerspiel des Hexenwahns bescherten.«

»Und dabei gilt er als Heiliger«, murmelte Stefan.

»Auch wenn ich die Verdienste Thomas von Aquins nicht schmälern will, so gab es andererseits doch klügere Köpfe, wie den viel weniger berühmten Withelm Adeline, auch einen Professor der Pariser Universität, der öffentlich predigte, dass der Hexensabbat nichts weiter als ein Phantasieprodukt sei.«

»Und was ist mit ihm passiert?«

»Er wurde zu lebenslangem Gefängnis verurteilt«, erwiderte Senex. »Allerdings dauerte die Haft nur vier Jahre.«

»Er wurde also freigelassen?«

»Nein, Romi, er starb elend im Kerker. Trotzdem, der Meinungsstreit wogte hin und her. Es gab sogar Fälle, in denen Beamte der römischen Inquisition die Priester ermahnten, das Volk über die Trugschlüsse der

Hexerei zu belehren. Dagegen forderte Papst Gregor der Fünfzehnte sechzehnhundertdreiundzwanzig die Todesstrafe für Personen, die Tod durch Hexerei verursacht haben sollten, während Urban der Achte sechzehnhundertsiebenunddreißig katholische Inquisitoren wegen ihrer willkürlichen und ungerechten Verfolgung von Hexen verurteilte. Übrigens war der Hexenglaube erstaunlicherweise in den südlichen Ländern kaum ein Thema. In Italien, Spanien und Portugal, wo doch die katholische Kirche und die Inquisition unangefochten und fast allmächtig waren, gab es die wenigsten und die am mildesten verlaufenden Hexenprozesse. In Spanien und Italien ereigneten sich seit dem sechzehnten Jahrhundert nur ein Zehntel aller europäischen Hexenverfolgungen. Sicher, es gab von Portugal bis Russland und von Schottland bis Sizilien Hexenverfolgungen, doch die grausamsten fanden auf dem Boden des Heiligen Römischen Reiches Deutscher Nation und in der Schweiz statt. Es ist auch eine Tatsache, dass eben gerade zur Zeit der Renaissance, als die päpstliche Autorität zu verfallen begann und der Staat die Gerichtsbarkeit an sich zog, die Verfolgungen zunahmen. Mehr und mehr sträubten sich im sechzehnten und siebzehnten Jahrhundert gerade auch kirchliche Richter, strenge Urteile zu fällen, und versuchten stattdessen zur Buße zu mahnen. Nur die weltlichen Gerichte zeigten kaum jemals Skrupel.«

Eines der fürchterlichsten Bücher

»Welche Haltung nahmen denn die Kaiser ein?«, fragte Roman.

»Kaiser Maximilian der Zweite erließ fünfzehnhundertachtundsechzig ein Dekret, wonach die Geständnisse überprüft werden sollten, indem die Angeklagten öffentlich ihre magischen Künste demonstrieren müssten. Und die höchste Strafe sollte nur in der Verbannung bestehen.«

»Ein Lichtblick«, murmelte Roman.

»So ein Lichtblick ist auch der Mailänder Franziskaner Cassini, der energisch gegen die Behauptung protestierte, der Teufel habe die Kraft, Menschen durch die Luft zum Sabbat zu tragen. Es ist erstaunlich, dass ihm dafür nichts weiter passierte, als dass er empörte Streitschriften von Dominikanermönchen erhielt.

Der Erzbischof von Trier ließ fünfzehnhundertsechsundneunzig hundertzwanzig Menschen verbrennen, mit der Begründung, sie hätten die kalte Witterung mit Hilfe des Teufels so lange andauern lassen. Und ein Mann, den man für aufgeklärter gehalten hätte, nämlich der Kurfürst August von Sachsen, ordnete fünfzehnhundertzweiundsiebzig an, dass Hexen verbrannt werden sollten, auch wenn sie niemandem etwas zu Leide getan hatten. Dagegen erklärte Erasmus von Rotterdam, der bedeutende katholische Humanist, der von beiden christlichen Konfessionen gleichermaßen anerkannt wurde, dass der Teufelspakt sowohl im römischen als auch im kanonischen Recht unbekannt und eine Erfindung sei.«

»Sie haben vorhin den ›Hexenhammer‹ erwähnt«, sagte Roman bedrückt, »und Sie haben es eines der fürchterlichsten Bücher genannt, das je gedruckt worden ist.«

»Ich sehe in ihm ein frühes Beispiel dafür, welch verheerenden Einfluss die Medien haben können, Roman. Das leicht und relativ billig zu druckende Buch hatte eben auch jene schlimmen Folgen, die den heutigen Medien oft zugeschrieben werden. Es verbreitete Aberglauben, Dämonenfurcht, hetzte die Leichtgläubigen auf, machte sie unzugänglich für jegliche Vernunft und grausam gegenüber ihren Opfern.«

»Hat denn nach dem Erscheinen des ›Hexenhammers‹ der Hexenwahn noch zugenommen?«

»Ja, Berenike. Am heftigsten tobte das Morden im sechzehnten und siebzehnten Jahrhundert, und zwar in ganz Europa. Auch Skandinavien und England wurden von dem Irrsinn erfasst. Das lateinisch geschriebene Buch wurde immer wieder gedruckt, in fast allen Ländern Europas, auch in Italien. Die Hexenrichter machten es zu ihrem Leitfaden.«

»Aber gab es denn in all den Jahrhunderten keinen Papst, der dagegen protestiert hat?«

Senex schüttelte den Kopf. »Noch siebzehnhundertneunundvierzig gab es Hexenverbrennungen in Würzburg. Der letzte Scheiterhaufen loderte wahrscheinlich siebzehnhundertdreiundneunzig in Posen.«

Die Zahl der vernünftigen Stimmen nimmt zu

»Aber wann war denn endlich Schluss mit diesem Wahn?«

»Wie schon gesagt, Berenike, immer wieder sind Stimmen der Vernunft laut geworden. Herausheben möchte ich den deutschen Jesuiten und Dichter Friedrich von Spee, der fast zweihundert der Hexerei Beschuldigten die Beichte abgenommen hatte. Er brandmarkte in seinem Buch ›Cautio criminalis‹ die Verfolgungen, aber er gehört nicht mehr ins Mittelalter, sondern schon ins Zeitalter des Barock. Zwar glaubte auch er an die Existenz von Hexen, beklagte aber die zahllosen Verhaftungen, die auf grundlosen Verdächtigungen beruhten, die Unredlichkeit der Prozesse, die erbarmungslosen Folterungen, die, wie er schrieb, ›selbst Doktoren und Bischöfe der Kirche‹ dazu veranlassen würden, alles Mögliche einzugestehen. Doch langsam verebbte der Hexenwahn. Nach sechzehnhundertdreiunddreißig, als der Dreißigjährige Krieg in Deutschland seinen religiösen Charakter einbüßte und eine rein politische Auseinandersetzung um die Macht wurde, verlor der Glaube seine Kraft, die in den Menschen so viel Hass erzeugt hatte.

Neue Schulen und Universitäten sorgten für frischen Wind in den Köpfen der Gelehrten. Ein vernunftorientiertes Denken brach sich allmählich Bahn und mit ihm gewann eine realistische und auf das Diesseits ausgerichtete Lebensgestaltung an Bedeutung.«

»Weiß man, wie viele Menschen beziehungsweise Frauen den Prozessen zum Opfer gefallen sind?«

»Der größte Teil der Akten ist vernichtet worden. Die höchste Schätzung beläuft sich auf neun Millionen. Es gibt aber auch Autoren, die von ›nur‹ sechzigtausend verbrannten Hexen sprechen. Ich halte das für viel zu tief gegriffen. Im siebzehnten Jahrhundert sollen allein in Deutschland einhunderttausend Scheiterhaufen gelodert haben.«

»Können wir eine kleine Pause machen, ich muss mich erst erholen«, bat Berenike.

»Dann will ich euch eine kleine Geschichte erzählen, die zwar nicht direkt in unseren Park gehört, weil der sich ja nur mit dem mittelmeerischen Raum befasst. Aber sie eignet sich wie kaum eine andere dazu, diesem düsteren Kapitel eine freundlichere Wendung zu geben. William Penn, sechzehnhundertvierundvierzig in London geboren und Quäker, fragte in dem von ihm gegründeten Pennsylvania eine Angeklagte: ›Bist du eine Hexe? Bist du auf einem Besenstiel durch die Luft geritten?‹ Und als die Frau bejahte, antwortete er: ›Dazu hast du jedes Recht der Welt!‹«

»Was für ein kluger Mann«, sagte Berenike.

Die ewige Knechtschaft der Juden

»Haben wir nicht etwas Wichtiges vergessen?«, fragte Stefan. »Zum Hexenwahn gehören doch auch Judenhass und Judenverfolgung.«

»Du hast Recht. Schon der Kirchenvater Augustinus, der wichtigste Kirchenlehrer des europäischen Altertums, vertrat im vierten nachchristlichen Jahrhundert die Lehre von der ewigen Knechtschaft der Juden. Thomas von Aquin sagte dasselbe schon wesentlich ungeschminkter: ›Da die Juden ewiger Knechtschaft überliefert sind, können die Fürsten über deren irdische Güter wie über ihr Eigentum verfügen.‹ Und weiter: ›Auch darin begeht die Kirche kein Unrecht, daß sie, da die Juden Sklaven der Kirche sind, über deren Güter verfügen kann.‹«

»Auch über ihr Leben?«

»Das eine ist ohne das andere wohl nicht denkbar, Roman. Kaiser Friedrich der Zweite bot den Juden zwar scheinbar Schutz, indem er sie in ›Kammerknechtschaft‹ nahm, in Wirklichkeit aber schuf er sich mit diesem ›Schutz‹ ein einträgliches Hoheitsrecht, das alle Mächtigen nach ihm skrupellos ausübten. Kirche und Staat standen einander in den Mitteln und Zielen der Judenverfolgung nicht nach. Oft arbeiteten sie sogar Hand in Hand, und es waren gerade die herausragenden Persönlichkeiten, die den Judenhass schürten. Hier steht Martin Luther genauso in vorderster Front wie Kaiser Karl der Vierte, der mit verschiedenen Städten Judenmorde sogar vertraglich regelte. Er bekräftigte, dass die Kaiser aus ihrer Machtbefugnis heraus mit den Juden ›tun und lassen mögen, was Wir wollen‹.

Im Juni dreizehnhundertneunundvierzig trat er seine Rechte über die Frankfurter Juden gegen eine beträchtliche Summe an die Stadt ab. Er verschacherte sie quasi mit Haut und Haar – ›Ihr Leib und ihr Gut, ihre Höfe, Häuser, Kirch- und Schulhof, ihr Eigen und Erbe‹ – und gewährte im Voraus Straffreiheit für ihren etwaigen Tod. Nur wenige Wochen danach überfielen die Frankfurter die Juden, die voller Verzweiflung ihre Häuser anzündeten und in den Flammen starben. Ihr Vermögen wurde konfisziert. Auch mit Nürnberg schloss der Kaiser einen lukrativen Vorvertrag über die Ermordung und Beraubung der Juden. Mehr Beispiele brauche ich euch nicht zu nennen. Ihr könnt euch denken, dass in vielen anderen Städten Ähnliches geschah.«

»Von dort führt eine Blutspur direkt zu Hitlers Holocaust«, murmelte Stefan.

»Ganz gewiss machten es die Juden ihren mittelalterlichen, in dunklen Vorstellungen befangenen und von so vielen Ängsten gequälten Mitmenschen auch nicht immer leicht. Die engen Vorschriften ihrer Religion erschienen vielen absurd und unverständlich. Die Juden wurden nicht nur ausgegrenzt, sie schotteten sich auch selber von den Heiden, den ›Gojim‹, ab und ließen es sie spüren, dass sie sich als das von Gott auserwählte Volk betrachteten.«

»Aber das rechtfertigt doch diese Morde nicht!«, ereiferte sich Stefan. »Außerdem – warum konnten die Juden in Spanien zur Zeit der Mauren mit den anderen Religionen zusammenleben, nur in den christlichen Ländern nicht? Ihre Sitten und Gebräuche waren doch dort nicht anders als in Frankfurt oder Prag!«

»Waren die Christen in Spanien denn toleranter zu den Juden?«

»Leider nein, Berenike, nirgendwo anders waren die Kirche und die Inquisition mächtiger als im katholischen Spanien. Stefan hat Recht, wenn er die Zeit der Mauren hervorhebt. Nach deren Vertreibung im fünfzehnten Jahrhundert durch Ferdinand und Isabella, die wir ja bei Kolumbus kennen gelernt haben, änderte sich die Lebenssituation für die Juden grundlegend. Die Inquzisition wütete schrecklich, sogar gegen diejenigen, die sich taufen ließen, denn man wollte ihnen ihre Bekehrung nicht glauben. Vierzehnhundertzweiundneunzig erließ man ein Judenedikt, in dem man zahllose Anschuldigungen gegen die Juden vorbrachte und ihre Austreibung anordnete. Etwa zweihunderttausend Juden gingen ins Elend, kamen auf See um, gerieten in die Hände von Seeräubern und wurden von diesen als Sklaven verkauft, dazu wüteten Hunger und Krankheit. Gold, Silber, Juwelen und Bargeld hatten sie der Krone überlassen müssen. Knapp die Hälfte konnte nach Portugal gelangen, was freilich nur ein scheinbares Glück war, denn dort taufte man die Erwachsenen gewaltsam und entriss ihnen die minderjährigen Kinder.«

Stefan schüttelte den Kopf. »Ich glaube kaum, dass es irgendeine andere Religion gibt, die so viel Schuld auf sich geladen hat wie die christliche.« Dann wandte er sich an Senex. »Vielleicht können Sie mir sagen, welchen Nutzen das Christentum dem Abendland gebracht hat.«

Christentum und Kirchen

Seit Jahrhunderten inspirierte die Kirche die Kunst

Senex dachte kurz nach, bevor er antwortete. »Die christliche Kirche gab dem Abendland gewiss mehr, als sie zerstörte. Sie gab ihm, wenn auch nicht immer, Ordnung und Frieden. Sie kannte gute und kluge Päpste, Bischöfe und Priester. Denk auch an die Mönche, die Wälder gerodet und Sümpfe trockengelegt haben. Damit schufen sie zahllosen Menschen Lebensraum. Du musst wohl akzeptieren, Stefan, dass die Geschichte des Abendlandes unlösbar mit dem Christentum verbunden ist. Und in der Historie gibt es keinen Konjunktiv, kein ›Wenn ...‹, ›Wenn nicht ...‹ oder ›Hätte ...‹. Du kannst die frühe Kirche und die Kirche des Mittelalters auch nicht mit der Kirche von heute gleichsetzen. Denn die Kirche besteht immer aus den Menschen ihrer Zeit. Die Kirche konnte auch nie die reine Botschaft Christi verwirklichen, sie war und bleibt Menschenwerk. Und dennoch spannte sie ein geistiges und kulturelles Netz über ganz Europa.«

»Denk auch an die christliche Kunst, Stef – was wäre unsere Kultur ohne sie, ohne die Klöster, Dome, Altäre, Gemälde, Skulpturen, Breviere, Bücher? Die Religion hat tausende von Baumeistern, Bildhauern, Malern, Dichtern und Musikern inspiriert.«

»Aber Romi, du kannst doch nicht so tun, als ob das Christentum die Kunst erfunden hätte und als ob es ohne die Kirche in Europa keine Kunst geben würde. Zweitausend Jahre lang haben die Künstler auf Jesus, Maria und die Heiligen gestarrt. Wie sollte sich da ein freier Geist entfalten, geschweige denn die Wahrheit?«

»Ich finde es gar nicht so wichtig, ob die christliche Religion auf Wahrheit beruht oder nicht«, sagte Roman, »es genügt mir, dass ohne sie die Welt ärmer wäre. Wenn ich daran denke, was wir in den vergangenen Tagen gesehen und erfahren haben, aber auch, weil das ein Thema ist, das mich schon lange beschäftigt, meine ich, dass die Kirchen fast zwei Jahrtausende lang die religiösen Bedürfnisse der Menschen befriedigen konnten. Und das ist entscheidend für mich.«

»Ich denke, Roman hat Recht«, warf Senex ein. »Die Religion hat den Menschen Halt gegeben, und sie tut es noch heute.«

»Du hast das Christentum angegriffen, Stef, und in vielen Punkten stimme ich dir zu«, sagte Roman. »All die schrecklichen Dinge, die im Namen der Kirche geschehen sind, müssen einen wirklichen Christen erschüttern.«

»Aber die Kirche hat auch Lehrer, Philosophen, Richter, Diplomaten und Staatsmänner erzogen, auch solche, die später ihre schärfsten Kritiker wurden«, sagte Senex. »Im Mittelalter bildete sich eine neue geistige Schicht heraus, deren lebendigste Repräsentanten die wandernden Scholaren wurden. Diese aufsässigen jungen Leute löckten frech wider den Stachel. Sie übten laut und heftig Kritik an der Gesellschaft, am Adel, am Klerus, an der kirchlichen Hierarchie und ihrem Reichtum. Sie zogen lachend, lärmend und singend durch die Lande – auch das war eine kulturelle Leistung des Abendlandes, so wie die europäische Universität ein Geschenk des Mittelalters an die Neuzeit ist. Oft waren es Päpste, die die Universitäten von der Oberaufsicht der Diözesanbischöfe befreiten, sodass sich Studenten und Professoren emanzipieren konnten. Es ist nun einmal so, dass die Kirche nicht nur die Kunst, sondern auch die Wissenschaft – wenn auch vielleicht oft unbeabsichtigt – gefördert hat, und damit hat sie meiner Meinung nach den größten Beitrag zur kulturellen Entwicklung der Menscheit geleistet.«

Der gemeinsame Glaube schaffte ein Gefühl der Zusammengehörigkeit

»Ich weiß nicht. Mich überzeugt das nicht, und ich wiederhole die Frage, ob sich der kulturelle Reichtum nicht auch ohne Christentum und ohne Kirchen entwickelt hätte, ohne so viele Qualen, Verfolgungen und Verbrechen – vielleicht sogar reibungsloser, schöner und selbstverständlicher?«

»Das kann nie schlüssig beantwortet werden, Stefan«, sagte Senex, »niemand wird es je beweisen, daher ist es müßig, darüber zu spekulieren. Die Kirche gab dem Völkergemisch Europas ein einheitliches Moralgesetz. Das kirchliche Latein war die Universalsprache aller führenden Geister, gleich welcher Nation. Der gemeinsame Glaube schaffte ein Gefühl der Zusammengehörigkeit, und die Kirche konnte – wenn auch nicht immer unangefochten – als letzte, für alle verbindliche Instanz dienen, die sogar oft dämpfend auf die Maßlosigkeit mancher Monarchen wirkte und Frieden stiftete.«

»Aber sind denn nicht aus religiösen Gründen die meisten Kriege geführt worden?«

»Sicher, auch da ist viel Wahres dran, Stefan. Du darfst ruhig anderer Meinung sein. Ich will ja nicht Recht haben, ich möchte, dass ihr nachdenkt!«

Senex schwieg, trank sein Glas aus und sagte: »Damit werde ich für heute schließen. Ich fürchte, dieser Abend hat euch sowieso ein wenig überfordert. Ich möchte mich jetzt zurückziehen! Ich wünsche euch eine gute Nacht.«

Sie waren fast erstaunt, auf welch abrupte Weise er sich verabschiedete. Er stand auf, nickte ihnen zu und verschwand in der Dunkelheit.

Fast gleichzeitig drangen aus der Stadt die Schläge einer Kirchturmuhr zu ihnen. Es waren zwölf.

Nach Mitternacht

Ausklang

Nun waren die drei Freunde allein. Sie hingen ihren Gedanken nach, tranken, träumten.

Endlich begann Stefan zu sprechen. »Ich glaube, wir sind jetzt an einem Einschnitt dieses Spaziergangs angelangt. Es hat mich sehr betroffen gemacht zu sehen, wie sehr der Mensch von seinem Glauben bestimmt wird. Das hat mich in meiner Überzeugung bestärkt, dass er viel mehr Unheil als Gutes stiftet.«

»Kann man das wirklich so generell sagen?«, fragte Berenike. »Der Glaube schafft doch auch viel Segen.«

»Ja, wenn er nicht zum Wahn wird. Und das wird er meist, zumal dann, wenn er keine Zweifel kennt, das lässt sich aus der Geschichte ja ablesen«, antwortete Stefan. »Da genügen die Stichworte Kreuzzüge, Hexenwahn, Ketzerverbrennungen, Judenverfolgung und Unterdrückung der Wissenschaft. Noch nie ist mir so klar geworden, dass der Mensch ein Wahnwesen ist. Übrigens hat das Friedrich Nietzsche bereits ganz ähnlich gesagt. Ist es nicht wirklich erstaunlich, dass unsere Kultur seit den Tagen des antiken Rom von drei Gestalten geprägt wurde, die nichts als Fiktionen sind.«

»An wen denkst du, Stef?«, fragte Roman.

»Ich denke an Christus – in seiner Eigenschaft als Sohn Gottes, an Maria – in ihrer Eigenschaft als Muttergottes, und an den Satan – als Personifizierung des absolut Bösen. All das sind sie nicht, und doch gibt es nichts, was sie an Wirkung übertrifft. Wir sehen die unzähligen Kirchen, Theologen, Geistlichen, Orden, Klöster. Nur eines gibt es nicht: den

Sohn Gottes, Heiland und Erlöser. Sinngemäß trifft das auch auf Maria und den Satan zu, dieser existiert nicht einmal als geschichtliche Person. Zeugt nicht, so gesehen, jeder Kirchturm vom menschlichen Wahn?«

»Nein, nein«, rief Berenike. »Jeder Kirchturm zeugt von menschlicher Hoffnung! Du urteilst zu einseitig, Stef. Für mich beweist eben gerade die große Wirkung dieser drei, dass sie real sind, denn was nicht ist, kann auch nicht wirken, oder? Das jedenfalls hat mir unser Ausflug gezeigt.«

»Außerdem«, sagte Roman, »selbst wenn es so wäre, wie du meinst, Stef, so bliebe der Mensch doch gerade deshalb ein liebenswertes und erstaunliches Geschöpf. Das habe ich so empfunden. Ich denke dabei nicht nur an die großen Namen, ich denke auch an die kleinen Leute, die sich unter Aufbietung all ihrer Kräfte durchs Leben schlagen, die gütig und hilfsbereit sind. Überhaupt scheint es mir so, als ob wir Menschen noch gar nicht fertig wären, ich denke, wir entwickeln uns immer noch weiter und ich hoffe zum Guten! Wir drei hier sind doch eben erst am Ende des Mittelalters angelangt. Schon die nächsten Tage – ich meine natürlich die nächsten Jahrhunderte – können uns etwas ganz anderes zeigen. Ich freue mich darauf. Ich finde die menschliche Entwicklung aus dem Urschlamm bis zu Galilei und darüber hinaus wirklich erstaunlich. Wer weiß, wohin sie noch führen wird.«

Berenike nickte: »Jetzt wird es eigentlich erst richtig interessant! Es hat mich immer wieder aufs Neue empört, wie gedemütigt und unterdrückt die Frauen meist gewesen sind, im antiken Athen und in den christlichen Jahrhunderten. Sicher, wir Frauen sind auch jetzt immer noch nicht völlig als gleichberechtigt anerkannt, aber ich bin doch sehr froh, dass ich heute lebe. Wie viel mehr Freiheiten habe ich! Es hat sich doch viel verändert, und ich schätze, dass wir von jetzt an auch diese Befreiung miterleben werden.«

»Das glaube ich auch«, stimmte ihr Stefan zu. »Aber ich möchte noch etwas zu meinem vorigen Gedanken sagen. Ich habe gesehen, dass wir Menschen Erfinder von Religionen und Schöpfer von Göttern sind. Zuerst haben wir Blitz und Donner, Wasser und Erdgeister verehrt und gefürchtet. Dann haben wir die Sonne angebetet, später Zeus – oder Jupiter –, danach Jahwe und haben schließlich das Christentum geschaffen. Was wird danach kommen? Wir sind doch sehr unruhige Geschöpfe und geben uns nie zufrieden. Ich denke, der nächste Schritt könnte die verehrende Betrachtung des Universums sein. Und was ich mir wünsche, das ist ein Sieg der Vernunft, denn ich glaube, wir können nur als vernünftig denkende Wesen überleben.«

»Du verstehst unter Vernunft sicher nicht krassen Materialismus?«, vergewisserte sich Roman.

»Nein, nein, das wird oft verwechselt, ist aber grundfalsch. Doch über Vernunft werden wir uns bestimmt noch viel unterhalten. Und darauf bin nun ich wiederum sehr gespannt!«

»So wie ich sehen möchte, dass die Frauen die ihnen zukommenden Plätze in der von Männern dominierten Gesellschaft einnehmen dürfen, nicht nur als Ausnahmen, sondern als Regel!«, rief Berenike. »Wem werden wir auf diesem Wege wohl noch alles begegnen?«

Stefan war hartnäckig: »Die Vernunft...«, sagte er, »sie hat sich eigentlich noch nie richtig durchgesetzt. Immer wieder triumphiert der Glaube. Das ist ja auch einfacher als Denken. Um zu glauben, braucht man nichts zu lernen. Es genügt zu träumen und sich führen zu lassen. Bei der Suche nach der Wahrheit geht es aber nicht ohne Anstrengung. Wäre es anders, würden sich viel mehr Menschen mit der Naturwissenschaft, dem Kosmos und der Astronomie statt mit dem Paradies beschäftigen, mit der Evolution statt mit der Unsterblichkeit der Seele. Das ist auch eine Erkenntnis, die ich in diesen fünf Tagen gewonnen habe.«

»Aber Glauben ist eben nicht bloß Nicht-Wissen«, rief Roman. »Glauben ist die Ergänzung des Wissens. Er stößt in Dimensionen vor, die dem Verstand für immer verschlossen bleiben.«

»Das sehe ich auch so«, sagte Berenike. »Wenn der menschliche Verstand auch ständig in neue Gebiete vordringt, so wird er die letzten Rätsel doch nicht lösen können. Und darum wird es, um bei den Frauen zu bleiben, auch in Zukunft zwar sicher viel mehr Wissenschaftlerinnen als früher geben, aber daneben immer noch Mystikerinnen mit großen Visionen.«

Stefan schwieg. Darauf hatte er nichts zu antworten.

Roman dachte ebenfalls nach. Dann sagte er: »Ich frage mich, ob mir das genügt.«

»Was meinst du?«

»Nun, Stef, dass es einmal im Nichts eine Masseansammlung unglaublicher Dichte gegeben hat, die wahrscheinlich mit einem Urknall explodiert ist, sodass sich Milliarden von Himmelskörpern bildeten, und dass sich auf einem dieser Himmelskörper Leben gebildet hat, Intelligenz und Bewusstsein. Ich kann mich nicht damit abfinden, dass die Seele des Menschen nichts anderes sein soll als ein Zusammenspiel von Chemie und Elektrizität im Gehirn, wie du es vielleicht siehst. Nein, es genügt mir nicht, dass nach dem Gesetz der Entropie das alles einmal den Kältetod erleiden wird. Dann wäre die ganze Geschichte nichts gewesen als ein winziges Intervall in einer unabsehbaren Reihe gewaltiger, aber sinnloser Vorgänge.«

»Wir müssen es wohl lernen, mit diesem Gedanken zu leben«, antwortete Stefan. »Denn meiner Meinung nach können wir erst dann eine menschenwürdige Ethik entwickeln – eine Ethik ohne Beschönigung, eine Ethik, die auf uns Menschen und diese Erde zugeschnitten ist und nicht auf ein Jenseits.«

»Vielleicht gibt es doch eine Absicht hinter der Welt«, sagte Roman. »Wenn wir in den vergangenen fünf Tagen die Evolution wie im Zeitraffer miterlebt haben, dann drängt sich mir eben immer wieder die Frage auf, ob das alles bloß zufällig sein kann? Dieser Weg zu immer mehr Bewusstsein, zu mehr und mehr Gehirn und mehr und mehr Empfinden.«

»Nur sehr wenige werden die Unendlichkeit und Kälte des Kosmos akzeptieren können«, ergänzte Berenike seinen Gedanken. »Ich gehöre nicht dazu. Können wir uns wirklich in einem Weltall wohl fühlen, das nichts von uns weiß?« Sie deutete zum Himmel mit seinen Milliarden Sternen. Dann schloss sie nachdenklich: »Aber vielleicht würden wir unsere Erde dann umso mehr lieben?«

Das war eine Frage, auf die sie keine Antwort erwartete. Alle schwiegen.

»Manchmal spielt die Zeit keine Rolle mehr«, begann Berenike erneut. »Da möchte man nie aufhören. Jetzt geht es mir so. Ich komme mir ziemlich klein vor und doch fühle ich mich wohl.«

»Wie meinst du das?«

»Ich weiß nicht – vielleicht weniger allein!«

»Mir geht es ähnlich«, sagte Stefan. »Wir sind alle Kinder dieser Erde, so wie unsere Erde ein Kind des Kosmos ist. Wir leben als Glied in der Kette der Evolution.«

»Das mag wohl stimmen, schließt aber etwas anderes nicht aus«, sagte Berenike. »Aber wer weiß, wie wir darüber denken, wenn wir am Ende dieser Exkursion angekommen sind. Es liegt ja noch viel vor uns, vielleicht sogar das Wichtigste, nämlich das, was uns heute am meisten betrifft.«

Wie abschließend legte sie ihre Hände vor sich auf den Tisch. Spontan schob Roman seine auf ihre linke, während Stefan die rechte umfasste.

Die Büsche verströmten Glyzinienduft.

Nachwort

das gleichzeitig ein Vorwort ist,
weil es zwischen zwei Büchern steht
Das eine schließt es ab, das andere leitet es ein
Und niemand braucht es zu lesen

In meiner Kindheit erschien ein Buch von Hendrik van Loon mit dem Titel: »Die Geschichte der Menschheit«. Meine Mutter las mir daraus vor – um mich zu bilden, wie sie hoffte. Der Autor entwarf darin ein schlichtes Panorama der Geschichte, von den Uranfängen bis zur damaligen heutigen Zeit, den »goldenen Zwanzigerjahren«. Dieses Buch hatte seine großen Meriten, vor allem für mich als erste Einführung, nur finde ich, dass man heute manches ganz anders sagen müsste. Dem Verfasser, vor wenigen Jahrzehnten erst, fehlte nämlich etwas ganz Wesentliches.

Ich will es später zu erklären versuchen.

Zunächst ein Wort zum Thema: Die menschliche Zivilisation, von der die Erde gleich einem Pilzgeflecht überwuchert wird und die mehr und mehr auch noch die letzten unberührten Flecken überzieht, hat – das ist meine Sicht der Dinge – ihren Ursprung im mittelmeerischen Raum. Die »Verwestlichung« aller anderen großen Kulturen mag man zu Recht beklagen, doch wäre sie das Thema eines anderen Buches. Wenn wir sie konstatieren, brauchen wir ja nicht stolz auf sie zu sein – sie ist jedenfalls eine Tatsache. Die Tür zu einem freien, assoziierenden, kühnen Denken haben als Erste die Hellenen aufgestoßen. Auch die Wissenschaft wurde in Griechenland geboren. Die Griechen haben das Nachdenken an die anderen europäischen Völker vererbt. Das Mittelmeer – kein anderer geografischer Raum lässt sich mit ihm vergleichen. Besonders nicht an kultureller Bedeutung, es sei denn vielleicht der chinesische. Aber dieser beharrte, der mittelmeerische Raum brodelte immer.

Er war hierin allen anderen Völkern voraus, vielleicht sogar überlegen. Er übertraf offenbar andere Völker auch darin, sich jedem mystischen Wahnsinn hinzugeben. Gewiss, religiöse Fanatiker gab es auch in anderen Kulturkreisen, gab und gibt es auch bei den Naturvölkern. Aber eine so allgemeine religiöse Raserei wie im europäischen Mittelalter? So eine wilde Ekstase, so einen fast wütenden Versuch, jeden religiösen Irrsinn zu erklären und durch alle möglichen geistigen Spitzfindigkeiten, durch einen Wust an Absurditäten immer höher zu treiben? Das kann ich anderswo nicht sehen. Dagegen wirken auf uns doch die Buddhisten, die chinesische Philosophie des Tao oder andere asiatische Weisheitslehren geradezu gelassen, ruhig, abgeklärt und gleichmütig! Europa war dagegen ein Hexenkessel, aus dem alles an Heil, alles an Geist, alles an Schönheit erwuchs, was Menschen entstehen lassen können, freilich auch alles an Unheil, Schrecken und Grausamkeit. Aber Heil und Unheil gehören wohl immer zusammen, eines ist ohne das andere nicht zu haben. Die Kultur des Abendlandes, Mitteleuropas – ausgehend vom Mittelmeerraum –, auf der nun die Moderne beruht, und die Explosion des Wissens, der Fortschritt der Technik – diese Kultur unterscheidet sich von allen anderen Kulturen dadurch, dass sie eine Kultur der Unruhe war und ist, eine Kultur der dauernden Unzufriedenheit mit sich selbst und mit dem Erreichten.

Oder anders ausgedrückt: Die Evolution hat sich bevorzugt im mittelmeerischen Raum niedergelassen. Gewiss, überall anderswo haben auch Menschen gelebt, überall haben sie Kulturen entwickelt, es hat viele hohe Kulturen auf der Erde gegeben. Aber das, was wir Fortschritt nennen in jeder Beziehung, nicht nur in der Technik und in der Wissenschaft, wenn auch hier am sichtbarsten, sondern auch in der Kunst, in der Musik – eine vergleichbare evolutionäre Entwicklung vollzog sich sonst nirgends. Vom Mare Mediterraneum hat sie sich über die ganze Welt verbreitet, zu Segen und Unsegen. Meine eurozentrische Sicht will also nicht leugnen, dass es andere bedeutende Kulturen gegeben hat, in China, Asien überhaupt, auf den süd-, mittel- und nordamerikanischen Kontinenten, in Indien und in Afrika. Aber all diese Kulturen waren wie Organismen, die aus sich heraus lebten und sich mit sich selbst begnügten. Allein die mittelmeerische Zivilisation expandierte, schließlich fast explosionsartig, wurde über die Weltmeere getragen und von anderen Ländern und Kontinenten begierig über die Ozeane in alle Regionen gezogen, adaptiert und dort entweder nur benutzt oder weiterentwickelt. Die christliche Religion und die abendländische Wissenschaft haben sich über die ganze Erde verbreitet. Man hat durchaus Grund, das zu bedauern, aber man kann es nicht leugnen. Die kulturelle Evolution, besser gesagt, die kulturelle Entwicklung der Menschheit, hat ihre Wurzeln in Europa. Europa ist das Herz der Erde und war es, seitdem es kulturell in Ägypten zu schlagen begonnen hat und seine Blüten weitergab über Griechenland und Rom bis ins hohe Mittelalter hinein, wo es sich ganz entfaltete vor einem Hintergrund, der düsterer war als in jeder anderen Epoche davor.

Das also erklärt die Beschränkung meiner Sicht auf diese Region, zumal eine Geschichte der gesamten kulturellen Entwicklung auf allen Kontinenten allein von der Fülle des Materials her ein unmögliches Unterfangen wäre.

Andererseits glaubte ich, dass es zu falschen Schlüssen führen würde, wenn man die Entwicklung der europäischen Menschheit nur vom Beginn ihrer Hochkulturen an betrachtete – also zum Beispiel von den Ägyptern an –, ohne die Entwicklung vom ersten intelligenten Halbaffen, vom Homo habilis, über die Eis- und Steinzeit, die Entwicklung der Werkzeuge, die Entwicklung des Landbaus, die Vernichtung der Wälder und die langsame Entwicklung der Intelligenz mit einzubeziehen. Ja, auch die Entstehung unserer Erde aus dem Unerklärbaren und aus den ersten Zellen im Urschlamm. Es gehört zu unseren Aufgaben, uns über unsere Herkunft klar zu werden, denn Herkunft und Zukunft gehören untrennbar zusammen. Wie kann man eine Kulturgeschichte des Menschen schreiben, ohne zu wissen, was dieser Mensch eigentlich vom Ursprung her ist? Nur von daher lässt sich seine Kulturleistung erkennen, würdigen und vielleicht auch in Frage stellen.

Das Thema ist also überwältigend, die Beschränkung mindestens auf diesen einen Raum auch von daher eine Notwendigkeit.

Freilich, Vollständigkeit konnte ich so oder so nicht erreichen. Nicht einmal andeutungsweise. Je weiter ich mit meiner Arbeit kam, desto höher türmte sich mein Material, desto mehr war ich zum Auslassen, zum Übergehen gezwungen, wollte ich, wenn auch nur ansatzweise, noch einen roten Faden behalten und nicht in Details ersticken. Natürlich weiß ich, dass ich dieser Gefahr trotzdem mehr als einmal erlegen bin.

Leider – aber es ist auch kein Wunder, denn dieses Buch war gleichzeitig ein Ergebnis lebenslanger Gedanken, ebenso wie der Recherche, einerseits also des inneren Kompasses, andererseits des Zufalls. Denn ich konnte es nicht schreiben, ohne zahllose andere Bücher zu benutzen. Der niederländische Kulturphilosoph Huizinga schreibt im Vorwort zu seinem Buch »homo ludens«: »Alle Wissenslücken erst noch auszufüllen, war für mich ausgeschlossen. Es hieß für mich: jetzt schreiben oder gar nicht schreiben. Schreiben einfach über etwas, was mir am Herzen lag. Also habe ich geschrieben.« Auch ich hielt es so, das bedeutete aber, dass ich mich Lehrern und Lehren anvertrauen musste. Denn vieles hatte ich vergessen, es blieb nur ein Bodensatz. Dazu musste nun Neues, Ergänzendes, Aktuelles gesucht werden. Den ersten Grund legte zwar das oben genannte Buch von van Loon, darauf folgten die Schulbücher und all jene Werke, die einen lebenslangen Reifeprozess gefördert und meine Ansichten geprägt hatten – und später all das, was mir Bibliotheken und modernes Antiquariat anbieten konnten. Dabei wurde mir – fast schmerzlich – immer klarer: Sowenig, wie es jemals Vollstandigkeit geben kann, sowenig kann es Richtigkeit oder Wahrheit geben. Über diesem Buch könnte als Motto auch diese Maxime des französischen Philosophen Fontenelle (1657–1757) stehen: »Man möchte den Mut verlieren, wenn man nicht durch ein Korsett von Irrtümern gestützt würde.« Ich möchte dem hinzufügen, dass es überhaupt keinen anderen Weg gibt, als den über Irrtümer, gleichgültig, wohin man gelangen will. Das betrifft nicht nur dieses Buch, das betrifft das ganze Leben. Zum Buch zurück: Die Jahreszahlen mögen stimmen, fast alles andere unterliegt der Deutung. Was wir beleuchten können, sind immer nur Ausschnitte, und auch ihre Auswahl ist abhängig von Zufällen. Vom Zufall der eigenen Vorliebe, vom Zufall des einerseits gezielt gesuchten, andererseits nach dem Zufallsprinzip in die Hände gelangten Materials. Da die zur Verfügung stehende Menge fast unübersehbar ist, wird auch hier Auswahl ein Gebot. Und die Auswahl ist ein Teil des schöpferischen Akts. Sie mag manchmal nicht nur willkürlich sein, es haftet ihr darüber hinaus eben auch der Charakter des Beliebigen an. Und endlich einmal muss man auch Schluss machen können, denn das Thema ist unerschöpflich und in mehreren Leben nicht auszuloten.

Dem Prinzip der Auswahl versuche ich mit der Installation des Ausstellungsparks zu entsprechen. Klar, es gibt kein Kapitel, das ich nicht ein wenig anders geschrieben hätte, wenn ich andere Quellen benutzt hätte. Und es mag Ähnlichkeiten, sogar Übereinstimmungen mit den Werken anderer Verfasser geben. Sie sind schon deshalb unvermeidbar, weil sich Gedanken und Formulierungen bis aufs Ununterscheidbare gleichen können. Außerdem habe ich zum Teil Jahre, ja Jahrzehnte zurückliegende Notizen benutzt, deren Quelle ich heute gar nicht mehr kenne. Sogar in Trivialromanen habe ich Goldkörner gefunden, denn auch die so genannten Trivialautoren müssen ein Quellenstudium betreiben. Oft stellte ich fest, dass eine Autorität, der ich vertraute, durch spätere Forschungen widerlegt worden war. Auch was in den Schulbüchern steht, ist nicht immer die reine und nie die vollständige Wahrheit. Auch dort halten sich hartnäckig Irrtümer und falsche Darstellungen, die von Verfasser zu Verfasser übernommen werden. Zwar wird jede Quelle durch das Medium des Autors gefiltert, er wählt aus nach seinen Erfahrungen, nach seinen Meinungen, nach seinen Anschauungen und Überzeugungen. Aber man lernt täglich hinzu, täglich verändert sich das Bild. Es ist so vielfältig, dass man schließlich erkennt, dass man eigentlich überhaupt nichts schreiben dürfte, denn im Grunde ist alles falsch oder doch nur ein winziges Steinchen in einem riesigen Kaleidoskop, das ein immer anderes Bild ergibt, wenn man es schüttelt. Und – auch der Autor ist beeinflussbar, ob er immer das Richtige erkennt, ist eine unbeantwortbare Frage. Also hätten andere Quellen auch ein anderes Buch ergeben? Gewiss, und doch immer nur im Rahmen dessen, was ich mir vorgenommen hatte. Das wird besonders deutlich am Mittelalter, denn gerade diese Zeit lässt zahllose Deutungen zu. Es ist wie ein Chaos, ein Hexenkessel, aus dem sich so etwas wie eine Ordnung, ein Homunkulus, gebären will, was aber nie vollkommen gelingt. Nach den großen Reifeprozessen der Antike wurden die Menschen plötzlich wieder kindlich-naiv. Das Mittelalter als die größte Epoche des Glaubens war sicher nicht das Säuglingsalter der abendländischen Menschheit, vielleicht aber ein Rückfall in die Kindheit, während wir in der Pubertät leben, in der Zeit des Unbehagens, des Aufbegehrens, der Unfestigkeit, der Erschütterung. Die Reife der Menschheit, das wäre die Festigkeit im Wissen, die Geduld, das Annehmen, das Sich-Abfinden, das Trotzdem-Gestalten. Davon sind wir noch recht weit entfernt. Das Mittelalter ist immer noch lebendig, vielleicht lebendiger als je zuvor. Es erhebt sein Haupt überall, nicht nur in den zahllosen Sekten, Hexenkulten, Satanismen, religiösen Strömungen, in esoterischem Aberglauben – das alles erlebt beängstigende Blütezeiten. Angesichts so vieler kluger Texte, so vieler gründlicher Analysen und Enthüllungen, die bereits geschrieben wurden, fragt man sich resigniert, was das Wort, was der Verstand, was die Vernunft gegen den Wahn vermögen. Meine Antwort fällt niederschmetternd aus: so gut wie nichts. Manchmal kommt es einem vor, als ob die großen Denker – die, aus Urzeiten kommend, in der griechischen Klassik zu bisher unbekannter Klarheit des Denkens kamen – von Sokrates, Platon, Aristoteles, über die Römer, die vor allem sachliche, nüchterne, vorurteilslose philosophische Geister waren, über die suchenden Köpfe des Mittelalters, beginnend mit dem eloquenten Kaiser Friedrich II. von Hohenstaufen, die versuchten, sich aus den Zwängen überkommener Vorstellungen zu befreien, über den freien Geist der Renaissance, wie er sich in Machiavelli, Leonardo manifestierte, über die Aufklärung, der wir unsere geistige Befreiung verdanken, über Voltaire, wieder einen Friedrich II., diesmal den von Preußen, Kant, Hegel, Schopenhauer, Nietzsche … bis in unsere Zeit –, als ob all diese Köpfe nie gedacht hätten. Denn wie wenige Menschen ziehen daraus durch eigenes Nachdenken Gewinn und eigene Schlüsse. Dabei macht erst die Fähigkeit, über sich selbst nachzudenken, ein Geschöpf zum Menschen.

Der Mensch – aus dem Chaos des Universums kommend, steigt aus den schlammigen Wassern, beginnt sich aufzurichten, sich zu artikulieren, wird zum Beherrscher des Feuers, zum Jäger, Ackerbauern, Händler, Bildner, Denker, erobert die Welt bis in ihren letzten Winkel und lernt die Natur zu beherrschen und zerbricht sie. Daran könnte er auch zu Grunde gehen, und das wäre nur logisch, denn er ist selbst ja Natur, und indem er die Natur zerstört, zerstört er sich selbst mit ihr.

Die Frage, ob es möglich ist, das zu ändern, steht auch über diesem Buch und wird von seinen Protagonisten gestellt. Es zeigt eben auch, wie wir uns bis heute nicht aus steinzeitlichen Verhaltensformen befreien konnten: Schon damals eilten Waffentechnologie und Zerstörungstrieb der Moral weit voraus. So ist es geblieben, so scheint es zu bleiben. Denn wir brauchen die Moral höchstens bei anderen, zu unserem Schutz. Zum Überleben waren unseren Vorfahren in grauer Vorzeit Grausamkeit und Aggressionen viel wichtiger. Das ist nicht unsere Schuld, es ist die Beigabe der Natur, die uns in eine so harte Umwelt hineinschuf. Um darin zu überleben, entwickelten wir Verstand und Erfindungsgeist. Heute müssten wir dagegen eine sehr hoch entwickelte, ganz selbstverständliche, das heißt beinahe instinktiv funktionierende Ethik haben. Aber woher sollen wir diese so schnell schaffen? Der Blick der Religionen auf das Jenseits hilft dabei nicht. Die Welt, die der Mensch sich schuf, ist heute ein Szenarium, in dem er nur moralisch agieren dürfte, unter Schonung der Mitmenschen, der Pflanzen, Tiere und der Atmosphäre – alles im weitesten Sinne. Aber er wusste bis heute nicht, dass er die Moral notwendig brauchen würde, um selbst überleben zu können. Noch immer bewegt er sich wie der Urmensch mit der Keule, stampfend und grölend, um sich schlagend, raubend, mordend und erpressend, vernichtend und zerstörend; hängt Schamanen und jeglichem Aberglauben an, in einem Lebensraum, der nur auf die allersensibelste Weise im Gleichgewicht erhalten werden könnte – und nun hat er nicht nur Keulen, er hat Panzer, Flugzeuge, Atomwaffen. Jeder Narr kann heute die Welt in die Luft sprengen. Und er wird es tun, weil er ein Narr ist, und es werden tausende tun, weil fast alle Menschen Narren sind. Das alles noch ohne jede Erwähnung der ökologischen Keulen, mit denen wir um uns schlagen.

Nochmals zu diesem Buch: Man kann es nicht schreiben, ohne Fehler zu begehen. Das liegt nicht nur daran, dass man als Autor selbst ein fehlbarer Mensch ist und/oder eine Quelle falsch interpretiert, es liegt oft auch daran, dass die Quellen selbst einander widersprechen, ihre Autoren urteilen je nach ihrem politischen, religiösen oder wissenschaftlichen Standpunkt christlich, antikirchlich, atheistisch, ökonomisch, sozialpolitisch, kapitalistisch, naturwissenschaftsfeindlich, naturwissenschaftsgläubig – und in manchen Fällen liegen keine gesicherten Erkenntnisse vor. Auch kann man sich über Meinungen immer streiten. Je mehr ich mich in die Materie vertiefte, desto resignierter musste ich das erkennen. Man braucht sich darüber nicht zu wundern, denn man weiß doch, wie sehr sich schon in einem simplen Verkehrsprozess die Zeugenaussagen unterscheiden und wie wenig man selbst in der Lage ist, Licht in das Dunkel seiner eigenen Vergangenheit zu bringen und die vielen Verflechtungen zu entwirren, aus denen sich das persönliche Schicksal zusammensetzt, geschweige denn das seiner Vorfahren und Vor-Vorfahren. Dennoch – was immer auch das Ziel eines solchen Buches ist, ich habe mich um Genauigkeit bemüht, soweit mir dies überhaupt möglich war, aber auf der anderen Seite will ich ja auch keine wissenschaftlichen Werke ersetzen, sondern dazu anregen, sich mit ihnen zu beschäftigen. Auch dazu dient die angefügte Bibliografie. Mir lag mehr daran, farbige Bilder zu zeichnen, als ein Lehrbuch zu schreiben, mehr daran, Fragen zu stellen, als dogmatische Antworten zu geben. Meine Konzeption zwang mich geradezu dazu, mich nicht nur an wissenschaftliche Traditionen anzulehnen; um einen flüssigen, lesbaren Text zu erreichen, musste ich auch darauf verzichten, laufend Quellenangaben einzuflechten. Dies ist, wenn auch nur bedingt, ein Roman, ich habe ihn als nahtloses Ganzes gedacht. Wo immer es mir notwendig erschien, habe ich mich um Genehmigungen bemüht, sie fast immer erhalten, manchmal aber auch keine Antwort bekommen. Sollte ich also versehentlich andere Rechte verletzt haben, so bitte ich nicht nur um Entschuldigung, sondern vor allem darum, mir das zu schreiben.

Ich möchte aber nicht den Eindruck entstehen lassen, als ob ich bei der Auswahl meiner Quellen nur dem Beliebigkeitsprinzip gefolgt wäre. Ich hatte natürlich eine Absicht, einen inneren Kompass. Sosehr ich auf

Quellen angewiesen war, sosehr habe ich mir diese Quellen doch auch gezielt gesucht und aus ihnen wiederum nur das entnommen, was mir wichtig war, was meinen Intentionen diente.

Meinen Absichten? Worin unterschieden sie sich von anderen Büchern ähnlicher Art? Denn ich muss doch zugeben, dass es eine Fülle hervorragender, sogar viel besserer Kulturgeschichten gibt. Von daher war es eigentlich ganz unnötig, noch eine zu schreiben. Aber all diese Kulturgeschichten sind im Prinzip »wertfrei«. Nicht, dass die Verfasser keine eigene Meinung hätten, aber der sachliche Bericht, die Tatsache, die geistige Durchdringung – viel besser als ich es je könnte – überwiegen. Ich beziehe mich hier nur einmal auf die brillante »Kulturgeschichte der Neuzeit« von Egon Friedell (die ich bewusst nicht als Quelle benutzte). Besseres und Geschliffeneres konnte ich nie zu sagen hoffen. Aber was Egon Friedell fehlt – und mit ihm allen Autoren, die ich kenne –, ist das Bewusstsein, dass die Menschheit ihrem Ende verdammt nahe gekommen ist und dass all die geistig-philosophisch-kulturellen Leistungen, die sie behandeln, an diesem Ende ihren Anteil haben. Wir sind die erste Generation, deren Blick weiter in die Vergangenheit zurückgeht als der jeder anderen Generation vor uns. Unsere Generation ist ebenso die erste, die die Weltkugel frei im Raum schweben sehen kann: Muss das nicht unser Denken – und was noch viel wichtiger ist – unser Empfinden verändern? Bisher konnten wir es uns nur vorzustellen versuchen – unsere Sinne blieben noch auf der Erde. Jetzt ist das anders – und die Bilder von der Erde aus der Umlaufbahn kann nun jeder sehen, wie auch die Bilder aus dem Kosmos, die von unseren Satelliten fotografiert werden! Ebenso sind wir die erste Generation, die an der Wende steht und die weiter in die Zukunft blicken muss als jede andere vor uns. Denn alle konnten leben, ohne die Folgen ihrer Taten zu bedenken. Aber wenn wir es nicht tun, verspielen wir jede Chance. Und außerdem sind wir sicher auch die erste Generation, die so weit in den Weltraum und zum Beginn des Universums schauen kann, dass wir dahinter andere Universen ahnen. (Die Mehrzahl ist kein Druckfehler.) Nun gut, in dieser Wissenschaft werden uns künftige Generationen mit Sicherheit weit übertreffen, aber auch sie werden die letzten Geheimnisse nicht lösen, und sie würden erst gar nicht dazu kommen, es zu versuchen, wenn wir ihnen die Lebensgrundlagen zerstörten.

Es ist doch so: Seitdem der Mensch eine Geschichte hat, die er aufzeichnen kann, lebte er immer im Fortschritt, immer in der Gewissheit, auf den Schultern seiner Ahnen zu stehen und weiter gekommen zu sein als diese. Dieses Gefühl muss es früher schon gegeben haben, es wuchs im Zeitalter der Entdeckungen seit dem fünfzehnten Jahrhundert und immer mehr mit den Fortschritten der Naturwissenschaften nach Kopernikus und Galilei. Also nicht nur wir leben mit diesem Gefühl, jedoch sehen wir erstmals seine Kehrseite, wissen vom möglichen Untergang.

Ich könnte es noch einfacher sagen: In den meisten Kulturgeschichten wird berichtet und bewundert, aber es fehlt die Kritik im Hinblick auf die Folgen. Übrigens ist das nicht verwunderlich. Auch ich bin diesem Sog erlegen, denn der Mensch ist in all seiner Schwäche, mit all seinen Fehlern ein faszinierendes Geschöpf. In aller Bescheidenheit und unter Einbeziehung aller Nachteile – seine geistigen Fähigkeiten dürfen ihn innerhalb der Schöpfung eine – die? – Krone tragen lassen. (Wie oft Träger von Kronen Tyrannen und Berserker waren, lehrt die Geschichte.) Immerhin: Seine Leistungen in den vergangenen Jahrtausenden, aus denen uns Zeugnisse vorliegen, sind verblüffend – beginnend bei der Amöbe im Urschlamm. Ihr folgenreiches Aufblühen darzustellen ist natürlich auch ein Anliegen dieses Buches. Aber eben nicht das einzige. Der Mensch ist das grandioseste Geschöpf der Natur, das ist nicht sein Verdienst, aber seine Verpflichtung, er ist das Geschöpf ihrer Schrecken und ihrer Schönheit, Träger all ihrer Primitivität und Sensibilität. Er vereinigt in sich fast das ganze Spektrum ihrer Möglichkeiten. In seiner Vielfalt ist er ihr Kompendium und zugleich – daher ganz logisch – ihr Vollstrecker. Deshalb müssen wir alles neu erzählen, neu erzählen vor dem Hintergrund des wahrscheinlichen Untergangs, das ganze grausame, geistvolle, herrliche, schöpferische und tödliche Spiel, das die Menschen gespielt haben und spielen, bis sie sich selber und diesen Erdball gleichfalls vernichten.

Oder auch nicht?

Ich dachte also auch an eine Geschichte zum Untergang, an eine Evolution zum Verderben, in ihrer Zwangsläufigkeit – von den Menschen der Steinzeit in den Höhlen von Altamira, über die ägyptischen Jahrtausende, die Griechen, die Römer, über das überschäumende und vom Glauben gepeinigte Mittelalter, den Wahnwitz von Glauben und Aberglauben, über die Aufklärung bis zur Explosion des Wissens, die durch die weltweit mögliche Kommunikation noch rasanter zunehmen wird, wobei doch gegenwärtig und gleichzeitig bereits mehr Naturwissenschaftler forschen als in den vergangenen Jahrtausenden seit Sokrates zusammengenommen. Vielleicht, vielleicht war das alles schon angelegt, als der erste Mensch den ersten von einem anderen Menschen verstandenen Laut artikulierte? Immer durchsetzt von Irrtümern, die in die Wahrheit vom Ende münden, wenn wir in unserem Ende die letzte menschliche Wirklichkeit und damit die absolute Wahrheit sehen. Wir könnten diese Wahrheit ahnen, wenn wir uns die Zwangsläufigkeit, die Folgerichtigkeit der Entwicklung klarmachen, denn die Folgerichtigkeit könnte den Beweis dafür liefern, dass der unvergleichliche menschliche Geist schließlich doch zu klein war, um die tödlichen Folgen seines Spiels (mit dem Feuer) vorherzusehen und es zu bändigen.

Und ein Zweites zur Frage, warum ich dieses Buch schreiben wollte: Neue Erkenntnisse müssen uns dazu veranlassen, längst Vertrautes in neuem Licht zu sehen. Wir stehen nun einmal an einer der wichtigsten Schwellen des Erkennens seit der kopernikanischen Wende. Wir müssen umdenken, und zwar ganz schnell, müssen uns in Grenzen fügen. Müssen lernen, von der Tyrannei über die Natur und ihre Geschöpfe zur Demokratie mit ihr einzuschwenken – analog der politischen Entwicklung. Wir erfahren dabei leider auch, dass die Tyrannei der viel leichtere Zustand war und es zweifelhaft ist, ob die »natürliche Republik«, also die ökologische Republik, jemals verwirklicht werden kann.

Wäre es nicht doch auch ein wenig schade um uns? Als ich kürzlich in einer Hochgebirgsnacht ein in der Finsternis den Bergrücken krönendes Dorf sah mit den freundlichen, sogar festlich leuchtenden Fenstern, diesen winzigen Lichtpunkten, darüber der Vollmond in seiner Kälte, da dachte ich, dass es doch eine Art Wunder ist, was der Mensch sich da an Geborgenheit und Behaglichkeit hineingestellt hat in den Frost der

Nacht und – in gewissem Sinne – auch in den Weltraum mit seiner Lebensunwirtlichkeit.

Wir dürfen am Ende unserer Tage sicher auf zwei große Leistungen verweisen, die sich diametral widersprechen. Beide sind mit Segen und Fluch verknüpft. Das eine ist die Belebung des Kosmos durch von uns erfundene Götter, die ihren Ausdruck in den geistigen und künstlerischen Leistungen aller Kirchen gefunden hat, das andere sind die Leistungen der Wissenschaft, die aus dem Nichts heraus bis an die Grenzen der von uns erforschbaren Mikrokosmen und Makrokosmen vorstößt. Ihre Erkenntnisse münden in Werke, die unseren Alltag prägen, sie katapultieren uns sogar körperlich in den Orbit (ihn »Weltraum« zu nennen, grenzt an Hybris), lassen uns zu den fernsten Galaxien und an den Beginn der Zeit schauen – wenn es denn überhaupt einen Beginn der Zeit geben sollte.

Bei all diesen Überlegungen war für mich die Frage, was einem jungen Menschen von heute, der in einer Welt des maßlosen Überflusses lebt und ihn nur noch gelangweilt betrachtet, der aber gleichzeitig wach genug ist, die auf ihn zukommende Problematik zu erkennen – was ihm die menschliche Entwicklungsgeschichte sagen könnte. Das konnte immer nur ein Versuch sein, erreichen würde ich mein Ziel nie, das war mir klar. Aber dennoch – ich wollte ihm alles nach Möglichkeit so nahe bringen, dass er spürt: Das geht mich an, da komme ich her, da gehöre ich hin. Dieser Absicht verdanken Berenike, Stefan und Roman, die drei jungen Protagonisten, ihre Buch-Existenz. Freilich erst nach vielen Überlegungen und anderen Versuchen, eine Form zu finden, die meinen Absichten entsprach. Denn mir war klar, wie anfechtbar meine – diese – Konstellation literarisch ist, wie viel man gegen sie einwenden kann. Wenn es das Eingeständnis eines Versagens ist, so leiste ich es hiermit: Es ist mir nicht gelungen, etwas Besseres zu finden. Und schließlich, nachdem ich jede mir möglich erscheinende Form versucht hatte, wurde ich auch von meinen Beratern, sogar gegen ihre anfängliche Ablehnung, darin unterstützt, dabei zu bleiben, denn auch sie erkannten, dass ich mit keiner anderen Form das sagen konnte, was ich sagen wollte, mag es nun so unvollkommen sein, wie es will. Schließlich muss sich die

Form dem Inhalt unterordnen. Und dann wuchsen mir die drei ans Herz. Dass Berenike, Roman und Stefan mehr als nur Staffagen, sondern – als Kinder unserer Zeit – selbstständig denkende Persönlichkeiten sind, wird hoffentlich mindestens bei den Gesprächen am Abend, vor allem am fünften, deutlich. Ich wünsche mir, dass sich der eine oder andere junge oder auch ältere Leser in einem von ihnen wieder erkennt, dass er sich mit ihm identifizieren kann, oder mit ihr. Da ich glaube, dass mindestens neunundneunzig Prozent von uns von dieser Erde scheiden, ohne überhaupt begriffen zu haben, was für eine ungeheure Chance dieses Leben auch für sie gewesen ist, wollte ich versuchen, etwas davon begreiflich zu machen. Man erwacht einmal, ein einziges Mal, um einen Blick auf das großartige Theater zu werfen, welches das Menschengeschlecht durch die Jahrtausende auf der Bühne der Erde veranstaltet hat. Trotz aller Untergangsvisionen wäre es doch ganz falsch, es einen Totentanz zu nennen. Denn der Tod tritt nur in der Sekunde ein, in der alles zu Ende ist. Nein, es ist ein Lebenstanz, in dem Bettler und Millionäre, Könige und Gauner, Sieche und Protzige, Narren und Weise gleichermaßen ihre Rollen spielen. Ausgestattet mit mehr oder weniger Vernunft, wie sie ihnen die Natur nun einmal gegeben hat, überziehen sie diese Erde mit einem Teppich, dessen erste Fäden ins Dunkel der Urzeit zurückreichen, dessen letzte Fäden wir noch nicht sehen können, an dem aber jeder mitwebt, jeder. Doch das Bild vom Teppich ist nur ein unvollkommenes Gleichnis, denn es fehlt die wichtige dritte Dimension, die den Lebenstanz erst plastisch machen würde. Sie ist im Kosmos zu suchen. Wie auch immer – dass wir diese Veranstaltung einmal bewusst betrachten durften, eingebunden und mit unseren Gedanken gleichzeitig darüber stehend, ist eines der Geschenke unseres Lebens, das uns mehr als jeder Generation vor uns gemacht wurde, denn die hinter uns liegende Strecke ist ungleich größer und vielfältiger, als es die ihre war. Je mehr wir vom Lebensteppich sehen, je mehr wir von ihm erfassen und von seinen Strukturen erkennen, desto mehr haben wir vom Sinn dieses Lebens erkannt und wissen, dass wir dazu da sind mitzuweben. Das möchte ich auch zeigen, wie sich der Mensch eingerichtet hat auf unserem Planeten, wie er versuchte, sich von der Fron und Last der Arbeit zu befreien, sich das Leben immer angenehmer zu gestalten, wie er sich der Kunst zuwandte, sein Leben verschönerte und mit neuen Inhalten versah. Wie er Religionen erfand, wie er sich über die Welt und sein Leben Gedanken machte und beide philosophisch zu durchdringen versuchte, wie er schließlich in immer weitere Erkenntnisräume vorstieß und dies wohl auch nicht aufgeben wird, mag es nun zu seinem Vorteil oder zu seinem Nachteil sein. Ich wünsche mir, dass man auch »das Wunder Mensch« empfinden kann – dieses Herkommen aus dem Meer, aus dem Tierreich, aus der Urzeit, aus der Eiseskälte – all das, was er war, was er aufbaute, dachte, schuf… die verschiedenen Kulturen, die unterschiedlichen Lebensformen, den Abwechslungsreichtum seiner Geschichte… anders und vielleicht stärker, als er es vorher empfunden hat.

Vielleicht ist es sogar den Tod wert, einmal hier gewesen zu sein!

Zurück zu meinem Buch. Jeder weiß, dass die politische Geschichte der Menschheit eine Chronik des Machtstrebens, des Egoismus, der Grausamkeit ist. Ich möchte zeigen, dass ihre kulturelle Entwicklung genauso mit dem Denken der Menschen verknüpft ist wie mit ihren Religionen – und/oder umgekehrt. Sogar die Geschichte der Wissenschaft ist es, weil sich die Erkenntnisse aus den Religionen entwickelten, sich zum Teil gegen ihren Widerstand, gegen Inquisition und Scheiterhaufen durchsetzen mussten. Der mittelalterliche Mensch wusste fast nichts von sich selbst, von seiner Seele oder seinen Organen, er wusste fast nichts von der Natur und ihren Grenzen – angesichts des gewaltigen Wunders, als das er sich selber empfinden musste, und angesichts der Wunder, die er um sich her gewahr wurde, blieb ihm – wenn er überhaupt erkennender geistiger Regung fähig war (nämlich des Erkennens eben dieses Wunderbaren) – nur der Glaube. Wir modernen Menschen wissen – an ihm gemessen – viel. Wir haben aber auch noch tiefer begriffen, wie viel wir noch nicht wissen (und nie wissen können). Wir befinden uns in einem Zwischenreich, in einem Dämmer der Erkenntnisse, von denen manche heller werden, manche nur schwach leuchten, andere ganz im Dunkel liegen. In diesem Zwischenreich schwanken auch wir zwischen Glauben und Zweifel, zwischen Erkennen und Ahnen, zwischen Zuversicht und tiefer Mutlosigkeit. Wie stark die christliche Religion – im Guten wie im Bösen – mit dieser Entwicklung verknüpft ist, das ist mir bei der Arbeit immer klarer geworden, deutlicher, als ich es vorher geahnt hatte. Das erklärt den breiten Raum, den die Religion einnimmt. Freilich nicht nur das, sondern auch das Wissen, wie sehr der junge Mensch, wie sehr wir alle von der Frage nach den letzten Dingen umgetrieben werden. Ich hoffe, meine Meinung dazu klar genug ausgedrückt zu haben, Argumente und Gegenargumente, will aber noch einmal betonen, wie sehr mich das Umsichgreifen von Aberglauben, Sekten, religiösem Fundamentalismus und Esoterik – der Namen wäre kein Ende – beunruhigt. Wir mögen uns noch so sehr anstrengen, die realen Dinge zu ordnen, finden wir nicht zur Vernunft, ist alles vergeblich. Ich vermag daher die zur Mode gewordene Vergötterung der Phantasie auch nicht zu teilen. Wir haben genug von Illusionisten und phantasievollen Verführern.

Die ganze Entwicklung der Menschheit ist die Geschichte einer Suche nach Erleichterung, geradezu eine Sucht danach. Das Gegenteil, eine Suche nach Anstrengung, hat es noch nie gegeben, es sei denn, bei einigen Einzelnen. All unser Bemühen ist auf mehr Erleichterung, auf mehr Genuss gerichtet. Warum sind wir so programmiert? – Eine Welt, in der die Anstrengung als Genuss empfunden wird, scheint undenkbar zu sein.

Eine nicht zu beantwortende Frage zum Schluss: Begegneten wir unserer Erde in nur hunderttausend Jahren wieder – was für eine lächerlich geringe Zeitspanne –, was würde dann vom menschlichen Leben, von allen Bemühungen, allem Hass, Kampf, unseren Leidenschaften und von unserem Lieben noch übrig geblieben sein? Hunderttausend Jahre? – Vielleicht nur hundert! Könnten wir in die Zukunft sehen, wir würden vielleicht die Augen schließen und schaudernd den Tod herbeiwünschen. Wer wird dann im Weltall einmal die faszinierende Geschichte davon erzählen können, wie das Leben innerhalb der Wüstenei der toten Dinge entstand, mit seiner unerklärlichen, unerschöpflichen Vielfalt, der Vielfalt und der Größe des Universums durchaus vergleichbar, ebenbürtig in seinen Formen, Farben, Schicksalen, Höhen, Tiefen,

Schmerzen, Freuden, dieses hemmungslos schäumende, sich schließlich selbst verzehrende Leben, dessen Schaumbläschen ein jeder von uns einmal gewesen ist? Wer wird je – und wem – begreiflich machen können, dass »es« möglich war?

Am Ende steht mein Dank an alle, die mir geholfen haben. Zuerst an die liebenswerteste Ehefrau der Welt, der ich dieses Buch widme, zumal sie aus einem ganz anderen Kulturkreis mit völlig anderer Geschichte und Bildung stammt. Sie hat mich mit nimmermüder Geduld, ordnend und sichtend, meine schwankenden Stimmungen ertragend, unterstützt, Computerprobleme gelöst, das recherchierte Material vorbereitet und die Bibliografie erstellt. Dann allen Freunden, die mir ihre Bücher vorbehaltlos zur Verfügung stellten, über Monate hinweg und ohne Sicherheit, sie jemals wiederzubekommen, noch dazu unbeschädigt, schließlich Monika Hofko und Dr. Lutz Steinhoff aus München für beratende Gespräche, geduldiges und kritisches Lesen und Wiederlesen, Richtigstellen, Kürzen, Hinweisen auf Unklarheiten oder Fehler, Drängen auf Verbesserungen – und natürlich dem Verlag, der das Risiko der Veröffentlichung nicht scheute.

Penzberg im November 1996,
im Monat der fünfundsiebzigsten Wiederkehr
des Tages meiner Geburt

Inhalt

Der zweite Abend

Philosophen und Frauen

Der dritte Tag

Rom

Der vierte Tag

Kaiser und Ketzer

Kraft des Glaubens

Der fünfte Abend

Literaturnachweis

Alberti L.B.: Vom Hauswesen, München 1986

André J.-M.: Griechische Feste, Römische Spiele – Die Freizeitkultur der Antike, Stuttgart 1994

Aristophanes: Lysistrate, Komödie, Ditzingen 1969

Asimov I.: Das Wissen unserer Welt – Erfindungen und Entdeckungen vom Ursprung bis zur Neuzeit, München 1991

Bannert H.: Homer, Hamburg 1979 (rm 272)

Bildband: Athen und seine große Zeit, Würzburg 1966

Bildband: Rom und seine große Zeit, Würzburg 1966

Brucker G.: Florenz in der Renaissance – Stadt, Gesellschaft, Kultur, Hamburg 1990

Bühler J.: Klosterleben im Mittelalter, Frankfurt a. M. 1989

Bumke J.: Höfische Kulter – Literatur und Gesellschaft. Bd. I/II, München 1986

Cardini F./Fumagalli Beonio-Brocchiere M.T.: Universitäten im Mittelalter – Die europäischen Stätten des Wissens, München 1991

Chenu, M.-D.: Thomas von Aquin, Hamburg 1960 (rm 45)

Clark K.: Leonardo da Vinci, Hamburg 1969 (rm 153)

Clark K.: Glorie des Abendlandes – Von den Gedanken, Bauten, Büchern, Kunstwerken und Genies unserer Zivilisation, Bindlach 1994

Cribb J.: Geld – Die faszinierende Geschichte der Zahlungsmittel – Vom Silberbarren bis zur »intelligenten« Chipkarte, Hildesheim 1990

Dietel G.: Musikgeschichte in Daten, München/Kassel 1994

Duby G.: Die Zeit der Kathedralen – Kunst und Gesellschaft 980-1420, Frankfurt a. M. 1992

Duin N./Sutcliffe J.: Geschichte der Medizin – Von der Antike bis zum Jahr 2020, Köln 1993

Favier J.: Gold und Gewürze – Der Aufstieg des Kaufmanns im Mittelalter, Hamburg 1992

Fehlig U./Brost H.: Kostümkunde – Mode im Wandel der Zeiten, Wiesbaden 1983

Fink H.: Franz von Assisi – Der Mann, Das Werk, Die Zeit, München 1981

Fölsing A.: Galileo Galilei, Prozess ohne Ende – Eine Biographie, München 1983

Gail A.J.: Erasmus, Hamburg 1974 (rm 214)

Giebel M.: Sappho, Hamburg 1980 (rm 291)

Gobry I.: Franz von Assisi, Hamburg 1958 (rm 16)

Göll H.: Illustrierte Geschichte der Mythologie, Eltville a. Rhein 1991

Grant M.: Die klassischen Griechen – Die Blüte der hellenischen Kultur von Miltiades bis Aristoteles, Bergisch Gladbach 1991

Granzotto, G.: Christoph Kolumbus – Eine Biographie, Stuttgart 1986

Gregor J.: Weltgeschichte des Theaters, Zürich 1933

Halstead L.B.: Der Urzeit auf der Spur – Abenteuer Erdgeschichte, Stuttgart 1983

Hellemans A./Bunch, B.H.: Fahrplan der Naturwissenschaften – Ein chronologischer Überblick, München 1990

Hemleben J.: Kepler, Hamburg 1971 (rm 183)

Hemleben J.: Galilei, Hamburg 1969 (rm 156)

Heyden A. v.: Die Tracht der Kulturvölker Europas – Vom Zeitalter Homers bis zum Beginn des XIX. Jahrhunderts, Wiesbaden 1986

Höcker Ch./Schneider L.: Phidias, Hamburg 1993 (rm 505)

James T.G.H.: Das Leben der alten Ägypter, Augsburg 1994

Jean G.: Die Geschichte der Schrift, Ravensburg 1991

Karamanolis S.: So entstand das Universum – Der Urknall und seine Folgen, Neubiberg b. München 1990

Kerényi K.: Die Mythologie der Griechen, Bd. I/II, München 1966

King M.L.: Frauen in der Renaissance, München 1993

Kirchhoff J.: Giordano Bruno, Hamburg 1980 (rm 285)

Kirchhoff J.: Kopernikus, Hamburg 1985 (rm 347)

Kolumbus Ch.: Bordbuch, Frankfurt a. M. 1981

Kühnel H. (Hrsg.): Alltag im Spätmittelalter, Graz/Wien/Köln 1984

Lambert M.: Ketzerei im Mittelalter – Eine Geschichte von Gewalt und Scheitern, Freiburg i. Breisgau 1991

Lissner I./Rauchwetter G.: Glaube – Mythos – Religion, Bindlach 1990

Magli I.: Die Madonna – Die Entstehung eines weiblichen Idols aus der männlichen Phantasie, München 1990

Martin G.: Platon, Hamburg 1969 (rm 150)

Martin G.: Sokrates, Hamburg 1967 (rm 128)

Mayr E.: ... und Darwin hat doch recht – Charles Darwin, seine Lehre und die moderne Evolutionstheorie, München/Zürich 1994

McCrone J.: Als der Affe sprechen lernte – Die Entwicklung des menschlichen Bewußtseins, Frankfurt a. M. 1992

Messadié G.: Teufel Satan Luzifer – Universalgeschichte des Bösen, Frankfurt a. M. 1995

Meyer C.: Der Aberglaube des Mittelalters und der nächstfolgenden Jahrhunderte, Essen

Müller A./Ammon R.: Die sieben Weltwunder – 5000 Jahre Kultur und Geschichte der Antike, Klagenfurt

Nette H.: Friedrich II. von Hohenstaufen, Hamburg 1975 (rm 222)

Neuburger A.: Die Technik des Altertums, Leipzig 1919

Norwich J. (Hrsg.): Illustrierte Weltgeschichte der Architektur – Von der Zyklopenmauer zum Stahlbeton, Stuttgart 1993

Ohler N.: Reisen im Mittelalter, München/Zürich 1986

Orthbandt E.: Geschichte der großen Philosophen, Hanau a. M. 1988

Powell A.: Das Buch vom alten Griechenland, Würzburg 1991

Prause G.: Niemand hat Kolumbus ausgelacht – Fälschungen und Legenden der Geschichte richtiggestellt, Düsseldorf 1986

Presser H.: Gutenberg, Hamburg 1967 (rm 134)

Probst E.: Rekorde der Urzeit, München 1992

Rehmke, J./Schneider F.: Grundriß der Geschichte der Philosophie, Bonn 1959

Reinsberg C.: Ehe, Hetärentum und Knabenliebe im antiken Griechenland, München 1993

Renner H.: Geschichte der Musik, Stuttgart 1965

Ries J.: Ursprung der Religionen, Augsburg 1993

Rossiaud J.: Dame Venus – Prostitution im Mittelalter, München 1989

Rump H.U.: Walther von der Vogelweide, Hamburg 1974 (rm 209)

Sagan C.: Unser Kosmos, München 1982

Schipperges H.: Die Kranken im Mittelalter, München 1990

Schlögl H.A.: Echnaton, Hamburg 1986 (rm 350)

Schmitt J.C.: Heidenspaß und Höllenangst – Aberglaube im Mittelalter, Frankfurt a. M. 1993

Sedlmayr H.: Die Entstehung der Kathedrale, Freiburg i. Breisgau 1993

Simon K.H.: Schattenriss, München 1995

Shahar Sh.: Die Frau im Mittelalter, Frankfurt a. M. 1988

Störig H.J.: Weltgeschichte der Wissenschaft, Augsburg 1992

Thiel E.: Geschichte der Mode – Von den Anfängen bis zur Gegenwart, Augsburg 1990

Tresmontant C.: Paulus, Hamburg 1959 (rm 23)

Utrio K.: Evas Töchter, Die weibliche Seite der Geschichte, Wiesbaden

Weeber K.-W.: Die unheiligen Spiele – Das antike Olympia zwischen Legende und Wirklichkeit, Zürich/München 1991

Williams J.: Leonardo da Vinci, Reutlingen 1966

Wolf H.-J.: Hexenwahn – Hexen in Geschichte und Gegenwart, Bindlach 1994

Zemb J.-M.: Aristoteles, Hamburg 1961 (rm 63)

LEXIKA UND SAMMELBÄNDE:

Museion 2000 1994/1, Kulturmagazin

Lexikon: 7000 Jahre Handwerk und Technik, Herrsching 1986

Lexikon: Dowley T. (Hrsg.): Handbuch – Die Geschichte des Christentums, Brockhaus, Wuppertal 1979

Lexikon: Lexikon der alten Welt. Bd. I., Augsburg 1995

Lexikon: Rachum, L.: Enzyklopädie der Renaissance, Zürich

Sammelbände: Kindlers Kulturgeschichte Europas. Bd. I-XX, München 1974

Sammelbände: Durant – Kulturgeschichte der Menschheit. Bd. I-XVIII, Frankfurt a. M./Berlin/Wien 1981-1982

Die Gedichte der Sappho wurden, soweit zitiert, der rororo Bildmonographie »Sappho« entnommen, wobei ich »Wenn du stirbst ist es aus…« um drei unwesentliche, dem heutigen Leser unverständliche Zeilen gekürzt habe. Der Übersetzer ist Max Treu. »Reizend süß du lachst…« ist ein Ausschnitt aus einer längeren Nachdichtung von Catull: »Göttergleich, so will es mir scheinen…«, übersetzt von Werner Eisenhut. »Der Mond und die Siebensterne…« wurde übersetzt von Erwin Staiger. Bei den beiden Texten »Eros erschüttert mein Herz…« und »Jahre sind ins Land gegangen…« konnte ich Quelle und Übersetzer nicht mehr ermitteln.

Die Distichen des Platon sind der rororo Bildmonographie »Platon« von Gottfried Martin entnommen. Ich danke dem Rowohlt Verlag in beiden Fällen für sein Entgegenkommen.

Ebenso danke ich dem Reclam Verlag für die Erlaubnis, die Übersetzung von Ludwig Seeger aus seinem Band »Aristophanes: ›Lysistrate‹« zu verwenden.

Max Kruse, 1921 in Bad Kösen an der Saale geboren, machte das Abitur in Weimar und begann sein Studium in Jena, das er jedoch wegen des Krieges nicht beenden konnte. Nach der Enteignung in der damaligen Ostzone baute er die Puppenwerkstätte seiner Mutter Käthe Kruse in Westdeutschland wieder auf. 1958 übergab er die Firma an seine Schwester und widmet sich seitdem seiner eigentlichen Berufung, dem Schreiben.

Bekannt wurde er vor allem durch seine Kinder- und Jugendbücher, besonders durch »Urmel aus dem Eis«. Viele seiner Bücher wurden für das Fernsehen verfilmt und in mehrere Sprachen übersetzt. Außerdem hat er Reisebücher über Asien, Ägypten und China geschrieben. Max Kruse ist Mitglied des P.E.N. und Träger des Bundesverdienstkreuzes. Einige seiner Bücher standen auf der Auswahlliste zum Deutschen Jugendliteraturpreis.

Max Kruse lebt im Süden von München und ist mit der chinesischen Musikerin und Malerin Shaofang verheiratet.

Andrea Hensgen
Dich habe ich in die Mitte der Welt gestellt
288 Seiten

Es sind die letzten Tage ihrer Schulzeit, Tage zwischen Vergangenheit und Zukunft. Svenja, Paul und Matz spüren, dass sich etwas Neues ankündigt, eine neue Zeit. Kolumbus, Gutenberg und Luther standen ebenfalls am Beginn einer neuen Epoche. In diese Menschen der Geschichte schlüpfen die Schüler hinein, werden selbst zu streitenden Gelehrten und neugierigen Entdeckern. Am Ende wissen sie mehr über die Zeit der Renaissance und vor allem über sich selbst.

cB **C. Bertelsmann**
Jugendbücher